개정3판

원가회계

박이봉 | 김희오 | 강진수

COST ACCOUNTING

pnc publishing and culture
피앤씨미디어

개정3판을 내면서

경영원가회계를 출간하여 그동안 교재로 사용하여 강의하면서 미비점과 교수님들의 충고를 바탕으로 문제풀이의 오답과 오타 등의 수정에 함께 해 주신 반재금·이찬중, 그리고 노길관 교수님께 먼저 감사드리면서 학생(독자)들이 보다 쉽게 이해할 수 있는 방법이 무엇인가를 고심하면서도 사실 실무에서는 아직도 많은 제조업이 원가의 흐름과 산출에 대한 명확한 정립이 부족한 것이 현실이다. 따라서 금번 개정3판에는 실무에 대한 언급과 자격증 시험을 준비하는 학생들을 위해 다음에 주안점을 두고 개정3판을 내었다.

첫째, 부족한 부분의 추가 설명과 연습을 통한 회계지식의 완성을 위해 연습문제의 양을 증가하였음은 물론 국가공인 자격증 시험 대비를 위해 기출문제를 많이 추가 했다.

둘째, 교재내용을 크게 3부로 나누어 제1부에서는 원가회계의 기초 이론을 다루었으며, 제2부에서는 주문생산에 근거를 둔 개별원가계산회계를, 제3부에서는 대량생산인 종합원가계산회계를 제품생산형태별로 나누어 기술하였다.

셋째, 원가통제의 목적으로 표준원가계산을 마지막으로 기술하였는데 이는 원가회계의 목적이 원가관리 및 경영의 의사결정에 기초를 둔다면 정확한 제품의 원가를 산정하는 것보다는 오히려 모든 원가요소에 대해서 과학적 방법과 통계적 방법에 의하여 표준이 되는 원가를 미리 산정하고 이를 실제 발생한 원가와 비교하여 그 차이를 분석함으로써 원가통제에 도움이 되는 표준원가계산을 추가하는 것이 보다 합리적이라고 생각했기 때문이다.

개정3판을 내면서 참고한 서적은 다음과 같다.

윤창준, 알기쉬운 원가회계실무, 세학사, 2016.
김복구, 원가회계, 세학사, 2015.
서갈관리회계연구회, 사용자중심의 원가회계, 박영사, 2009.
門田安弘, 管理會計學テキスト, 稅務經理協會, 2003.
塘 誠, 財務管理の 集中化と 責任會計學, 2002.

특히 본서의 개정과 탈자 및 오자는 물론 문제풀이 과정에서 초래되는 잘못된 부분과 오답에 대해 관심을 가지고 하나하나 지적해 주신 반재금·이찬중, 노길관 교수에게 다시 한번 깊은 감사를 드리며, 개정3판을 기꺼이 출판해 주신 피앤씨미디어의 박노일 사장, 김인숙 과장은 물론 편집진들에게 고마움을 전한다.

2017년 7월
저자를 대표해서 박이봉

차 례

제 1 부 원가회계의 기초이론

제 1 장 원가회계의 개념

제 1 절 원가회계의 의의 및 목적 ······ 3

1.1 원가회계의 의의 • 3

1.2 원가회계의 목적 • 4

제 2 절 원가회계와 제 회계와의 관계 ······ 7

2.1 원가회계와 재무회계 • 7

2.2 원가회계와 관리회계 • 7

제 3 절 원가회계의 특성 ······ 9

3.1 원가회계 특징 • 9

3.2 원가회계 대상 및 기간 • 10

제 4 절 원가회계 system의 종류 ······ 11

제 5 절 원가회계의 문제점 ······ 12

◈ 연습문제 _ 14

제 2 장 원가의 특성

제 1 절 원가의 개념 16

1.1 원가의 본질 • 16

1.2 원가와 비용과의 관계 • 18

1.3 비원가항목(비용) • 19

제 2 절 원가의 흐름 20

2.1 업종에 따른 원가의 영역 • 20

2.2 원가흐름과 집계 • 20

제 3 절 원가의 구성 21

제 4 절 원가의 분류 21

4.1 자산의 관련성에 따른 분류 • 24

4.2 시점에 따른 분류 • 25

4.3 추적가능성에 따른 분류 • 26

4.4 원가형태에 따른 분류 • 26

4.5 제조활동에 따른 분류 • 28

4.6 자산화 용이성에 따른 분류 • 29

4.7 의사결정에 따른 분류 • 31

◈ 연습문제 _ 33

제 3 장 원가요소별 회계처리

제 1 절 재료와 재료비의 회계처리 41

1.1 재료 및 재료비의 의의 • 41

1.2 재료비의 분류 • 42

1.3 재료의 매입 • 43

1.4 재료의 출고 • 45

1.5 재료 매입과 출고의 기장 사례 • 46

제 2 절 재료의 소비량과 소비단가결정 49
2.1 재료의 소비량계산 • 49
2.2 재료의 소비단가계산 • 50

제 3 절 노무비 및 경비의 회계처리 58
3.1 노무비의 의의 • 58
3.2 노무비 계산 • 58
3.3 소비임금의 계산 • 60
3.4 제조경비의 의의 및 계산 • 65

제 4 절 원가요소의 기장 67
4.1 제조원가요소계정의 기장 • 67
4.2 원가집합계정의 기장 • 70
4.3 손익계정의 기장 • 72
4.4 결산계정의 기장 • 74

◈ 연습문제 _ 79

제 2 부 개별원가회계

제 4 장 제조간접비 계산

제 1 절 제조간접비의 개념 91
1.1 제조간접비의 의의 • 91
1.2 간접비의 종류 • 92

제 2 절 제조간접비의 회계처리 93
2.1 제조간접비의 기장 절차 • 93
2.2 제조간접비의 회계처리사례 • 95

제 3 절 제조간접비의 배부방법 98
3.1 가치법 • 99
3.2 시간법 • 103

3.3 수량법 • 106

제 4 절 제조간접비의 예정배부 107

4.1 예정배부의 필요성 • 107

4.2 예정배부의 계산 • 108

4.3 배부차이의 처리 • 109

4.4 예정배부의 기장 • 111

◈ 연습문제 _ 113

제 5 장 부문별 원가계산

제 1 절 부문별 원가계산의 개념 125

1.1 부문별 계산의 의의 • 125

1.2 원가부문 설정의 필요성 • 126

1.3 부문별 원가계산의 목적 • 127

1.4 원가부문의 종류 • 128

제 2 절 부문비 배부표 129

2.1 부문개별비 • 129

2.2 부문공통비 • 130

2.3 부문비 배부표 작성사례 • 132

제 3 절 부문비 대체표 134

3.1 보조부문비의 배부 기준 • 134

3.2 배부방법 • 135

제 4 절 제조부문비의 제품에의 배부 141

제 5 절 부문비 계산의 예정배부 143

5.1 예정배부의 방법 • 143

5.2 부문비의 예정배부차액의 처리 • 143

5.3 예정배부의 기장 • 144

◈ 연습문제 _ 145

제 6 장 개별원가계산

제 1 절 개별원가계산의 개념 159

1.1 개별원가계산의 의의 • 159

1.2 개별원가계산의 종류 • 160

제 2 절 개별원가계산 절차 161

2.1 제조지시서 • 161

2.2 원가계산표 • 162

제 3 절 개별원가계산의 제조원가명세서 167

3.1 제조원가명세서의 의의 • 167

3.2 제조원가명세서와 재무제표와의 관계 • 168

◈ 연습문제 _ 174

▌제 3 부▐ 종합원가회계

제 7 장 종합원가계산

제 1 절 종합원가계산의 개념 189

1.1 종합원가계산의 의의 • 189

1.2 종합원가계산의 분류 • 190

1.3 종합원가계산의 문제점 • 192

제 2 절 종합원가계산과 개별원가계산의 비교 193

제 3 절 기말재공품의 평가 195

3.1 기말재공품 평가의 의의 • 195

3.2 기말재공품 평가 방법 • 195

3.3 평균법과 선입선출법의 비교 • 206

◈ 연습문제 _ 208

제 8 장 공손품 원가계산

제 1 절 공손품의 개념 219

제 2 절 공손품의 회계절차 220

2.1 정상공손의 회계처리 • 220

2.2 이상공손의 회계처리 • 225

제 3 절 공손품의 회계사례 226

3.1 평균법 • 227

3.2 선입선출법 • 228

◈ 연습문제 _ 232

제 9 장 단순종합원가계산

제 1 절 단순종합원가계산의 개념 244

1.1 단순종합원가계산의 의의 • 244

1.2 원가의 흐름과 완성품 환산량 • 245

제 2 절 단순종합원가계산의 회계절차 246

2.1 단순종합원가계산의 방법 • 246

2.2 단순종합원가의 기장 • 248

제 3 절 단순종합원가계산의 회계사례 249

3.1 평균법에 의한 회계사례 • 249

3.2 선입 및 후입선출법 • 251

◈ 연습문제 _ 255

제10장 조별 종합원가계산

제 1 절 조별 종합원가계산의 의의 261
1.1 조별 종합원가계산의 적용대상 • 261
1.2 조간접비의 배부방법 • 262
제 2 절 조별 종합원가계산의 종류 262
2.1 단일공정의 조별 종합원가계산 • 262
2.2 가공비·공정별·조별 종합원가계산 • 263
제 3 절 조별종합원가계산의 회계사례 265
3.1 단일 공정경우 • 265
3.2 가공비 공정별경우 • 267
◈ 연습문제 _ 272

제11장 공정별 종합원가계산

제 1 절 공정별 종합원가계산의 개념 282
1.1 공정별 종합원가계산의 의의 • 282
1.2 공정별 종합원가계산의 방법 • 283
제 2 절 공정별 종합원가계산의 기장 284
2.1 누가법에 의한 기장 • 284
2.2 전공정비의 평가 • 286
2.3 비누가법에 의한 기장 • 287
제 3 절 공정별 원가계산의 회계사례 289
제 4 절 가공비 공정별 원가계산 291
4.1 가공비 공정별 원가계산의 의의 • 291
4.2 가공비 공정별 원가계산의 회계사례 • 293
◈ 연습문제 _ 295

제12장 등급별·연산품 종합원가계산

제 1 절 등급별 종합원가계산 308

1.1 등급별 종합원가계산의 의의 • 308

1.2 등가계수의 결정 및 기장 • 309

1.3 등급별 원가계산의 회계사례 • 311

제 2 절 연산품 종합원가계산 313

2.1 연산품 종합원가계산의 의의 • 313

2.2 연산품의 원가계산 및 기장 • 315

2.3 연산품의 원가계산의 회계사례 • 317

제 3 절 부산물원가계산 320

3.1 부산물의 의의 • 320

3.2 부산물의 평가 • 321

3.3 부산물의 회계사례 • 323

◈ 연습문제 _ 325

제13장 표준원가계산

제 1 절 표준원가계산의 개념 336

1.1 표준원가계산의 의의 • 336

1.2 표준원가의 설정 및 원가계산의 목적 • 337

제 2 절 원가차이 분석 340

2.1 직접재료비 차이 • 341

2.2 직접노무비 차이 • 344

2.3 변동제조간접비 차이 • 345

2.4 고정제조간접비 차이 • 347

2.5 원가차이 분석의 종합 • 350

2.6 차이분석과 예외에 의한 관리 • 350

◈ 연습문제 _ 352

부 록 ··· 361

1. 원가계산준칙 • 363
2. 원가회계 관련용어 • 370
3. 화폐의 시간가치표 • 393

찾아보기 ··· 405

PART 1

원가회계의 기초이론

제 1 장 원가회계의 개념
제 2 장 원가의 특성
제 3 장 원가요소별 회계처리

제 1 장

원가회계의 개념

제1절 원가회계의 의의 및 목적

1.1 원가회계의 의의

원가회계(cost accounting)란 외부보고용 재무제표를 작성하고, 내부관리용 경영 계획을 수립·통제하며, 특수한 의사결정에 필요한 원가정보를 제공하는 한편, 경영자의 성과를 평가하는데 필요한 원가정보를 제공할 목적으로 생산활동과 영업활동에 관한 원가자료를 확인(identification), 분류(classification), 집계(aggregation)하는 회계분야이다. 즉, 원가회계는 재무상태표상의 재고자산가액을 결정하고 손익계산서상의 매출원가를 결정하는 데 필요한 원가자료를 제공하며, 예산설정, 경영활동의 통제, 가격결정, 성과평가 등과 같은 관리적 의사결정을 수행하는 데 필요한 원가자료를 제공하는 중요한 회계분야이다.

그러므로 원가회계담당자는 외부보고와 관련하여 원재료의 출고, 임금의 지급, 경비의 지출과 같은 일상적인 원가자료를 수집하고, 이를 특정부문이나 제품에 배부함으로써 재무제표나 재무보고서를 작성하는 데 필요한 재고자산의 금액을 결정하는 일을 하여야 하며, 내부보고와 관련하여 특정 의사결정문제와 관련된 원가자료를 선택하여 이를 당면한 의사결정 문제에 적합하도록 수정하고, 경영자들이 쉽게 이해할 수 있도록 자료를 분석하고 예산원가(표준원가)와 실제원가를 비교하여 경영자의 성과를 평가하는 데 필요한 근거를 제공하는 역할을 수행하여야 한다.

원가시스템의 구성요소로서 원가(cost)에 관한 정보는 기본적으로 제품원가계산, 의사결정, 성과평가 의 세 가지 목적을 위해서 사용되는데, 이는 곧 원가회계시스템이 재무회계와 관리회계를 위한 기본자료를 제공한다는 사실을 말해준다. 만일 원가가 주주나 채권자와 같은 기업외부의 이해관계자들에 의해 경영자의 성과평가나 투자의사결정을 하는 데 사용된다면 이때의 원가는 재무회계 목적을 위해 사용되는 것이라고 할 수 있으며, 기업내부의 경영자에 의해 특정부문의 경영성과와 구성원들의 업적을 평가하는 데 사용되거나 경영의사결정의 자료로 사용된다면, 이때의 원가는 관리회계 목적을 위해서 사용되는 것이라고 할 수 있다. 본 교재는 원가회계시스템의 구성요소 중에서 주로 제품원가계산에 초점을 맞추어 전개해 나가기로 한다.

1.2 원가회계의 목적

원가회계목적은 정보이용자에 따라 달라지는 것으로 원가정보의 이용자는 기업의 외부이해관계자와 내부이해관계자의 두 집단이 있다. 전자에 중점을 둔 것을 재무제표작성목적, 후자에 중점을 둔 것을 경영관리목적이라 한다. 경영관리목적은 ① 원가관리목적 ② 이익관리목적 및 ③ 경영의사결정목적으로 세분된다. 이들 목적을 정리하면 <도 1-1>과 같다.

〈도 1-1〉 원가회계의 목적

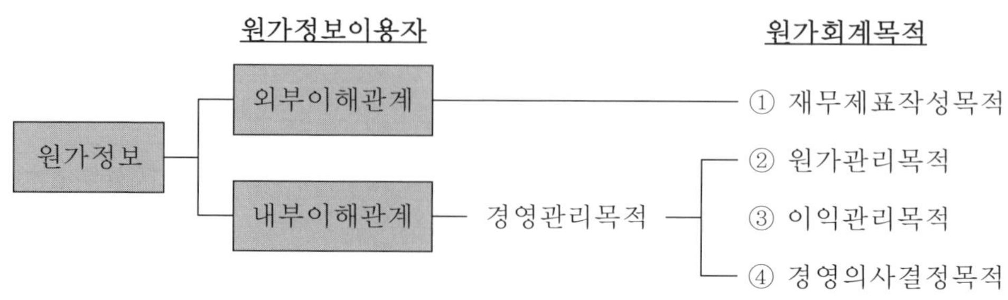

원가회계의 의의를 보다 넓게 이해할 수 있도록 하기 위하여 전술한 원가회계 목적을 구체적으로 설명하기로 한다.

1. 재무제표작성목적

이 목적은 외부이해관계자의 의사결정에 필요한 회계정보를 제공하는 재무회계(financial accounting)와 주로 관련이 있기 때문에 재무회계목적이라고도 부른다.

기업이 외부이해관계자에게 제공하는 회계정보의 일반적 형태는 재무제표(financial statements)로써, 이중에서 가장 중요한 것은 재무상태표와 손익계산서인데 재무상태표의 재고자산에는 재료, 제품, 재공품, 반제품 등이 기록되며 손익계산서의 매출원가를 구하기 위해서는 기초제품재고액, 당기완성품 원가, 기말제품재고액을 알아야 한다. 이들 재무상태표와 손익계산서의 작성에 필요한 원가를 제공하는 목적을 가리켜 재무제표작성목적이라고 한다. 따라서 재무제표작성목적은 재고자산평가목적과 기간손익계산목적의 두 가지를 그 내용으로 하고 있다. 이들 목적은 제품원가계산을 중심으로 달성되는 것이며, 재무제표의 진실성을 확보하기 위해서는 원가회계와 복식부기제도의 유기적 결합이 요구된다.

2. 원가관리목적

기업의 내부이해관계자 즉 경영관리자의 관리활동에 필요한 회계정보를 제공하는 것이 원가회계의 경영관리목적으로서, 이는 주로 관리회계와 관련을 갖는다. 이중 원가관리목적은 각 계층의 경영관리자에게 원가관리에 필요한 원가자료를 제공한다는 것이다. 원가관리(cost control)는 일정한 생산조건아래 원가의 발생이 계획 또는 표준으로부터 벗어나지 않도록 통제하는 것이다.

이는 재료의 물량적 비교, 실재원가의 비교 등을 통해서 어느 정도 달성할 수 있으나, 보다 효과적인 원가관리를 위해서 표준원가계산을 실시하는 것이 일반적이다. 즉 ① 원가표준을 설정하여, ② 실제원가와 표준원가를 비교하여 원가차이를 산정하고, ③ 관리책임자별로, 원인별로 원가차이를 분석한 후에, ④ 관련되는 경영관리자에게 보고하여, ⑤ 차이의 발생원인에 따라 개선조치를 강구케 함으로써 원가관리를 행한다. 전술한 절차 중에서 ①에서 ④까지의 과정이 원가회계가 담당해야 할 부분이다.

3. 이익관리목적

경영관리자는 목표이익을 설정하고 이를 달성하기 위하여 기업의 각 부분활동을 지휘·조정하는 적극적인 관리를 수행하는데, 원가회계는 이러한 경영관리자의 이익관리에 필요한 회계정보를 제공한다. 이익관리의 수단은 기업예산으로서, 원가회계는 이에 필요한 회계정보를 제공하는 목적을 수행하고 있다.

예산편성에 필요한 근본적 정보는 원가·조업도·이익관계(cost-volume-profit relationship)에 관한 것으로, 원가를 변동비와 고정비로 분류하고 손익분기분석의 기법을 적용하여 목표이익을 설정하게 된다. 이를 기초로 업무를 구체적으로 실행할 각 부문별 책임예산(responsibility budget)이 편성된다. 이후 각 부문별로 업무활동을 수행하는 과정 중에 ① 실적과 예산을 비교하여 차이를 산정하고, ② 그 차이를 책임자별로 또한 원인별로 분석하여, ③ 그 결과에 따라 개선조치를 취하게 된다. 이와 같은 예산편성 및 통제는 관리자의 업적평가와 밀접한 관련을 갖는 것으로, 이 경우 수익 및 원가의 관리가능성에 따라 분류하는 것이 이익관리(원가관리)에 유용하다.

4. 경영의사결정목적

경영관리자는 기업환경의 변화에 대응하여 기업의 존속과 성장을 꾀하기 위하여 여러 가지 종류의 의사결정을 행한다. 의사결정이란 경영활동의 방향을 결정하기 위하여 여러 개의 대체안 중에서 최선의 안을 선택하는 것을 말한다. 경영자의 의사결정에는 ① 전략적 의사결정(strategic decision)과 ② 업무적 의사결정(operating decision)의 두 가지가 있다.

전자는 경영기본계획과 관련하여 기업의 구조적변화를 가져오는 의사결정으로서 신제품개발계획·설비투자계획·경영입지의 선정 등이 포함되며 후자는 현재의 system을 전제로 이익계획과 관련하여 업무활동의 집행에 관한 의사결정으로서, 그 예로서 판매가격·매출구성(sales mix)·부품의 자가제조 또는 구입 등에 관한 의사결정 등이 있다.

제2절 원가회계와 제 회계와의 관계

2.1 원가회계와 재무회계

회계의 역사적인 발전단계에서 원가회계를 복식부기에 포함시켜 일반회계의 원장에 의하여 통제되고 있는 원가계산을 제도적으로 시행하게 되었으며, 일반회계에서의 지출에 따라 측정된 수치를 전수받아서 이것을 부문별·제품별로 원가를 집계한 다음 일반회계에서 기간손익계산을 가능하게 하기 위하여 원가자료를 제공하는 시스템으로 발전하게 되었다. 따라서 공장현장에서 일반회계와는 별도로 행해왔던 원가계산은 일반회계와 결합되어 원가회계(cost accounting)를 형성하게 되었고, 원가회계는 이 단계에서 기업에 있어서 내부회계(internal accounting)의 지위를 얻게 되었다.

원가회계는 관리경영이라는 특수한 경영활동을 회계원리에 의하여 기록 계산 정리하고 또한 원재료의 구입, 제품의 판매를 행함으로써 외부거래 위에 제조되는 내부활동에 대한 회계처리를 기록·정리·계산하여야 함으로 계정과목이 많이 사용된다. 또한 제품을 생산하는데 소비된 비용들은 완제품이 되기까지 종류별로 집계하여야 되므로 이를 위한 관계계정간에 많은 대체가 이루어져야 할 뿐 아니라 제품의 원가를 산정하기 위한 계산이 제품이 완성될 때마다 그 제조비용을 집계하기 위하여 항상 집합계정을 설정하여야 한다.

그러나 재무회계에서는 집합손익계정과 잔액계정이 결산 시에 만 설정되고 또한 재무회계에서 급료, 전력비, 감가상각비 등의 비용을 수익에 대응시키기 위하여 손익계산서에 기록하나 원가회계에서는 제품을 제조하는 데 소비한 것으로 인식하여 제조원가에 포함시킨다. 특히 다종제품에서 제조간접비로 발생된 원가요소는 일정배부기준에 따라 배부하여 단위원가를 산정하는 점, 내부 경영활동을 기록 계산하기 위하여 특수분개장과 보조원장등이 재무회계보다 많이 사용된다.

2.2 원가회계와 관리회계

원가회계나 관리회계가 모두 내부이해관계자의 의사결정에 유용한 정보를 제공하지만 관리회계의 주요목적은 재무제표나 보고서를 통해서 기업 내부 정보이용자의 의사결정에 유용한 정보를 전달하는 것이다. 이때 내부정보이용자(internal user)란 기업내부의 모든 사람을 가리키는 말이기는 하나 주로 경영자가 여기에 해당된다.

앞에서도 언급한 바와 같이 외부정보이용자의 경우에는 기업이 각자의 정보이용목적을 일일이 확인할 수 없으므로 이들에게는 통상적인 재무제표를 작성하여 일반적인 정보를 제공한다. 그러나 내부정보이용자의 경우에는 회계보고서 작성자가 정보이용자와의 직접적인 의견교환을 통하여 구체적인 정보이용목적을 확인할 수 있으므로 이용자의 요구에 부합되는 정보를 적절한 형태의 보고서로 작성하여 제공할 수가 있다.

이때 기업의 회계담당자는 다음 두 가지 조건을 고려하여 특정정보를 제공할 것인지의 여부를 결정하여야 한다.

첫째, 특정정보로부터 얻게 되는 효익이 그 정보의 생산에 소요되는 비용보다 큰가?

둘째, 특정정보를 제공하는 것이 의미가 있을 정도로 그 정보이용자의 통제가능성이 큰가?

전자는 정보가 경제성을 가져야 한다는 것으로서, 정보를 이용하는 데에서 얻는 정보효익이 정보의 생산 및 분석에 소요되는 정보비용을 초과하여야 한다는 것을 의미한다. 후자의 조건은 경영활동에 있어서 정보이용자가 통제할 수 있는 범위를 고려하여 특정정보의 제공 여부를 결정하여야 한다는 것을 의미한다. 여기서 통제가능성(controllability)이란 일정기간 동안 특정경영자가 비용의 발생이나 수익의 획득에 대해 미칠 수 있는 영향력의 정도를 의미한다.

원가회계와 제 회계간의 관계를 요약하면 아래와 같다.

원가회계	원가집계와 공시(재무제표작성을 위한 제품원가계산) : 재무회계
	경영자를 위한 원가 정보(예산편성을 위한 원가산정) : 관리회계

제3절 원가회계의 특성

3.1 원가회계 특징

원가회계는 판매기업의 대상인 재무회계에 비해 다음의 특징이 있다.

1) 원가회계는 제조활동의 내용을 기록·계산하고, 판매기업의 재무회계는 구매와 판매활동의 내용을 기록·계산한다. 판매기업의 경영은 상품을 구입하여 이것을 그대로 외부에 판매하기 때문에 판매기업의 재무회계의 기록·계산은 구매와 판매과정에 불과하지만 제조기업의 경영은 외부에서 구입한 원재료를 가공하여 제품화하는 과정 즉, 제조과정이 첨가되기 때문에 그만큼 복잡하다. 결국 제조과정 중 원재료, 노동력, 경비 등의 원가요소가 결합되어 새로운 원가형태, 즉 제품화되는 가치이전과정을 원가회계에서는 기록·계산한다.
2) 원가회계는 판매기업의 재무회계에 비해 계정과목의 수가 많다. 이것은 복잡한 제조활동을 정확하게 기록·계산하여야 할 뿐만 아니라, 계정간에는 복잡한 대체절차가 이루어지기 때문이다.
3) 원가회계와 재무회계는 경비의 파악방법 및 기장방법 등이 다르다. 판매기업의 재무회계는 일정시기에 발생된 가치의 소비는 모두 그 기간에 귀속되는 비용으로 처리하여 기록·계산하고, 그 기간의 수익에 대응 처리한다. 그러나 원가회계는 대부분의 경비가 제품원가를 구성하는 원가요소가 된다.
4) 원가회계는 내부 거래활동을 기록·계산하기 때문에 많은 수의 보조부·계산표를 이용한다.
5) 원가회계와 원가계산은 매우 밀접한 상호관계를 가지고 있다. 원가회계가 기록·계산의 대상인 제조활동을 보다 정확하게 기록·계산하기 위해서는 원가계산자료를 제공받지 않으면 안 된다. 따라서 원가계산은 원가회계에 의해 그 정확성을 달성할 수 있다.

3.2 원가회계 대상 및 기간

원가회계를 제품원가(즉 재무제표작성목적)에 한정하는 경우에는 원가의 측정대상으로서 곧 제품을 연상하게 된다. 그러나 다양한 원가회계 목적에 따라 원가를 측정한다면 원가회계대상 또는 원가대상(cost objective, cost object)도 다양화된다. 말하자면 "상이한 목적을 위해서 상이한 원가회계대상(different cost objects for different purposes)"이 고려되고 있다.

예컨대 원가회계의 대상을 최종 제품으로 본다면, 원가는 그 원가발생액과 산출량과의 관계에서 계산된다. 이러한 의미에서 원가회계를 객체계산·급부계산 또는 대상계산 등으로 부르기도 한다.

한편, 원가회계 기간(costing period)은 원가를 계산하여 보고를 정기적으로 행하는 시간적 단위를 가리킨다. 만약 원가회계목적이 재무제표작성에만 있다고 하면, 원가회계기간은 재무회계의 회계년도에 맞추어 1년 또는 6개월로 정해도 좋을 것이다. 그러나 원가회계목적으로서 원가관리 및 이익관리가 중시됨에 따라, 원가 및 이익정보를 신속하게 입수하기 위하여 원가회계기간을 회계 연도 보다 단축하여 보통 1개월로 잡는다. 예를 들어, 작업수행 후 1년이나 경과한 후에 경영 관리자에게 원가정보가 보고된다면, 그 원가정보는 원가관리에 아무런 도움을 주지 못하기 때문이다.

요컨대 원가회계간은 보통 1개월로 하는 것이 원칙이다. 그러나 제품생산에 장기간이 소요되고, 또한 원가발생액을 개별적으로 파악하기 용이한 제품의 원가계산은 생산개시일로부터 제품완성일 또는 회계연도 종료일까지를 원가회계기간으로 할 수 있는 예외도 있다. 또한 업종에 따라 원가회계기간은 1개월 이상으로 하는 것이 합리적인 경우도 있다. 예를 들면, 원양어업회사의 경우는 해상의 어업활동이 수개월간 계속되므로, 오히려 그 기간을 원가회계기간으로 정하는 것이 바람직하다.

제4절 원가회계 system의 종류

지금까지 설명한 제품 원가의 집계방법과 계산방법 및 측정기준을 적절히 결합하면 <도 1-2>에 나타나 있는 것과 같이 여러 가지 조합의 원가회계시스템을 만들 수 있다.

〈도 1-2〉 원가회계 시스템의 종류

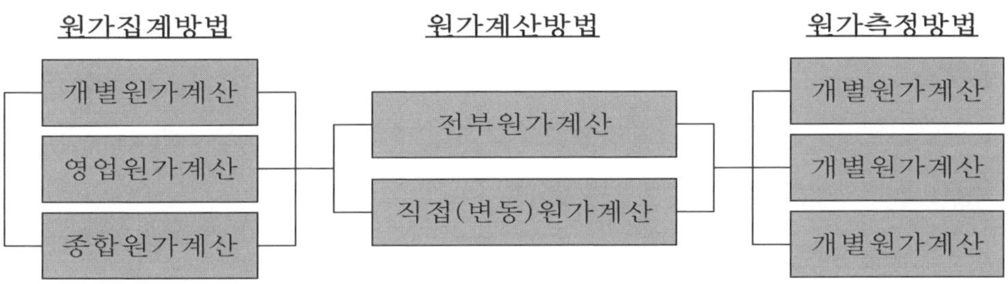

예를 들어, 개별·전부·표준원가회계시스템을 채택하면서 그 외에 추가적으로 직접원가계산제도를 병행하는 조합을 생각할 수 있다. 이와 같은 시스템은 모든 제조원가를 제품에 부과하면서(전부원가계산), 각 작업별로 원가를 집계하고(개별원가계산), 사전에 결정된 표준원가와 실제원가를 비교하며(표준원가계산), 직접원가에 근거한 보고서도 부수적으로 작성(직접원가계산)하는 원가회계시스템이 된다. 이 밖에서 여러 가지 종류의 조합을 독자들은 생각할 수 있을 것이다.

원가회계시스템을 선택하는 것은 경영자가 이용할 수 있는 원가정보에 중대한 영향을 미친다. 즉, 실제원가계산제도를 채택한 기업에서 만일 표준원가계산제도를 병행하지 않으면 그 기업의 경영자는 원가통제에 필요한 정보를 얻지 못하게 될 것이고, 전부원가계산제도를 채택한 기업에서 만일 직접원가계산제도를 병행하지 않으면 그 기업의 경영자는 불황기에 제품가격의 인하폭을 결정하는 데 필요한 정보를 얻지 못하게 될 것이다. 그러므로 원가회계시스템의 설계 및 선택에 관한 의사결정은 여러 가지 중요한 요소들을 고려하여 합리적인 방법으로 이루어지지 않으면 안 된다.

개별원가계산과 종합원가계산 중에 어느 하나를 선택하는 것은 특히 중요한 일인데, 이때에는 제조활동의 성격, 필요한 원가정보의 종류, 원가회계시스템 운영비용 등의 세 가지 기준을 신중히 고려하여 결정하여야 한다. 이 중에서는 제조활동의 성격은 개별원가계산제도와 종합원가계산제도를 선택하는데 가장 중요한 기준이 된다. 예를 들어, 어떤 기업의 제조활동이 유사한 종류의 제품을 계속적으로 동일한 공정을 거쳐 대량으로 생산하는 것이라면 그 기업에는 종합원가계산제도가 적합하며, 이와는 달리 제조활동의 성격이 특별주문 등을 접수하여 다양한 종류의 제품을 서로 다른 공정을 거쳐 생산하는 것이라면 그 기업에는 개별원가계산제도가 적합하다.

제5절 원가회계의 문제점

원가회계에 대하여 개괄적으로 다음과 같은 네 가지의 문제점을 언급하면서 제1장을 마무리하기로 한다.

첫째, 원가회계담당자만이 경영자의 계획수립과 통제에 필요한 자료를 제공하는 유일한 자료원(source of data)은 아니다. 회계는 화폐단위로 표시되는 계량적 자료만을 제공해 왔지만, 경영자들은 시간, 무게, 수량 등으로 표시되는 다른 종류의 정보도 필요하며, 때로는 “좋다” 혹은 “성공할 것이다”와 같은 질적인 정보도 필요로 한다. 대부분의 기업은 기업내부의 자료뿐 만 아니라 기업외부에서 발생하는 정보도 갖고 있다. 이런 정보도 분명히 원가회계의 대상이 될 수 있으나, 불행하게도 아직까지는 원가회계가 비화폐적·질적인 정보를 포괄할 정도로 발전하지는 못하였다.

둘째, 상이한 목적에 따라 상이한 회계절차를 적용해야 하는 어려움이 있다. 예컨대, 보상원가회계나 재무회계에서 산출된 원가정보가 계획이나 통제를 위해 사용하기에는 적합하지 않을 수도 있다. 또한 재무회계에서는 제품을 인도하는 시점 혹은 용역을 제공하는 시점에서 매출수익을 인식하나, 판매부서의 입장에서는 고객으로부터 주문을 접수하는 시점에서 판매실적을 인식하는 것이 보다 타당하다. 즉, 재무회계에서는 객관적으로 측정될 수 있는 회계자료를 기초로 수익과 비용을 인식하나, 경영관리상의 목적에서 보면 반드시 그럴 필요는 없다. 왜냐하면, 하나의 원가정보가 객관적으로 측정될 수 있다는 이유만으로 다른 원가정보 보다 우선하여 관리목적에 사용된다면 오류가 발생할 가능성이 높아지기 때문이다.

셋째, 제품의 원가는 기업이 가지고 있는 원가회계시스템의 구조에 의하여 기계적으로 계산되는 것이기 때문에 경우에 따라서는 현재의 경영의사결정에 목적적합한 원가정보를 제공하지 못하는 수도 있다. 즉, "상이한 목적에 따라 상이한 원가"를 적용하여 의사결정을 내리는 것이 필요할 경우가 있기 때문에 특정시점에서 기업이 채택하고 있는 원가회계시스템이 모든 의사결정에 목적적합한 원가정보를 제공한다고 볼 수는 없다.

그러므로 기업은 의사결정시마다 원가회계시스템에서 구한 원가정보가 당해 의사결정에 부합되는 정보인지 여부를 검토하고, 만일 부합되지 않는 경우에는 이를 적절히 수정한 후에 활용하여야 한다.

넷째, 모든 자료수집행위와 자료분류방법은 한계생산력체감의 법칙의 영향을 받는다. 즉, 지나친 원가정보의 생산은 오히려 경영자의 관리행동에 혼란과 손실을 초래한다. 이상적으로는 비용-수익(cost-benefit) 기준을 적용하여 제공될 자료의 양을 결정하여야 한다. 따라서 원가회계담당자는 항상 원가정보를 분석하여 비경제적인 정보생산이 일어나지 않도록 주의를 기울여야 한다.

연습문제

객관식

1-1 재무회계와 관리회계의 특성이 틀린 것은?

	재무회계	관리회계
①	외부이해관계자 위주	내부이해관계자 위주
②	일반목적용 재무제표	특수보고서
③	객관성과 주관성 공존	객관적 평가
④	일반적으로 인정된 회계기준	준거기준 없음

1-2 원가회계의 목적과 거리가 먼 것은?

① 재무보고 목적 ② 주주의 투자원가분석
③ 원가의 관리 ④ 미래의 의사결정

1-3 원가회계의 내용으로 옳은 것은?

① 회계기간은 보통 1개월 단위로 수행하는 것이 효율적이다.
② 회계기간은 반드시 1년을 원칙으로 한다.
③ 제조업에서의 매출원가는 현장인 공장의 원가에 판매비도 포함한다.
④ 제조업에서의 매출원가는 공장에서 발생한 원가와 영업외 비용이 포함된다.

1-4 재무회계에 관한 설명 중 틀린 것은?

① 특정 부문에 관한 관리적 의사결정에 유용하다.
② 특정시점·특정기간에 대한 정보가 제공된다.
③ 일반적으로 인정된 기업회계원칙을 적용한다.
④ 주주나 채권자·경영자 등 모든 이해관계자를 위한 회계이다.

주관식

1-1 원가회계의 의의를 약술하시오.

1-2 원가회계의 목적을 약술하시오.

1-3 원가회계와 재무회계 및 관리회계의 관계를 약술하시오.

1-4 원가회계의 특징을 약술하시오.

1-5 원가회계의 문제점을 약술하시오.

풀 이

객관식

1-1 ④ **1-2** ② **1-3** ① **1-4** ①

제 2 장

원가의 특성

제1절 원가의 개념

1.1 원가의 본질

원가는 목적·조건에 따라 상이하나 일반적으로 원가(cost)란 제품의 제조, 또는 판매를 위하여 소비된 경제가치의 소비액 이라 할 수 있다. E. Schumalenbach는 "원가란 급부를 위하여 소비된 재화의 원가계산상의 평가액이다"라고 정의하였으며, 이것이 원가의 개념이다.

미국회계학회(AAA)의 1951년도 '원가개념 및 기준위원회'는 "원가란 특정의 목적을 달성하기 위하여 발생하고 또한 발생할 희생을 화폐단위로 측정한 것이다"라고 하였으며, 1955년의 위원회는 원가의 본질로서, "경영목적에 있어서 원가란 유형·무형의 경제적 제 자원을 취득 또는 창조하는데 일정의 목적을 위하여 소비된 또는 소비해야 할 가치의 평가액을 표시하는 일반적인 용어이다"라고 정의하였다.

우리나라의 원가회계기준은 '원가의 본질'에서 원가계산제도에 있어서 원가의 개념을 다음과 같이 정의하였다. 즉, "원가라 함은 경영에 있어서 일정한 급부에 관련하여 파악된 재화 또는 용역의 소비를 화폐가치로 표시한 것이다."

따라서 이를 분석하면 아래와 같이 설명할 수 있다.

첫째, 원가는 화폐가치로 표시된 경제 가치이다.

여기에 경제가치란 화폐가치로 표시할 수 있는 일체의 재화 및 용역을 말한다. 그러나, 이들의 재화 및 용역이라 하더라도 그 가치를 화폐액으로 표시할 수 없는 것은 경제가치가 아니다. 여기에서 주의할 것은 화폐 가치액으로 표시한다는 것이 반드시 화폐지출액을 그대로 측정한다는 것은 아니다. 원가는 제품의 제조 및 용역의 제공을 위하여 경제가치를 소비함으로써 발생하는 것이며, 경제가치에 대한 화폐의 지출만으로 발생하는 것은 아니기 때문이다.

둘째, 원가는 경제가치가 경영급부와 관련하여 소비되어야 한다.

화폐가치로 표시된 경제가치는 소비하지 않으면 원가가 되지 않는다. 여기에서 소비란 재화 또는 용역의 대체성 있는 제 용도중 하나를 선택하여 사용함으로써 타의 용도를 희생하는 것을 말한다. 원가는 제조활동, 판매활동, 또는 제품, 반제품, 원재료의 보관·관리 등의 경영의 제 활동에 관련하여 발생한 경제가치의 소비를 의미한다. 경영급부는 경제가치의 소비의 결과, 경영내부에 있어서 산출된 재화 및 용역을 말하며, 이것은 경영의 최종형태에서 얻어진 급부만이 아니라 중간적 급부도 포함한다. 그러므로 최종적 급부를 생산하기까지의 과정에 있어서 행하는 제조부문, 보조부문의 작업·용역을 포함하며 나아가서는 판매활동, 관리활동도 의미한다. 이와 같이 경영급부에 관련하여 소비되는 경제가치를 계산적으로 파악한 것을 원가라 한다.

셋째, 원가는 경영목적을 위하여 소비된 경제가치이다.

제조기업의 제1 목적은 경영급부를 생산하는 데 있다. 이런 의미에서 원가는 경영목적, 즉 제품의 제조 및 판매를 위하여 소비된 경제 가치이어야 한다. 그러나, 기업의 경영목적은 재화 및 용역의 소비가 반드시 제조에만 한정할 수는 없는 것이다. 즉, 기업은 일정한 급부를 생산하기 위하여 재화 및 용역을 구매하여 최종적 급부를 판매하는 것을 목적으로 한다.

넷째, 원가는 정상적으로 소비되어야 한다.

원가는 정상적인상태 하에서 소비되는 경제가치이다. 따라서 이상적인 사태를 원인으로 하는 가치의 감소나 한번만 우발적으로 발생하는 경제가치의 소비는 물론 비록 규칙적으로 발생한다 하더라도 그것이 현저하게 이상한 경우에는 정상적인 소비액을 초과한 부분은 원가가 되지 않는다. 여기에서 정상이란 것은 경영에 있어서 구매·제조·판매 등의 제 활동을 계속 반복적으로 행하는 과정에서 이상 없이 정규적·규칙적인 상태를 말하며, 이것은 일반적으로 경영의 과거에 있어서 실적이나 경제가치의 소비를 예측할 수 있는 것을 전제조건으로 비교적 장기간의 통계적인 평균에 의하여 알 수가 있는 것이다.

1.2 원가와 비용과의 관계

원가계산상의 원가개념은 기업본래의 경영활동인 제품의 생산과 판매에 관계되는 재화가치의 소비액이다. 그러나 비용개념은 그 기업이 일정기간에 있어서 전체의 손익을 계산하는데 그 발생이 제품의 생산과 판매에 관계가 있건 없건 그 발생장소가 기업 내부이건 외부이건 간에 모든 재화의 소비액을 포함한 개념이다.

첫째, 원가임과 동시에 비용이기도 한 재화소비액(기초원가와 목적비용)은 제품의 제조·판매(매출원가, 판매비 및 일반관리비)로 구성되어 있다. 이것은 원가계산의 측면에서는 기초원가이지만 손익계산의 측면에서는 목적비용이라 칭한다.

둘째, 비용이지만 원가가 아닌 재화소비액(중성비용 중의 영업외 비용과 경영기간외 및 총손익에 영향을 미치는 비용)은 투자용부동산의 관리비와 같이 제품의 생산과 판매에 관계가 없는 재화소비액이므로 원가가 되지 않는다.

셋째, 원가이지만 비용이 아닌 재화소비액(부가원가 중에서 원가계산상의 기업가 임금)은 개인기업이나 인적회사에 있어서 원가계산상의 기업가 임금이 이것에 해당한다. 물적회사에 있어서는 경영관리자에 대한 보수는 급료로서 계상된다.

넷째, 원가와 비용에도 같은 항목이 있으나 각각의 계산목적상 상이한 금액으로 계산되는 것이 있으므로 구별해야 할 재화소비액(감가상각비)이 있음을 알 수 있다. 예를 들어 원가계산상의 감가상각비는 제품의 제조·판매에 필요한 비유동자산의 감가상각비를 말한다. 이에 대하여 손익계산서상의 감가상각비는 그 기업의 모든 비유동자산의 감가상각비를 포함하고 있다.

1.3 비원가항목(비용)

원가회계기준은 총원가에 산입하지 않는 비원가항목으로 아래 항목들을 열거하고 있다.

① 경영목적에 관련되지 않는 가치의 감소항목

㉠ 투자자산 : 미가동의 고정자산, 장기유휴설비, 기타 경영목적에 관련되지 않는 자산에 관한 감가상각비, 관리비, 세금과 공과 등의 비용

㉡ 기부금으로서 경영목적에 관련되지 않는 지출

② 기업회계에서 규정하고 있는 영업외 비용

㉠ 이자비용, 할인료, 사채발행차금상각, 대손상각 등의 재무비용

㉡ 매도가능증권 및 만기보유증권의 평가손실 및 매각손실

③ 이상한 상태를 원인으로 하는 가치감소의 항목

㉠ 이상한 공손, 감손, 재고감모 등

㉡ 화재, 풍수해, 도난, 쟁의 등의 우발적 사고에 대한 손실

㉢ 예기치 못한 진부화에 의하여 고정자산에 현저한 감가가 발생한 경우의 임시상각비

㉣ 위약금, 벌과금, 손해배상금, 소송비, 임시다액의 퇴직수당, 이상한 감가상각

④ 세법상 특히 인정한 손금산입항목

㉠ 가격변동준비금 전입액, 해외시장 개척준비금 전입액 등의 특정 충당금의 전입액

㉡ 조세특별조치법에 따른 감가액 중 정상의 감가액을 초과하는 특별상각비 등

⑤ 기타 이익잉여금에 부과되는 항목

법인세, 소득세, 재산세, 임원상여금, 임의적립금전입액 등

제2절 원가의 흐름

2.1 업종에 따른 원가의 영역

원가의 집계는 해당기업의 업종에 따라 상이할 수 있다. 이러한 배경에는 제품의 성질에 따라 개별원가계산(job order costing)과 종합원가계산(process costing)으로 분류되는데 전자는 "각각 다른 종류의 제품을 1단위마다 개별적으로 생산하는 경우에 적용되는 원가계산 형태"로써 이러한 방식은 주문생산 형태로 주문자의 요구에 의해 제품의 규격, 성능, 품질이 정해지는 주문생산 시스템(order oriented system)에 적합한 원가계산 방식이다. 따라서 개별원가 계산 시스템을 적용하는 제품 기업의 특징은 다품종 소량생산이다

후자는 "동일한 제품을 일정기간 연속적으로 대량생산하는 경우에 적용되는 원가계산" 형태로서 예측생산 시스템이라고도 하는데 시장생산 시스템(market oriented system)에 적합한 원가계산 시스템으로 소품종 대량생산 업종에서 많이 사용한다.

2.2 원가흐름과 집계

원가요소는 그 발생형태에 따라 재료비, 노무비 및 경비로 분류할 수 있으며, 제품과의 관련성(추적가능성)에 따라서는 직접원가와 간접원가로 분류할 수 있다. 따라서 원가는 직접재료원가, 직접노무원가 및 제조간접원가(간접재료원가, 간접노무원가, 간접경비의 합)로 나눌 수 있으며, 본 교재에서는 이와 같은 분류에 따르고 있다.

생산현장에 투입된 이들 원가요소는 재공품이라는 계정과목에 집계되며 재공품계정에 집계된 생산물 원가는 완성품이 됨으로써 제품계정으로 대체된다. 제품의 특성에 따라 원가집계(accumulation) 방법에는 크게 개별원가계산과 종합원가계산의 두 가지가 있다.

원가의 흐름과 집계를 그림으로 표시하면 <도 2-1>과 같다.

〈도 2-1〉 제조원가의 흐름

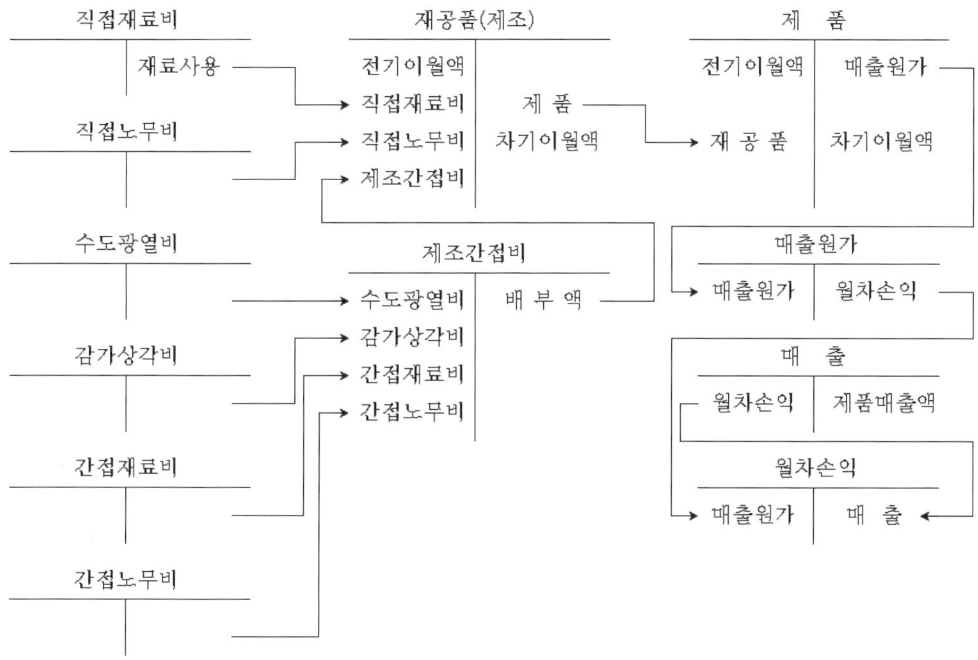

제3절 원가의 구성

제품의 원가를 구성하는 원가 요소는 다음과 같은 단계를 거쳐 판매가격을 구성하게 된다.

1) 직접원가(direct costs)

이것은 제품의 제조를 위하여 소비된 **직접재료비, 직접노무비, 직접제조경비의 세 가지 원가요소를 합계한 것**을 말한다. 경영규모가 작고 주로 인간의 노동력으로 제품을 생산하는 소규모공업에서는 간접비가 적음으로 직접원가가 제품원가의 대부분을 차지한다.

2) 제조원가(manufacturing costs)

이것은 **직접원가**(직접재료비+직접노무비+직접제조경비)에 **제조간접비**(간접재료비+간접노무비+간접제조경비)를 가산한 것으로서, 제조과정에서 발생하는 모든 제조원가를 말한다. 오늘날에는 고가의 기계장치를 이용하여 제품을 생산하는 관계로, 전체 제조원가 중에서 기계의 감가상각비 등과 같은 제조간접비가 큰 비중을 차지하고 있다. 원가라 하면 일반적으로 이 **제조원가**를 가리킨다.

3) 총원가(total costs)

제조원가에다 판매비와 관리비를 가산한 것을 총원가라고 한다. 총원가는 제품의 판매가격을 결정하는 기초가 되므로 이것을 **판매원가**(selling costs)라고도 한다.

4) 판매가격(selling price)

판매가격은 경영자가 스스로 결정할 수도 있고, 시장에서 수요공급의 법칙에 따라 결정된 가격을 수동적으로 받아들여야만 하는 경우도 있다. 특히 전자의 경우에는 경영자가 제조원가·판매비와 관리비 그리고 기업의 기대이익을 적절히 고려하여 판매가격을 결정하게 되는데, 주로 주문생산을 하는 기업에서 많이 볼 수 있다 후자의 경우는 시장 생산을 하는 기업에서 많이 볼 수 있는데, 오늘날 대부분의 기업은 시장원리에 따라 판매가격을 결정하게 된다.

위에서 설명한 원가의 구성 관계를 그림으로 나타내면 <도 2-2>과 같다.

〈도 2-2〉 원가의 구성도

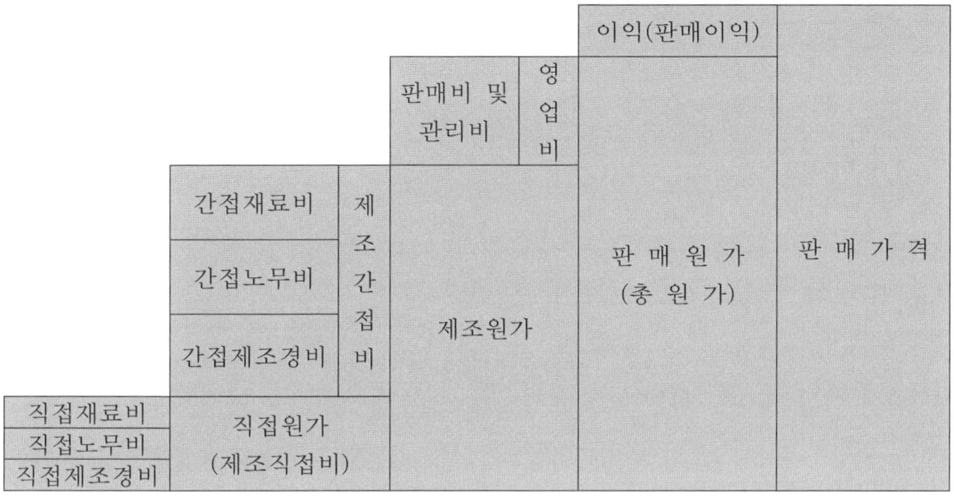

* 제조원가 = 제조직접비 + 제조간접비
* 총원가 = 제조원가 + 판매비+ 관리비
* 판매가격 = 총원가 + 이익

다음 자료를 이용하여 ① 직접원가, ② 제조원가, ③ 판매원가, ④ 판매가격을 계산하고, 원가의 구성도를 완성하시오.

직접재료비	₩80,000	직접제조경비	₩10,000
직접노무비	40,000	간접재료비	10,000
판 매 비	6,000	간접노무비	20,000
관 리 비	4,000	간접제조경비	50,000

기대이익은 제조원가의 30%

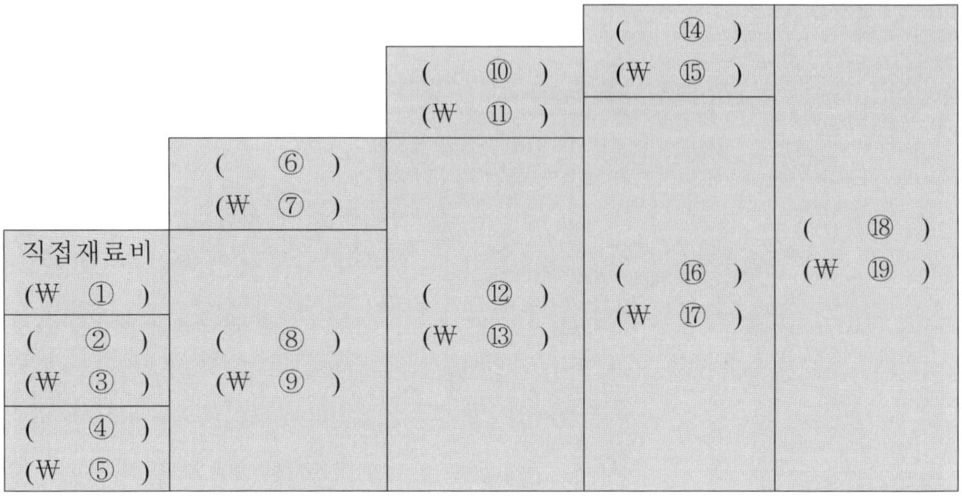

① 80,000	⑥ 제조간접비	⑪ 10,000	⑯ 판매원가(총원가)
② 직접노무비	⑦ 80,000	⑫ 제조원가	⑰ 220,000
③ 40,000	⑧ 직접원가	⑬ 210,000	⑱ 판매가격
④ 직접제조경비	⑨ 130,000	⑭ 이익	⑲ 283,000
⑤ 10,000	⑩ 판매비와 관리비	⑮ 63,000	

제4절 원가의 분류

4.1 자산의 관련성에 따른 분류

1. 미소멸원가

어떤 희생의 대가로서 미래의 경제적 효익을 획득할 수 있을 것으로 기대되는 경우, 그 희생은 미래로 이연되는 원가로서 이러한 미 소멸원가를 대차대조표에 자산으로 계상된다. 여기서 자산은 과거의 거래와 사건의 결과로 획득된 미래의 경제적 효익, 즉 미래용역 잠재력이라고 정의된다.

2. 소멸원가

용역잠재력이 소멸되어 미래에 더 이상 경제적 효익을 획득할 수 없으리라 예상되는 원가이다. 즉, 경제적 효익을 이미 모두 획득했거나 효익이 더 이상 발생하지 않을 것으로 판단되는 경우, 그 원가는 소멸되었다고 한다. 이러한 소멸원가는 그것이 수익창출에 기여했는가의 여부에 따라 다시 비용과 손실로 나누어진다. 비용(expenses)은 수익을 창출하는데 기여한 소멸원가를 의미하며, 손실(losses)은 수익을 창출하는데 아무런 기여도 하지 못하고 소멸된 원가를 의미한다. 이러한 비용과 손실은 모두 손익계산서에서 수익에 대응되어 수익으로부터 차감된다.

4.2 시점에 따른 분류

1. 역사적 원가

역사적 원가는 재화나 용역을 취득한 당시의 교환가격, 즉 특정사건이 발생한 시점에서 결정된 원가를 의미한다. 실무에서는 역사적 원가를 실제원가(actual costs)라고도 하는데, 여기서 '실제'라는 말은 정확한 용어가 아니기 때문에 회계절차에 익숙하지 못한 일반인들에게는 오해를 불러일으킬 소지가 많다. 비록 실제원가가 특별한 사건이 발생한 후에 기록되는 것은 사실이지만 감가상각 등의 원가는 회계적 추정을 포함하고 있는 것이기 때문에 엄밀한 의미에서는 실제원가라고 할 수 없다. 일반적으로 역사적 원가는 과거에 발생한 사건에 근거해서 결정되기 때문에 객관적이며 검증가능하다는 특징을 갖는다.

2. 예정원가

예정원가는 특정사상이 발생하기 전에 분석과 예측을 통하여 결정되는 원가이며, 이미 발생한 사건이 아니라 미래에 발생할 것으로 기대되는 사건에 의해 결정되는 원가, 또는 미래 특정사건이 반드시 발생해야 한다는 특정인의 의견을 반영하고 있는 원가이다. 따라서 이 예정원가를 미래원가(future costs)라고도 한다.

역사적 원가와 예정원가는 위에서 살펴본 바와 같이 발생시점에 따라 구분되지만, 두 원가는 특정 회계시스템 내에 동시에 존재하기도 한다. 예를 들어, 매 회계연도 초에 미래에 일어날 사상을 미리 예측해서 기업운영을 위한 예산이나 표준원가를 설정하고 회계연도 말에 그 회계기간 동안 발생한 회계사상을 통해서 역사적 원가를 파악한 후 양자를 상호 비교하여 성과를 측정·평가하는 시스템이 있다면, 이러한 회계시스템 내에서는 역사적 원가와 예정원가가 동시에 존재하게 되는데 이때 예정원가는 예산 또는 표준원가와 같은 형태를 띠며 성과평가기준으로서의 역할을 한다.

4.3 추적가능성에 따른 분류

1. 직접원가

직접원가는 실질적으로 또는 경제적으로 특정제품 또는 특정부문에 직접 관련시킬 수 있는 원가로써 직접원가는 각 원가 집적대상에 직접 부과한다.

2. 간접원가

간접원가는 어떤 원가가 특정 원가와 직접 관련을 맺고 있다 하더라도 그 원가 직접대상에까지 실질적으로 또는 경제적으로 추적할 수 없는 경우에는 그 원가를 간접원가(indirect costs)라 한다.

원가를 그 추적 가능성에 따라 직접원가와 간접원가로 분류하는 경우, 간접원가는 별도의 부과방법을 사용하여 원가 집적대상에 부과한다. 간접원가를 각 제품이나 부문에 부과하는 것을 원가배분(cost allocation)이라고 하는데, 간접원가의 배분은 원가회계의 거의 모든 분야에 걸쳐 발생하는 문제로서 앞으로 본문의 여러 부분에서 충분히 논의될 것이다.

4.4 원가형태에 따른 분류

원가행태란 조업도수준이 증감함에 따라 원가발생액이 일정한 양상으로 변화할 때 그 변화양상을 원가행태라 한다. 따라서 원가행태에 따라 원가를 분류하는 방법은 경영계획과 통제목적에 매우 유용한 것이라 할 수 있다.

1. 순수변동원가

변동원가(variable costs)란 조업도의 변동에 직접적으로 비례하여 증감하는 원가를 말한다. 여기서 '변동'이라는 용어는 그 원가의 총액이 변동한다는 것을 의미한다. 따라서 변동원가는 조업도수준이 증가·감소함에 따라 그 원가총액이 증가·감소하는 원가로서, 단위당 변동원가는 조업도에 관계없이 일정하다.

그런데, 현실적인 측면에서 보면 여러 가지 영업상의 제약조건으로 말미암아 조업도 수준이 0일 때도 어느 정도의 원가는 발생한다. 따라서 엄격하게 말한다면 순수변동원가는 거의 존재하지 않는다고 할 수 있다.

2. 준변동원가

준변동원가(semi-variable costs)는 조업도의 변화와 관계없이 발생하는 일정액의 고정원가와 조업도의 변화에 따라 단위당 일정비율로 증가하는 변동원가의 두 부분으로 구성된 원가를 말하며 혼합원가(mixed costs)라고도 한다. 따라서 준변동원가는 조업도가 0일 때에도 고정원가 부분만큼의 원가가 발생하며 조업도가 증가함에 따라 이에 비례해서 선형으로 증가한다.

3. 순수고정원가

순수고정원가(strictly fixed costs)는 조업도수준에 관계없이 항상 일정하게 발생하는 원가를 말한다. 즉, 가격변화와 같은 외부요인의 영향이 없는 한 조업도가 증가하거나 감소하더라도 이에 영향을 받지 않고 총액이 일정한 원가를 의미한다. 이러한 순수고정원가의 예로는, 공장건물의 임차료나 정액법에 의한 감가상각비 등을 들 수 있다.

4. 준고정원가

준고정원가(semi-fixed costs 또는 step costs)란 특정범위의 조업도에서는 일정한 금액이 발생하지만, 조업도가 이 범위를 벗어나면 일정액 만큼 증가 또는 감소하는 원가로서 투입요소의 불가분성 때문에 준 고정원가는 계단형의 원가행태를 지닌다.

4.5 제조활동에 따른 분류

1. 제조원가

하나의 제품을 생산하기 위해서는 원재료와 이 원재료를 가공할 노동자가 있어야 하며, 제품생산과정에 용역을 제공하는 부대설비 및 기타 용역이 있어야 한다. 이와 같이 제품을 생산하는 과정에 소요되는 모든 요소의 원가를 제조원가(manufacturing costs)라 한다.

1) 직접재료원가(direct material costs)

완성품을 생산하는 데 사용되는 원재료의 원가 중 특정제품에 추적할 수 있는 원가를 말한다. 직접재료원가는 제품을 완성하는 데 절대 필요한 구성요소로서, 특정 완성품으로 전환되었다는 것을 쉽게 추적할 수 있기 때문에 직접재료원가는 변동원가형태를 나타낸다.

2) 직접노무원가(direct labor costs)

특정제품에 대하여 직접 추적할 수 있는 노무에 지출된 원가를 의미한다. 예를 들면, 노동자가 특정제품을 생산하는 데 소비한 시간에 대해서 지급한 원가가 직접노무원가에 해당된다. 노동자가 생산에 실제로 소비한 시간은 생산조업도에 따라 직접적으로 변화하기 때문에, 직접노무원가도 변동원가생태를 나타낸다.

3) 제조간접원가(indirect manufacturing costs 또는 factory overhead costs)

직접재료원가와 직접 노무원가를 제외한 모든 제조원가로서 다음의 항목들로 구성된다.

① 간접재료원가

기계를 작동하기 위한 윤활유, 세척제, 수선을 위한 부분품등과 같이 완성품의 일부분을 구성하는 것은 아니지만 특정제품을 생산하는 데 반드시 필요한 간접재료의 소비액을 말한다.

② **간접노무원가**

생산직 감독자나 관리인, 수리공 등과 같이 제품생산을 위해서 직접적인 작업을 하지는 않지만 공장운영을 위해 필요한 노동자에게 지급하는 모든 지출을 말한다.

③ **기타제조원가**

공장건물이나 설비자산에 대한 감가상각비, 공장에서 보유하고 있는 자산에 대한 세금, 공장건물을 운영하기 위해 발생한 난방비, 전기료 등과 같은 항목들이 여기에 해당된다.

제품제조에 있어서 직접 관련성이 있는 원가를 기본원가(직접재료원가와 직접노무원가의 합)라 하며 직접노무원가와 제조간접원가의 합을 가공원가라 한다.

2. 비제조원가

비제조원가(non-manufactural costs)는 기업의 제조활동과 직접적인 관련이 없이 단지 판매활동 및 일반관리활동과 관련하여 발생하는 원가로서 보통 판매비와 일반관리비라는 두 항목으로 구성되어 있다.

판매비는 고객으로부터 주문을 받아 고객에게 제품을 제공하는데 소요되는 비용으로 광고비, 판매수수료, 운송비, 판매부서가 차지하고 있는 건물에서 발생하는 비용 등이 있다. 이에 반해서 일반관리비란 기업이라는 조직을 운영하고 유지하기 위해 필요한 비용으로 경영자와 경리사무원에 대한 급료, 관리부서가 차지하고 있는 건물에서 발생하는 비용 등이 여기에 해당된다.

4.6 자산화 용이성에 따른 분류

1. 제품원가

제품원가(product costs)란 판매목적으로 제조하거나 취득한 제품에 대해 부과할 수 있는 원가로서 특정생산물에 '부착된' 또는 '흡수된'원가를 말한다. 따라서 제품원가는 그것이 발생한 기간에 비용으로 처리되는 것이 아니라 제품이 판매 또는 처분되는 기간에 비용으로 처리된다.

제품원가는 이와 같이 재고자산의 원가로서 판매(또는 처분) 시점까지 이연된다는 점에서 재고가능원가라고도 한다.

2. 기간원가

기간원가(period costs)란 제품원가, 즉 재고가능원가 이외의 모든 원가로서 그 것이 발생한 기간에 비용으로 처리되는 것을 말한다. 일반적으로 판매비와 일반관리비가 여기에 속한다. 이와 같은 원가는 그 지출과 관련해서 미래에 발생할지도 모르는 경제적효익을 객관적으로 측정하기 어렵기 때문에 실무의 편의상 미래기간으로 이연하지 않고 발생시점에서 비용화 한다.

즉, 기간원가는 각 개별제품의 생산 및 판매와 어떠한 관련을 맺고 있는지를 확인하기가 매우 어렵기 때문에, 특정제품에 부과하기보다는 발생기간에 즉시 비용화한다. 이와 같이 기간원가는 재고자산원가의 일부로서 미래기간까지 이연되는 것이 아니라는 점에서 재고불능원가라고도 하는데, 제품원가와 기간원가와의 관계를 <도 2-3>로 나타낼 수 있다.

〈도 2-3〉 제품원가와 기간비용

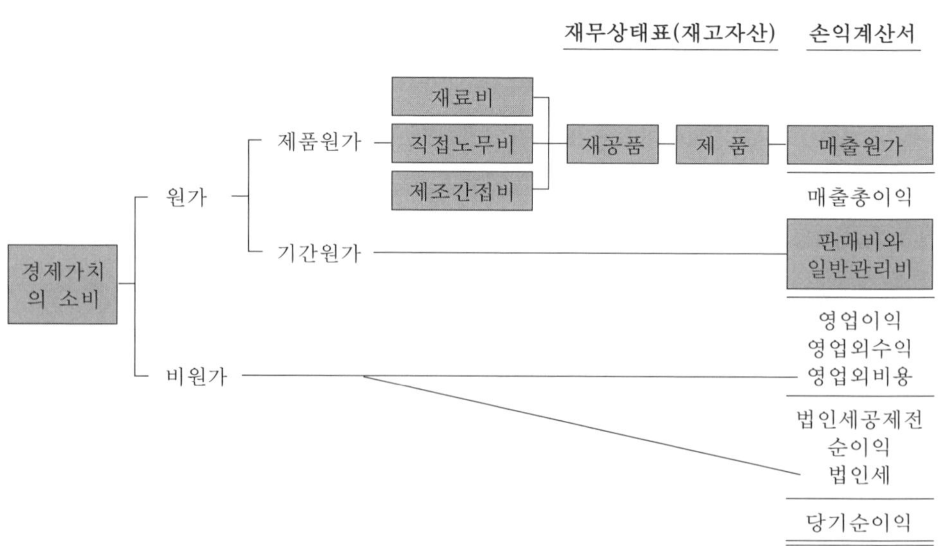

4.7 의사결정에 따른 분류

1. 차액원가

경영자들은 의사결정을 할 때 여러 가지 대체안들을 비교한다. 그리고 각 대체안에는 다른 대체안과 비교할 수 있는 원가가 있다. 이 경우, 특정대체안과 다른 대체안의 총원가의 차이를 차액원가(differential costs)라고 하며, 의사결정시 고려의 대상이 되는 관련원가(relevant costs)는 대부분 이러한 차액원가의 개념을 이용하게 된다. 한편, 대체안간의 수익 또는 영업이익의 차이를 차액수익 또는 차액영업이익이라 한다.

2. 발생원가

발생원가(sunk costs)란 이미 발생한 원가로서 현재 혹은 미래의 의사결정에 관련성이 없는 원가이다. 이 원가는 현재 혹은 미래의 대체적인 의사결정에 관련성이 없을 뿐만 아니라 대체안의 차이도 없으므로 차액원가도 아니다. 따라서 이것이 미래의 의사결정과정에 사용되어서는 안 된다. 경영자들은 때때로 기발생원가가 의사결정에 관련성이 있는 것처럼 생각하여 의사결정을 하기도 한다. 그러나, 기발생원가는 과거의사결정의 결과로서 이미 발생한 원가이기 때문에 경영자가 더 이상 통제할 수 없으므로 미래 의사결정에 적합한 원가가 아니다.

3. 기회원가

기회원가(opportunity costs)란 생산능력을 가진 재화, 용역 또는 생산설비를 현재의 용도가 아닌 차선의 용도에 사용했더라면 얻을 수 있었던 최대금액을 의미한다. 이는 자원을 대체적인 용도에 사용할 때 실현할 수 있는 최대의 수익(return)이라고 할 수도 있으며, 차선의 대체안을 포기함으로 인해서 잃어버린 효익이라고도 할 수 있다. 이런 의미에서 특정용도에 자원을 사용함으로 인해서 발생하는 기회원가는 그 자원을 차선의 대체안에 사용했다면 얻을 수 있었던 순현금유입(net cash inflow)이 된다. 여기서 한 가지 주의할 점은, 기회원가는 자원을 현재의 용도에 사용함으로써 얻을 수 있는 순현금유입과 차선의 대체안에 사용할 때 얻을 수 있는 순현금유입의 차액이 아니라, 차선의 대체안으로부터의 순현금유입 그 자체라는 점이다.

4. 현금지출원가

기회원가와 대비되는 개념으로 현금지출원가가 있다 현금지출원가(outlay costs)는 문자 그대로 과거, 현재 또는 미래의 실제현금유출이 있는 원가를 말한다. 이 현금지출원가는 실제현금지출을 수반하고 회계장부에 기록된다는 점에서 기회원가와 차이가 있다. 예를 들어, 자동차의 유지비와 연료비는 현금지출원가로서 회계장부에 기록된다.

연습문제

객관식

2-1 제품의 제조과정에서 소비된 인건비를 원가요소로는 무엇이라 하는가?

① 노무비 ② 재료비 ③ 제조경비 ④ 제조간접비

2-2 제조원가에 포함되지 않는 항목은?

① 공장소모품 ② 기계감가상각비
③ 공장경비원 임금 ④ 광고선전비

2-3 제품제조 원가의 3요소에 해당되지 않는 것은?

① 노무비 ② 외주가공비 ③ 노무비 ④ 제조경비

2-4 다음 중 비제조 원가는?

① 공장소모품 ② 광고비 ③ 공장장급료 ④ 공장수선비

2-5 다음 중 원가요소별 원가계산의 범위에 속하지 않는 것은?

① 재료비 계산 ② 재공품 계산 ③ 경비 계산 ④ 노무비계산

2-6 개별원가계산에 적합한 업종은?

① 시멘트제조업 ② 화공약품제조업 ③ 제지업 ④ 조선업

2-7 개별원가계산의 설명으로 옳지 않는 것은?

① 소품종개별생산방식 ② 주문식생산방식
③ 개별작업별 원가집계 ④ 공정별 원가집계

2-8 동질의 제품을 단일의 생산공정을 통하여 대량생산하는 경우에 적절한 원가계산제도는?

① 개별원가계산제도 ② 부문별원가계산제도
③ 표준원가계산제도 ④ 종합원가계산제도

2-9 원가의 흐름으로 옳은 것은?

① 제품 → 재공품 → 원재료 ② 재공품 → 제품 → 원재료
③ 원재료 → 재공품 → 제품 ④ 원재료 → 제품 → 재공품

2-10 원가집계를 위한 원가흐름이 옳은 것은?

① 재료비 → 재공품 → 제품 → 매출원가
② 재료비 → 제품 → 재공품 → 매출원가
③ 노무비 → 제품 → 재공품 → 매출원가
④ 재료비 → 제품 → 재공품 → 매출원가

2-11 다음 중 틀린 내용은?

① 공장감가상각비는 수익과 대응이 되어야 비용이라 할 수 있다.
② 재공품 계정은 생산현장의 상황을 계정으로 표시한 것이다.
③ 제조업에서는 제조원가가 산정되어야 매출원가 계산이 가능하다.
④ 원가회계에서는 고정비를 반드시 분리해야 한다.

2-12 다음 보기에서 적당한 원가개념을 골라 ( ) 안에 써 넣으시오.

〈보기〉

재료비	기본원가	미소멸원가	기간원가
노무비	가공원가	비제조원가	제조경비
준변동비	총원가	직접비	준고정비
제조원가	간접비	소멸원가	제품원가

(1) (　　) 제품을 제조하기 위하여 투입되는 재료의 소비로 인하여 발생하는 원가

(2) (　　) 특정제품의 제조를 위해서만 소비되어 직접 그 특정제품에 관련(포함)시킬 수 있는 원가

(3) (　　) 직접재료비와 직접노무비를 합한 금액

(4) (　　) 제품을 제조하기 위하여 노동력을 소비함으로 인하여 발생하는 원가

(5) (　　) 고정비와 변동비가 혼합되어 있는 원가

(6) (　　) 원가 중에서 재료비와 노무비를 제외한 일체의 것을 소비함으로 인하여 발생하는 원가

(7) (　　) 특정범위의 조업도에서는 고정비가 일정하게 발생하지만 조업도가 이 범위를 벗어나면 일정액만큼 증가 또는 감소하는 원가

(8) (　　) 용역잠재력이 소멸되어 미래에 더 이상의 경제적 효익을 제공할 수 없으리라고 예상되어지는 원가

(9) (　　) 여러 종류의 제품제조를 위하여 공통적으로 소비되어 특정제품에 직접 관련(부과)시킬 수 없는 원가

(10) (　　) 용역잠재력이 소멸되지 않고 남아 있어 미래에 경제적 효익을 제공할 수 있으리라고 예상되어지는 원가

(11) (　　) 재료를 직접 가공하는데 또는 재료를 제품으로 전환시키는데 소비된 원가

(12) (　　) 제조원가에다 판매 및 관리활동과 관련하여 발생한 원가를 가산한 원가

(13) (　　) 제품원가 이외의 모든 원가로서 그것이 발생한 기간에 비용으로 처리되는 원가

(14) (　　) 제품의 제조와는 직접적인 관련없이 소비된 경제적 가치

(15) (　　) 판매를 목적으로 제조하거나 취득한 제품에 대하여 부과할 수 있는 원가

(16) (　　) 제품을 제조하기 위하여 소비된 경제적 가치로서 직접재료비, 직접노무비 및 제조간접비로 구성되어 있는 원가

주관식

2-1 다음 물음에 답하시오(계산과정을 표시하시오).

(1) 직접재료비 ₩200,000
(2) 직접노무비 ₩170,000
(3) 직 접 경비 ₩20,000
(4) 판매비 · 일반관리비는 제조원가의 40%가 배부된 것임.
(5) 판매가격은 ₩840,000이며, 여기에는 총원가의 20%의 이익이 포함되어 있다.

<table>
<tr><td>이 익</td><td colspan="3">( )</td><td rowspan="6">판매가격
( )</td></tr>
<tr><td>판매비 · 일반관리비</td><td colspan="2">( )</td><td rowspan="5">총 원 가
( )</td></tr>
<tr><td>제 조 간 접 비</td><td>( )</td><td rowspan="4">제조원가
( )</td></tr>
<tr><td>직 접 재 료 비</td><td rowspan="3">직접원가
( )</td></tr>
<tr><td>직 접 노 무 비</td></tr>
<tr><td>직 접 경 비</td></tr>
</table>

2-2 다음 자료에 의하여 직접재료비, 직접원가, 제조간접비, 판매비와 일반관리비, 판매원가(총원가)를 계산하시오.

(1) 직접노무비 ₩700,000 제조원가는 ₩3,250,000
(2) 직접제조경비는 직접재료비의 20%이며, 제조간접비는 직접원가의 30%이다.
(3) 판매가격은 ₩4,550,000이며 판매원가의 30% 증액이다.

2-3 다음 자료에 의하여 원가구성도를 작성하시오.

(1) 직접재료비 ₩10,000 직접노무비 ₩14,000 직접경비 ₩8,000
(2) 판매가격 ₩54,000
(3) 판매가격 속에 총원가의 20%가 되는 이익이 포함되어 있다.
(4) 판매비와 관리비는 제조원가의 20%이다.

2-4 다음 원가구성도의 ( )안에 알맞은 금액을 기입하시오.

(1) 판매가격은 판매원가의 20% 이익을 가산한 금액이다.
(2) 판매비와 일반관리비는 제조원가의 30%이다.

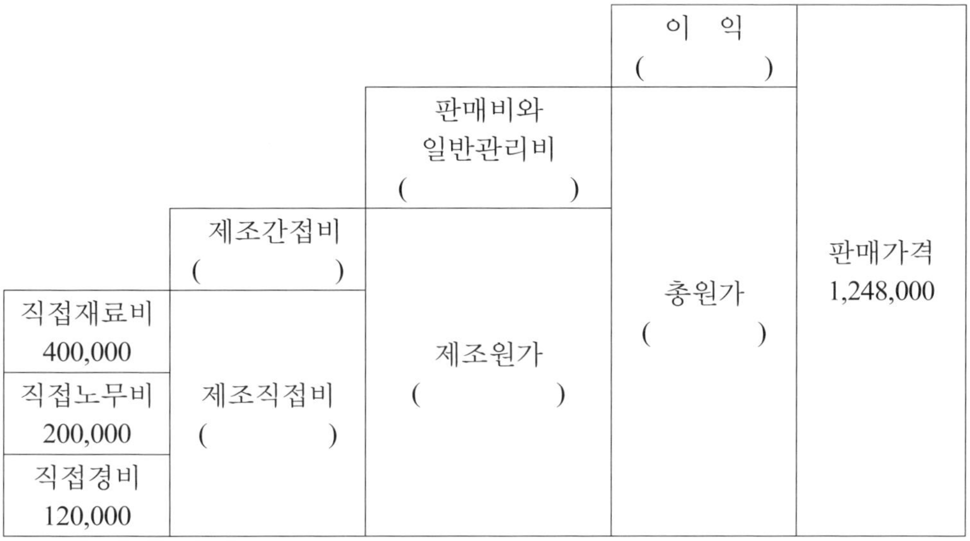

2-5 다음 자료에 의하여 원가구성도를 완성하시오.

직접재료비	₩340,000	간접노무비	₩140,000
직접노무비	300,000	간접제조경비	80,000
직접제조경비	260,000	판 매 비	90,000
간접재료비	200,000	일반관리비	160,000

판매이익은 판매원가의 20%

풀 이

객관식

2-1 ① **2-2** ④ **2-3** ② **2-4** ② **2-5** ② **2-6** ④ **2-7** ④ **2-8** ④
2-9 ③ **2-10** ① **2-11** ④

2-12

(1) 재 료 비	(5) 준변동비	(9) 간 접 비	(13) 기간원가
(2) 직 접 비	(6) 제조경비	(10) 미소멸원가	(14) 비제조원가
(3) 기본원가	(7) 준고정비	(11) 가공원가	(15) 제품원가
(4) 노 무 비	(8) 소멸원가	(12) 총 원 가	(16) 제조원가

주관식

2-1

직접원가 : 직접재료비 + 직접노무비 + 직접경비
(₩200,000) (₩170,000) (₩20,000) = ₩390,000

총 원 가 : 판매가격(₩840,000) × $\frac{1}{(1+0.2)}$ = ₩700,000

이 익 : 판매가격(₩840,000) − 총원가(₩700,000) = ₩140,000

제 조 원 가 : 총원가 ₩700,000 × $\frac{1}{(1+0.4)}$ = ₩500,000

판매비·일반관리비 : 총원가 × 제조원가
(₩700,000) (₩500,000) = ₩200,000

제조간접비 : 제조원가 − 직접원가
(₩500,000) (₩390,000) = ₩110,000

<table>
<tr><td>이 익</td><td colspan="3">(₩140,000)</td><td rowspan="6">판매가격
(₩840,000)</td></tr>
<tr><td>판매비·일반관리비</td><td colspan="2">(₩200,000)</td><td rowspan="5">총 원 가
(₩700,000)</td></tr>
<tr><td>제 조 간 접 비</td><td>(₩110,000)</td><td rowspan="4">제조원가
(₩500,000)</td></tr>
<tr><td>직 접 재 료 비</td><td rowspan="3">직접원가
(₩390,000)</td></tr>
<tr><td>직 접 노 무 비</td></tr>
<tr><td>직 접 경 비</td></tr>
</table>

2-2

(1) 제조원가 = 직접원가 + 간접원가
= 직접원가 + (직접원가×30%) = 직접원가(1+0.3)

(2) 직접원가 = 직접재료비 + 직접노무비 + 직접제조경비

(3) 제조간접비 = 제조원가 − 직접원가

(4) 판매가격 = 판매원가 + (판매원가×30%) = 판매원가(1+0.3)

(5) 판관비 = 판매원가 − 제조원가

구 분	순서	계 산 과 정	정 답
직 접 재 료 비	(2)	(2,500,000−700,000)÷(1+0.2)=1,500,000	₩1,500,000
직 접 원 가	(1)	3,250,000÷(1+0.3)=2,500,000	₩2,500,000
제 조 간 접 비	(3)	3,250,000−2,500,000=750,000	₩750,000
판 관 비	(5)	3,500,000−3,250,000=250,000	₩250,000
판 매 원 가	(4)	4,550,000÷(1+0.3)=3,500,000	₩3,500,000

2-3

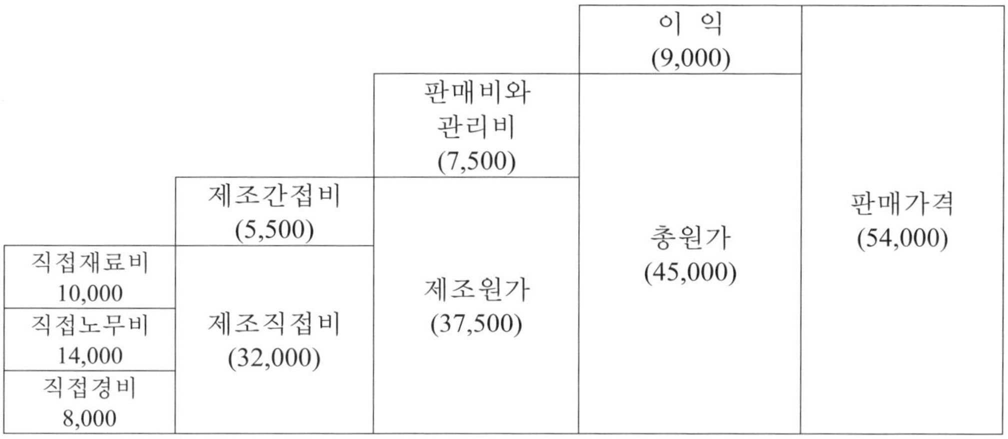

판매가격 = 총원가 + 이익
= ₩54,000 = 총원가(X) + 0.2X 총원가(X) = ₩45,000

총원가 = 제조원가+판매비와 관리비
= ₩45,000 = 제조원가(X) + 0.2X 제조원가(X) = ₩37,500

제조직접비 = 직접재료비 + 직접노무비 + 직접경비
= 10,000+14,000+8,000 = ₩32,000

제조원가 = 제조직접비 + 제조간접비
= ₩37,500 = ₩32,000 + 제조간접비(X) X = ₩5,500

2-4

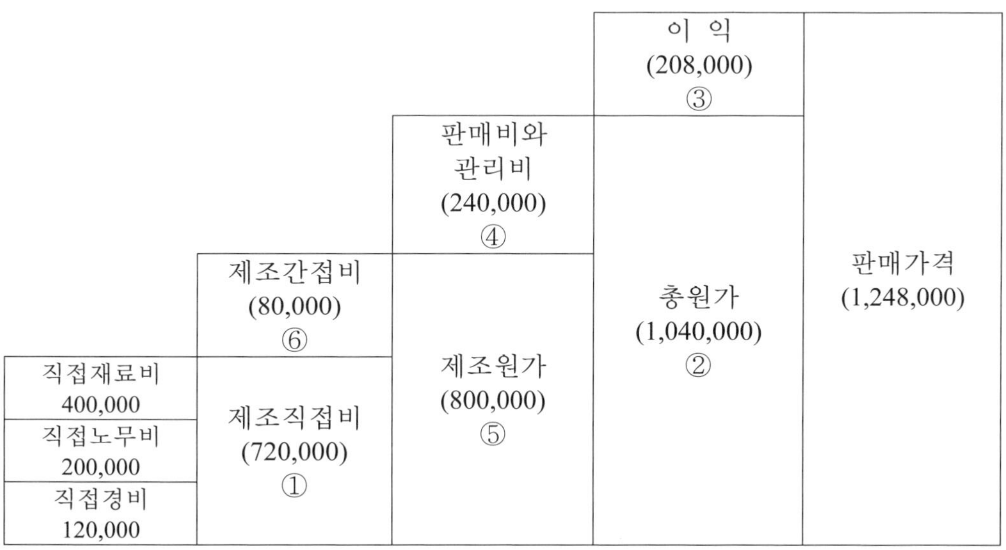

② ₩1,040,000 = ₩1,248,000 ÷ (1+0.2)
④ ₩ 800,000 = ₩1,040,000 ÷ (1+0.3)

2-5

<table>
<tr><td></td><td></td><td></td><td>이 익
(314,000)</td><td rowspan="6">판매가격
(1,884,000)</td></tr>
<tr><td></td><td></td><td>판매비와
관리비
(250,000)</td><td rowspan="5">총원가
(1,570,000)</td></tr>
<tr><td></td><td>제조간접비
(420,000)</td><td rowspan="4">제조원가
(1,320,000)</td></tr>
<tr><td>직접재료비
340,000</td><td rowspan="3">제조직접비
(900,000)</td></tr>
<tr><td>직접노무비
300,000</td></tr>
<tr><td>직접경비
260,000</td></tr>
</table>

제 3 장

원가요소별 회계처리

제1절 재료와 재료비의 회계처리

1.1 재료 및 재료비의 의의

재료(또는 원가)는 제품제조에 소비할 목적으로 보관하고 있는 자산으로 흔히 실무에서는 원재료라는 복합적인 용어를 사용하고 있다. 그러나 엄밀한 의미에서 재료와 원료는 구별되는 것으로 재료(material)는 물리적 가공에 의하여 제품화되는 것임에 반하여, 원료(raw material)는 화학적 가공에 의하여 제품화되는 것이다. 앞으로는 특별한 경우를 제외하고는 재료로 통일하여 사용하기로 한다.

반면 재료가 제품제조에 소비될 때 그 물품의 가치를 가리켜 재료비라고 하는 원가를 나타낸다. 여기서 주의할 것은 재료를 소비한다고 해서 그 재료의 가치가 없어지는 것이 아니고, 그 재료의 경제적 가치가 제품의 제조원가로 이전되는 것으로 파악 된다는 점이다. 이를 강조하는 이유는 재료라 하면 재고자산으로 이해할 수 있으나, 재료비(material costs)는 재료의 소비액으로 원가로서 재공품계정에 대체된다.

1.2 재료비의 분류

1. 직접재료비(direct material costs)

이것은 특정제품에 대하여 그 소비액을 직접적·개별적으로 파악할 수 있는 재료비를 말한다. 즉, 원가계산상 특정제품에 직접 부과할 재료비이며, 이것은 주요재료비와 매입부품비로 분류한다.

1) 주요재료비

이것은 제품의 생산을 위하여 직접으로 소비되어 그 물질적 내용이 제품의 기본적인 실체를 구성하는 물건으로 소재비라고도 한다. 예를 들면, 타이어 에 있어서 생고무 등이 그 예이다.

2) 매입부품비

이것은 기업외부에서 구입되어 그대로 제품에 부착하여 그 제품의 일부분이 되는 제품의 소비액을 말한다. 조립형(assembly type)산업에 있어서는 다종류의 부분품을 조립함으로써 제품이 제조되므로 부품비가 재료비의 상당부분을 점하는 경우도 있다. 부분품에는 외부에서 매입한 것과 자사공장에서 제조한 것이 있는데 전자는 재료비로 처리하는 반면 후자는 반제품으로 처리된다.

2. 간접재료비(indirect material costs)

이것은 여러 종류의 제품제조를 위하여 간접적·공통적으로 소비되었기 때문에 특별한 배부계산에 의하지 않으면 각각의 특정제품에의 배부액이 설정될 수 없는 재료비를 말하는데, 이것은 다시 다음과 같이 분류된다.

1) 보조재료비

이것은 제품의 생산과정에서 제품의 실체가 되지 않고 보조적으로 소비되는 재료를 말한다. 이것에는 연료의 중유나 석탄 등 각종의 약품에 이르기까지 다양하다.

2) 공장소모품

이것은 공장에 있어서 생산을 위하여 소비되는 소모품을 말한다. 예를 들면 금전적으로 크지 않는 화학약품, 작업복, 고무장화 등이 있다.

1.3 재료의 매입

1. 재료매입장(material purchase book)

이것은 구매계에서 재료의 매입 거래를 기록하는 장부로서, 특수 분개장의 일종이다 구매계는 <도 3-1>와 같은 재료매입장에 재료의 매입 거래를 기록한 다음, 일정 기간 단위로 마감하여 회계계에 보고한다.

〈도 3-1〉 재료매입장

재 료 매 입 장

일 자		송품장 No.	매입처	적요	차변과목					원면	대변과목	
					주요 재료	부분품 매입	보조 재료	공장 소모품	소모 공구		외상 매입금	제좌

회계계는 재료매입장을 기초로 하여 일반 분개장을 다음과 같이 합계 분개한 후, 총계정원장에 전기한다.

차) 주요재료	×××	대) 외상매입금	×××
보조재료	×××	제 좌	×××
부 품	×××		
소모공구기구	×××		

2. 재료원장(material ledger)

회계계는 구매계로부터 접수한 재료수입보고서를 근거로 재료원장을 기록한다. 재료원장은 <도 3-2>에서 보는 것처럼 각 재료의 종류별로 설정하며, 판매기업의 상품수불부(상품재고장)와 동일하다.

〈도 3-2〉 재료원장

재 료 원 장

품　　명 ________ 보관장소 ________ 최고보유량 ________
재료 No. ________ 계좌 No. ________ 최저보유량 ________

일자	적요	입 고				출 고				재 고		
		수입보고서 No.	수량	단가	금액	수출청구서 No.	수량	단가	금액	수량	단가	금액

3. 재료재고조사표

재료는 보관 중에 파손, 도난, 부패, 증발 등으로 인하여 실제 재고량은 장부상의 재고량과 서로 일치하지 않는 것이 보통이다. 이와 같이 장부상의 재고량과 실제 재고량 사이에 차이가 있을 때에는, 재료현장카드의 기록을 정정하고, 회계계의 재료원장과 총계정원장의 기입 내용을 정정하는 것이 필요하다. 이를 위하여 제조 기업은 정기적으로 실제 재고 조사를 실시하고, 실제재고액을 <도 3-3>과 같은 재료재고조사표에 기록한다.

〈도 3-3〉 재료재고조사표

재료재고조사표

재료종류: ___________

____

20○○년 ×월 ×일

실 제 재 고				재료현장카드			차 이					
품 명	수량	단가	금액	수량	단가	금액	부 족			초 과		
							수량	단가	금액	수량	단가	금액

이 때 재료 부족액은 재료 계정의 대변과 재료감모손실 계정의 차변에 기입하였다가, 그 부족액이 정상적인 원인에 의하여 발생한 것이라고 판명되면 제조간접비 계정으로 대체하여 제조원가에 포함시키고, 도난이나 화재 등과 같이 비정상적인 원인에 의하여 발생한 것이라고 판명되면 잡손실계정으로 대체하여 영업외비용으로 처리한다.

차) 재료감모손실	××	대) 재 료	××
┌ 제조간접비	××	재료재고감모손실	××: 정상
└ 잡 손 실	××	재료재고감모손실	××: 비정상

1.4 재료의 출고

재료의 출고는 원가계산상 재료의 소비를 의미함으로 재료비가 된다. 출고된 여러 재료의 소비액을 기입하는 특수분개장으로 재료분개장을 사용하는데, 원가계산계는 재료출고전표에 기록된 재료 소비액 중에서, 제조지시서 번호가 매겨져 있는 직접재료비는 재공품란에 기입하고, 그렇지 않은 간접재료비는 제조간접비란에 각각 기입한다.

〈도 3-4〉 재료분개장

재 료 분 개 장

일 자		청구서 No.	적요	차변과목		대변과목				
				재공품	제조간접비	주요재료	부분품	보조재료	공장소모품	소모공구

재료분개장은 일정기간마다 총계원장에 합계전기를 행한다. 이때에서 행하는 분개는 다음과 같다.

차)	재 공 품	×××	대) 주요재료	×××
	제조간접비	×××	매입부분품	×××
			보조재료	×××
			공장소모품	×××
			소모공구	×××

1.5 재료 매입과 출고의 기장 사례

(1) 다음 재료 매입에 관한 자료를 재료매입장에 기입한 후, 월말에 회계계에서 행할 합계 분개를 표시하시오.

6/3 평화상회로부터 재료를 다음과 같이 외상으로 매입하다.
(송품장 #3)

주요재료 : 200kg @₩100 ₩20,000
부 품 : 10개 @₩200 ₩2,000

6/5 영남상회로부터 재료를 다음과 같이 현금으로 매입하다.
(송품장 #6)

보조재료 : 25kg @₩40 ₩1,000
소모공구기구 : 10개 @₩200 ₩2,000

(2) ① 결산시 실제 재료재고액을 조사한 결과, 장부상의 잔액보다 ₩3,000이 부족함을 발견하다.

② 위의 감모손실 중 ₩2,000은 정상적인 원인에 의하여 발생한 것이라고 간주되나, 잔액을 비정상적인 원인에 의하여 발생한 것이라고 간주된다.

(3) 다음 자료로 재료비 분개장을 기입하고, 월말에 회계계가 할 분개를 표시하시오.

6/ 3 재료출고전표 No.3

A주요재료 : 200kg @₩400 ₩80,000 지시서 #1

6/10 재료출고전표 No.4

B주요재료 : 100개 @₩600 ₩60,000 지시서 #2

C부 품 : 20개 @₩200 ₩ 4,000 지시서 #2

6/30 6월의 보조재료 소비액 ₩16,000

풀이

(1)

재 료 매 입 장

월	일	송품장 No.	매입처	적요	차변				원면	대변	
					주요재료	부품	보조재료	소모공구기구		외상매입금	제좌
6	3	#3	평화상회	외상	20,000	2,000			매입처 1	22,000	
	5	#6	영남상회	현금			1,000	2,000	V		3,000
= = =											
계					400,000	40,000	20,000	10,000		390,000	80,000

• 월말에 회계계에서 할 합계 분개

차) 주요재료 400,000　　대) 외상매입금 390,000
　부　　품 40,000　　　제　　좌 80,000
　보조재료 20,000
　소모공구기구 10,000

(2) ① 차) 재료감모손실 3,000　　대) 재　　료 3,000
　② 차) 제조간접비 2,000　　　재료감모손실 3,000
　　잡 손 실 1,000

(3)

재료비 분개장

월	일	전표 No.	적　요	원면	차변 재공품	차변 제조간접비	원면	대변 주요재료	대변 부품	대변 보조재료	대변 소모공구기구
6	3	3	지시서 #1	∨	80,000		∨	80,000			
	10	4	지시서 #2	∨	64,000		∨	60,000	4,000		
	30		제조간접비	∨		16,000	∨			16,000	
					144,000	16,000		140,000	4,000	16,000	

• 월말에 회계계가 할 분개

차) 재 료 비 160,000　　대) 주요재료 140,000
　　　　　　　　　부　　품 4,000
　　　　　　　　　보조재료 16,000

차) 재 공 품 144,000　　대) 재 료 비 160,000
　제조간접비 16,000

제2절 재료의 소비량과 소비단가결정

2.1 재료의 소비량계산

1. 계속기록법

이 방법은 장부재고법(book inventory method)이라고도 하며, 재료의 수입·출고에 대하여 재료수입보고서 및 재료출고청구서에 의하여 입·출고 수량을 명백히 하고 입·출고 때마다 재료원장에 재료의 종류별로 계속적으로 기입하여 그 소비량을 계산하는 방법이다. 이 방법에 의하면 언제나 실재량과 장부재고가 산출되어 있으므로 필요시에는 장부에서 재료소비량을 알 수 있으며, 현품출고에 의하여 보관 중에 생긴 감모를 산출할 수가 있다.

재료의 출고빈도가 적고 출고수량이 많은 경우에는 이 방법이 가장 이상적이라 할 수 있으나, 출고도수가 빈번한 재료나 재료의 종류가 많은 경우는 노력이 많이 든다. 계속기록법에 의하여 재료소비량을 계산하는 방법은 다음과 같다.

(전기이월액 + 당기매입액) − 기말장부재고량 = 당기추정소비량

2. 실지재고조사법

이것은 원가계산기말 또는 정기에 재료의 종류별로 실제재고조사(physical inventory)를 행하여 이것을 전기이월량 및 당기매입량의 합계에서 차감하여 그 기간의 소비량을 총합적·간접적으로 추정 계산하는 방법이다.

이것을 산식으로 표시하면 다음과 같다.

(전기이월액 + 당기매입액) − 기말실제재고량 = 당기추정소비량

이 방법에 의하면 제조지시서별로 재료소비량을 파악할 수 가 없으므로 단일 제품을 양산하는 경우에는 가능하나 계속기록법과 같이 재료의 입·출고의 과정을 기록 계산을 하지 않으므로 재료의 실제소비량과 보관중의 소비량을 구별할 수 가 없다. 따라서 기말의 재고량 이외의 재료, 즉 기중에 감소된 재료는 모두 소비량에 포함되어 버리기 때문에 그 만큼 제품의 원가가 부당하게 높아질 가능성이 있다. 그러므로 이 계산법에 의한 재료소비량의 계산은 계속기록법에 의하는 것이 곤난하거나 그 필요성이 없는 보조재료, 소모품 등 비교적 소량이고 출고가 빈번한 것에 대하여 적용한다.

3. 역산법

이 방법은 각종 제품의 생산량에서 역으로 각종 재료의 소비량을 계산하는 방법이다. 즉, 생산 1단위당에 사용되는 재료의 수량을 알고 있을 때 1개월의 재료의 소비량을 계속기록법에 의하지 않고 1개월의 생산수량에 그 생산 1단위당 재료사용량을 곱하여 생산량의 완성량에서 역산하여 계산한다. 이것을 산식으로 표시하면 다음과 같다.

제품단위당 사용소비량 × 당기제품생산량 = 당기추정소비량

이 방법은 기술적인 조건에서 생산단위당의 당해재료의 사용량이 고정되어 있고, 재료의 소비량이 생산량에 비례한다는 것이 전제가 된다. 따라서 계속기록법이나 실재재고조사법의 적용이 곤란한 경우에 사용된다.

2.2 재료의 소비단가계산

1. 실제원가법

재료의 소비단가를 그 재료의 단위당 구입원가로 간주하지만 동일재료의 경우라도 구입시점이 다름에 따라 구입단가 달라지는 것이 일반적이다. 따라서 어느

구입시점의 단가를 적용해야 하느냐의 따라 원가법은 다음과 같이 분류된다.

1) 개별법(specific identifiable method)

같은 품질·규격 등을 가진 재료일지라도 구입원가가 다르면 구분하여 보관하고, 출고할 때마다 어디에 속한 것이 출고되었나를 확인하여 그 구입단가를 소비단가로 하는 방법으로 보통 고가의 재료나, 재료의 종류가 극히 적을 경우에 이용할 수 있다.

2) 선입선출법(first-in first-out method. Fifo)

이것은 매입순법이라고도 한다. 같은 재료라도 구입단가가 다르면 구분하여 재료원장에 기록해 두고, 실제로 어떠한 재료가 출고되었든 간에 먼저 매입한 것부터 출고·소비되어진다는 가정 아래 먼저 매입한 분의 구입단가를 적용하는 방법이다. 이 방법은 가치흐름과 물량 흐름(physical flow)이 대체로 일치하는 장점이 있다. 한편 계산이 번잡하고, 상이한 재료소비단가로 인하여 같은 제품일지라도 제조원가가 달라지는 경향이 있다.

다음 자료를 이용하여 선입선출법 및 후입선출법의 가정하에서 계속기록법으로 재료원장을 기록하고, 6월의 재료 소비액을 계산하시오.

6/ 1	전월이월 :	A재료 200개	@₩100	₩20,000
6/ 4	입　　고 :	A재료 300개	@₩110	₩33,000
6/ 7	출　　고 :	A재료 400개		
6/17	입　　고 :	A재료 300개	@₩120	₩36,000
6/25	출　　고 :	A재료 200개		

재 료 원 장

<선입선출법> A 재료 (수량 단위 : 개)

월	일	적 요	입 고			출 고			잔 액		
			수량	단가	금 액	수량	단가	금 액	수량	단가	금 액
6	1	전월이월	200	100	20,000				200	100	20,000
	4	입 고	300	110	33,000				200	100	20,000
									300	110	33,000
	7	출 고				200	100	20,000			
						200	110	22,000	100	110	11,000
	17	입 고	300	120	36,000				100	110	11,000
									300	120	36,000
	25	출 고				100	110	11,000			
						100	120	12,000	200	120	24,000
	30	차월이월				200	120	24,000			
			800		89,000	800		89,000			
7	1	전월이월	200	120	24,000				200	120	24,000

6월의 재료 소비액 : ₩42,000(6/7 출고)+₩23,000(6/25 출고) = ₩65,000

3) **후입선출법**(last-in first-out method Lifo)

이것은 매입역법이라고도 한다. 같은 재료라도 구입단가가 다르면 재료원장에 구분하여 기입해 두고 실제로 어떠한 재료가 출고되었든 간에 나중에 매입한 분부터 출고·소비되어진다는 가정으로 선입선출법과는 반대이다.

이 방법의 장점은 물가상승기에 원가법의 범주 내에서 시가에 가까운 원가로서 제품원가를 계산하는 효과가 있는 점이다 한편 계산이 번잡하고 상이한 소비단가로 인하여 상이한 제품원가가 계산되는 단점이 있다.

재 료 원 장

〈후입선출법〉 A 재료 (수량 단위 : 개)

월	일	적 요	입고 수량	입고 단가	입고 금 액	출고 수량	출고 단가	출고 금 액	잔액 수량	잔액 단가	잔액 금 액
6	1	전월이월	200	100	20,000				200	100	20,000
	4	입 고	300	110	33,000				200	100	20,000
									300	110	33,000
	7	출 고				300	110	33,000			
						100	100	10,000	100	100	10,000
	17	입 고	300	120	36,000				100	100	10,000
									300	120	36,000
	25	출 고				200	120	24,000	100	100	10,000
									100	120	12,000
	30	차기이월				100	100	10,000			
						100	120	12,000			
			800		89,000	800		89,000			
7	1	전월이월	100	100	10,000				100	100	10,000
			100	120	12,000				100	120	12,000

6월의 재료 소비액 : ₩43,000(6/7 출고) + ₩24,000(6/25 출고) = ₩67,000

4) 단순평균법(simple average method)

서로 다른 구입단가를 단순히 합계하여 구입회수로 나누어 소비단가를 결정하는 방법으로, 산술평균법(arithmetical average method)이라고도 부른다. 이 방법에 의한 평균소비단가는 가중되지 않은 통계적 결함을 갖고 있어 잘 이용되지 않는다.

5) 이동평균법(moving average method, running average method)

이 방법은 상이한 구입단가로서 재료를 매입할 때마다 아래와 같은 산식에 의해 새로운 가중평균단가를 계산하고 새로운 입고가 있을 때까지 출고분의 소비단가로서 적용한다.

$$\text{이동평균원가} = \frac{\text{현재재고액} + \text{구입원가}}{\text{현재재고수량} + \text{구입수량}}$$

이 방법의 장점은 즉 물가등락으로 인하여 제품원가에 미치는 영향을 다소간 평균화 할 수 있다는 점이다. 그러나 단점은 구입회수가 빈번한 경우에는 번번이 가중평균원가를 계산해야 하는 번잡성이 있다는 점이다.

재 료 원 장

<이동평균법> A 재료 (수량 단위 : 개)

월	일	적 요	입 고			출 고			잔 액		
			수량	단가	금 액	수량	단가	금 액	수량	단가	금 액
6	1	전월이월	200	100	20,000				200	100	20,000
	4	입 고	300	110	33,000				500	106	53,000
	7	출 고				400	106	42,400	100	106	10,600
	17	입 고	300	120	36,000				400	116.5	46,600
	25	출 고				200	116.5	23,300	200	116.5	23,300
	30	차월이월				200	116.5	23,300			
			800		89,000	800		89,000			
7	1	전월이월	200	116.5	23,300				200	116.5	23,300

6) **총평균법**(monthly average method)

이 방법은 원가계산기말에 아래와 같은 산식에 의하여 하나의 가중평균단가를 계산하여, 그것을 기간의 총출고량에 대한 소비단가로서 적용한다.

$$\text{총평균단가} = \frac{\text{기초재고액} + \text{당기총구입원가}}{\text{기초재고수량} + \text{당기총구입수량}}$$

따라서 기중의 재료원장에는 출고 및 재고수량만 기록하게 되는데, 계산이 간편하고 통일된 소비단가를 적용할 수 있는 장점이 있다. 한편 기말이 아니면 소비단가를 알 수 없어 원가계산이 늦어진다는 단점이 있다.

전술한 예제로 총평균법에 의한 재료소비액을 구하시오.

재 료 원 장

<총평균법>

A 재료

(수량 단위 : 개)

월	일	적 요	입 고			출 고			잔 액		
			수량	단가	금액	수량	단가	금액	수량	단가	금액
6	1	전월이월	200	100	20,000				200	100	20,000
	4	입 고	300	110	33,000				500		
	7	출 고				400			100		
	17	입 고	300	120	36,000				400		
	25	출 고				200			200	111.25	22,250
	30	차월이월				200	111.25	22,252			
			800		89,000	800		89,000			
7	1	전월이월	200	111.25	22,250				200	111.25	22,250

$$\frac{200개 \times ₩100 + 300개 \times ₩110 + 300개 \times ₩120}{200개 + 300개 + 300개} = \frac{₩89,000}{800개} = 111.25$$

2. 예정가액법

재료의 소비가격은 필요할 경우에는 예정가격(predetermined price)으로서 계산할 수 있다. 예정가격에 의하여 재료의 소비가격을 계산하는 방법을 예정가격법(predetermined price method)이라 한다.

예정가액이란 그것이 적용된 기간에 있어 재료의 실제구입원가를 예측할 경우 사전에 결정된 가격이다.

재료의 구입원가에 관해서도 필요한 경우에는 예정가격을 가지고 계산할 수가 있기 때문에, 예정가격의 이용방법에는 다음과 같은 2가지 경우가 있다.

첫째, 입고시에는 실제구입원가로 기장하고 출고할 때에는 예정소비가격을 사용하는 방법인데 기중소비액은 예정가액으로 계산하면서 기말재고액은 실제가격에 의하여 계산할 수 있다는 이점이 있다.

둘째, 입고시와 출고시에 예정가격을 사용하는 방법으로 입고시에는 재료구입차이를 분리하지만 출고시에는 가격차이가 발생하지 않는다.

재료의 출고에 예정가격을 사용하면 다음과 같은 이점이 있다.

① 재료소비액의 계산이 간략하고 신속하다.

② 계절적 변동 또는 시세변동에 의한 영향을 완화시킨다.

③ 재료소비능률의 측정이 용이하다.
④ 재료비예산의 편성 등의 자료로서 유용하다.

예정가액에 의한 재료 소비에 대해 회계처리에 대한 기장 방법은 다음과 같다.

① 예정가액에 의한 재료 소비액

차) 재 공 품	××	대) 재료비	××
제조간접비	××		

② 실제 가액에 의한 재료 소비액

차) 재료비	××	대) 재 료	××

③ 재료비 차액계정에 대해

차) 재료비	××	대) 재료비차이	××

예정가액보다 실제가액이 적은 경우에는 차액만큼을 차변에 재료비 차액으로 기입한다.

예정가격법에 따른 경우, 재료관계계정의 기장흐름을 도해하면 <도 3-5>와 같다.

〈도 3-5〉 예정가격에 의한 기장관계

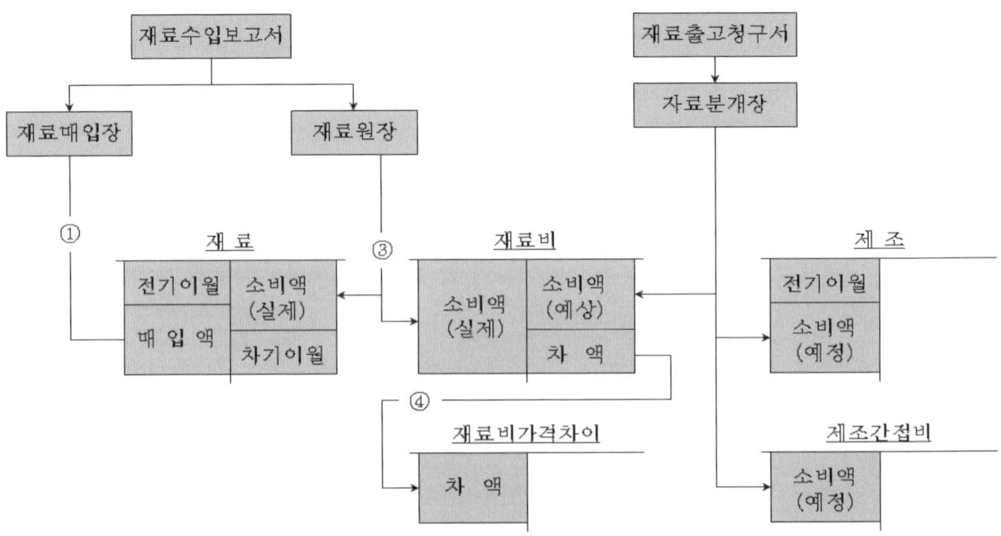

✅ 다음 자료에 의해 예정가액법에 의한 필요한 회계처리를 하시오.

(1) 재료계정 전기이월액 ₩408,000, 2,000kg @₩ 204
(2) 재료비 차이계정 ₩ 600,000 (차변잔액)
(3) 당기재료구입수량 30,000kg (외상매입) ₩ 6,120,000
(4) 당기재료소비수량 20,000kg

1. 재료의 소비가격으로서 예정가격 @₩ 200을 이용한다.
2. 당기재료실제소비액의 계산은 총평균법에 의한다.

풀이

① 재료의 구입에 관한 분개
(차) 재　　료 6,120,000　　(대) 외상매입금 6,120,000

② 예정가격에 의한 재료소비액의 계산을 분개
당기재료소비수량 20,000kg × 예정가격 @₩200=₩4,000,000
(차) 재 공 품 4,000,000　　(대) 재료비 4,000,000

③ 당기재료 실제소비액의 계산을 분개
총평균법에 의한 단가의 계산
(₩408,000 + ₩6,120,000) ÷ (2,000kg + 30,000kg) = ₩204
당기재료실제소비액의 계산
당기재료소비수량 20,000kg × ₩204 = ₩4,080,000
(차) 재료비 4,080,000　　(대) 재　　료 4,080,000

④ 재료비차액 계산을 분개
재료실제소비액₩4,080,000 − 재료예정소비액₩4,000,000 = ₩80,000
(차) 재료비차이 80,000　　(대) 재료비 80,000

재　료

차변	금액	대변	금액
전 기 이 월	408,000	(2) 재　료　비	4,080,000
(1) 외상매입금	6,120,000	차 기 이 월	2,448,000
	6,528,000		6,527,000
전 기 이 월	2,448,000		

재 료 비

차변	금액	대변	금액
(2) 재 료	4,080,000	(2) 재공품	4,000,000
		(3)재료비차이	80,000
	4,080,000		4,080,000

재료비 차이

차변	금액	대변	금액
전 기 이 월	600,000	매 출 원 가	680,000
(3) 재 료 비	80,000		
	680,000		6,528,000

제3절 노무비 및 경비의 회계처리

3.1 노무비의 의의

노무비(labor cost)란 협의로는 제조원가를 구성하는 원가요소 가운데서 제조활동에 종사하는 종업원에 대한 노동용역의 소비에 의하여 발생하는 것을 말하며, 광의로는 종업원의 관리·복리 등에 관계되는 비용을 포함하고 있다. 노무비의 계산은 지급 형태로는 임금, 급료, 잡급, 종업원 상여수당, 퇴직급여충당부채 전입액 및 복리후생비로 분류할 수 있으며 비목별 분류로는 직접노무비(direct labor cost)와 간접노무비(indirect labor cost)로 분류할 수 있는데 전자는 특정제품의 제조에 관련하여 직접소비된 사실이 인식되는 노무비를 말하며, 후자는 수종의 제품제조에 관련하여 간접적, 공통적으로 소비되므로서 적합한 배부계산에 따르지 않으면 각종 특정제품에의 배부액을 계산할 수 없는 노무비를 말한다.

3.2 노무비 계산

1. 지급임금의 계산

노무비는 지급임금과 소비임금으로 구별된다. 전자는 종업원에 대하여 지급되는 노무비를 계산하는 것이고, 후자는 제품의 제조원가로서의 소비임금을 계산하는 것이다.

1) 시간급(time rate wages)

시간급은 1시간당의 지급임금을 기본임율로서 정하여 두고 이것을 정규노동시간에 곱하여 기본임금을 계산하고 여기에 잔업, 야간작업시간, 휴일출근 등의 정규작업시간외(over tiom)의 노동시간에 대하여 지급되는 가급금(premium)을 가산하여 지급임금을 계산한다. 그리고 다시 가족수당, 통근수당 등의 제수당을 더하여 급여지급총액을 계산하다.

지급임금 = 지급임율 × 정규노동시간 + 가급금
급여지급총액 = 지급임금 + 제수당

노동시간(정규시간, 정규시간외)은 자동시간기록기(time recorder)를 이용하여 출근표(clock card)에 기록해 두는 것이 일반적이다. 임금계산계는 출근표에 의하여 각 종업원의 노동시간을 계산한다.

2) 작업량급(piece rate wages)

작업량급제란 도급제, 청부제라고도 하며, 작업량을 기준으로 지급임금을 계산한다. 즉 작업량당의 지급임금을 기본임율로서 정하여 두고 이것을 실제작업량에 곱하여 지급임금이 계산되며, 다시 가급금을 더하여 지급임금총액을 계산한다.

지급임금 = 지급임율 × 실제작업량
급여임금총액 = 지급임금 + 가급금

이상의 방법에 따라 각 종업원별로 지급임금이 계산되므로 임금계산계는 이것을 <도 3-6>과 같은 임금지급장(pay roll sheet or pay roll book)에 기입한다. 임금의 순지급액은 지급임금총액에서 소득세 및 종업원이 부담해야 할 의료보험료 등의 공제액을 차감한 잔액이다. 임금계산계는 기말에 임금지급장을 마감하고 각란의 합계액을 회계계에 보고한다. 이 보고에 근거하여 회계계는 일반분개장에 합계분개 한 뒤 일반원장계정의 관계계정에 전기한다.

〈도 3-6〉 임금지급장

<u>임금지급장</u>

20××년 6월 26일부터 7월 25일까지

번호	이름	기본임금	할증급	합계	수당			지급총액	차감액				영수인
					교통수당		합계		소득세	의료보험료	합계	지급액	

차) 노무비	××	대) 소득세예수금	××
		의료보험료예수금	××
		현　　　금	××

3.3 소비임금의 계산

제품의 제조과정에서 소비된 임금, 즉 소비임금을 계상하기 위해서는 시간급의 경우 작업 시간과 소비임률을 구해야 한다.

소비임금 = 작업시간수 × 1시간당 소비임률

여기서 소비임금이란 곧 제조원가로서의 노무비를 말한다.

작업시간의 계산은 지급임금의 계산과 마찬가지로 작업시간보고서에 의하여 이루어지다. 따라서 임금계산계는 작업시간보고서에 의하여 지급임금을 계산한 후, 노무비의 계산을 위하여 이를 원가계산계에 보낸다. 원가계산계는 이 자료에 의하여 각 개별 작업별로 작업 시간을 기입하는 동시에 소비 임률을 기입하여 노무비를 계산하고, <도 3-7>과 같은 노무비 분개장에 기입한다.

〈도 3-7〉 노무비 분개장

노무비 분개장

월	일	작업시간 보고서	원면	차 변		원면	대 변
				재공품	제조간접비		노무비
×	×		∨			∨	

차) 재 공 품 ×× 대) 노 무 비 ××
제조간접비 ××

이 때 작업시간보고서를 작업 종류별 또는 제조지시서별로 나누고, 지시서 번호가 있는 것의 금액은 직접노무비로서 재공품란에 기입하고, 지시번호가 없는 것은 간접노무비로서 제조간접비란에 기입한다.

노무비 분개장은 노무비 발생액을 기입하는 특수 분개장인데, 월말에 이를 마감하여 일반 분개장에 합계 분개한 후, 총계정원장의 재공품 계정과 제조간접비 계정에 전기한다. 재료비 계산의 경우에 재료의 소비단가 결정 방법으로 실제원가법과 예정원가법이 있었듯이, 노무비 계산의 경우에도 1시간당 소비임률의 결정 방법으로 실제소비임률과 예정소비임율이 있다.

1) 실제소비임율

실제소비임율은 개인별 실제 임률을 소비 임률로 하여 각 작업의 노무비를 계산하는 방법이다. 이 방법은 하나의 작업에 여러 명의 종업원이 참여한 경우, 각자의 연령, 성별, 순련도, 근속년수 등이 다르기 때문에 저마다의 임률이 달라서

노무비의 계산이 매우 복잡해지고, 따라서 원가 계산이 지연된다는 단점이 있다.

소비임금은 '당월지급액 + 당기미지급액 - 차기나 전기임금 발생액'으로 결정된다.

2) 예정소비임율

임금의 소비액은 각종의 특정제품별로 작업시간과 소비임율의 적수로서 계산되지만, 소비임율은 전술한 바와 같이 거의 예정임율(예정업무별 평균임율 등)이 사용되고 있으므로 월초에 이미 결정되어 있다. 따라서 각종 특정제품에 관하여 실제 작업에 시간을 알 수 있을 경우 그것에 예정임율을 곱하여 소비임금을 산출한다.

각종 특정제품별 작업시간은 작업시간보고서에 기록되므로 작업시간보고서가 원가계산계에 회부되어 그곳에서 예정임율이 기입되어 임금분개장에 기입된다.

원가계산계는 임금분개장을 월말에 마감하여 각란의 합계액을 회계계에 보고한다. 회계계는 동 보고에 근거하여 일반분개장에 합계분개한 뒤 일반원장에 전기한다.

예정임율에 의하여 소비임율을 계산하는 경우 소비임율을 그대로 임금계정의 대변에 기입할 수 없다. 그래서 별개의 소비임금계정을 설정하여 동 계정의 대변에 예정임율에 따른 예정소비액을 기입하고 차변에는 지급임율에 따른 실제소비액을 기입한다. 그리고 소비임금계정의 대차차액은 월말에 임율차이계정에 대체하여 당해연도의 매출원가에 부과한다.

예정임율에 의한 기장관계를 도해하면 <도 3-8>와 같다.

〈도 3-8〉 예정임률에 의한 계정간의 대체

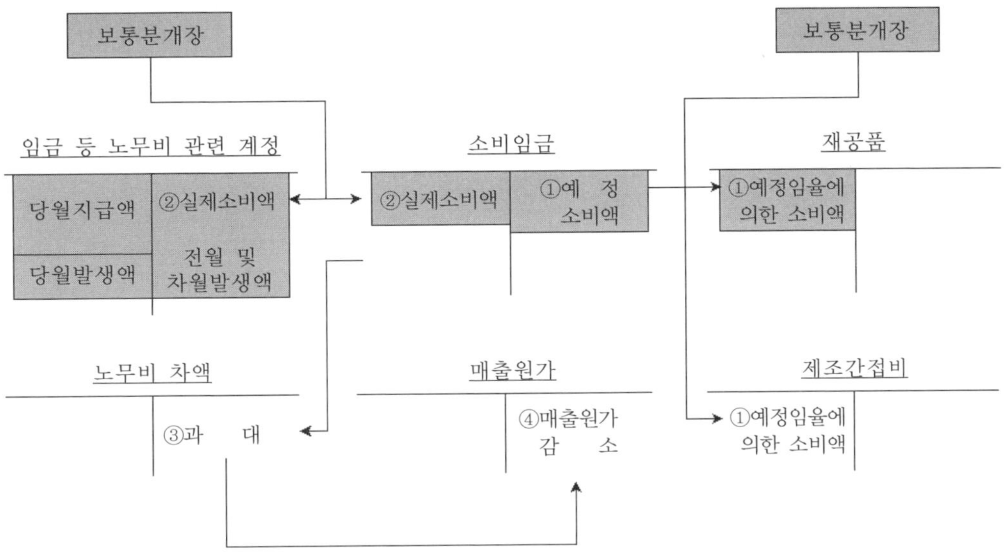

다음 자료를 분개하고 임금분개장에 기입하고, 일반분개장에 합계 분개한 뒤 이를 일반원장에 전기하시오.

① 당원임금소비액(예정임율에 의한) ₩ 1,300,000
제 조 직 접 비 ₩ 700,000
제 조 간 접 비 ₩ 600,000
② 당월임금실제소비액 ₩ 1,200,000

풀이

① 예정소비임율의 경우

차)	재 공 품	700,000	대)	노 무 비	1,300,000
	제조간접비	600,000			

② 실제 소비임율의 경우

차)	노 무 비	1,200,000	대)	제좌(현금 등)	1,200,000

③ 차액을 노무비 차이 계정에 대체

차) 노 무 비 100,000 대) 노무비차이 100,000

임 금 분 개 장

일 자		작 업 보 고 서 작업량보고서No.	차 변		대 변
			재 공 품	제조간접비	노무비
×	×	4	700,000	600,000	1,300,000

일 반 분 개 장

일 자		적 요	원면	차 변	대 변
		제좌	31		
×	×	(재 공 품)	32	700,000	
		(제조간접비)	33	600,000	
		노무비	30		1,300,000
		제 좌	31		
		(노 무 비)	30		1,200,000
		(노무비차이)	34		100,000
		노무비	30	1,300,000	

일 반 원 장

제조간접비 (33)

노무비	600,000		

재 공 품 (32)

노무비	700,000		

노무비 차이 (34)

		노무비	100,000

노 무 비(임금) (30)

제좌(현금)	1,200,000	재 공 품	700,000
노무비차이	100,000	제조간접비	600,000

3.4 제조경비의 의의 및 계산

1. 제조경비의 의의

제조경비(manufacturing expenses)란 원가요소 중 재료비와 노무비를 제외한 일체의 비용을 말한다. 경비는 그 성질상 재료비와 노무비와는 달리 독자적인 정의를 내리기가 어려우며, 제조경비는 재료비와 노무비의 범위 여하에 따라 달라진다.

또한, 제조경비 중에는 물적요소와 인적요소가 포함되는데 이것을 구분할 기준이 존재하지 않으며, 제조경비의 대부분은 기업외부에서 매입된 용역의 소비에 의하여 발생한 것이다. 따라서 제조경비는 원칙적으로 당해 원가계산기간의 실제 발생액으로 계산하나 필요에 따라서는 예정가격으로 계산할 수 있다.

제조경비의 특징은 시간에 비례하여 발생하는 것이 많으므로 원가계산상 고정비적인 성격을 가지며, 또한 대부분의 제조경비는 그 성질상 여러 종류의 제품제조에 소비되는 특징을 가지고 있기 때문에 간접비의 특징을 가진다. 다만 특정제품에 관련하여 발생하는 특허권사용료와 외주가공비는 직접경비로 취급한다. 따라서 제조경비의 대부분은 제조간접비로서 제4장에서 학습하고자 한다.

2. 제조경비의 계산

1) 월할경비(expense quota by month)

1회계연도 또는 1년이라는 비교적 장기간에 대하여 일괄적으로 지급되거나 또는 그 발생액이 기간적으로 계산되므로 그 총액을 각 원가계산기간에 균등하게 분할하여 부담시키는 제조경비로서 감가상각비, 보험료, 정기수선비, 조세공과, 부동산임차료 등이 있다.

2) 측정경비(expense measured by gage)

원가계산기말에 재화 또는 용역의 실제소비액을 계량기에 의하여 측정하여 그 소비액을 기준으로 하여 발생액 또는 소비액을 계산할 수 있는 경비를 말한다. 이것에는 전력료, 가스료, 수도료 등이 있다.

3) 지급경비(expenses payed)

1원가계산기간에 있어서 실제지급액에 기인하여 그 기간의 소비액을 계산할 수 있는 경비로서 운임, 보관료, 여비교통비, 외주가공비 등이 있다. 그러나, 지급경비는 그 기간 중에 실제로 지급했다는 사실을 뜻하는 것이 아니라 지급해야 할 사실이 당기에 발생하여 그 지급액이 결정되었다는 사실이 중요하다.

4) 발생경비(expenses accrued)

실제로는 각 원가계산기간에서 발생하나, 그 발생액이 지급의 사실에 의하여 확정할 수 없는 경비로서 재고감모손, 공손비, 반품차손비 등이 있다. 이들 경비는 발생액을 그 원가계산기간의 소비액으로 한다.

제조경비의 대부분은 간접비이며 직접비로서 취급되는 경비로는 특허권 사용료와 외주가공비 뿐이다. 이들 제조경비의 특수분개장으로서 <도 3-9>와 같은 제조경비분개장을 사용한다.

〈도 3-9〉 제조경비 분개장

제조경비 분개장

20○○년 ○월분

구 분	항 목	원면	차변			원면	대변
			재공품	제조간접비	판매비와 관리비		
월할경비	화재보험료			×××	×××		×××
	감가상각비			×××			×××
측정경비	전력비			×××			×××
	수도료			×××			×××
지급경비	특허권사용료		×××				×××
	잡비			×××			×××
발생경비	재고자산감모손실			×××			×××
			×××	×××	×××		×××

제조경비 분개장에서 직접제조경비는 재공품란에, 간접제조경비는 제조간접비란에, 그리고 본사의 경비는 판매비와 관리비란에 각각 기입한다. 회계계는 매월 말에 원가계산계로부터 제조경비 분개장을 보고 받아, 다음과 같이 합계 분개를 하고 총계정원장에 전기한다. 즉, 제조경비 분개장 차변의 금액을 합계하여 이를 해당 계정 차변에 전기하고, 대변의 금액은 각 제조경비의 비목별로 해당 계정 대변에 전기한다.

각 제조경비의 비목별로 해당 계정 대변에 전기한다.

차)	재 공 품	×××	대)	특허권 사용료	×××
	제조간접비	×××		화재보험료	×××
	판매비와 관리비	×××		감가상각비	×××
				전 력 비	×××
				수 도 료	×××
				잡 비	×××
				재고자산감모손실	×××

제4절 원가요소의 기장

4.1 제조원가요소계정의 기장

1. 재료비계정

재료는 종류에 따라 주요재료, 보조재료, 매입부품, 소모공구, 기구, 비품 등으로 세분되며, 이들을 총칭한 계정이 재료계정이다.

동계정의 차변에는 재료의 기초재고액으로서 이월기입과 당기매입액을 기입하고, 대변에는 당기인도액(재료소비액)의 기입과 기말재고액의 이월기입을 한다.

개별원가계산을 채택할 경우, 특정제품을 제조하기 위하여 소비된 사실이 분명한 재료, 즉 직접재료비와 각 제품에 공통적으로 소비된 것과 어떤 제품에 얼마나 소비되었는지 명확하지 않은 재료, 즉 간접재료비가 있다. 그러나 재료계정에의 기입은 직접비, 간접비의 구분없이 소비액 전부가 동계정의 대변에 기입되지만, 대체계정은 직접비와 간접비에 따라 각각 다르다. 직접재료비는 제조(재공품)계정의 차변에 간접재료비는 제조간접비 계정의 차변에 각각 대체 기입된다.

• 재료구입시 :	차)	재 료	××	대)	외상매입금	××
• 재료출고시 :	차)	재 료 비	××	대)	재 료	××
• 재료소비시 :	차)	제 조	××	대)	재 료 비	××
		제조간접비	××			

재 료

전기이월	×××	당기출고액(재료비)	×××
(기초재고액)		차 기 이 월	×××
당기매입액	×××	(기말재고액)	
	×××		
	×××		×××

재 료 비

재 료	××	제 조	××
		제조간접비	××
	××		××

2. 노무비계정

노무비(labor cost)는 제조활동에 직접(공원) 또는 간접(사무원)으로 종사한 자에게 지급되는 급여를 말한다. 이에는 임금(wages), 급료(salaries), 잡급 등이 있으며, 이들을 총칭한 계정이 노무비(임금)계정이다.

동계정의 차변에는 당기지급액과 당기발생액 중 미지급액을 기입하고 대변에는 전기에 발생한 임금이나 차기에 발생할 임금액을 기입하면 결과에 따른 당기소비액이 산출된다.

개별원가계산의 경우, 특정제품의 제조를 위하여 얼마의 노무비가 소비되었는가 또는 수종의 제품을 제조하기 위하여 공통적으로 얼마의 노무비가 소비되었는가를 알 수 있다. 따라서 이를 바탕으로 당기의 소비액 가운데에서 특정제품을 제조하기 위하여 소비한 것은 직접비(직접노무비)이기 때문에 이것을 제조계정의 차변에, 또한 다수의 제품을 제조하는 데 있어서 공통적으로 발생한 소비액은 간접비(간접노무비)로 처리하여 제조간접비계정의 차변에 대체 기입한다. 특히 당기소비액 가운데에서 판매활동 및 일반관리활동과 관련하여 발생된 소비액은 이를 판매비·일반관리비계정의 차변에 대체 기입한다.

노 무 비

당기지급액	××	차기, 전기발생액	××
차 기 이 월 (당기미지급액)		당기소비액	××
	××		××

- 당월 임금발생시 : 차) 노 무 비 ×× 대) 미지급임금 ××
- 임 금 소 비 시 : 차) 제 조 ×× 대) 노 무 비 ××
  제조간접비 ××
- 임 금 지 급 시 : 차) 미지금임금 ×× 대) 현 금 ××

3. 제조경비

경비(overhead cost)는 재료비, 노무비 이외의 원가요소로서 복리비(welfare), 보험료(insurance), 수선료. 전력료, 가스료, 수도료, 특허권사용료, 외주가공비, 감가상각비 등이 있다. 그리고 이들을 총칭한 계정이 제조경비계정이다.

제조경비계정의 차변에는 당기 경비 지급액과 당기미지급액이 기록되며 대변에는 경비의 전년도발생액이나 차기에 발생할 경비액이 기록됨으로서 그 차액이 제조 경비의 당기 소비액으로 나타난다. 감가상각비 등과 같이 전혀 지출을 수반하지 않는 경비계정은 차변에 당기발생액(상각액)을 기입하고 대변에 당기소비액을 기입한다.

경 비

차변		대변	
당기지급액	××	전기, 차기발생액	××
당기발생액			
		당기소비액	××
	××		××

- 감가상각비를 기말에 계산할 때

  차) 감가상각비 ×× 대) 감가상각누계액 ××

- 감가상각비를 제조경비 및 판매비와 관리비계정에 대체할 때

  차) 제조경비 ×× 대) 감가상각비 ××

  판매비와 관리비 ××

4.2 원가집합계정의 기장

1. 제조간접비계정

개별원가계산의 경우, 당기의 제조간접비(factory overhead cost)를 집계하기 위하여 제조간접비계정이 설정된다. 재료비, 노무비 및 경비 가운데 간접비에 해당되는 금액을 그들의 원가요소계정에서 제조간접비계정의 차변에 대체한다. 그리고 제조간접비의 총액을 명확히 하여 이것을 원가계산 기말에 일정한 배부기준에 따라 각종 특정제품에 배부한다. 이 때 제조간접비의 배부액은 당해 제조계정의 차변에 대체된다.

제조간접비

차변		대변	
간접재료비	××	각종 특정제품	××
간접노무비	××	에의 배부액	⋮
간 접 경 비	××	(제조계정의 차변	
		에 대체)	
	××		××

2. 제조계정(재공품계정)

제조계정(work in process)은 제품을 제조하기 위하여 소비된 모든 원가요소를 집계하기 위하여 설정되는 계정이다. 그러나 앞에서 설명한 바와 같이 원가요소 가운데 제조간접비는 각 원가요소계정에서 제조간접비 계정에 대체되고 다시 그곳에서 집계된 후 일정한 배부기준에 의하여 해당 제조계정에 대체되기 때문에 각 원가요소계정에서 제조계정으로 직접 대체되는 것은 직접비 뿐이다.

제조계정의 기입방법은 차변에 기초재공품재고액의 이월기입과 각 원가요소계정에서 대체되는 직접비 및 제조간접비의 대체액을 기입하고, 대변에는 당기중에 완성된 제품의 제조원가를 제품계정(finished goods)에 대체하기 위해 기입한다. 그리고 동계정의 잔액은 차기에 이월되는 재공품(미완성품)을 나타내며, 이때 기말재공품의 금액은 다음 식에 의하여 산출된다.

> 당기말재공품재고액 =
> 기초재공품재고액 + 당기제조비용 − 당기완성품제조원가

그러나 비원가회계의 경우와는 달리 당기의 완성품 제조원가는 원가계산에 의하여 제품이 완성됨에 따라 집계되기 때문에 기말 재공품재고에 대한 금액을 이용하여 이를 산정할 필요는 없다. 따라서 완성액이 대변에 기입된 후 제조계정의 차변잔액이 기말재공품의 금액을 나타낸다.

제 조(재공품)

차변		대변	
전기이월 (기초재공품재고액)	××	완성품 제조원가 (제품계정에 대체)	××
직접재료비	××	**차기이월** (기말재공품재고액)	××
직접노무비	××		
제조간접비배부액	××		
	××		××

3. 제품계정

제품계정(finished goods)의 차변에는 기초 제품재고액의 이월기입과 당기에 완성된 제품제조원가를 기입하고, 대변에는 당기매출제품에 대한 제조원가(매출원가)를 기입한다. 이러한 매출제품원가는 매출원가계정의 차변에 대체한다. 그리고 제품계정의 차변잔액이 기말에 있어서의 제품재고액을 나타낸다.

제 품

차변		대변	
전기이월	××	당기매출제품원가	××
(기초제품재고액)		(매출원가계정에 대체)	
당기완성액	××	**차기이월**	××
(재공품)		(기말제품재고액)	
	××		××

4.3 손익계정의 기장

판매계정은 매출제품의 매출원가를 기입하는 매출원가계정과 매출액을 기입하는 매출계정으로 분류된다.

1. 매출원가계정

당기의 매출제품원가(cost of sales)를 제품계정으로부터 동계정의 차변에 대체한다. 그리고 기말에 월차손익을 산출하기 위하여 동계정의 차변잔액을 월차손익계정의 차변에 대체하기 때문에 동계정의 대변에는 이 대체액을 기입하게 된다.

매출원가

차변		대변	
제품(매출제품원가)	×××	월 차 손 익	×××
	×××		×××

2. 판매비 및 일반관리비계정

동계정은 당기 중에 발생한 판매비·일반관리비를 집계하기 위하여 설정되는 계정이다. 동계정의 차변에는 노무비, 경비 등의 소비액 가운데 판매활동·일반관리활동에 관련하여 발생된 간접비를 기입하여, 차변 잔액은 기말에 월차손익계정의 차변에 대체 기입한다.

판매비·일반관리비

차변		대변	
지 급 액	×××	월 차 손 익	×××
발 생 비	×××		
	×××		×××

또는 매출원가계정으로부터 총원가(total cost)까지 집계할 경우, 매출제품원가에 대하여 상기의 판매비·일반관리비(selling & general administrative)를 가산한다. 이 때 동계정의 차변에 매출제품원가와 판매비·일반관리비의 배부액을 기입하고 기말에 이들 합계액을 월차 손익계정의 차변에 대체 기입하는 방법도 있다.

매출원가

차변		대변	
매출제품원가	×××	월 차 손 익	×××
판매비·일반관리비	×××		
	×××		×××

3. 매출계정

매출계정의 기입방식은 판매기업의 일반회계에 있어서의 매출계정의 기입방법과 동일하지만 기말에 동계정의 대변 잔액을 월차 손익계정의 대변에 대체하게 된다.

매 출

차변		대변	
매 출 할 인	×××	총 매 출 액	×××
환입에누리	×××		
월 차 손 익 (순 매 출)	×××		
	×××		×××

4.4 결산계정의 기장

1. 월차손익계정

이것은 영업손익을 매월별로 계산하는 계정으로서 차변에는 월간 매출제품원가(매출원가)와 판매비·일반관리비를 기입하고 대변에는 순매출액이 기입된다. 그리고 대차의 차액이 대변잔액인 경우, 월간영업이익을 나타내며, 차변잔액인 경우에는 영업손실을 나타낸다. 이때의 영업손실은 매 월말에 연차손익계정에 대체기입하든가 또는 그대로 차월이월되어 회계기간말(연도말)에 일괄하여 그 잔액을 연차손익(결산손익) 계정에 대체기입하게 된다.

월차손익

차변		대변	
매 출 원 가	×××	순 매 출 액	×××
판매비·일반관리비	×××		
영 업 이 익	×××		
	×××		×××

2. 연차손익계정(결산손익계정)

이것은 경영활동의 결과 발생한 기업의 순손익을 계산하기 위하여 설정되는 계정이다. 매 월말의 영업손익이 연차손익계정에 대체된다. 그리고 대차차액이 대변잔액일 경우 기업의 순이익을 나타내며, 차변잔액일 경우에는 순손실을 나타낸다. 이와 같이 일회계기간의 기업전체의 순손익을 계산처리하는 점에서 보면 판매기업의 재무회계에 있어서의 손익계정과 완전히 일치한다.

연차손익

차변		대변	
영업외비용	×××	영 업 이 익	×××
당기순이익	×××	영업외수익	×××
	×××		×××

제5절 원가요소의 회계사례

다음 자료에 의해 A제품의 제조원가를 산출하기 위한 분개 및 원장에의 전기를 행하시오

(1) 기초재고액 : 재료 ₩200,000 재공품 ₩400,000
제품 ₩300,000 전기미지급임금 ₩200,000

(2) 기중발생액 : 재료현금매입 ₩1,000,000 임금지급 ₩900,000
보험료현금지급 ₩100,000(70%는 제조간접비)
감가상각비 ₩300,000(60%는 제조간접비)
제품외상매출액 ₩2,500,000
수도료지급 ₩150,000(50%는 제조간접비)

(3) 기말재고액 : 재료 ₩300,000 재공품 ₩500,000
제품 ₩200,000 당기미지급임금 ₩400,000
미경과보험료 ₩40,000
미지급법인세 ₩100,000

(4) 재료비 및 노무비의 30%는 제조간접비

(5) 제조간접비의 60%는 A제품에 부과

상기자료에 의해 A제품에 관련된 회계처리를 하시오.

풀이

1. 원가요소의 회계처리

차)	재 료	1,000,000	대)	현 금	1,000,000
	재료비	900,000		재 료	900,000

재 료

기초재고액	200,000	재 료 비	900,000
당 기 매 입	1,000,000	기말재고액	300,000
	1,200,000		1,200,000

	차변	금액		대변	금액
차)	A재공품	630,000	대)	재료비	900,000
	제조간접비	270,000			

재 료 비

차변	금액	대변	금액
재 료	900,000	재공품(A)	630,000
		제조간접비	270,000
	900,000		900,000

	차변	금액		대변	금액
차)	미지급임금	200,000	대)	노 무 비	200,000
	노 무 비	1,300,000		현 금	900,000
				미지급임금	400,000
	A 재공품	770,000		노 무 비	1,100,000
	제조간접비	330,000			

노 무 비

차변	금액	대변	금액
현 금	900,000	전기미지급금	200,000
미지급임금	400,000	재공품(A)	770,000
		제조간접비	330,000
	1,300,000		1,300,000

	차변	금액		대변	금액
차)	보험료	100,000	대)	현 금	100,000
	선급보험료	40,000		보 험 료	100,000
	판매관리비	18,000			
	제조간접비	42,000			

보 험 료

차변	금액	대변	금액
현 금	100,000	선급보험료	40,000
		판매관리비	18,000
		제조간접비	42,000
	100,000		100,000

차)	감가상각비	300,000	대)	감가상각누계액	300,000
	판매관리비	120,000		감가상각비	300,000
	제조간접비	180,000			

감가상각비

감가상각누계액	300,000	판매관리비	120,000
		제조간접비	180,000
	300,000		300,000

차)	수 도 료	150,000	대)	현 금	150,000
	판매관리비	75,000		수 도 료	150,000
	제조간접비	75,000			

수도료

현 금	150,000	판매관리비	75,000
		제조간접비	75,000
	150,000		150,000

2. 집합계정의 회계처리

차)	A재공품	538,200	대)	제조간접비	538,200
차)	제 품	1,838,200		A재공품	1,838,200

A 재공품

기초재공품	400,000	제 품	1,838,200
재 료 비	630,000	기말재공품	500,000
노 무 비	770,000		
재조간접비	538,200		
	2,338,200		2,338,200

제조간접비

재 료 비	270,000	재 공 품(A)	538,200*
노 무 비	330,000	재 공 품	358,800
보 험 료	42,000		
감가상각비	180,000		
수 도 료	75,000		
	897,000		897,000

*897,000×0.6=538,200

차) 매출원가 1,938,200 대) 제 품 1,938,200

제 품

기초재고액	300,000	매 출 원 가	1,938,200
재공품(A)	1,838,200	기말재고액	200,000
	2,138,200		2,138,200

3. 손익계정의 회계처리

차) 손 익 1,938,200 대) 매출원가 1,938,200

매출원가

제 품	1,938,200	손 익	1,938,200

차) 매출채권 2,500,000 대) 매 출 2,500,000
매 출 2,500,000 손 익 2,500,000

매 출

손 익	2,500,000	매출채권	2,500,000

차) 손 익 213,000 대) 판매비와 일반관리비 213,000

판매비와 일반관리비

보 험 료	18,000	손 익	213,000
감가상각비	120,000		
수 도 료	75,000		
	213,000		213,000

차) 법인세 100,000 대) 미지급법인세 100,000

법인세

미지급법인세	100,000	손 익	100,000

연습문제

객관식

3-1 다음 중에서 제조원가에 산입되는 항목만을 합계한 것은?

1. 재료비	₩1,200	2. 작업 감독자 급료	₩400
3. 광고비	₩1,000	4. 외주가공비	₩800
5. 당월 미지급노무비	₩2,000	6. 공장장급료	₩200
7. 공장 보험료	₩ 500	8. 영업사원 급료	₩100

① ₩5.300 ② ₩5.600 ③ ₩5.100 ④ ₩5.200

3-2 다음 자료에 의하여 제조원가에 포함될 급액은 얼마인가?

1. 간접재료비	₩100,000	2. 공장보험료	₩20,000
3. 영업사료 급료	₩ 15,000	4. 제조 외주가공비	₩13,000
5. 본사 건물 보험료	₩ 5,000	6. 공장장 급료	₩10,000

① ₩143,000 ② ₩148,000 ③ ₩133,000 ④₩163,000

3-3 다음 중 당기총제원가에 포함되지 않은 것은?

① 원재료비 ② 보조재료비 ③ 매출처접대비 ④ 공장소모품비

3-4 다음 자료에 의하면 당월의 제품제조에 소요된 원재료 소비액은?

• 월초 원재료재고액	₩20,000	• 당월 원재료매입액	₩420,000
• 월말 원재료재고액	₩40,000		

① ₩440,000 ② ₩460,000 ③ ₩400,000 ④ ₩480,000

3-5 기말재고액이 비교적 시가에 가까운 최근의 원가로 평가되는 방법은?

① 개별법 ② 선입선출법 ③ 후입선출법 ④ 평균원가법

3-6 물가가 지속적으로 상승하고 있을 경우 매출원가를 가장 높게 보고하는 재고자산 평가 방법은?

① 후입선출법 ② 선입선출법 ③ 이동평균법 ④ 총평균법

3-7 다음은 원가배분방법 중 선입선출법에 대한 설명이다. 틀린 것은?

① 일반적인 물량흐름과 원가흐름의 가정이 일치한다.
② 매출원가는 오래 전에 구입한 상품의 원가로 구성되며 기말재고는 최근에 구입한 상품의 원가로 구성된다.
③ 대차대조표상 재고자산가액은 시가에 가깝다.
④ 기초재고수량과 기말재고수량이 같고 물가가 상승하는 경우 현재수익에 현재 원가가 대응되므로 후입선출법보다 낮은 이익을 계상하게 된다.

3-8 갑회사의 당월 임금지급금액이 ₩100,000 전월 임금미지급액이 ₩20,000인 경우 제조비용에 포함될 당월 임금소비액은 얼마인가?

① ₩60,000 ② ₩100,000 ③₩120,000 ④ ₩80,000

3-9 다음 자료에 의하여 노무비의 당월 발생액을 구하시오.

1. 당월현금지급노무비	₩20,000	2. 당월미지급노무비	₩27,000
3. 전월미지급노무비	₩13,000	4. 전월선급노무비	₩15,000

① ₩42,000 ② ₩47,000 ③₩49,000 ④ ₩53,000

3-10 노무비 ₩100,000 중 근로소득세 ₩2,000, 건강보험료 ₩1,000을 공제하고 현금으로 지급하였다. 바른 분개는?

	차변	금액	대변	금액
①	(차) 노무비	₩100,000	(대) 현 금	₩100,000
②	(차) 재공품	₩ 97,000	(대) 노 무 비	₩ 97,000
③	(차) 노무비	₩100,000	(대) 현 금	₩ 97,000
			소득세예수금	₩ 2,000
			건강보험예수금	₩ 1,000

④ (차) 노무비 ₩100,000 (대) 현 금 ₩ 97,000
제조간접비 ₩ 3,000

3-11 다음 각 경비의 성격을 틀리게 나타낸 것은?

① 가스사용료 – 측정경비 ② 재고감모손실 – 발생경비
③ 복리후생비 – 지급경비 ④ 전기사용료 – 월할경비

3-12 다음은 4월말 경비에 대한 자료이다. 제조비용에 포함된 4월의 경비소비액은 얼마인가?

• 당월 지급액	₩270,000	• 전월 선급액	₩30,000
• 당월 선급액	₩ 50,000		

① ₩320,000 ② ₩300,000 ③ ₩290,000 ④ ₩250,000

3-13 다음 중 틀린 내용은?

① 실무에서 경비의 종류는 다양하다.
② 노무비의 비용인식은 지급시점에 의하여 결정된다.
③ 재료의 생산공정 투입은 재료를 자산계정으로 처리함이 바람직하다.
④ 전기이월이란 전기에 소멸되지 못하여 당기에 이어받은 것이다.

주관식

3-1 다음 A자료에 의해 재료소비가격을 선입선출법, 후입선출법, 이동평균법, 총평균법으로 계산하시오.

8월 1일 : 전기이월 100kg @₩ 290, ₩ 29,000
5일 : 수입 400kg @₩ 310, ₩ 124,000
10일 : 인도 100kg
15일 : 인도 350kg
20일 : 수입 210kg @₩ 320, ₩67,200
23일 : 8월 20일 구입분 가운데 10kg은 불량품으로 매입처에 반품하다.
25일 : 인도 160kg
30일 : 8월 25일 출고된 것 중에서 5kg가 현장에서 반환되어 오다.

3-2 다음 거래를 분개하시오.

(1) 예정임률에 의한 예정 노무비 ₩300,000을 제공품 계정과 제조간접비계정에 각각 ₩240,000과 ₩60,000으로 대체하다.

(2) 월말에 실제 노무비 ₩310,000을 계상하다.

(3) 노무비 차이 ₩10,000을 노무비 차이 계정으로 대체하다.

(4) 결산 때 노무비 차이 계정의 차변 잔액 ₩10,000을 매출원가 계정으로 대체하다.

3-3 예정원가법을 사용하고 있는 회사에서 발생한 다음 거래를 분개하시오. 단, 재료의 예정 단가는 ₩210이다.

(1) 재료 200개, @₩200, ₩40,000을 외상으로 매입하다.

(2) 재료를 다음과 같이 출고하다.

직접재료비	: 140개	@₩210	₩29,400
간접재료비	: 20개	@₩210	₩ 4,200

(3) 재료의 실제 소비액 ₩32,000을 계상하다(160개×₩200=₩32,000)

(4) 예정원가와 실제원가와의 차액 ₩1,600을 재료비 차액 계정에 대체하다.

3-4 다음 거래를 분개하시오.

(1) 당 회계연도(6개월) 중에 재료감모손실 ₩24,000을 예상하다.

(2) 당월분 재료감모손실 ₩4,000 중 ₩3,400은 정상 감모손실로 나머지는 비정상 감모손실로 판단되다.

풀 이

객관식

3-1 ③ **3-2** ① **3-3** ③ **3-4** ③ **3-5** ② **3-6** ① **3-7** ④ **3-8** ④

3-9 ③ **3-10** ③ **3-11** ④ **3-12** ④ **3-13** ②③

주관식

3-1

재 료 원 장

① 선입선출법

월	일	적 요	수 입			인 도			잔 액		
			수량	단가	금 액	수량	단가	금 액	수량	단가	금 액
8	1	전월이월	100	290	29,000				100	290	29,000
	5	수 입	400	310	124,000				[100	290	29,000
									400	310	124,000
	10	인 도				100	290	19,000	400	310	124,000
	15	인 도				350	310	108,500	50	310	15,500
	20	수 입	210	320	67,200				[50	310	15,500
									210	320	67,200
	23	반 품*	10	320	3,200				[50	310	15,500
									200	320	64,000
	25	인 도				[50	310	15,500			
						110	320	35,200	90	320	28,800
	30	반 환*				5	320	1,600	95	320	30,400
	31	차기이월*				95	320	30,400			
			700		217,000	700		217,000			
9	1	전기이월	95	320	30,400				95	320	30,400

※ 대문자는 주기를 의미한다.

당기재료출고액 ₩186,600

기말재료재고액 ₩ 30,400

① 8월 23일의 경우, 매입처의 반품은 수입란에 주기, 이것은 (-)기입을 의미한다.

② 8월 30일에 현장에서 반환되어온 재료의 단가는 ₩320이다. 왜냐하면, 잔액란의 단가가 ₩320임으로 이것이 반품되었다고 가정하는 것이 장부기입이 간편하기 때문이다.

재 료 원 장

② 후입선출법

월	일	적 요	수입 수량	수입 단가	수입 금액	인도 수량	인도 단가	인도 금액	잔액 수량	잔액 단가	잔액 금액
8	1	전월이월	100	290	29,000				100	290	29,000
	5	수 입	400	310	124,000				100	290	29,000
									400	310	124,000
	10	인 도				100	310	31,000	100	290	29,000
									300	310	93,000
	15	인 도				300	310	930,000			
						50	290	14,500	50	290	14,500
	20	수 입	210	320	67,200				50	290	14,500
									210	320	67,200
	23	**반 품***	**10**	**320**	**3,200**				50	290	14,500
									200	320	64,000
	25	인 도				160	320	51,200	50	290	14,500
									40	320	12,800
	30	**반 환***				5	320	1,600	50	290	14,500
									45	320	14,400
	31	차기이월*				**50**	**290**	**14,500**			
						45	**320**	**14,400**			
			700		217,000	700		217,000			
9	1	전기이월	50	290	14,500				50	290	14,500
			45	320	14,400				45	320	14,400

당기재료출고액 ₩188,100

기말재료재고액 ₩ 28,900

<u>재 료 원 장</u>

③ 이동평균법

일 자		적 요	수	입		인	도		잔	액	
			수량	단가	금 액	수량	단가	금액	수량	단가	금 액
8	1	전기이월	100	290	29,000				100	290	29,000
	5	수 입	400	310	124,000				500	306	153,000
	10	인 도				100	306	30,600	400	306	122,400
	15	인 도				350	306	107,100	50	306	15,300
	20	수 입	210	320	67,200				260	317.30	82,500
	23	**반 품**	10	320	3,200				250	317.20	79,300
	25	인 도				160	317.20	50,752	90	31720	28,548
	30	**반 환**				5	317.20	1,586	95	317.20	30,134
	31	**차기이월**				95	317.20	30,134			0
			700		217,000	700		217,000			
9	1	전기이월	95	314.20	30,134				95	317.20	30,134

당기재료인도액 ₩ 186,866

당기재료재고액 ₩ 30,134

① 8월 5일의 잔액란의 기입

수량 100kg + 400kg = 500kg

금액 ₩ 29,000 + ₩124,000 = ₩153,000

단가 ₩153,000 ÷ ₩500kg = ₩306

② 8월 20일의 잔액란의 기입

수량 50kg + 210kg = 260kg

금액 ₩ 15,300 + ₩67,200 = ₩82,500

단가 ₩82,500 ÷ ₩260kg = ₩317.316 ≒ ₩317.30

③ 8월 23일의 잔액란의 기입

수량 260kg − 10kg = 250kg

금액 ₩82,500 − ₩3,200 = ₩79,300

단가 ₩79,300 ÷ ₩250kg = ₩317.20

④ 8월 30일의 잔액란의 기입

수량 90kg + 5kg = 95kg

금액 ₩28,540 + ₩1,586 = ₩30,134

단가 ₩317.20은 변동하지 않는다.

재 료 원 장

④ <총평균법>

일자		적요	수	량		인	도		잔	액	
			수량	단가	금 액	수량	단가	금 액	수량	단가	금 액
8	1	전기이월	100	290	29,000				100		
	5	수 입	400	310	124,000				500		
	10	인 도				100			400		
	15	인 도				350			50		
	20	수 입	210	320	67,200				260		
	23	**반 품**	**10**	**320**	**3,200**				250		
	25	인 도				160			90		
	30	**반 환**				5			95	310	29,450
	31	**차기이월**				**95**	**310**	**29,450**			
			700		217,000	700		217,000			
9	1	전기이월	95	310	29,450				95		

단기재료인도액 : 187,750
기말재료재고액 : 29,450
단 가 계 산 : 217,000÷700＝310

3-2

① 차) 재 공 품 240,000 대) 노 무 비 300,000
　　 제조간접비 60,000
② 차) 노 무 비 310,000 대) 노 무 비 310,000
③ 차) 노무비차이 10,000 대) 노 무 비 10,000
④ 차) 매 출 원 가 10,000 대) 노무비차이 10,000

3-3

① 차) 재 료 40,000 대) 외상매입금 40,000

* 매입한 재료는 실제 매입 단가로 기록한다.

② 차) 재 공 품 29,400 대) 재 료 비 33,600
　　 제조간접비 4,200

* 재료 출고시에는 먼저 재료비 계정의 대변에 예정원가로 기록한다.

	차변	금액	대변	금액
③	차) 재 료 비	32,000	대) 재 료	32,000

* 그 후 실제 소비액을 재료비 계정의 차변에 기록한다.

	차변	금액	대변	금액
④	차) 재 료 비	1,600	대) 재료비차이	1,600

3-4

	차변	금액	대변	금액
①	차) 재료감모손실	24,000	대) 재 료	24,000
②	차) 제조간접비	3,400	대) 재료감모손실	4,000
	잡 손 실	600		

PART 2

개별원가회계

제 4 장 제조간접비 계산

제 5 장 부문별 원가계산

제 6 장 개별원가계산

제 4 장

제조간접비 계산

제1절 제조간접비의 개념

1.1 제조간접비의 의의

제조간접비(indirect cost)란 여러 종류의 제품을 제조하는데 관련하여 공통적으로 발생하였기 때문에 각 특정종류의 제품에 대하여 개별적·직접적으로 부과할 수가 없는 원가를 말한다. 여러 종류의 제품제조를 위해서 공통적으로 발생한 원가라 하더라도 계산절차상 각 특정제품에 직접 부과할 수 있는 것은 직접비로 처리한다.

주로 주문에 의하여 또는 시장이 수요에 따라서 규격이나 형상이 다른 여러 종류의 제품을 개별적으로 생산하고 있는 기업체에서는 여러 종류의 제품별로 원가를 계산한다. 이것을 개별원가계산(job order cost accounting)이라 칭하며, 이 개별원가계산에서는 각종제품의 제조 및 판매를 위하여 발생한 원가를 직접비와 간접비로 분류하여 직접비는 발생 시에 이미 특정제품의 원가로서 인식되므로 그 제품의 원가로 부과하지만, 간접비는 이와 같이 직접 부과할 수 없음으로 이것을 각 제품의 원가에 부담시키는데 있어서는 일정한 기준을 사용하여 배분계산을 해야 한다.

즉, 1원가계산기간 중에 발생한 간접비를 집계하여 총액을 산출하고 그것을 각 종류의 제품이 간접비에서 받은 용역의 크기에 비례하여 배분할 수 있는 기준을 사용하여 각 종류의 제품에 배부하는 계산을 행하는 것이다. 이것을 간접비의 배부계산 이라 한다.

제품총원가에 포함되는 판매간접비 및 일반관리비도 판매경쟁 등으로 인해 원가에 많이 포함되기 때문에 간접비의 관리문제가 매우 중요하다. 따라서 요즈음은 변동간접비와 고정간접비로 분류하여 계산하는 경향이 강하게 나타나고 있다. 또한, 우리나라 원가계산기준에 있어서는 기업에서 직접노무비와 제조간접비를 구별하기가 곤란할 때는 이를 합하여 가공비로 분류할 수 있도록 하여 직접재료비 이외의 모든 원가요소를 총괄하여 가공비로 계산하여 배부하도록 지시하고 있다.

1.2 간접비의 종류

전술한 바와 같이 제조간접비는 전제품 또는 여러종류의 제품에 대하여 공통적으로 발생하여 제품별로 개별적으로 계산할 수 없는 원가요소로서 간접재료비, 간접노무비, 간접경비 등이 있다.

1. 간접재료비(indirect material cost)

이것은 제품의 생산에 있어서 간접적으로 소비되어 제품의 실체를 구성하지 않는 것을 말하며, 또 2개 이상의 제조지령서 또는 조별로 공통적으로 발생한 재료비로서 보조재료비, 연료비, 공장소모품비 등이 있다.

2. 간접노무비(indirect labor cost)

이것은 직접노무비와는 대조적으로 제품에 대하여 공통적으로 발생하여 제품과는 직접 관계가 없기 때문에 특정제품에 직접 부과할 수 없는 노무비이다. 일반적으로 노동부족에 의한 초과시간임금이다. 일반적으로 간접노무비에는 간접공임금, 급료, 잡급, 종업원상여수당, 법정복리비 등이 있다.

3. 간접경비(indirect expenses)

간접경비는 제품전반에 또는 여러 종류의 제품에 대하여 공통적으로 발생한 경비로서 제품에 대한 제조작업의 관계가 불명료하며 그 귀속을 직접 판명할 수 없는 것을 말한다. 경비의 대부분은 간접비로서 종업원별로 계산할 수 없는 후생비, 감가상각비, 임차료, 교통비, 통신비, 보관료, 공손비, 재고감모비, 조세공과 등이 있다.

제2절 제조간접비의 회계처리

2.1 제조간접비의 기장 절차

제조경비의 소비액은 대부분이 간접비이며, 재료비와 노무비의 소비액 중에서도 간접비는 모두 제조간접비계정에 기입되고 각 특정 제품에 배부계산되어야 하며 이 절차가 끝나면 원가계산계는 제조 원장의 각 특정제품에 기입한다.

개별원가계산의 경우 모든 원가요소는 직접비와 간접비로 분류되며, 재료분개장, 임금분개장, 및 경비분개장을 통하여 직접비는 재공품계정에, 간접비는 제조간접비계정에 각각 집계된다.

그런데 직접비는 특정제품을 제조하기 위하여 개별적으로 발생된 것이 분명한 원가이기 때문에 직접 당해제품의 원가로서 계산되며, 간접비는 수종의 제품을 제조하는데 있어서 공통적으로 발생된 원가이기 때문에 적합한 기준에 의거하여 각종의 특정제품에 배부된다.

따라서 원가계산계에서는 간접비의 집계 및 일람표를 작성하기 위하여 재료분개장, 임금분개장, 경비분개장 등의 자료에 의하여 제조간접비 분개장을 원가계산기말에 다음 <도 4-1>과 같이 작성한다.

〈도 4-1〉 제조간접비 분개장

비 목	관계장부 및 증표	금 액
재 료 비		
주 요 재 료	재료비 분개장	×××
보 조 재 료	(청구서)	××
⋮		⋮
노 무 비		×××
임 금	노무비 분개장	××
급 료		⋮
⋮		
제 조 경 비	제조경비 분개장	
감 가 상 각 비	월할표, 측정표	×××
수 선 비	지급표, 발생표	××
⋮		⋮
합 계		×××

차) 제조간접비	×××	대)	간접재료비	×××
			간접노무비	×××
			감가상각비	×××

원가계산계는 제조간접비 분개장 기록을 회계계에 보고하며, 회계계는 총계정원장의 각 경비 항목 계정과 대조한 후 보통 분개장에 다음과 같이 합계 분개한다.

차) 재 공 품	×××	대) 제조간접비	×××

제조간접비의 기장 절차를 그림으로 나타내면 <도 4-2>와 같다.

〈도 4-2〉 제조간접비의 기장 절차

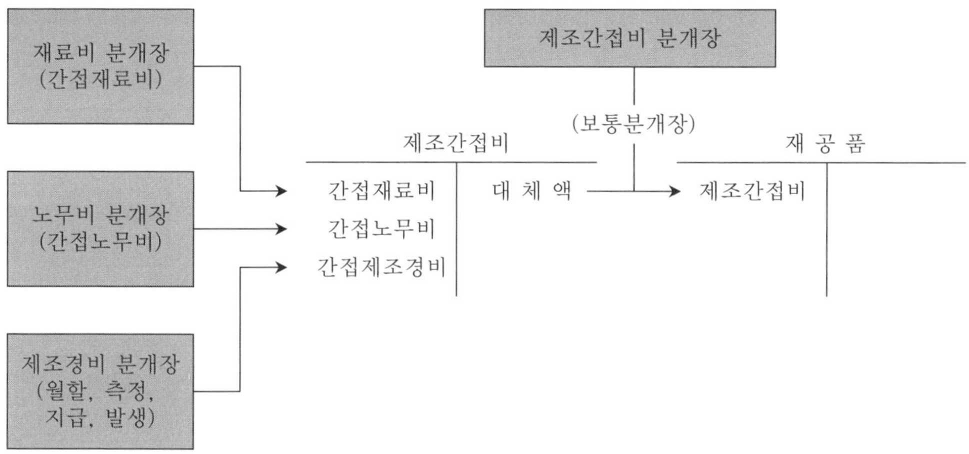

2.2 제조간접비의 회계처리사례

다음 자료에 의해 아래의 (1) 제조경비분개장에 기입하고, (2) 일반원장에 전기하기 위한 합계분개를 나타내시오(단, 외주가공비와 특허권사용료는 직접비로서 처리할 것).

1) 월할경비(8월분)

비 목	당기부담액	공 장 관 계	영 업 관 계
감 가 상 각 비	120,000	90,000	30,000
보 험 료	30,000	18,000	12,000
조 세 공 과	32,000	24,000	8,000
특 허 권 사 용 료	60,000	60,000	0

2) 측정경비(8월분)

비 목	당기부담액	공 장 관 계	영 업 관 계
전 력 료	25,000	20,000	5,000
가 스 료	12,000	9,000	3,000
수 도 료	4,000	3,000	1,000

3) 지급경비(8월분)

비 목	전월		당기			공장관계	영업관계
	미지급액	선급액	지급액	미지급액	선급액		
보 관 료	4,000		34,000	6,000		28,000	8,000
수 선 료		10,000	20,000		4,000	20,000	6,000
외 주 가 공 비	14,000		30,000	20,000		36,000	0

4) 발생경비(8월분)

비 목	당기부담액	공 장 관 계	영 업 관 계
재 고 감 모 비	2,000	2,000	0

- 재고감모비는 정상적인 것이다.

풀이

(1) 제 조 경 비 분 개 장

2×××년 8월 31일

경비분류	비 목	원면	차변			대변
			제 조	제조간접비	판매비·일반관리비	합 계
월할경비	감가 상 각비			90,000	30,000	120,000
	보 험 료			18,000	12,000	30,000
	조 세 공 과			24,000	8,000	32,000
	특허권사용료		60,000			60,000
측정경비	전 력 료			20,000	5,000	25,000
	가 스 료			9,000	3,000	12,000
	수 도 료			3,000	1,000	4,000
지급경비	보 관 료			28,000	8,000	36,000
	수 선 료			20,000	6,000	26 000
	외 주 가공비		36,000			36,000
발생경비	재 고 감모비			2,000		2,000
			96,000	214,000	73,000	383,000

(2) 합 계 분 개

차)		대)	
제 조	96,000	감가상각비	120,000
제 조 간 접 비	214,000	보 험 료	30,000
판매비·일반관리비	73,000	조 세 공 과	32,000
		특허권사용료	60,000
		전 력 료	25,000
		가 스 료	12,000
		수 도 료	4,000
		보 관 료	36,000
		수 선 비	26,000
		외주가공비	36,000
		재고감모비	2,000

또한 경비분개장의 합계액을 일반분개장에 합계분개를 실시하고 일반원장의 관계제계정에 전기하면 다음과 같다.

<u>일 반 분 개 장</u>

일	자	적	요	원면		
8	31	제 좌	제 좌			
		(제 조)		32	96,000	
		(제 조 간 접 비)		33	214,000	
		(판매비·일반관리비)		34	73,000	
			(감 가 상 각 비)	35		120,000
			(보 험 료)	36		30,000
			(조 세 공 과)	37		32,000
			(특허권 사용료)	38		60,000
			(전 력 료)	39		25,000
			(가 스 료)	40		12,000
			(수 도 료)	41		4,000
			(보 관 료)	42		36,000
			(수 선 료)	43		26,000
			(외 주 가 공 비)	44		36,000
			(재 고 감 모 비)	45		2,000

일 반 원 장

제 조 (32)	
8/31 제 좌 78,000	

제조간접비 (33)	
8/31 제 좌 214,000	

판매비·일반관리비 (34)	
8/31 제 좌 73,000	

감가상각비 (35)	
	8/31 제 좌 120,000

보 험 료 (36)	
	8/31 제 좌 30,000

조세공과 (37)	
	8/31 제 좌 32,000

특허권사용료 (38)	
	8/31 제 좌 60,000

전 력 료 (39)	
	8/31 제 좌 25,000

가 스 료 (40)	
	8/31 제 좌 12,000

수 도 료 (41)	
	8/31 제 좌 4,000

보 관 료 (42)	
	8/31 제 좌 36,000

수 선 료 (43)	
	8/31 제 좌 26,000

외주가공비 (44)	
	8/31 제 좌 36,000

재고감모비 (45)	
	8/31 제 좌 2.000

제3절 제조간접비의 배부방법

한 원가계산기간 동안에 종류가 서로 다른 여러 제품을 생산하는 개별원가계산을 행하는 기업에만 이 문제가 발생한다.

한 종류의 제품만을 생산하는 종합원가계산의 경우에는 제조직접비와 제조간접비의 구분없이 단지 원가 요소별로만 원가 발생액을 집계하면 되기 때문에 제조간접비의 배부 문제를 생각할 필요가 없다.

제조간접비(간접재료비, 간접노무비, 간접경비)는 전술한 바와 같이 일정 단위의 제품의 생산에 관련하여 그 발생관계가 직접적으로 인식·파악하기가 어려운 원가이다. 그래서 개별생산 또는 다품종의 조별생산을 하고 있는 경우에는 간접비를 각 개별제품(제조지령서)에 또는 조별·제품별로 부담시키기 위해서는 적당한 배부기준을 마련하여 배분계산을 행하는 것이 필요하게 된다. 이 배분계산을 간접비의 배부계산이라 한다. 따라서 일정 단위의 제품에 대한 간접비의 배부계산은 다음의 산식에 의하여 배부액을 산정한다.

> 제조간접비배부액 =
> 일정단위의 제품에 발생한 배부기준수치 × 간접비배부율

최근에 이르러서는 간접비의 배부계산, 직접비의 부과계산이라는 2개의 계산계열을 형성하게 되었다. 따라서 간접비의 배부 여하가 원가의 정확성을 좌우하게 된다. 그러므로 배부기준은 될 수 있으면 합리적인 것을 선정하여 그 배부기준을 조금이라도 정확하게 접근시키는 것이 필요하다. 일반적으로 배부기준은 각종 제품이 제조간접비에서 받은 용역의 크기에 비례하여 그 제조간접비를 부담할 수 있게 고려하지 않으면 안 된다. 그러나, 제조하고 있는 제품의 종류, 제조방법, 제조규모 등이 상이함에 따라서 적용해야 할 배부기준도 상이하지만 일반적으로 사용되고 있는 배부기준으로는 다음과 같은 것이 있다.

① 가치적 기준 - ㉠ 직접재료비법, ㉡ 직접노무비법, ㉢ 직접원가법
② 시간적 기준 - ㉠ 직접작업시간법, ㉡ 기계작업시간법
③ 수량적 기준 - ㉠ 개수법, ㉡ 중량법

3.1 가치법

가치법은 각종 특정제품이 부담하고 있는 원가의 금액을 기준으로 이것은 다시 3가지 방법으로 세분화된다.

1. 직접재료비법(direct material cost method)

이 방법은 직접재료비를 배부기준으로 삼는 것으로서 원가계산기간에 발생한 제조간접비 총액을 동기간에 소비한 직접재료비 총액으로 나눈 몫을 배부율로 삼아 이것을 제조지시서별로 직접재료비에 곱한 값이 당해 지시서가 부담할 간접비이다.

$$\frac{\text{1원가계산기간 중의 제조간접비 총액}}{\text{동기간 중의 직접재료비 총액}} \times 100 = \text{배부율(\%)}$$

$$\text{제조지시서별 직접재료비} \times \text{배부율} = \text{제조지시서별 배부액}$$

☑ 다음 자료에 의하여 제조지령서별 제조간접비의 배부액을 계산하시오.

(1) 1원가계산기간의 제조간접비 발생액 ₩400,000

(2) 동기간 중의 직접재료비 총액 ₩1,000,000

(3) 제조지시서별 직접재료비

제조지시서번호 1 ₩500,000

제조지시서번호 2 ₩300,000

제조지시서번호 3 ₩200,000

풀이

(1) 배부율의 계산

$$\frac{400,000}{1,000,000} \times 100 = 40\%$$

(2) 제조지령서별 배부액

제조지시서 번호 1 ₩500,000 × 40% = ₩200,000

제조지시서 번호 2 ₩300,000 × 40% = ₩120,000

제조지시서 번호 3 ₩200,000 × 40% = ₩ 80,000

2. 직접노무비법(direct labor cost method)

이 방법은 직접임금법이라고도 하며, 직접노무비를 배부기준으로 삼는다. 즉 1원가계산기간에 발생한 제조간접비 총액을 동기간 중의 직접노무비 총액으로 나눈 몫을 배부율로 삼아 이것을 제조지시서별로 직접노무비에 곱한 금액이 지령서의 간접비 부담액이다.

$$\frac{\text{1원가계산기간 중의 제조간접비 총액}}{\text{동기간 중의 직접노무비 총액}} \times 100 = \text{배부율(\%)}$$

$$\text{제조지시서별 직접노무비} \times \text{배부율} = \text{제조지시서별 배부액}$$

☑ 다음 자료에 의하여 제조지령서별 제조간접비의 배부액을 계산하시오.

(1) 1원가계산기간 중의 제조간접비 발생액 ₩400,000

(2) 동기간 중의 직접노무비 총액 ₩500,000

(3) 제조지시서별 직접노무비

제조지시서 번호 1 ₩240,000

제조지시서 번호 2 ₩160,000

제조지시서 번호 3 ₩100,000

풀이

(1) 배부율의 계산

$$\frac{400{,}000}{500{,}000} \times 100 = 80\%$$

(2) 제조지시서별 배부액

제조지시서번호 1 ₩240,000 × 80% = ₩192,000

제조지시서번호 2 ₩160,000 × 80% = ₩128,000

제조지시서번호 3 ₩100,000 × 80% = ₩ 80,000

3. 직접원가법(direct cost method)

이 방법은 원가법이라고도 하며, 직접원가(직접재료비, 직접노무비 및 직접경비의 합계액)를 배부기준으로 삼는 방법으로서 1원가계산기간에 발생한 제조간접비 총액을 동기간 중에 소비한 직접원가총액으로 나눈 몫을 배부율로 삼아 이것을 제조지시서별 직접원가에 곱함으로서 지시서의 간접비 부담액을 산정한다.

$$\frac{\text{1원가계산기간 중의 제조간접비 총액}}{\text{동기간의 직접원가 총액}} \times 100 = \text{배부율(\%)}$$

제조지시서별 직접원가 × 배부율 = 제조지시서별 배부액

✅ 다음 자료에 의하여 제조지령서별 제조간접비 배부액을 계산하시오.

(1) 1원가계산기간 중의 제조간접비 발생액 ₩900,000

(2) 동기간 중의 직접원가 총액 ₩1,500,000

(3) 제조지령서별 직접원가

제조지령서번호 1 ₩ 740,000

제조지령서번호 2 ₩ 460,000

제조지령서번호 3 ₩ 300,000

풀이

(1) 배부율의 계산

$$\frac{900,000}{1,500,000} \times 100 = 60\%$$

(2) 제조지령서별 배부액

제조지령서번호 1 ₩740,000 × 60% = ₩444,000

제조지령서번호 2 ₩460,000 × 60% = ₩276,000

제조지령서번호 3 ₩300,000 × 60% = ₩180,000

이상에서 원가법에 의한 제조간접비의 배분계산에 관하여 다루었으나 이들 방법이 제조간접비의 배부방법으로서 반드시 합리적인 방법이라고 볼 수는 없어나. 일반적으로 직접재료비법은 제품원가상에서 미루어 보아 직접재료비가 대부분을 차지하고 있는 경우에 가격의 부담정도를 측정하는데 이용되며, 직접노무비법은 제품원가 중 직접노무비가 대부분을 차지하고 있는 경우에 이용된다. 즉 제조방법이 주로 수공에 의존하는 기업의 경우는 비교적 좋은 방법이다. 그리고 직접원가법은 오직 제품의 원가부담력의 견지에서 소규모 경영에 유용하다.

3.2 시간법

제조간접비의 발생액은 직접재료비, 직접노무비 등의 발생액과 비례관계에 있는 것이 아니라 오히려 이들은 시간 혹은 기간을 기초로 하여 발생한다. 따라서 제조간접비를 제조지시서별로 배부할 경우, 제품제조를 위하여 필요한 작업시간을 배부기준으로 삼는 편이 합리적이다. 바로 여기에 시간법(time method)이 이용되는 근거를 찾을 수 있다. 시간법에는 직접노동시간법과 기계운전시간법(기계작업시간법)이 있다.

1. 직접노동시간법(direct labor hour method)

이 방법은 직접노동시간을 배부기준으로 삼고 있으며, 1원가계산 기간 중에 발생한 제조간접비 총액을 동기간 중의 직접작업시간 총수로 나눈 몫을 배부율로 하여 이것을 제조지시서별 직접작업시간에 곱하여 지시서가 부담하게 될 간접비를 경정한다.

$$\frac{\text{1원가계산기간 중의 제조간접비 총액}}{\text{동기간 중의 직접작업시간 총수}} = \text{배부율(\%)}$$

$$\text{제조지시서별 직접작업시간수} \times \text{배부율} = \text{제조지시서별 배부액}$$

☑ 다음 자료에 의하여 제조지령서별 제조간접비의 배부액을 계산하라.

(1) 1원가계산기간 중의 제조간접비 발생액 ₩500,000

(2) 동기간 중의 직접작업시간 총수 2,500시간

(3) 제조지시서별 직접작업시간

제조지시서번호 1 1,500시간

제조지시서번호 2 600시간

제조지시서번호 3 400시간

풀이

(1) 배부율의 계산

$$\frac{₩500{,}000}{2{,}500\text{시간}} = ₩200$$

(2) 제조지시서별 배부액

제조지시서번호 1 1,500시간 × ₩200 = ₩300,000

제조지시서번호 2 600시간 × ₩200 = ₩120,000

제조지시서번호 3 400시간 × ₩200 = ₩ 80,000

2. 기계운전시간법(machine hour method)

이 방법은 기계운전(작업)시간을 배부기준으로 삼는 것으로서 1원가계산기간에 발생한 제조간접비 총액을 동기간 중의 기계운전시간 총수로 나눈 몫을 배부율로 한다. 이것을 제조지시서별 기계운전시간수에 곱하여 동지시서가 부담하게 될 간접비를 산정한다.

$$\frac{\text{1원가계산기간 중의 제조간접비 총액}}{\text{동기간 중의 직접작업시간 총수}} = \text{배부율(\%)}$$

제조지시서별 직접작업시간수 × 배부율 = 제조지시서별 배부액

☑ 다음 자료에 의하여 제조지령서별 제조간접비의 배부액을 계산하라.

(1) 1원가계산기간 중의 제조간접비 발생액 ₩300,000

(2) 동기간 중의 기계운전시간 총수 1,500시간

(3) 제조지령서별 기계운전시간

제조지령서번호 1　800시간

제조지령서번호 2　400시간

제조지령서번호 3　300시간

풀이

(1) 배부율의 계산

$$\frac{₩300,000}{1,500\text{시간}} = ₩200$$

(2) 제조지시서별 배부액

제조지시서번호 1　800시간 × ₩200 = ₩160,000

제조지시서번호 2　400시간 × ₩200 = ₩ 80,000

제조지시서번호 3　300시간 × ₩200 = ₩ 60,000

한편 공장에서 수종의 기계를 사용하여 제조할 경우, 이러한 단순기계운전시간법(simple machine hour method)에 의하여 제조간접비를 제조지시별로 배부하는 것은 불합리하다. 그러므로 기계의 종류별로 계산단위가 설정된다. 이 계산단위를 생산중심점(production center)이라 한다. 즉 동종의 기계를 모아서 이것을 1개 단위로 한다. 그리고 1원가계산기간 중에 발생된 제조간접비를 각 생산중심점에 집중한다. 이때 제조간접비는 이것을 구성하고 있는 각종 원가요소별로 분류하여 이들을 각각 상이한 배분기준에 의하여 각 생산중심점에 배분한다. 이를 위하여 제조간접비인 각 원가요소 즉 간접재료비, 간접노무비, 수선비, 보험료, 감가상각비와 같은 각 비목을 기계개별비와 기계공통비로 분류한 후 전자는 특정종류의 기계에 대하여 개별적으로 발생액을 파악할 수 있는 비용, 예를 들면 기계운전공 임금, 기계수선비, 기계감가상각비 등이 이에 속한다.

후자인 기계공통비는 수종의 기계에 대하여 공통적으로 발생한 비용으로서 공장건물의 감가상각비, 기계 전체에 할당된 보험료, 동력비 등이 있다. 기계개별비는 각 생산중심점별로 직접 집계되지만, 기계공통비는 당해 비목으로부터 받은 용역의 정도에 비례해서 기계에 배부하며, 기계공통비의 배부기준으로 주요한 것을 열거하면 아래와 같다.

비 목	배 부 기 준
공장건물수선비, 보험료, 감가상각비	각 기계의 점유면적
기 계 보 험 료	각 기계의 가격
동 력 비	각 기계의 마력수 × 운전시간
간 접 공 임 금	각 기계의 종사하는 공원수

각 생산중심점별(각종 기계)로 기계율이 계산되면, 거기에 각종 특정제품을 제조하기 위하여 사용된 기계운전시간수를 곱하여 각종 특정제품(제조지시서별)에 대한 제조간접비 배부액을 계산한다. 제조간접비는 이상과 같은 계산과정을 통하여 각종 특정제품에 배부되는데 기계율을 계산할 때까지의 계산과정을 명확히 하기 위하여 기계비계산월보(기계비계산표)가 작성된다.

3.3 수량법

수량법은 제조간접비의 배부기준으로서 제품 또는 이를 제조하기 위하여 소비된 재료의 개수·중량 등을 이용하는 것이다. 그러나 일반적으로 제조간접비가 이들 수량에 비례하여 발생하는 경우가 적기 때문에 특별한 경우를 제외하고는 거의 이용되지 않는다.

☑ 다음 자료에 의하여 제조지시서별 제조간접비의 배부액을 계산하시오.

(1) 원가계산기간 중의 제조간접비 발생액 ₩ 1,200,000

(2) 동기간 중에 생산된 제품의 총수량 800개

(3) 제조지시서별 수량

제조지시서 No. 5 150개

제조지시서 No. 7 250개

제조지시서 No. 9 400개

풀이

제조지시서별 배부액

제조지시서 No.5 $₩1,200,000 \times \frac{150개}{800개} = ₩225,000$

제조지시서 No.7 $₩1,200,000 \times \frac{250개}{800개} = ₩375,000$

제조지시서 No.9 $₩1,200,000 \times \frac{400개}{800개} = ₩600,000$

제4절 제조간접비의 예정배부

4.1 예정배부의 필요성

앞 절에서는 제조간접비의 실제발생액을 제조지시서별로 배부하는 실제배부율에 의한 배부방법은 취하였으나 이 방법을 행함으로서 다음과 같은 문제점이 대두된다.

첫째, 실제배부율에 의하면 배부율이 매 원가계산기간마다 변동한다. 따라서 제품단위당의 배부기준수치가 동일하다 하더라도 단위당 간접비액이 변동한다. 그러므로 제품에 집계된 간접비액은 배부기준비율(직접재료비, 직접노동시간, 기계작업시간)이 작업능률에 따라 변화하는 영향과 배부율이 변동하는 영향과의 양자에 의한 복잡한 변화가 수반되는 결점이 있다.

둘째, 이 실제배부율에 의하면 제품에 배부된 제조간접비액은 원가계산기간의 기말이 되지 않으면 파악할 수 없게 된다. 즉, 월말이 아니면 당월의 간접비 발생액도 배부기준의 발생액도 확정하지 못한다. 따라서 개별생산에 있어서 월중에 제품이 완성되고 그것에 소요된 직접재료비, 직접노무비, 직접경비의 실제액이 원가계산표에 집계되어도 간접비의 집계는 월말이 되지 않으면 할 수 없게 된다. 즉, 계산의 신속성을 기할 수 없게 되는 결함이 있다.

이와 같은 결함을 제거하고 계산의 신속화를 위해 예정배부율을 사용하는데 이 방법의 장점을 요약하면 다음과 같다.

첫째, 제품의 완성과 동시에 간접비의 배부를 할 수 있으며, 제조원가의 산정이 신속할 뿐만 아니라 미리 예정된 배부율을 적용하므로 계산절차가 간편하다.

둘째, 1년 정도의 장기간에 걸친 예정배부율을 채용함으로써 조업도 및 원가발생의 계절적 변동의 영향이 없어진다.

셋째, 계산의 기초가 되는 조업도를 정상적인 것으로 예정하므로 이상적인 조업도의 저하에 기인한 유휴비를 통제할 수 있을 뿐만 아니라 간접비의 예정액에 예산을 이용함으로써 예산관리와 결부시킬 수 있다.

4.2 예정배부의 계산

제조간접비의 배부를 예정배부율을 사용하여 계산하는 경우 다음과 같은 산식을 도출할 수 있다

$$\frac{\text{일정기간의 제조부문별 간접비 예정액(예정액)}}{\text{동기간의 제조부문별 예정배부기준수치(예정조업도)}} = \text{예정배부율}$$

$$\text{예정배부율} \times \text{각종제품의 실제배부기준수치} = \text{제조간접비 배부액}$$

이와 같이 제조간접비의 예정배부계산은 예정배부율을 사용하는 데 그 특색이 있다. 따라서 기계시간배부법은 예정된 기계율을 기초로 하며, 이때의 기계비계산월보는 예정액에 의하여 작성된다. 즉, 기계개별비와 기계공통비의 금액 및 각종 기계별의 작업시간수를 견적하여 기계종류별로 기계비의 금액을 그 작업시간수로 나누어 예정기계율을 산정하게 된다.

제조간접비의 예정배부액은 다음의 제조간접비예정배부표에 기입된다. 이 예정배부표는 각종 제품별로 예정배부액을 산정할 때마다 기입된다. 즉, 월중에 완성한 제품에 대해서는 완성하였을 때에, 또한 월말에 재공품인 것에는 월말에 각각 예정배부율에 직접작업시간수 등의 배부기준수치를 곱하여 산정된 금액이 기

입되는 것이다. 그리고, 월말에 합계를 산출하여 그 합계액을 당월에 있어서 제조간접비의 제품에 대한 배부액으로 처리한다.

☑ 다음 자료에 의하여 제조간접비의 예정배부율과 갑제품의 제조원가를 계산하시오 (배부기준은 직접노동시간).

당년도의 제조간접비 연간 총 예상액 : ₩80,000
직접노동의 연간 총예상시간 : 10,000시간
5월 10일에 완성된 갑 제품에 관한 자료 : 직접재료비 ₩2,000
직접노무비 ₩3,000
직접노동시간 400시간

풀이

직접노동시간당 예정배부율 : ₩80,000/10,000시간 = ₩8 /시간
갑 제품에의 제조간접비 배부액 : 400시간 × ₩8 = ₩3,200
갑 제품의 제조원가:

$$\frac{₩2,000}{\text{직접재료비}} + \frac{₩3,000}{\text{직접노무비}} + \frac{₩3,200}{\text{제조간접비}} = ₩8,200$$

4.3 배부차이의 처리

예정배부율에 의해 제조간접비의 배부를 행하는 경우 예정배부액과 월말에 집계된 실제발생액과 차액이 생긴다. 이 차액은 원가차이이며, 제조간접비 배부차이라 한다. 따라서 이 배부차액은 월초에 있어서 제조간접비의 발생액 또는 직접작업시간수 등의 배부기준의 견적착오에 의하여 생긴 것이며, 이것에는 제조간접비 예정배부액이 실제발생액보다 적은 경우에 생기는 배부부족과 간접비 예정배부액이 실제발생액보다 많은 경우에 생기는 배부초과가 있다.

제조간접비계정의 차변에는 각 항목의 실제발생액이, 대변에는 예정배부표의 합계액인 예정배부액이 기입되며, 이 양자의 차이는 매 월말에 간접비 배부차이계정에 대체된다. 그리고, 간접비 배부차이는 매 월말에 그대로 차월 이월한다.

따라서 회계연도말에 있어서 배부부족과 배부초과를 상계하여 차액의 처리는 다음의 방법에 의하여 처리한다.

① 원칙적으로 당해연도의 매출원가에 배부한다.
② 비교적 다액의 차이가 생기는 경우는 당해연도의 매출원가와 기말에 있어서 재고자산(제품, 반제품, 재공품 등)에 배부한다.
③ 소액의 경우에는 영업외 손익으로 계상한다.
④ 금액의 다소를 불문하고 배부차이는 모두 영업외손익으로 한다.
⑤ 장래의 배부차이와 상계하기 위하여 이연시킨다.

상기방법 중 원가계산기준에서는 ①과 ②의 처리방법을 지지하고 있다. 즉, 간접비 배부차이는 매기 경상적으로 발생하는 정도의 소액인 경우는 회계연도말 매출원가에 부과하는 방법을 취하나 보통 전액을 당해연도의 비용으로서 매출수익에서 공제한다.

그러나, 그 배부차이가 비교적 다액인 경우에는 전액을 매출원가에 산입하지 않고 당해연도의 매출원가와 기말에 있어서 재고자산에 종류별로 배부한다.

이상의 내용을 <도 4-3>와 같이 표시할 수 있다.

〈도 4-3〉 제조간접비 차액의 처리 절차

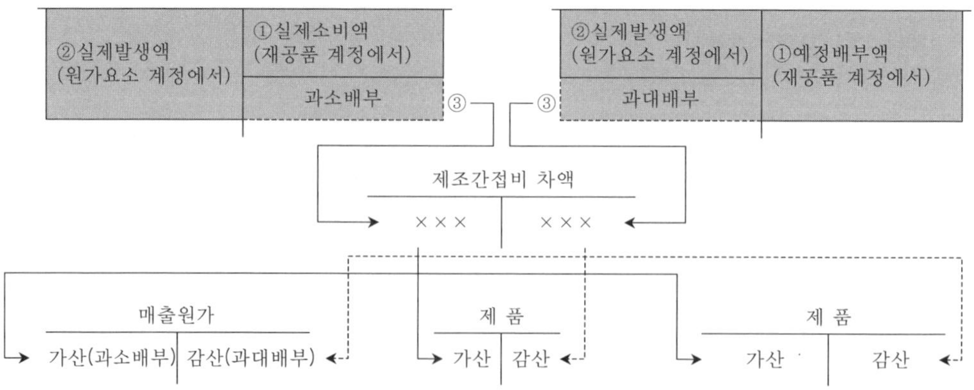

4.4 예정배부의 기장

1) 제조간접비 예정배부시

차)	재 공 품	××	대)	제조간접비	××

2) 제조간접비 발생시

차)	전 기 세	××	대)	현 금	××
	수 도 세	××		미지급비용	××
	감가상각비	××		감가상각누계액	××
	보 험 료	××		⋮	
	⋮				

차)	제조간접비	××	대)	전 기 세	××
	판매비와 관리비	××		수 도 세	××
				감가상각비	××
				보 험 료	××

3) 배부차이 = 예정배부액 - 실제발생액

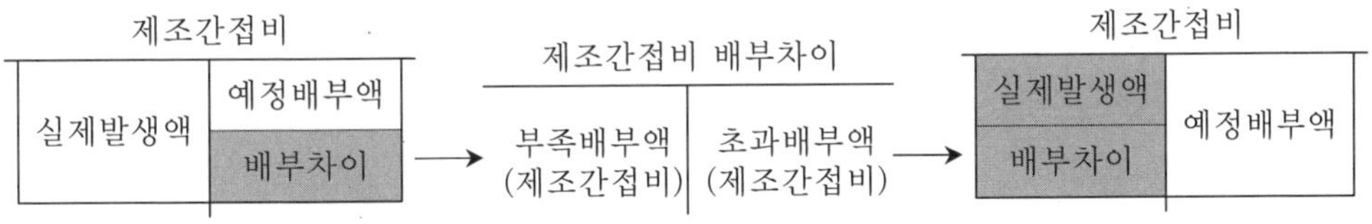

① 초과배부시(실제〈예정)

차)	제조간접비	×××	대)	제조간접비 배부차이	×××

② 부족배부시(실제〉예정)

차)	제조간접비 배부차이	×××	대)	제조간접비	×××

4) 제조간접비 배부차이의 처리

① **정상적 배부차액일 경우** : 제조원가에 포함

② **비정상적(이상적) 배부차액일 경우** : 제조원가에서 제외시켜 영업외손익으로 처리

연습문제

객관식

4-1 제조공장에 대한 보험료는 일반적으로 어느 원가로 분류될 수 있는가?

① 가공원가 ② 직업원가 ③ 비제조원가 ④ 기초원가

4-2 기초원가(기본원가)에 대한 설명 중 옳은 것은?

① 직접노무원가와 제조간접원가의 합계
② 제품생산에 발생하는 모든 원가
③ 사전에 결정되고 달성되어져야 하는 원가
④ 직접재료원가와 직접노무원가의 합계액

4-3 다음 중 제조간접비로 처리하는 것은?

① 임금 ② 전력비 ③ 판매비와 관리비 ④ 원재료비

4-4 다음 중 제조간접비 항목에 대한 설명으로 가장 적합한 것은?

① 직접재료비와 직접노무비를 제외한 모든 제조원가가 포함된다.
② 간접노무비는 포함되지만 간접재료비는 포함되지 않는다.
③ 모든 제조원가가 포함된다.
④ 간접재료비는 포함되지만 간접노무비는 포함되지 않는다.

4-5 다음 자료에 의하여 재료통제 계정에 의하여 간접재료비를 구하시오.

1. 기초재료재고액	₩37,000	2. 당기재료매입액	₩24,000
3. 기말재료재고액	₩13,000	4. 직접재료비	₩22,000

① ₩20,000 ② ₩22,000 ③ ₩24,000 ④ ₩26,000

4-6 다음 자료에 의한 제조간접비는 얼마인가?

• 직접재료비	250,000원	• 공장전력비	120,000원
• 기계감가상각비	15,000원	• 공장임차료	300,000원
• 사무실임차료	200,000원	• 판매수수료	50,000원
• 기초노무비(15,000/h)	480,000원		

① 1,215,000원 ② 435,000원 ③ 685,000원 ④ 1,165,000원

4-7 다음은 노무비 계정의 전기사항이다. 자료에 의하여 노무비를 통제 계정을 사용하면 간접노무비는?

• 당기 현금지급 노무비	₩150,000	• 당기 미지급 노무비	₩430,000
• 전기 미지급 노무비	₩220,000	• 전기 선급 노무비	₩140,000
• 당기 직접노무비	₩350,000		

① ₩110,000 ② ₩130,000 ③ ₩150,000 ④ ₩180,000

4-8 다음 자료에 의하여 1개월간의 제조간접비를 산출하시오.

당년도 공장 보험료	₩120,000
당월의 공장소모품비	₩ 4,000
당월의 기계수선비	₩ 7,000
당년도 인사과 건물의 감가상각비	₩ 84,000
당월의 사무용품비	₩ 2,000

① ₩20,000 ② ₩21,000 ③ ₩23,000 ④ ₩30,000

4-9 제조간접비를 각 작업에 배부하는 경우 배부기준으로서 가장 적절치 못한 것은?

① 가공비기준 ② 직접노무비 기준
③ 직접노동시간 기준 ④ 기계시간 기준

4-10 다음 중 제조간접비를 예정배부하는 이유가 아닌 것은?

① 보다 합리적인 원가의 관리 ② 간접노무비의 정확한 산정
③ 신속한 원가계산 ④ 차이분석에 의한 부문의 업적평가

4-11 제조간접비 예정배부액의 계산식은?

① 제품별 배부기준의 실제발생액 × 실제배부율
② 제품별 배부기준의 예정발생액 × 실제배부율
③ 제품별 배부기준의 실제발생액 × 예정배부율
④ 제품별 배부기준의 예정발생액 × 예정배부율

4-12 ㈜회계는 제조간접비를 예정배부하고 있다. 당년도 제조간접비 예산은 2,500,000이고 예상 기계시간은 50,000시간이다. 당월의 노동시간이 5,000시간, 기계시간이 6,000시간인 경우 해당 제조간접비 배부율과 예정 배부액은?

	배부율	예정배부액		배부율	예정배부액
①	60	250,000	②	60	300,000
③	50	250,000	④	50	300,000

4-13 직접작업시간을 기준으로 제조간접비의 배부시 기준조업도는 10,000시간, 제조간접비 예산액은 300,000원이다. 다음 자료에서 제조간접비 배부차이는?

• 예정작업시간	1,000시간	• 실제작업시간	1,100시간
• 실제제조간접비	28,000원		

① 2,000(과대배부) ② 2,000(과소배부)
③ 5,000(과대배부) ④ 5,000(과소배부)

4-14 다음 자료를 보고 직접재료비를 기준으로 하여 A제품에 배부되어야 할 제조간접비 금액은 얼마인가?

• 제조간접비 총액	1,000,000원	• 직접재료비 총액	1,000,000원
• A제품 직접재료비	300,000원	• B제품 직접재료비	200,000원

① 200,000원 ② 300,000원 ③ 400,000원 ④ 500,000원

4-15 다음은 개별원가 계산에서 적용되는 제조간접원가와 예정배부에 대한 설명이다. 적합하지 않은 것은?

① 제조간접비 배부율은 공장전체의 제조간접비 배부율을 적용할 수도 있고, 부문별 제조간접비 배부율을 적용할 수도 있다.

② 제조간접원가 예정배부액이 제조간접원가 실제발생액 보다 많은 경우에는 과대 배부가 발생한다.
③ 제조간접원가 배부율은 기계시간 또는 직접노동시간 등을 적용할 수 있다.
④ 재료원가는 직접재료원가이므로 제조간접원가를 구성하지 아니한다.

4-16 다음 중 잘못된 설명은?

① 제조간접비 배부의 과대(과소)는 원가에 유리한 차이와 불리한 차이를 발생시킨다.
② 소품종 대량생산형의 기업은 일반적으로 종합원가계산제도가 적합하다.
③ 제조간접비의 불리한 차이는 매출총이익을 감소시킨다.
④ 제조간접비의 유리한 차이는 매출총이익을 감소시킨다.

4-17 다음의 자료에서 예정제조간접비의 배부율은?

• 기준조업도	10,000단위	• 실제조업도	12,000단위
• 제조간접비예산	30,000만원	• 제조간접비 실제발생액	420,000원

① 25원 ② 30원 ③ 35원 ④ 42원

4-18 1회계연도의 제조간접비 예산은 3,600,000이고, 직접 노동시간 예산은 240,000시간이다. 당월의 실제노동시간은 21,000시간이고 실제 발생한 제조간접비는 300,000이다. 이러한 경우의 차이분석으로 옳은 것은?

① 300,000(부족배부) ② 30,000(초과배부)
③ 5,000(부족배부) ④ 15,000(초과배부)

4-19 ㈜서울은 직접원가를 기준으로 제조간접비를 배부한다. 다음 자료에 의해 작업지시서 No.1의 제조간접비 배부액은 얼마인가?

	공장전체발생원가	작업지시서 NO.1
직접재료비	1,000,000원	200,000원
직접노무비	2,000,000원	400,000원
직접노동시간	1,000시간	200시간
제조간접비	1,500,000원	( )

① 100,000원 ② 200,000원 ③ 300,000원 ④ 400,000원

4-20 부족 배부된 제조간접비 차이는 매출원가 계정의 어느 변에 기장되는가?

① 차변 ② 대변 ③ 차변과 대변 모두 기입 ④ 해당사항 없음

주관식

4-1 A회사의 완성품원가를 구하시오(제조간접비 합계액은 ₩1,000,000 이며 배부기준은 직접노동시간, No.103은 미완성이다).

	No.101	No.102	No.103
직접 재료비	₩100,000	₩150,000	₩160,000
직접 노무비	90,000	100,000	70,000
직접노동시간	1,000	1,000	500

4-2 다음 일연의 거래를 분개하시오.

(1) 제조간접비 예정배부액은 갑제품 ₩ 10,000, 을제품 ₩20,000이다.
(2) 제조간접비 실제발생액은 간접재료비 ₩8,000, 간접노무비 ₩11,000, 간접경비 ₩7,000이다.
(3) 제조간접비 차액 계정에 대체하다.
(4) 그 차액을 매출원가 및 제품 계정에 대체하다.

4-3 다음 자료에 의해 각 제품의 제조간접비 배부액을 계산하시오(배부율은 예정배부율을 사용).

(1) 당월의 제조간접비 발생 예정액 ₩1,000,000
(2) 당월의 직접작업시간 예정시간수 40,000시간
(3) 각 제품의 실제 작업시간수

A : 17,000시간 B : 15,000시간 C : 8,100시간

4-4 상기 예에서 제조간접비 실제발생액이 ₩1,002,500이라 하고, 예정배부차액을 다음의 계정에 부과하시오(당월의 제조간접비 예정배부액 ₩1,100,000).

매출원가	₩5,000,000
기말상품	₩1,000,000
기말재공품	₩1,500,000

4-5 다음 자료에 의해 물음에 답하시오.

	A제품	B제품	C제품
직 접 재 료 비	2,000,000	1,500,000	1,000,000
직 접 노 무 비	2,200,000	1,000,000	1,800,000
제조간접비총액	900,000		

(1) 직접재료비법에 의한 각제품의 제조원가를 구하시오.
(2) 직접노무비법에 의한 각제품의 제조원가를 구하시오.
(3) 직접원가법에 의한 각제품의 제조원가를 구하시오.

4-6 다음 자료에 의하여 (1) 기계비계산월보를 완성하고, (2) 제조지령서 No.4의 제조간접비 배부액을 계산하시오.

(1) 200×년 10월 중의 기계개별비는 다음과 같다.

비 목	발 생 액 합 계	기 계 종 별	
		A 기 계	B 기 계
운 전 공 임 금	₩ 95,200	₩ 55,200	₩ 40,000
수 선 료	42,000	30,000	12,000
감 가 상 각 비	16,000	10,000	6,000
합 계	153,200	95,200	58,000

(2) 동기간 중의 기계공통비는 다음과 같다.

건 물 비 ₩ 16,000　　보 험 료 ₩ 10,800
동 력 비 ₩ 22,400　　간접공임금 ₩ 100,000

(3) 동기간 중 제조지령서 No.4에 의한 제조를 위하여 사용한 기계운전시간수는 다음과 같다.

제 조 지 령 서 No.	A 기 계	B 기 계
4	50시간	40시간

(4) 기계공통비의 배부기준은 다음과 같다.

기 계 명	가 격	점유면적	운전공원수	마 력 수	운전시간
A 기계	₩300,000	20㎡	4명	6마력	240시간
B 기계	240,000	12	6	4	200

(5) 동기간 중 각 기계의 총운전시간수는 다음과 같다.

A 기 계	B 기 계
1,600시간	1,000시간

풀 이

객관식

4-1 ① **4-2** ④ **4-3** ② **4-4** ① **4-5** ④ **4-6** ②

4-7 ③ **4-8** ② **4-9** ① **4-10** ② **4-11** ③

4-12 ④ 2,500,000/50,000시간=50/1시간임으로50×6,000시간=300,000

4-13 ③ 300,000/10,000시간=30/1시간임으로 30×1,100시간= 33,000(예정배부액)

4-14 ② 1,000,000/1,000,000원=1/1시간임으로 1×300,000원=300,000(예정배부액)

4-15 ④ **4-16** ③

4-17 ① 300,000/10,000단위=30/1시간

4-18 ④ 제조간접비 예산 3,600,000/ 노동 예산시간 240,000시간=15/1시간

제조간접비예정배부액 : ₩15×21,000시간=315,000
제조간접비실제발생액 : 300,000

15,000(유리한차이 : 초과배부)

4-19 ③ 제조간접비1,500,000/(직적재료비1,000,000+직접노무비2,000,000)
=0.5/원×(직접재료비 200,000+직접노무비400,000)=300,000

4-20 ①

주관식

4-1

원가계산표

항 목	No.101(완성)	No.102(완성)	No.103(미완성)	합 계
직접재료비	100,000	150,000	160,000	410,000
직접노무비	90,000	100,000	70,000	260,000
제조간접비	①	②	③	1,000,000
	590,000	650,000	430,000	

주 : ① No.101 배부금액 :

$$₩1,000,000 \times \frac{1,000시간}{1,000시간 + 1,000시간 + 500시간} = ₩400,000$$

② No.102 배부금액 :

$$₩1,000,000 \times \frac{1,000시간}{2,500시간} = ₩400,000$$

③ No.103 배부금액 :

$$₩1,000,000 \times \frac{500시간}{2,500시간} = ₩200,000$$

재 공 품

차변	금액	대변	금액
기초재공품	0	제 품	1,240,000
직접재료비	410,000	기말재공품	430,000
직접노무비	260,000		
재조간접비	1,000,000		
	1,670,000		1,670,000

4-2

	차변	금액	대변	금액
①	차) 갑 재공품	10,000	대) 제조간접비	30,000
	을 재공품	20,000		
②	차) 제조간접비	26,000	대) 재 료 비	8,000
			노 무 비	11,000
			경 비	7,000

③ 과대배부액 ₩4,000을 제조간접비 차액 계정으로 대체한다.

차) 제조간접비 4,000 대) 제조간접비 차이 4,000

④ 연말 결산 때 제조간접비 차이 계정의 대변 잔액 ₩4,000을 매출원가 계정으로 대체한다.

차) 제조간접비 차이 4,000 대) 매출원가 4,000

제조간접비

② 재 료 비	8,000	① 재 공 품	30,000
노 무 비	11,000		
각 경비 항목	7,000		
③ 제조간접비 차이	4,000		
	30,000		30,000

제조간접비 차이

④ 매출원가	4,000	③ 제조간접비	4,000

매출원가

④ 제 품	×××	④ 제조간접비 차이	4,000

4-3

① $\frac{1,000,000}{40,000}$ = 25(예정임율)

② 각 제품에의 배부:

A 제품	25 × 17,000 =	425,000
B 제품	25 × 15,000 =	375,000
C 제품	25 × 8,000 =	202,500
		₩ 1,002,500

③ 1,000,000(예정)<1,002,500(실제):부족시

차) 제조간접비 배부차이 2,500 대) 제조간접비 2,500

4-4

① 배부차이 : 1,100,000 - 1,002,500 = 97,500

② 각 계정에의 배부율 :

$$\frac{97,500}{5,000,000+1,000,000+1,500,000} = 0,013$$

매출원가 : 0.013 × 5,000,000 = 65,000
제　　품 : 0.013 × 1,000,000 = 13,000
재 공 품 : 0.013 × 1,500,000 = 19,500

③ 1,100,000(예정) > 1,002,500(실제): 초과시

차)	제조간접비	97,500	대) 제조간접비배부차이	97,500
	제조간접비배부차이	97,500	매출원가	97,500

4-5

(1) 직접재료비법

㉠ 배부율 계산 : 900,000 ÷ 4,500,000(2,000,000 + 1,500,000 + 1,000,000) = 20%

㉡ 각 제품에의 배부 및 제조원가

A제품 : 2,000,000 × 0.2 = 400,000
∴ 4,600,000(2,000,000 + 2,200,000 + 400,000)

B제품 : 1,500,000 × 0.2 = 300,000
∴ 2,800,000

C제품 : 1,000,000 × 0.2 = 200,000
∴ 3,000,000

(2) 직접노무비법

㉠ 배부율 계산 : 900,000 ÷ 5,000,000(2,200,000 + 1,000,000 + 1,800,000) = 18%

㉡ 각 제품에의 제조원가

A제품 : 2,000,000 + 2,200,000 + 396,000 = 4,596,000
B제품 : 1,500,000 + 1,000,000 + 180,000 = 2,680,000
C제품 : 1,000,000 + 1,800,000 + 324,000 = 3,124,000

(3) 직접원가법

㉠ 배부율 계산 : 900,000 ÷ 9,500,000(4,200,000 + 2,500,000 + 2,800,000) ≒ 9.5%

㉡ 각 제품에의 제조원가

A제품 : 2,000,000 + 2,200,000 + 399,000 = 4,597,000
B제품 : 1,500,000 + 1,000,000 + 227,500 = 2,727,500
C제품 : 1,000,000 + 1,800,000 + 327,500 = 3,073,500

4-6

(1) 기계비계산월보작성

기 계 비 계 산 월 보

200×년 10월분

비 목	배 부 기 준	합 계	생 산 중 심 점	
			A 기 계	B 기 계
기 계 개 별 비				
운전공임금		95,200	55,200	40,000
수 선 료		42,000	30,000	12,000
감가상각비		16,000	10,000	6,000
기 계 공 통 비				
건 물 비	점유면적	ⓐ 16,000	10,000	6,000
보 험 료	가 격	ⓑ 10,800	6,000	4,800
동 력 비	마력수×운전시간	ⓒ 22,400	14,400	8,000
간접공임금	공 원 수	ⓓ100,000	40,000	60,000
		302,400	165,600	136,800
운 전 시 간			1,600시간	1,000시간
기 계 율			₩ 103.50	₩ 136.80

ⓐ 건물비(점유면적기준)

A기계 : $₩16,000 \times \dfrac{20}{20 + 12} = ₩10,000$

B기계 : $₩16,000 \times \dfrac{12}{20 + 12} = ₩6,000$

ⓑ 보험료(가격기준)

A기계 : $₩10,800 \times \dfrac{₩300,000}{₩300,000+₩240,000} = ₩6,000$

B기계 : $₩10,800 \times \dfrac{₩240,000}{₩300,000+₩240,000} = ₩4,800$

ⓒ 동력비(마력수와 운전시간기준)

A기계 : $₩22,400 \times \dfrac{(6\times240)}{(6\times240)+(4\times200)} = ₩14,400$

$$\text{B기계 : } ₩22,400 \times \frac{(4 \times 200)}{(6 \times 240)+(4 \times 200)} = ₩8,000$$

ⓓ 간접공임금(공원수기준)

$$\text{A기계 : } ₩100,000 \times \frac{4}{4+6} = ₩40,000$$

$$\text{B기계 : } ₩100,000 \times \frac{6}{4+6} = ₩60,000$$

⑵ 제조지령서 No. 4의 제조간접비 배부액

₩5,175 + ₩5,472 = ₩10,647

A기계 : 103.50 × 50시간 = 5,175

B기계 : 136.80 × 40시간 = 5,472

제 5 장

부문별 원가계산

제1절 부문별 원가계산의 개념

1.1 부문별 계산의 의의

복잡한 제조공정에 의하여 수종의 제품을 제조하는 대규모 경영의 경우에는 제 4 장의 제조간접비 배부방법에 의한 배부로는 도저히 정확한 배부계산을 할 수 없다. 그래서 제조간접비의 배부계산을 보다 정확하게 하기 위하여 하나의 공장을 몇 개의 계산단위(costing unit)로 분할하여 각 계산단위별로 제조간접비를 집계하여 배부하는 방법이 실시되고 있다. 이러한 계산 단위로서 흔히 각 원가요소의 발생장소(원가부문)가 이용된다.

즉, 제품을 제조하기 위하여 발생하는 간접비를 처음부터 각종 특정 제품에 배부하지 않고 우선 발생장소별로 집계하여 그것을 각 장소를 경유하는 각종 특정제품에 합리적으로 배부한다. 요컨대 원가요소 → 원가장소 → 원가부담자(제품)의 순서에 따라 제조간접비를 배부 계산한다. 이와 같은 원가장소를 원가부문(cost department)이라 하며, 이러한 방법에 근거하여 원가계산을 하는 것을 부문비계산(departmental calculation) 또는 부문별 원가계산(costing by departments)이라 한다.

부문비계산에 있어 개별원가계산의 경우에는 일반적으로 제조간접비의 배부계산만 이루어지지만 종합원가계산에서는 제조간접비의 정확성 뿐만 아니라 어느 부문이 능률적이고 어느 부문이 비능률적인가를 비교·검토하는 이른바 원가관리(cost control)에 대한 유용성까지도 포함한다. 따라서 원가부문은 ① 경영관리자의 책임에 따른 구분, ② 작업의 성질에 따른 구분이라는 2가지 측면을 고려하여 설정할 필요가 있다.

1.2 원가부문 설정의 필요성

원가부문은 전술한 바와 같이 원가요소를 그 발생 장소에 따라서 집계하기 위한 원가계산상의 구분이다. 따라서 원가부문은 제품의 원가를 합리적으로 정확하게 산정하기 위하여 필요한 수단임과 동시에 원가관리에 필요한 자료를 제공하기 위한 수단이기도 하다. 따라서, 이러한 수단으로서의 기능을 다하기 위해서는 그 설정을 적절하게 행하지 않으면 안 된다.

원가부문의 설정에 있어서는 사업의 종류, 경영규모, 생산 및 관리조직, 원가계산사무능력 등의 여러 가지 사정에 따라 다르나 원가부문의 합리적인 설정기준은 기본적으로는 부문별 원가계산의 목적인 제품에 대한 원가의 합리적인 집계 또는 원가관리로써 이 두 목적을 달성하기 위한 공통적인 기준으로서는 원가발생장소로 원가부문을 구분하는 것이다.

원가발생장소에 의하여 구체적으로 원가부문을 설정하면 원가를 장소별로 명확하게 파악할 수 있고 실제로 제품원가의 계산이 정확하게 행할 수 있을 뿐만 아니라 원가관리도 원가부문별로 용이하게 행할 수 있기 때문이다. 원가부문의 설정에 있어서 고려해야 할 점으로서는 다음과 같은 것이 있다.

첫째, 부문비계산은 발생한 원가요소의 각 비목을 부문단위별로 집계하여 적정한 부문비를 산정하는 것이 그 주 내용이다. 따라서 집계하는데 있어서 될 수 있으면 각 비목이 특정의 부문에만 단독으로 발생하도록 부문을 설정할 필요가 있다. 2개 이상의 부문에 공통적으로 발생한 비목은 이것을 적당한 기준에 의하여 각 부문에 배분해야 신뢰성의 상실을 막을 수 있다.

둘째, 각 부문별로 집계된 원가(부문비)는 거기에서 작업을 받은 각종 제품에 부담시키므로 이 부문계산을 합리적으로 행하기 위해서는 1부문에서 행하는 작업의 동종성·동일성이 필요한데 만일 서로 다른 이질작업은 서로 동일화 할 수 있는 동일작업별 배분기준이 필요하다.

셋째, 원가관리의 목적을 효과적으로 달성하기 위해서는 경영관리자의 권한과 책임의 범위를 고려하여 원가발생에 대한 책임자를 명확하게 해둘 필요가 있는데 권한의 관점을 중시하면 부문의 범위를 크게 설정할 필요가 있고, 책임의 관점을 중시하면 부문을 소규모로 설정해야 한다. 따라서 여러 사항을 고려하여 적당하게 이와 같은 부문을 설정해서 원가의 합리적인 목적을 이루어야 한다.

1.3 부문별 원가계산의 목적

부문별 원가계산의 목적은 다음의 두 가지로 열거할 수 있다.

첫째, 정확한 제품원가의 산정에 그 목적이 있다 : 원가를 제품과 관련시켜 직접비와 간접비로 분류하여 계산하는 것이 매우 중요한데, 개별원가계산의 경우 제조직접비는 제품에 바로 배부할 수 있는데 반해, 제조간접비는 여러 제품에 공통적으로 발생하는 관계로 일정한 기준에 따라 부과하지 않으면 안 된다.

제조간접비를 제품에 배부할 때, 총괄배부율은 다음식에 의한다.

$$\text{총괄배부율} = \frac{\text{공장전체의 제조간접비 총액}}{\text{배부기준(예, 직접작업시간)}}$$

이 경우는 부문별계산을 하지 않고 바로 제품별계산을 하는 방법으로, 모든 제조간접비를 하나의 기준(직접작업시간)에 의해 제품에 배부하게 된다. 그러나 이렇게 되면 제품원가를 정확하게 계산할 수 없다. 왜냐하면, 제조간접비는 각기 다른 원가요소의 집합으로서, 원가의 발생내용도 복잡 다양하여 하나의 배부기준으로서는 제조간접비와 제품과의 인과관계를 따지기 어렵기 때문이다. 결국 작업직능의 동종성에 따라 원가부문을 설정하여 각 부문별로 제조간접비 발생액과 그 부문에서 가공받은 제품과의 인과관계를 따지는 것이 정확한 제품원가를 할 수 있는 방법이다.

둘째, 원가관리의 목적이 있다 : 원가부문을 직제상의 책임과 권한의 기준에 따라 설정하는 것은 원가발생에 대한 책임과 권한을 명확히 하는 것이다. 즉 원가를 관리하기 위해서는 일차적으로 원가부문(원가발생장소)별로 그 발생액이 집계되어야 한다. 원가부문별 실제발생액과 전기발생액을 비교하여 차액을 산출하고, 그 발생원인을 규명하여 부문관리자에게 책임을 물음으로써 원가관리를 보다 철저히 할 수 있다.

부문별 원가발생액은 그 부문관리자의 관리업적을 나타내는 것이지만, 보다 효율적인 원가관리를 위해서는 부문별원가를 관리가능비와 관리불능비로 구분하여 파악하여야 한다. 그 후 부문관리자는 관리가능비를 중심으로 업적평가를 행함으로써 원가관리의 실질적인 효과를 얻을 수 있다. 우리나라 원가회계기준도 이러한 점을 고려하여 각 부문에 집계하는 원가요소를 관리가능비와 관리불능비로 구분할 수 있음을 규정하고 있다.

1.4 원가부문의 종류

원가부문은 기업의 규모나 제품의 특성에 따라 다양하게 설정될 수 있으나, 일반적으로 생산 부서의 직제에 맞추어 설정하는 것이 보통이다. 즉, 생산부서는 대개 제조활동에 직접 참여하는 제조부문과 이들 제조부문에 전력, 용수 등을 제공하는 보조부문으로 구성되는 것이 보통인데, 원가부문도 이에 맞추어 제조부문과 보조부문으로 나누어 설정되고 있다.

1. 제조부문(production departments)

제조부문은 제품의 제조활동을 직접 담당하는 부문으로, 제품의 제조단계에 따라 절단부문, 조립부문, 또는 선반부문, 주조부문 등으로 나눈다.

2. 보조부문(service departments)

보조부문은 제품의 제조에는 직접 참여하지 않고, 다만 제조부문의 제조활동을 돕기 위하여 여러 가지 용역을 제공하는 부문이다. 그러나 보조부문이 제조부문에만 용역을 제공하는 것은 아니며, 때에 따라서는 다른 보조 부문에도 용역을 제공한다. 예를 들어 동력부문은 자기가 생산한 동력을 주로 제조부문에 제공하지만, 수선 부문이나 공장사무부문과 같은 다른 보조 부문에도 제공한다. 보조부문은 다시 기능에 따라 보조용역부문과 공장관리부문으로 나눈다.

1) 보조용역부문

제조부문이 필요로 하는 동력, 수선, 운반 용수 등의 용역을 제공함으로써 제조활동을 돕는 부문이다. 동력부분, 수선부문, 운반부문, 용수부문 등이 이에 속한다.

2) 공장관리부문

생산설비나 노동력의 관리 또는 기획, 설계, 그 밖의 공장 사무를 관리하는 부문이나, 노무관리부문, 기획설계부문, 시험연구부문, 공구관리부문, 공장사무부문 등이 있다.

제2절 부문비 배부표

2.1 부문개별비

제조부문과 보조부문을 가지고 있는 제조기업에서 부문별 원가계산의 절차를 보면 다음의 세 단계로 나누어진다.

제1단계 … 부문개별비를 각 부문에 직과

제2단계 … 부문공통비를 어떤 배부 기준에 의해 각 부문에 부과

제3단계 … 보조부문비를 배부 기준에 의해 제조부문에 부과한다.

부문별 원가계산의 첫 번째 절차는 부문개별비를 제조부문과 보조부문에 직접 부과하는 일이다. 부문개별비란 특정 부문에서 개별적으로 발생하는 원가로서, 비록 개별제품에는 추적 가능하지 못한 제조간접비지만 각 부문에는 추적 가능한

것을 말한다.

예를 들면, 특정 부문 책임자의 급료나 특정 부문에서만 사용하는 기계의 감가상각비 등이 이에 속한다. 부문개별비를 부과할 때에는 총계정원장에 각 부문별로 부문비계정을 설정한 후, 재료비 분개장, 노무비 분개장, 제조경비 분개장의 부문비란에 기록된 제조간접비를 이 계정의 차변에 합계 전기한다.

차)	절단부문비	×××	대) 제조간접비	×××
	조립부문비	×××		
	동력부문비	×××		

2.2 부문공통비

부문개별비를 부과한 다음에는 부문공통비를 제조부문과 보조부문에 배부하여야 한다. 부문공통비란 각 부문에 직접 추적할 수 없는 제조간접비를 말하는데, 예를 들면 공장장의 급료, 여러 부문이 공동으로 사용하는 기계의 감가상각비 등이 이에 속한다. 이러한 원가들은 개별 제품에도 추적할 수 없고, 특정 부문에도 추적할 수 없는 간접비로서, 인위적인 기준에 따라 일단 공장 내의 모든 제조부문과 보조부문에 배부하여야 한다. 부문공통비의 배부에 따른 분개도 부문개별비의 부과에 따른 분개와 동일하다.

부문공통비는 그 성질에 따라 적절한 배부기준을 선정하여 각 부분에 배부하여야 한다. 이 때 배부기준으로는, ① 배부되는 관계부문에 공통적으로 적용할 수 있어야 하며, ② 부문공통비와 배부기준의 사이에 상관관계가 있어야 한다.

일반적으로 이용되는 부문공통비의 배부기준은 다음과 같다.

부문공통비	배 부 기 준
① 간접재료비	- 각 부문의 직접재료비
② 간접노무비	- 각 부문의 직접노무비, 종업원수, 직접노동시간
③ 감가상각비	- 기계의 경우 : 각 부문의 기계사용시간 건물의 경우 : 각 부문의 차지하는 면적
④ 전 력 비	- 각 부문의 전력소비량 또는 각 부문 기계의 마력수×운전시간

⑤ 수 선 비 - 각 부문의 수선횟수
⑥ 수 도 료 - 각 부문의 수도 사용량
⑦ 운 반 비 - 각 부문의 운반 물품의 무게, 운반거리, 운반횟수
⑧ 복리후생비 - 각 부문의 종업원수 또는 노무비
⑨ 재 산 세, 화재보험료, 지급임차료 - 각 부문이 차지하는 면적 또는 기계의 가격
⑩ 그 밖의 부문공통비 - 각 부문의 직접노동시간, 종업원수, 면적 등

이상의 두 절차가 완료되면 각 제조부문계정과 보조부문계정에는 부문개별비 부과액과 부문공통비 배부액이라는 두 종류의 금액이 기록된다. 부문개별비와 부문공통비의 원가부문에의 절차는 <도 5-1>과 같다.

〈도 5-1〉 부문별 원가계산의 절차

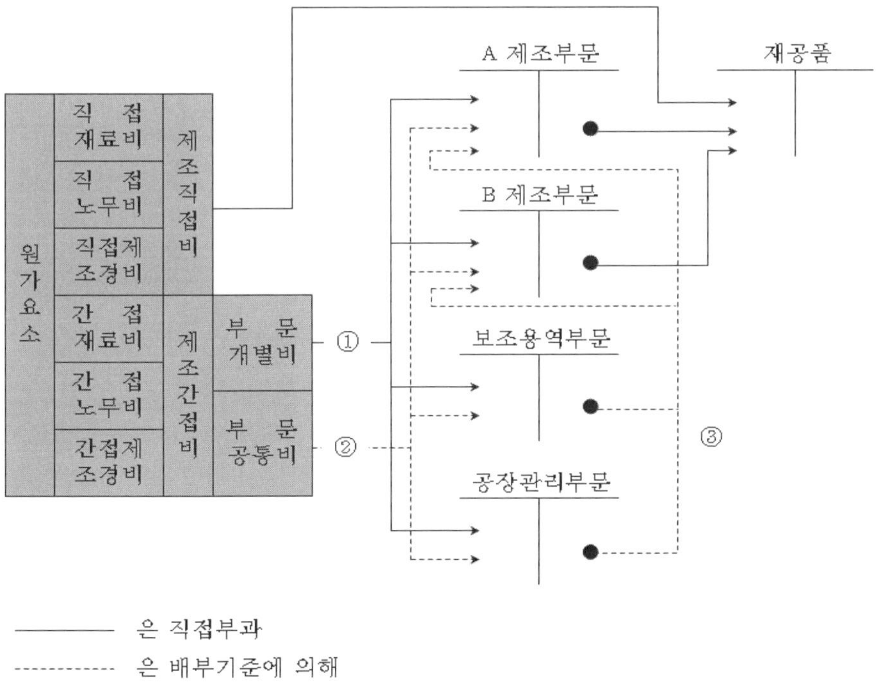

———— 은 직접부과
- - - - - - 은 배부기준에 의해

① : 부문개별비를 발생장소에 직접부과
② : 부문공통비를 발생장소에 배부기준에 의해 배부
③ : 보조부문비를 제조부문에 배부

2.3 부문비 배부표 작성사례

☑ 경남공업(주)의 제조간접비 자료는 다음과 같다. 제조간접비의 부문비배부표를 작성하시오.

① 부문별 배부기준

배부기준	A제조부문	B제조부문	동력부	수선부	창고부	관리부	합계
점유면적	120㎡	110㎡	30㎡	40㎡	20㎡	30㎡	350㎡
종업원수	20人	18人	4人	6人	2人	4人	54人
기계가격	1,320,000원	500,000원	80,000원	20,000원	-	-	1,920,000원
전력소비율	40%	30%	20%	10%	-	-	100%
전화대수	6...	5...	2...	3...	2...	3...	21...

② 원가자료

원가항목	A제조부문	B제조부문	동력부	수선부	창고부	관리부	합계
	원	원	원	원	원	원	원
간접재료비	70,000	62,000	24,000	36,000	28,000	10,000	230,000
간접노무비	112,000	104,000	16,000	18,000	10,000	12,000	272,000
복리후생비	-	-	-	-	-	-	59,400
보험료	-	-	-	-	-	-	16,100
지급전력비	-	-	-	-	-	-	180,000
전화료	-	-	-	-	-	-	12,600
건물감가상각	24,000	2,200	600	800	400	600	28,600
기계감가상각	-	-	-	-	-	-	17,200
잡 비	16,000	13,400	2,400	6,800	5,000	9,200	52,800

풀이

<u>부문비배부표</u>

원가항목	합계	제조부문		보 조 부 문			
		A제조	B제조	동력부	수선부	창고부	관리부
부문개별비							
간접재료비	230,000	70,000	62,000	24,000	36,000	28,000	10,000
간접노무비	272,000	112,000	104,000	16,000	18,000	10,000	12,000
건물상각비	28,600	24,000	2,200	600	800	400	600
잡비	52,800	16,000	13,400	2,400	6,800	5,000	9,200
개별합계	583,400	222,000	181,600	43,000	61,600	43,400	31,800

부문공통비							
복리후생비	59,400	22,000	19,800	4,400	6,600	2,200	4,400
보험료	16,100	5,520	5,060	1,380	1,840	920	1,380
지급전력비	180,000	72,000	54,000	36,000	18,000	-	-
전화료	12,600	3,600	3,000	1,200	1,800	1,200	1,800
기계감가상각비	17,200	11,825	4,479	717	179	-	-
공통비계	285,300	114,945	86,339	43,697	28,419	4,320	7,580
부문비합계	868,700	336,945	267,939	86,697	90,019	47,720	39,380

* 부문비의 계산과정

① 부문개별비 : 각 부문에 직과함

② 부문공통비 : 복리후생비를 배부기준(종업원수)에 의해 각 부문에 배부함

A제조부문 : 59,400 × 20/54 = 22,000

B제조부문 : 59,400 × 18/54 = 19,800

동력부 : 59,400 × 4/54 = 4,400

수선부 : 59,400 × 6/54 = 6,600

창고부 : 59,400 × 2/54 = 2,200

관리부 : 59,400 × 4/54 = 4,400

다른 부문공통비의 배부기준 : 보험료(점유면적), 지급전력비(전력소비율), 전화료(전화대수), 기계감가상각비(기계가격).

차) A 제조부문비	336,945	대) 제조간접비	868,700
B 제조부문비	267,939		
동력부문비	86,697		
수선부문비	90,019		
창고부문비	47,720		
관리부문비	39,380		

제3절 부문비 대체표

3.1 보조부문비의 배부 기준

부문비의 제1차 집계에 의하여 부문개별비와 부문공통비는 각 원가부문별로 집계되어 있다. 그 다음의 절차로서 보조부문비를 제조부문에 다시 배부하는데, 이를 가리켜 부문비의 제2차 집계라고 하며, 이를 부문비 대체표라 한다. 이 절차를 그림으로 표시하면 <도 5-2>와 같다.

〈도 5-2〉 부문비의 제2차 집계

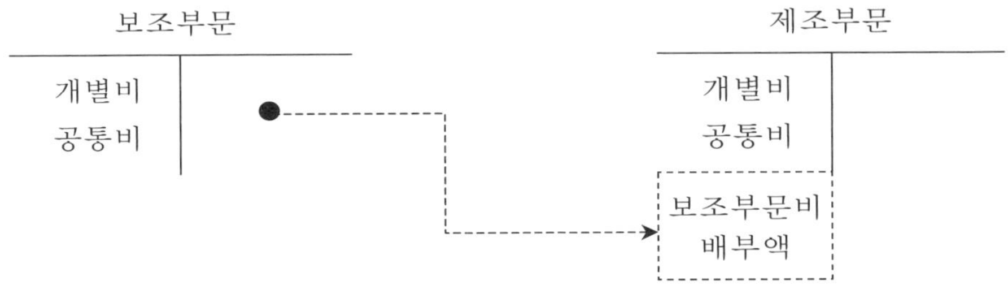

원래 보조부문이란 제품의 생산에 직접적으로 참가하지 않고 생산의 직접담당부문인 제조부문에 용역을 제공하여, 그 생산활동을 측면에서 보조하는 부문이라고 전술한 바 있다. 원래 제품은 보조부문을 경유하지 않으므로 보조부문으로부터 용역을 받는 일이 없다. 그러므로 보조부문비를 제조부문에 배부해 두지 않으면 보조부문비를 제품에 부담시킬 기회를 얻을 수 없게 된다. 따라서 보조부문이 각 제조부문에 제공한 용역에 비례하여 자기부문비를 배부해 두면, 제조부문이 각 제품에 제공한 가공에 비례하여 보조부문비를 포함한 자기부문비를 배부하게 된다.

그러나 제조경비의 성질에 따라서는 합리적인 배부가 곤란한 것이 있으므로 절대적인 정확성을 기대하기가 곤란하다.

일반적으로 각 보조부문비의 배부기준으로서 다음과 같이 들고 있다.

① **동력부문비** : 계량기로서 측정된 각 제조부문의 동력소비량 또는 각 제조부

문의 기계의 마력수×운전시간수의 합계

② **수선부문비** : 각 제조부문의 수선액

③ **용수부문비** : 계량기로서 측정한 각 제조부문의 용수소비량

④ **운반부문비** : 각 제조부문의 운반물품의 중량, 운반거리, 운반회수

⑤ **검사부문비** : 각 제조부문의 검사공의 작업시간수

⑥ **재료관리부문비** : 각 제조부문의 출고재료가액, 중량, 개수

⑦ **노무관리부문비** : 각 제조부문의 종업원수, 작업시간수

⑧ **복리후생비** : 각각 제조부문의 임금, 종업원수

⑨ **시험연구부문비** : 각 제조부문의 직접작업시간수

3.2 배부방법

각 보조부문비는 적당한 배부기준을 선택하여 각 제조부문에 배부하지 않으면 안 되며, 이 배부방법에는 보조부문간의 상호간에 용역의 수수가 행해지는 경우 이것을 배부계산에 어느 정도 고려하는가에 따라 다음의 3방법이 있다.

1. 직접배부법

이것은 보조부문 상호간의 용역의 수수를 완전히 무시하고 각 보조부문비를 직접으로 각 제조부문에 배부하는 방법이다. 따라서 보조부문 상호간의 용역에 대한 수수가 무시되기 때문에 계산의 정확성은 상실하나 계산절차는 간단하다. 그러나 보조부문 상호간의 용역수수가 소액의 경우나 혹은 보조부문간에 각 제조부문에의 배부율이 별로 상이하지 않는 경우에 이 방법이 사용된다.

☑ 전술한 예제의 부문비 배부표를 이용하여 직접배부법에 의한 부문비 대체표를 아래 배부율로 작성하시오.

보조부문비	A제조부문	B제조부문
동력부문비	40%	60%
수선부문비	50%	50%
창고부문비	60%	40%
관리부문비	40%	60%

풀이

부분비 대체표

비 목	금 액	제조부문		보조부문			
		A부문	B부문	동력부	수선부	창고부	관리부
부문비합계	868,700	336,945	267,939	86,697	90,019	47,720	39,380
동력부문비	86,697	34,679	52,018				
수선부문비	90,019	45,009	45,010				
창고부문비	47,720	28,632	19,088				
관리부분비	39,380	15,752	23,628				
합 계	868,700	461,017	407,683				

차)		대)	
A 제조부문비	124,072	동력부문비	86,697
B 제조부문비	139,744	수선부문비	90,019
		창고부문비	47,720
		관리부문비	39,380

2. 상호배부법

이것은 보조부문 상호간의 용역수수에 대하여 그 사실을 배부계산에서 고려하는 방법으로 합리성은 있으나 계산방법이 복잡하다. 즉, 보조부문 상호간에 있어서 수수되는 용역을 측정하여 각 보조부문비를 그 용역을 받은 다른 보조부문 및 제조부문에 배부하고 다음에 다른 보조부문에서 배부된 각 보조부문비를 제2차 배부로서 제조부문에 직접배부하는 방법이다. 따라서 보조부문 상호간에 용역의 수수가 비교적 크거나 각 보조부문에서 여러 제조부문에의 용역의 제공비율이 상이한 경우에는 상호배부법에 의하여 정확한 부문비의 배부를 행할 수 있다. 그러나, 보조부문 상호간의 수수가 제조부문에 제공되는 금액에 비하여 적거나 혹은 각 보조부문에서 제조부문에의 서비스 제공의 비율이 유사한 경우에는 상호배부법을 적용하더라도 노력에 비해 결과는 대동소이하다. 이 상호배부법은 보조부문 상호간의 용역의 수수를 어떻게 반영하느냐에 따라 2가지 방법으로 나눌 수 있으나 후술할 직접배부법을 가미한 상호배부법을 제외한 다른 방법은 별로 사용되지 않는다.

1) 직접배부법을 가미한 상호배부법

이것은 보조부문비의 배부를 2단계로 나누어 제1차 배부에서는 상호배부법을 행하여 그 결과 다른 보조부문에서 배부되고 남은 보조부문비는 제2차 배부에서 직접배부법에 의하여 제조부문에만 배부하는 것이다. 원가계산기준에 규정된 상호배부법은 이와 같이 직접배부법을 가미한 상호배부법을 말한다. 이 방법은 상호배부계산을 반복하여 행한다는 것은 수고와 시간이 많이 요함으로 제2차 배부에서는 간편하게 직접배부하여 절차를 끝나게 한다. 그러나, 최근에는 계산기계의 발달과 보급으로 인하여 계산의 수고가 많다는 것은 문제가 안되며, 제조간접비의 정확한 배부를 하기 위해서는 순수상호배부방법을 사용한다.

☑ 전술한 예제의 부문비배부표를 이용하여 직접배부법을 가미한 상호배부법에 의한 부문비 대체표를 아래 배부율로 작성하시오.

1차배부 (%)

보조부문비	A	B	동력	수선	창고	관리
동력부문비	30	30	-	20	10	10
수선부문비	40	30	10	-	10	10
창고부문비	20	40	10	10	-	20
관리부문비	30	20	20	10	20	-

2차배부 (%)

보조부문비	A부문	B부문
동력부문비	50	50
수선부문비	40	60
창고부문비	60	40
관리부문비	50	50

풀이

부문비 대체표

(직접법을 가미한 상호배부법)

비 목	금 액	제조부문		보조부문			
		A부문	B부문	동력부	수선부	창고부	관리부
부문비합계	868,700	336,945	267,939	86,697	90,019	47,720	39,380
동력부문비	86,697	26,009	26,009	-	17,339	8,670	8,670
수선부문비	90,019	36,007	27,006	9,002	-	9,002	9,002
창고부문비	47,720	9,544	19,088	4,772	4,772	-	9,544
관리부문비	39,380	11,814	7,876	7,876	3,938	7,876	-
1차배부합계	263,816	83,374	79,979	21,650	26,049	25,548	27,216

비 목	금 액	제조부문		보조부문			
		A부문	B부문	동력부	수선부	창고부	관리부
동력부문비	21,650	10,825	10,825				
수선부문비	26,049	10,420	15,629				
창고부문비	25,548	15,329	10,219				
관리부문비	27,216	13,608	13,608				
2차배부합계	100,400	50,182	50,218				
합 계	868,700	470,501	398,199				

1차 배부

차) A 제조부문비	83,374	대) 동력부문비	86,697
B 제조부문비	79,979	수선부문비	90,019
동력부문비	21,650	창고부문비	47,720
수선부문비	26,049	관리부문비	39,380
창고부문비	25,548		
관리부문비	27,216		

2차 배부

차) A 제조부문비	50,182	대) 동력부문비	21,650
B 제조부문비	50,218	수선부문비	26,049
		창고부문비	25,548
		관리부문비	27,216

2) 순수상호배부법(연속배부법)

이것은 제1차 상호배부계산을 반복하여 보조부문비가 0이 될 때까지 연속적으로 행하는 방법으로 보조부문의 맨 뒤에 위치하는 부문부터 배부하는 것이 특색이다.

☑ 전술한 상호배부법의 1차 배부를 기초로 하여 연속상호법에 의한 부문비 대체표를 작성하시오.

부문비 대체표

(연속배부법)

비 목	금 액	제조부문		보조부문			
		A부문	B부문	동력부	수선부	창고부	관리부
부문비 합계	868,700	336,945	267,939	86,697	90,019	47,720	39,980
1차							
관리부문비	39,380	11,817	7,876	7,876	3,938	7,876	-
창고부문비	55,596	11,119	22,238	5,560	5,560	55,596	11,119
수선부문비	99,517	39,807	17,826	13,961	99,517	13,962	13,961
동력부문비	114,094	34,228	34,228	114,094	22,819	11,409	11,410
2차							36,490
관리부문비	36,490	10,947	9,298	7,298	3,649	7,298	-
창고부문비	30,669	6,134	12,268	3,066	3,067	30,669	6,134
수선부문비	28,535	11,414	8,561	2,953	28,535	2,853	2,854
동력부문비	11,317	3,365	3,365	11,317	2,243	1,122	1,122
⋮	⋮	⋮	⋮	⋮	⋮	⋮	⋮
⋮	⋮	⋮	⋮	⋮	⋮	⋮	⋮
부문비배부합	868,700	×××	×××				

3. 단계배부법(step method)

단계배부법은 직접배부법과 상호배부법을 가비한 방법으로 보조 부문들 간에 일정한 배부 순서를 정한 다음, 그 배부순서에 따라 보조부문비를 단계적으로 다른 보조부문과 제조부문에 배부하는 방법이다. 그러나 일단 특정 보조부문비가 다른 보조부문에 배부된 다음에는, 다른 보조부문에서 역으로 그 특정 보조부문에 재배부되지는 않는다. 따라서 단계배부법은 보조부문 상호간의 용역수수(用役授受)관계를 일부만 반영하는 방법이라고 할 수 있다.

단계배부법을 사용할 때는 보조부문의 배부순서를 결정하는 것이 매우 중요하다. 배부순서가 달라지면, 각 제조부문에의 보조부문비 배부액이 달라지기 때문이다. 일반적인 규칙으로서는 맨 뒤에 위치하는 보조부문부터 배부하며 자기 자신과 자신의 뒤에 위치하는 배부율은 무시하고 배부한다.

☑ 전술한 상호 배부법의 1차 배부를 기초로 하여 단계배부법에 의한 부문비 대체표를 작성하시오.

부문비 대체표

(단계배부법)

비 목	합 계	제조부문		보조부문			
		A부문	B부문	동력부	수선부	창고부	관리부
부문비합계	868,700	336,945	267,939	86,697	90,019	47,720	39,380
관리부문비	39,380	11,814	7,876	7,876	3,938	7,876	-
창고부문비	55,596	13,899	27,798	6,949	6,950	55,596	
수선부문비	100,907	50,454	37,840	12,613	100,907		
동력부문비	114,135	57,067	57,068	114,135			
	868,700	470,179	398,521				

차) A 제조부문비	133,234	대) 관리부문비	39,380
B 제조부문비	130,582	창고부문비	47,720
		수선부문비	90,019
		동력부문비	86,697

4. 기타배부법

1) 시행착오법

이 방법은 연속배부법에서와 같이 몇 번이고 제조부문에 배부하는 계산을 반복하는 것을 생략하기 위하여 다른 보조부문에 배부되는 금액에 만 주목하여 결국 각 보조부문에 있어서 원래의 부문비 및 다른 보조부문에서의 배부된 금액 즉, 다른 부문에 배부해야 할 금액이 얼마나 되는가를 시행착오에 의하여 계산하려는 것이다. 시행착오법은 그 결과가 연속배부법과 대동소이하다.

2) 연립방정식법

이 방법은 보조부문간의 상호적인 용역의 수수관계를 수식화하여 이 수식을 계산함으로 해서 반복배부계산을 생략하려는 것이다. 그러므로 보조부문의 원래의 부문비에 다른 보조부문에서 배부되는 금액을 가산한 합계액을 미지수로 하는 연립방정식을 만들어 풀이한다.

제4절 제조부문비의 제품에의 배부

각 제조부문에 집계된 제조부문비는 적절한 배부기준(가치법, 시간법, 수량법)에 따라 당해 제조부문을 통과한 각 제품에 적절히 배부하여야 한다.

제조부문비는 월말에 실제발생액을 집계하여 제품에 배부할 수도 있지만, 실제발생액 집계 이전의 월중 시점에서 예정배부율에 따라 예정배부하는 것이 보통이다.

실제배부를 하는 경우에는 앞에서 설명한 바와 같이 월중에 완성된 제품도 월말이 되어야만 원가를 계산할 수 있게 되므로 그 만큼 원가 계산이 지연되는 단점이 있다.

그러나 예정배부를 하면 제품을 완성하는 즉시 원가를 계산할 수 있게 될 뿐 아니라, 원가계산을 보다 간편하게 할 수 있다는 장점이 있다.

예정배부를 하려면 먼저 연초에 각 제조부문별로 예정배부율을 산정해 놓어야 하는데, 그 절차는 다음과 같다.

첫째, 제조부문과 보조부문 전체에 대하여 각 부문별로 자기 부문에서 발생하리라고 예상되는 연간 제조간접비 예정액을 추정한다.

둘째, 직접배부법, 단계배부법, 상호배부법 중 한 가지를 선택하여, 앞에서 추정한 보조부문비 연간 예상액을 제조부문에 배부한다.

이렇게 하면 각 제조부문별로 제조간접비의 연간 총예상액을 다음과 같이 계산할 수 있다.

> 제조부문별 제조간접비의 연간 총예상액
> = ① 자기부문의 연간 예상액 + ② 보조부문비 연간 예상액의 배부액

셋째, 위에서 계산된 제조 부문별 제조간접비의 연간 총 예상액을 직접재료비나 직접노동시간 등의 배부기준의 연간 예상액으로 나누어 각 제조 부문별 예정배부율을 계산한다.

$$\text{제조부문별 예정배부율} = \frac{\text{제조부문비 연간 총예상액}}{\text{제조부문별 배부기준의 연간 예상액}}$$

이처럼 각 제조부문별로 예정배부율이 계산되어 있는 경우에는 연중 어느 때든지 제품이 완성될 때마다 즉시 이 예정배부율을 배부기준의 실제 발생값에 곱하여 제품에의 제조부문비 예정배부액을 계산할 수 있다.

$$\text{제조부문비 예정배부액} = \text{배부기준의 실제 발생값} \times \text{예정배부율}$$

☑ 전술한 부문비 대체표(단계배부법)에 의해 #1 제품에의 제조간접비 배부액을 구하시오.

(1) 예정배부율의 계산시에 사용되는 배부기준 및 이들의 연간 예상액은 다음과 같다.

A제품부문비 : 기계작업시간, 연간 3000시간

B제품부문비 : 직접노동시간, 연간 1000시간

(2) 당월에 완성된 제품 #1은 A제조부문에서 500시간의 기계작업을 받았고, B제조부문에서 200시간의 직접노동을 받았다.

풀이

① 제조부문비의 예정배부율

A제조부문비의 예정배부율 : ₩470,179 / 3000시간 ≒ 156.73

B제조부문비의 예정배부율 : ₩398,521 / 1000시간 ≒ 398.51

② 제품 #1에의 제조간접비 예정배부액

A제조부문비의 예정배부액 : 500시간 × 156.73 = 78,365

B제조부문비의 예정배부액 : 200시간 × 398.51 = 79,702

158,067

차)	재공품 #1	158,067	대)	A제조부문비	470,179
	재공품 #2	⋮		B제조부문비	398,521
	⋮	⋮			

제5절 부문비 계산의 예정배부

5.1 예정배부의 방법

전장에서 제조간접비의 제품에의 배부는 예정배부율을 사용하여 행한다는 것을 설명하였으나, 부문비계산에 의하여 제조간접비의 배부를 행하는 경우도 예정배부율을 사용하여 행한다. 그러므로 실무적으로는 월초에 각 제조부문별로 부문비 발생액을 예정하여 이 예정액을 각 부문의 배부기준의 예정수치로 나누어서 예정배부율을 산정하고 이것을 사용하여 배부계산을 행한다.

$$\frac{\text{일정기간의 제조부문비 예정액}}{\text{동기간의 배부기준 예정수치}} = \text{당제조부문의 예정배부율}$$

이 예정배부율에서 곱하는 각종 제품의 배부기준의 수치는 실제발생액를 사용한다. 또한, 이 예정배부계산을 명백히 하기 위하여 부문비 예정배부표를 작성한다. 이 형식은 제조간접비예정배부표와 동일하며 다만 그것을 각 제조부문별로 작성하면 된다.

부문비계산에 있어서 예정배부는 각 제조부문에 있어 배부율(각 제조부문비의 금액과 직접작업시간수 등의 배부기준)로 행하며, 공장전체로서 제조간접비의 금액을 직접 견적하는 것은 아니다. 따라서 월말에 각 제조부문비의 실제발생액을 산정할 때에는 당월의 제조간접비의 실제발생액에 대하여 부문비 계산표와 부문비 대체표를 작성할 필요가 있다.

5.2 부문비의 예정배부차액의 처리

부문비계산에 있어서 각 제조부문별로 예정배부율을 사용하여 제품에의 배부를 행하는 경우 월말에 실제발생액의 제조간접비액에 의한 부문비계산이 행해져서 각 제조부문비의 실제발생액이 산정되면 각 제조부문에 있어서 부문비의 예정배부액과 실제발생액과의 차액을 부문비차액이라 하는데 정상적인 것은 매출원가에 부과하고 금액이 큰 경우는 그 사업년도의 매출원가와 기말의 재고자산에 배분하여 부담시킨다.

5.3 예정배부의 기장

부문비계산에 있어서 제조부문비의 예정배부를 행하는 경우 총계정원장에 있어서 각 제조부문비계정은 차변에 제조간접비의 각 항목에서 실제발생액이 대체기입되고 대변에는 부문비 예정배부표의 합계액인 예정배부액이 기입된다. 이 실제발생액(차변)과 예정배부액(대변)과의 차액은 매 월말에 부문비차액계정에 대체된다. 그리하여 부문비차액계정의 대차차액은 매 결산기에 매출원가계정 또는 제품 및 재공품 등의 재고자산계정에 대체된다.

이의 관계를 그림으로 표시하면 <도 5-3>과 같다.

〈도 5-3〉 부문비계산의 예정배부의 기장도해

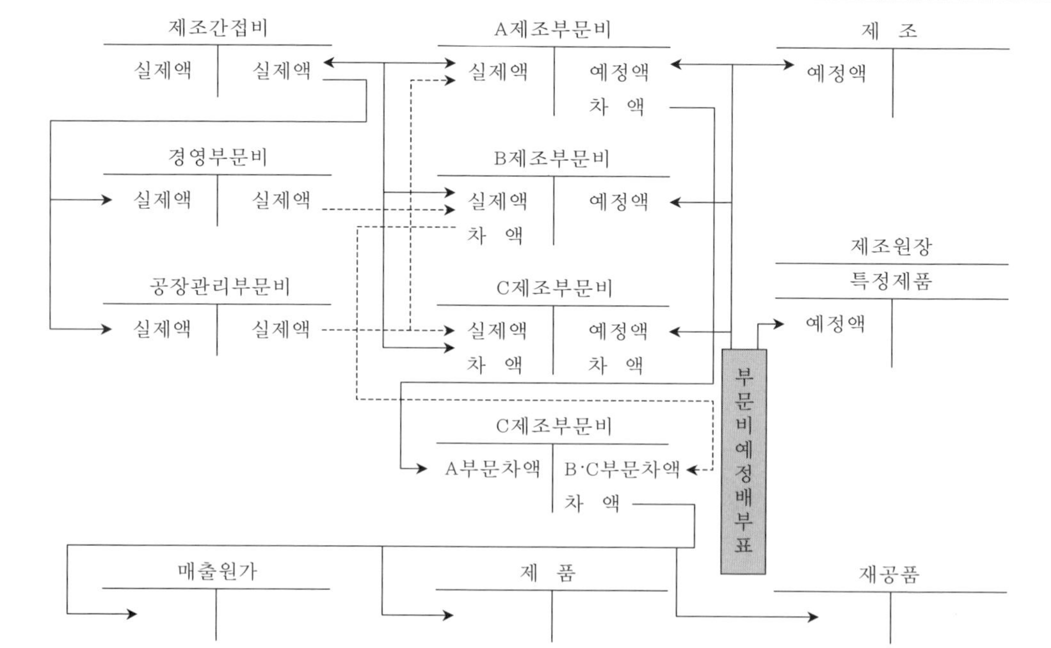

연습문제

객관식

5-1 다음의 공통비 배부기준 중 가장 합리적이고, 우선적으로 적용되어야 할 기준은?

① 인과관계기준　② 부담능력기준
③ 수혜기준　④ 공정성과 공평성기준

5-2 다음 중 보조부문비를 배부하는 방법이 아닌 것은?

① 매출원가가감법　② 직접배부법
③ 단계배부법　④ 상호배부법

5-3 보조무분비의 배부기준을 설정할 때 고려하여야 하는 사항이 아닌 것은?

① 원가의 인과관계　② 기업 전체의 이익에 미치는 영향
③ 가능한 부문비 대체방법　④ 책임회계의 운용성

5-4 원가계산을 할 때 보조부문은 제조부문의 제조활동에 필요한 용역을 제공하기 때문에 보조부문의 원가는 제조부문에 배부되어야 한다. 이때 이상적인배부기준은 논리적이고 보조부문의 원가의 발생과 높은 상관관계가 있으며 쉽게 배분할 수 있어야 한다. 일반적으로 널리 사용되는 배분기준으로서 가장 적당하지 않는 것은?

① 건물관리부문-면적　② 공장인사관리부문-종업원인원수
③ 수선유지부문-작업시간　④ 동력부문-종업원인원수

5-5 부문비 대체의 설명으로 틀린 것은?

① 직접배부법은 자체부문의 자가용역을 무시하고 있다.
② 계제식배부법은 자체부문의 자가용역을 무시하고 있다.
③ 동력부문은 부문별 용량과 이용시간을 동시에 고려하여야 한다.
④ 어떠한 대체 방법을 채택하더라도 부문별 순이익은 같다.

5-6 다음 중 보조부문원가의 배분방법으로서 사용되지 않는 것은?

① 직접배분법 ② 단계배분법
③ 상호배분법 ④ 간접배분법

5-7 보조부문간의 용역수수 관계를 완전히 인식하는 배분법은?

① 직접배분법 ② 단계배분법
③ 상호배분법 ④ 무배분법

5-8 보조부문비의 대체방법으로 상호배부법을 틀리게 설명한 것은?

① 보조부문간의 용역수수를 고려하고 있다.
② 직접배부법에 비하여 복잡하며 연립방정식으로도 가능하다.
③ 보조부문의 자가용역을 가능한 모두 고려하는 방법이다.
④ 연립방정식법은 용역수수의 비례정도로 계수를 설정한다.

5-9 기계장치 감가상각비를 각 부문에 배부하는 기준으로 가장 적당한 것은?

① 작업인원수 ② 기계장치작업시간
③ 전력사용량 ④ 재료투입비율

5-10 다음 중 자가용역을 고려하는 방법은?

① 직접배부법 ② 단계식배부법
③ 상호배부법(2단계법) ④ 연립방적식법

5-11 다음은 보조부문원가의 배분방법에 대한 설명이다. 잘못 설명된 것은?

① 보조부문 상호간의 용역수수관계를 어느 정도 고려하는가에 따라 직접배분법, 단계배분법, 상호배분법으로 분류할 수 있다.
② 상호배분법은 각 보조무분의 배분대상원가를 연립방정식을 수립하여 계산하는 방식을 적용한다.
③ 단계배분법은 보조무분이 다른 보조부문에 제공한 용역을 모두 반영하여 보조부문원가를 배분하는 방법이다.
④ 직접배분법은 보조부문이 다른 보조부문에 제공한 용역은 전혀 고려하지 않고 보조부문원가를 배분하는 방법이다.

5-12 보조부문비의 원가배부방법 중 보조부문 상호간의 용역수수가 중요하지 않는 경우에 적절한 원가개분방법은?

① 단일배부법 ② 상호배부법
③ 단계배부법 ④ 직접배부법

5-13 다음 중 단계배부법의 설명으로 틀린 것은?

① 배부순서의 서열이 중요하다.
② 직접배부법에 비하여 복잡하지만 논리적이다.
③ 자가용역을 고려하지 못하는 약점이 있다.
④ 3순위도 1, 2순위에 원가의 대체가 가능하다.

5-14 보조부문의 배분방법인 직접배분법과 단계배분법, 상호배분법을 서로 비교하는 설명으로 옳지 않은 것은?

① 가장 정확한 것은 상호배분법이다.
② 단계배분법은 직접배분법과 상호배분법의 정출적인 방법이다.
③ 배분순위를 고려하는 것은 단계배분법이다.
④ 직접배분법은 가장 번거로운 방법이다.

5-15 다음 중 보조부문비의 배부에 관한 내용으로 틀린 것은?

① 상호배부법은 직접배부법에 비하여 논리적이다.
② 단계식배부법은 보조부문의 제조부문에 대한 대체순서에 대한 서열과 관계없이 각 제조부문에 대체되는 원가와 동일하다.
③ 보조부문비의 제조부문으로의 대체는 어떠한 방법을 사용하더라도 제조무분으로 집약되는 원가총액은 동일하다.
④ 동력부의 배부기준은 마력수(또는 전력용량)와 운전시간을 모두 고려한다.

주관식

5-1 다음의 일년된 분개를 하시오.

(1) 월중에 제품이 완성되어 절단부문비와 조립부문비의 예정배부액 ₩40,000과 ₩37,600을 각각 제조부문비 예정배부표에 계상하다.
(2) 월말에 집계된 부문비의 실제발생액은 다음과 같다. 이 부문비 배부표의 내

역에 따라 부문개별비와 부문공통비의 실제발생액을 각 부문비 계정에 기록하다.

부문비 배부표

비 목	제 조 부 문		보 조 부 문			
	절단부문	조립부문	동력부문	수선부문	운반부문	공장사무부문
부문개별비						
부문공통비						
	₩36,600	₩32,000	₩3,000	₩2,000	₩2,400	₩1,600

(3) 위의 부문비 배부표에 집계된 보조부문비 실제발생액을 각 제조부문비 계정에 다음과 같이 배부한다.

보조 부문비 배부표

비 목	금 액	절 단 부 문 비	조 립 부 문 비
보조부문비의 배부			
동력부문비	₩3,000	₩1,600	₩1,400
수선부문비	2,000	1,200	800
운반부문비	2,400	1,000	1,400
공장사무부문비	1,600	1,000	600
합 계	₩9,000	₩4,800	₩4,200

(4) 월말에 각 제조부문별 예정배부액과 실제발생액의 차액을 부문비 차액 계정에 대체하다.

5-2 다음 자료를 분개하고 아래 계정에 전기하고 이를 마감하시오.

(1) 부문비 예정배부표에 근거하여 이루어지는 분개
(2) 부문비 배부표에 근거하여 이루어지는 분개
(3) 부문비 대체표에 근거하여 이루어지는 분개
(4) 제조부문비 배부차이에 관한 분개

부 문 비 예 정 배 부 표

일 자		적 요	차 변	대 변					
			제 조	A 제 조 부 문			B 제 조 부 문		
				배부율	시 간	금 액	배부율	시 간	금 액
×	×	지녕서 No.1	28,000	150	120	18,000	100	100	10,000
		⋮	⋮	⋮	⋮	⋮	⋮	⋮	
			256,000	150	900	135,000	100	1,210	121,000

부 문 비 배 분 표

비 목	합 계	제 조 부 문		보 조 부 문			
		A제조부문	B제조부문	동력부문	수선부문	검사부문	사무부문
부문개별비	×××	××	××	××	××	××	××
부문공통비	×××	××	××	××	××	××	××
합 계	252,200	91,000	81,000	35,000	15,400	15,800	14,000

부 문 비 대 체 표

비 목	합 계	A제조부문	B제조부문
동력부문비	35,000	20,400	14,600
수선부문비	15,400	8,800	6,600
검사부문비	15,800	9,600	6,200
사무부문비	14,000	8,000	6,000
배부액합계	80,200	46,800	33,400
제조부문비	172,000	91,000	81,000
합 계	252,200	137,800	114,400

5-3 다음 자료로 (1) 직접배부법, (2) 단계배부법, (3) 상호배부법(직접배부법을 가미한), (4) 연속배부법, (5) 연립방정식법에 의한 부문비 대체표를 작성하시오(단일기준법을 적용).

① 원가자료

부문비 배부표

원가항목	합계	제조부문		보조부문		
		절단부	조립부	재료창고부	동력부	공장사무부
부문개별비	×××	××	××	××	××	××
부문공통비	×××	××	××	××	××	××
부문비합계	2,550,000	1,100,000	620,000	180,000	510,000	140,000

② 배부기준

부문 \ 배부기준	재료출고부	동력공급량	종업원수
절단부	250,000	120㎾	90人
조립부	150,000	60	120
재료창고부	-	20	15
동력부	100,000	-	45
공장사무부	-	-	30

5-4 다음자료에 의해 1) 부문에 배부표와 대체표를 작성하고, 2) 원가계산표, 3) No.1과 No.2의 제조간접비 배부액을 구하시오.

① 당월중의 재료소비액.

구 분	지시서 No. 1	지시서 No. 2	제1공정	제2공정	동력부	수선부	합 계
A재료	1,000kg	800kg	-	-	10kg	20kg	1,830kg
B재료	900	600	-	-	-	-	1,500
보조재료	-	-	10,000원	8,000원	5,000원	7,000원	30,000원

출고단가 : A재료 @ ₩100　　　B재료 @ ₩200

② 당월중의 직접노동시간수.

구 분	제 1 공정	제 2 공정	합 계
No. 1	1,200시간	1,100시간	2,300시간
No. 2	800	750	1,550
합 계	2,000시간	1,850시간	3,850시간

평균임율(1시간당) ; @ ₩40

③ 당월중의 간접노무비 발생액

i) 부문 개별비

제1 공정 ₩30,000　　　동 력 부 ₩52,000
제2 공정 ₩35,000　　　수 선 부 ₩33,000

④ 당월중 경비발생액

i) 부문공통비 ₩40,000

ii) 부문개별비

제1 공정 ₩25,000　　　동 력 부 ₩35,000
제2 공정 ₩28,000　　　수 선 부 ₩30,000

⑤ 작업폐물

No.1　35kg　@₩20　₩ 700
No.2　40kg　@₩25　₩1,000

⑥ 부문 공통비는 다음 기준수치에 의하여 배부한다.

제1 공정	제2 공정	동 력 부	수선부
4	5	6	5

⑦ 보조부문비의 배부는 다음 기준수치에 의하여 직접배부법으로 행한다.

구 분	동 력 부	수 선 부
제 1 공정	4	5
제 2 공정	6	5

⑧ 제조부문비의 배부는 직접노동시간수를 기준으로 한다.
⑨ 작업폐물의 평가액은 지시서별 제조원가에서 공제한다.
⑩ 각 지시서의 작업은 전부 당월 중에 완성한 것으로 한다.

풀 이

객관식

5-1 ① 5-2 ① 5-3 ② 5-4 ④ 5-5 ④ 5-6 ④ 5-7 ③ 5-8 ③
5-9 ② 5-10 ③ 5-11 ③ 5-12 ④ 5-13 ④ 5-14 ④ 5-15 ②

주관식

5-1

	차변	금액	대변	금액
(1)	차) 재 공 품	77,600	대) 절단부문비	40,000
			조립부문비	37,600
(2)	차) 절단부문비	36,600	대) 제조간접비	77,600
	조립부문비	32,000		
	동력부문비	3,000		
	수선부문비	2,000		
	운반부문비	2,400		
	공장사무부문비	1,600		
(3)	차) 절단부문비	4,800	대) 동력부문비	3,000
	조립부문비	4,200	수선부문비	2,000
			운반부문비	2,400
			공장사무부문비	1,600

⑷	차) 부문비차액	800	대) 절단부문비	800*
	조립부문비	1,400**	부문비차액	1,400

* 절단부문 실제발생액 : ₩36,000 + ₩4,800 = ₩40,800

** 조립부문 실제발생액 : ₩32,000 + ₩4,200 = ₩36,200

5-2

⑴	차) 재 공 품	256,000	대) A제조부문비	135,000
			B제조부문비	121,000
⑵	차) A제조부문비	91,000	대) 제조간접비	252,200
	B제조부문비	81,000		
	동력부문비	35,000		
	수선부문비	15,400		
	검사부문비	15,800		
	사무부문비	14,000		
⑶	차) A제조부문비	46,800	대) 동력부문비	35,000
	B제조부문비	33,400	수선부문비	15,400
			검사부문비	15,800
			사무부문비	14,000
⑷	차) 제조부문비 배부차이	2,800	대) A제조부문비	2,800*
	차) B제조부문비	6,600	대) 제조부문비 배부차이	6,600**

* 91,000 + 46,800 − 135,000 = 2,800

** 81,000 + 33,400 − 121,000 = -6,600

A제조부문비

제조부문비	91,000	제 조	135,000
제 좌	46,800	제조간접비 배부차이	2,800
	137,800		121,000

B제조부문비

차변	금액	대변	금액
제조간접비	81,000	제 조	121,000
제 좌	33,400		
제조간접비 배부차이	6,600		
	121,000		121,000

제조부문비 배부차이

차변	금액	대변	금액
A제조부문비	2,800	B제조부문비	6,600
차 기 이 월	3,800		6,600
	6,600		121,000
		전 기 이 월	3,800

5-3

(1) 직접배부법

부문비 대체표

원가항목	합 계	제조부문		보조부문		
		절단부	조립부	재료창고부	동력부	공장사무부
부문개별비	×××	××	××	××	××	××
부문공통비	×××	××	××	××	××	××
부문비합계	2,550,000	1,100,000	620,000	180,000	510,000	140,000
재료창고비	180,000	112,500	67,500			
동력부비	510,000	340,000	170,000			
공장사무비	140,000	60,000	80,000			
제조부문비	2,550,000	1,612,500	937,500			

* 보조부문비 배부액의 계산과정 (단위 : 1000)

품 명	절단부	조립부
재료창고비	$180 \times \frac{250}{250+150} = 112.50$	$180 \times \frac{150}{250+150} = 67.50$
동 력 비	$510 \times \frac{120}{120+60} = 340$	$510 \times \frac{60}{120+60} = 170$
공장사무비	$140 \times \frac{90}{90+120} = 60$	$140 \times \frac{120}{90+120} = 80$

(2) 단계배부법

부 문 비 대 체 표

원가항목	합 계	제조부문		보조부문		
		절단부	조립부	재료창고부	동력부	공장사무부
부문개별비	×××	××	××	××	××	××
부문공통비	×××	××	××	××	××	××
부문비합계	2,550,000	1,100,000	620,000	180,000	510,000	140,000
공장사무비	140,000	47,000	62,000	8,000	23,000	
동력부비	533,000	320,000	160,000	53,000	533,000	
재료창고비	241,000	151,000	90,000	241,000		
제조부문비	2,550,000	1,618,000	932,000			

*보조부문비의 계산절차 (단위 : 1000)

구분	절단부	조립부	재료청고부	동력부
공장사무비	$140 \times \frac{90}{90+120+15+45}$	$140\times\frac{120}{270}$	$140 \times \frac{15}{270}$	$140 \times \frac{45}{270}$
동력부비	$(510+23) \times \frac{120}{120+60+20}$	$533\times\frac{60}{200}$	$533 \times \frac{20}{200}$	-
재료창고비	$(180+8+53) \times \frac{250}{250+150}$	$241\times\frac{150}{400}$	-	-

(3) 상호배부법(직접배부법을 가미한 부문비 대체표)

부문비대체표

원가항목	합계	제조부문		보조부문		
		절단부	조립부	재료창고부	동력부	공장사무부
부문개별비	×××	××	××	××	××	××
부문공통비	×××	××	××	××	××	××
부문비합계	2,550,000	1,100,000	620,000	180,000	510,000	140,000
제1차배부						
재료창고비	180,000	90,000	54,000	0	36,000	-
동력부비	510,000	306,000	153,000	51,000	0	-
공장사무비	140,000	47,000	62,000	8,000	23,000	-
				59,000	59,000	-
제2차배부						
재료창고비	59,000	37,000	22,000			
동력부비	59,000	39,000	20,000			
공장사무비	-	-	-			
부문비합계	2,550,000	1,619,000	931,000			

* 보조부문비 배부의 계산방법

i) 제1차 배부 (단위 : 1000)

구 분	절 단 부	조립부	재료창고부	공장사무부
재료창고비	$180\times\frac{250}{250+150+100}$	$180\times\frac{150}{500}$	-	$180\times\frac{100}{500}$
동력부비	$510\times\frac{120}{120+60+20}$	$510\times\frac{60}{200}$	$510\times\frac{20}{200}$	-
공장사무비	$140\times\frac{90}{90+120+15+45}$	$140\times\frac{120}{270}$	$140\times\frac{15}{270}$	$140\times\frac{45}{270}$

ii) 제2차 배부

구 분	절 단 부	조립부
재료창고비	$(51+8)\times\frac{250}{250+150}$	$59\times\frac{150}{400}$
동력부비	$(36+23)\times\frac{120}{120+60}$	$59\times\frac{60}{180}$

단, 계산상의 단수는 사사오입하였음.

(4) 연속배부법

부문비 대체표

원가항목	합 계	제조부문		보조부문		
		절단부	조립부	재료창고부	동력부	공장사무부
부문개별비	×××	××	××	××	××	××
부문공통비	×××	××	××	××	××	××
.부문비합계	2,550,000	1,100,000	620,000	180,000	510,000	140,000
1차배부						
재료창고비	180,000	90,000	54,000	0	36,000	-
동력부비	510,000	306,000	153,000	51,000	0	-
공장사무비	140,000	46,670	62,220	7,780	23,330	-
				58,780	59,330	-
2차배부						
재료창고비	58,780	29,390	17,630	0	11,760	-
동력부비	59,33,	35,600	17,800	5,930	0	-
				5,930	11,760	
3차배부						
재료창고비	5,930	2,970	1,780	0	1,180	-
동력부비	11,760	7,060	5,530	1,170	0	-
부문비합계	2,547,650	1,617,690	929,960			

* 보조부문비 배부액의 계산과정

ⓐ 상호배부법에 있어서의 1차배부과정을 제2차, 제3차 …에 걸쳐 계속적으로 적용한

ⓑ 본 문제에 있어서는 제3차 배부를 행한 결과, 남아 있는 보조부문비의 금액이 중요치 않으므로 계산을 중지하였음. 그러나 보조부문비의 배부잔액이 0 이 될 때까지 계속하는 방법과 중요치 않은 금액을 직접 처리하는 방법이 있음.

(5) 연립방정식

i) 보조부문의 최종배부액 계산

최종적으로 계산될 재료창고부비, 동력부비 및 공장사무부비를 각 a, b, c라고 하면, 다음과 같은 연립방정식을 세울 수 있다.

$$a = 180 + \frac{20}{200}b + \frac{15}{270}c$$

$$b = 510 + \frac{100}{500}a + \frac{45}{270}c$$

$$c = 140$$

이 방정식을 풀면 다음과 같은 ..을 얻는다.

$a \fallingdotseq 246.03$

$b \fallingdotseq 582.54$

ii) 제조부문에의 배부액 계산

구 분	절 단 부	조 립 부
재료창고부비	246.03×250/(250+150+100) = 123.02	246.03×150/500 = 73.81
동력부비	582.54×120/(120+60+20) = 349.52	582.54×60/200 = 174.76
공장사무부비	140×90/(90+120+15+45) = 46.67	140×120/270 = 62.22

iii) 부문비배부표의 작성

부문비대체표

원가항목	합 계	제조부문		보조부문		
		절단부	조립부	재료창고부	동력부	공장사무부
부문개별비	×××	××	××	××	××	××
부문공통비	×××	××	××	××	××	××
부문비합계	2,550,000	1,100,000	620,000	180,000	510,000	140,000
재료창고비		123,020	73,810			
동력부비		349,520	174,760			
공장사무비		46,670	63,220			
부문비합계	2,550,000	1,619,210	930,790			

연립방정식법에 의한 제조부문비의 최종집계액은 연속배부법 결과와 같다.

5-4

1) 부문비 계산표의 작성.

부문비배부표 및 대체표

원가항목	합 계	제조부문		보조부문	
		제 1 공정	제 2 공정	동 력 부	수 선 부
간접재료비	33,000	10,000	8,000	6,000	9,000
간접노무비	150,000	30,000	35,000	52,000	33,000
간접경비	118,000	25,000	28,000	35,000	30,000
부문개별비	301,000	65,000	71,000	93,000	72,000
부문공통비	40,000	8,000	10,000	12,000	10,000
부문비합계	341,000	73,000	81,000	105,000	82,000
동력비	105,000	42,000	63,000		
수선비	82,000	41,000	41,000		
합 계	341,000	156,000	85,000		

① 재료소비액 계산

No.1의 재료소비액 A재료 1000kg × @ 100 = 100,000

B재료 900kg × @ 200 = 180,000

No.2의 재료소비액 A재료 800kg × @ 100 = 80,000

B재료 600kg × @ 200 = 120,000

보조재료소비액 : 33,000

② 제 경비(부문공통비)의 배부계산

예 : 제1 공정 ····· $\frac{40,000}{4+5+6+5} \times 4 = 8,000$원

③ 보조부문비의 제조부문에의 배부계산

예 : 제1 공정

동력비·· $\frac{105,000}{4+6} \times 4 = 42,000$원

수선비·· $\frac{82,000}{5+5} \times 5 = 41,000$원

원가계산표

항목 \ 지시서	No.1	No.2	계
직접재료비	280,000	200,000	480,000
직접노무비	92,000	62,000	154,000
합 계	372,000	262,000	634,000
제1공장배부액	93,600	62,400	156,000
제2공장배부액	110,000	75,000	185,000
간접비합계	203,600	137,400	341,000
작업폐물	(-) 700	(-) 1,000	(-) 1,700
제조원가합계	574,900	398,400	973,300

2) 원가계산표의 작성

① 직접재료비의 계산 : 재료소비액 계산참고

② 직접노무비의 계산

제조지시서 No. 1　2,300시간×@₩40 = 92,000원

No. 2　1,550시간×@₩40 = 62,000원

3) 제조간접비(제조부문비)의 배부계산

i) 제조부문별 배부율의 산정

제1 공정 ····· $\dfrac{156,000}{2,000}$ = 78원/시간

제2 공정 ····· $\dfrac{185,000}{1,850}$ =100원/시간

ii) 제조지시서별 배부액의 계산

구 분	No. 1	No. 2	계
제1공정	78원×1,200시간= 93,600원	78원×800시간= 62,400원	156,000원
제2공정	100원×1,100시간=110,000원	100원×750시간=75,000원	185,000원
계	203,600원	137,400원	341,000원

제 6 장

개별원가계산

제1절 개별원가계산의 개념

1.1 개별원가계산의 의의

개별원가계산(job-order costing)은 종류를 달리하는 제품을 개별적으로 제조하는 생산형태에 적용하는 제품별 원가계산의 한 방법이다. 말하자면 조선업, 기계공업, 자동차공업, 건설업, 영화제작업 등과 같은 수주생산별 형태의 기업에 적용되는 방법이다. 이들 기업이 생산하는 제품은 주문에 따라 그 양식, 규격, 품질, 크기 등을 달리하며, 생산량도 주문수량에 따라 사전에 결정되는 특색이 있다. 그리고 생산량의 표시단위는 종합원가계산에서 사용되는 단위와는 달리, 개수를 단위로 하는 것이 일반적이다.

개별원가계산은 특정제품을 원가집계단위로 하여 제조원가를 계산하기 때문에, 제품을 원가대상(cost object)으로 한 제조직접비와 제조간접비의 구별이 대단히 중요하다. 즉 원가계산담당자는 원가가 발생할 때마다 특정 제품과 관련하여 직접비로 인식 할 수 있는지의 여부를 따지게 된다. 그래서 제조직접비의 경우는 각 제품에 직과하고 제조간접비는 원가계산 기말에 적정한 기준으로 배부하게 된다.

개별원가계산에 있어서는 원가가 발생할 때마다 직·간접비로 구분해 두기 때문에 완성품은 물론 기말재공품에 대해서도 제조원가를 계산하고 있는 셈이다. 이러한 의미에서 기말재공품의 원가는 기말에 자동적으로 계산되어 진다. 따라서 종합원가계산에서와 같은 원가의 안분계산 문제는 발생하지 않는다. 이론적으로 말하면 개별원가계산은 특정제품과 관련하여 원가를 인식하므로 종합원가계산보다 정확한 제품원가를 계산할 수 있다. 그러나 원가계산에 따른 사무비용은 종합원가계산방법보다 많다고 보아야 한다.

1.2 개별원가계산의 종류

개별원가계산은 계산절차의 구체적인 상이 또는 정밀도에 따라 단순개별원가계산과 부문별 개별원가계산으로 분류되는데, 전자는 소규모의 개별생산경영이나 간단한 개별생산형태에 적용되는 개별원가계산이며, 부문별계산을 행하지 않고 비목별 계산과 제품별 계산의 2단계의 계산절차에 의하여 제품의 원가를 계산하는 방법이다. 이 계산방법에 있어서는 비목별로 발생한 원가를 제조직접비와 제조간접비로 구분하여 제조직접비(직접재료비, 직접노무비, 직접경비)는 제조지시서 번호에 따라 각 제조지시서에 직접 부과하고 제조간접비는 적당한 배부기준에 의하여 해당기간의 각 제조지시서에 배부한다.

단순개별원가계산은 기술적인 제조공정이나 기능별의 구분, 관리책임의 구분이 존재하지만 원가계산 방법으로는 원가부문의 설정을 생략하고 개별원가계산을 행하므로 계산이 간편하여 많이 이용되고 있다.

부문별 개별원가계산은 작업의 종류가 서로 다른 몇 개의 부문작업을 거쳐 제품이 제조되는 개별생산형태에 적용되는 개별원가계산이며 비목별 계산, 부문별 계산, 제품별 계산의 3계산단계로 되어 있는 계산방식이다. 경영규모가 크며, 생산방법이 복잡하게 되어 있는 오늘날의 개별생산경영에서 일반적으로 행해지고 있는 원가계산방식이다. 부문별계산을 행하는 것은 제품원가를 정확하게 계산한다는 것과 부문책임별로 원가를 관리하는데 있다.

부문별 개별원가계산에도 ① 간접비만을 부문별 계산하는 방법, ② 가공비만을 부문별 계산하는 방법, ③ 전원가요소를 부문별 계산하는 방법이 있는데, 일반적으로 제조간접비의 부문별 계산을 내용으로 하는 것이 많다.

제2절 개별원가계산 절차

2.1 제조지시서

개별원가 계산에 있어서는 제조지시서(production order)가 중요한 역할을 수행하고 있으므로, 개별원가계산을 가리켜 제조지시서별 원가계산(specific order cost system)이라고도 부른다.

공장의 생산활동은 다수의 종업원에 의해 이루어지기 때문에 항상 통제하지 않으면 안 된다. 이러한 생산활동의 통제를 위해서는 소정의 절차에 의하여 생산지시를 내릴 필요가 있다. 만약 공장규모가 작고 제품종류도 많지 않으며, 또한 단순작업을 반복하는 경우에는 구두에 의한 지시만으로도 충분할지 모른다. 그러나 중요한 지시 내지는 공장규모가 확대되고 생산활동이 복잡해지면, 지시나 보고는 일정한 형식을 갖춘 서식을 이용해야 생산활동의 혼란을 방지할 수 있다. 여기서 작업현장에 대하여 내리는 제조지시를 기재한 서식을 제조지시서라 하고 제조지시서의 기재내용은 <도 6-1>에서 보는 바와 같다.

〈도 6-1〉 제조지시서

제 조 지 시 서

No. ________

다음과 같이 제품을 제조하십시오. 제조지시인 ________ 印

주 문 자 완성요구일 ○월 ○일

인도기한 20○○년 ○월 ○일 제조착수일 ○월 ○일

인도방법 제조완성일 ○월 ○일

제 품 명	규 격	수 량	적 요

2.2 원가계산표

개별원가 계산에 있어서는 특정 제조 지시서별로 원가계산표(cost sheet)를 설정하여 여기에 당해 제조 지시서에 관한 직접재료비, 직접노무비, 직접경비 및 제조간접비가 집계된다. 따라서 원가계산표의 작성자료로서 부분적인 상세한 보고가 필요하므로 부분적인 원가요소의 가격 수량 등의 집계표(직접재료비 부과표, 직접노무비 부과표, 직접경비 및 제조간접비 부과표 등)를 작성하게 된다.

본 교재에서는 직접 재료비 및 직접 노무비 부과표만을 제시한다.

원가계산표의 양식은 <도 6-2>와 같다.

〈도 6-2〉 원가계산표

원 가 계 산 표 지시서 No.________

품 명	________	완 성 일	________	주 문 자	________
명령수량	________	착 수 일	________	주문번호	________
완성수량	________	인 도 일	________	납 입 처	________

직접재료비				직접노무비				직접경비				제조간접비				합 계	
일자	표 No.	종류	금액	일자	부문	시간	금액	일자	부문	시간	금액	일자	부문	시간	금액		
																직접재료비	
																직접노무비	
																직 접 경 비	
																제조간접비	
																제 조 원 가	
																단 가	
																판 · 일 · 비	
																총 이 익	
																판 매 익	
																작 업 폐 물	
																공 손 비	
																공 손 개 수	

1. 직접재료비의 집계

개별원가계산에 있어서 직접재료비는 그 지시서 제품에 대한 실제 소비량에 소비가격을 곱하여 계산한다. 직접재료비는 재료가 출고될 때마다 재료출고전표상의 기재내용을 원가계산표의 직접재료비란에 기입하여 집계한다. 그러나 재료출고전표의 수가 많을 때에는 직접재료비 부과표에 <도 6-3>과 같이 각 지시서별로 출고전표를 분류한 후 기입한다.

〈도 6-3〉 직접재료비 부과표

직접재료비 부과표

20○○년 9월 1일부터 9월 30일까지 ※금액은 가정

월	일	제조지시서 #101			제조지시서 #102			제조지시서 #103		
		출고전표 No.	수 량	금 액	출고전표 No.	수 량	금 액	출고전표 No.	수 량	금 액
9	10	123		₩40,000	124		₩14,000	125		₩15,800
	20	136		33,000	137		15,000	138		16,300
	30	141		52,000	142		13,000	143		12,000
합 계				₩125,000			₩42,000			₩44,100

2. 직접노무비 집계

직접노무비(direct labor costs)는 그 지시서 제품에 대한 실제작업시간 또는 작업량(생산량)에 예정평균임율을 곱하여 계산한다. 실제작업시간 또는 생산량은 작업시간보고서 또는 제품생산량 보고서에 의하여 파악되므로 이 전표를 지시서 번호별로 분류, 정리하여 원가계산표의 직접노무비란에 직접 기입한다.

직접노무비는 작업이 종료될 때마다 작업시간보고서 또는 작업량 보고서상의 기재내용을 원가계산표의 직접노무비란에 기입하지만 보고서 수가 많으면 <도 6-4>의 직접 노무비 부과표를 이용한다.

〈도 6-4〉 직접노무비 부과표

직접노무비 부과표

20○○년 9월 1일부터 9월 30일까지 ※금액은 가정

월	일	제조지시서 #101			제조지시서 #102			제조지시서 #103		
		출고 전표 No.	수 량	금 액	출고 전표 No.	수 량	금 액	출고 전표 No.	수 량	금 액
9	10	52		₩23,000	53		₩10,000	54		₩10,500
	20	73		19,000	74		11,000	75		12,600
	30	87		28,000	88		7,000	89		9,300
합 계				₩70,000			₩28,000			₩32,400

3. 원가계산표의 마감

제품의 완성이 완료되면, 지시서별로 각 원가의 합계액을 기록함으로써 다음과 같이 원가계산표를 마감한다.

제조지시서 #101

(완성품)

월	일	직접재료비	직접노무비	제조간접비	합	계
9	10	₩40,000	₩23,000		직접재료비	₩125,000
	20	33,000	19,000		직접노무비	70,000
	30	52,000	28,000	₩22,000	제조간접비	22,000
		₩125,000	₩70,000	₩22,000		₩217,000

* 제조간접비 금액은 가상적임

제조지시서 #102

(완성품)

월	일	직접재료비	직접노무비	제조간접비	합	계
9	10	₩14,000	₩10,000		직접재료비	₩42,000
	20	15,000	11,000		직접노무비	28,000
	30	13,000	7,000	₩7,500	제조간접비	7,500
		₩42,000	₩28,000	₩7,500		₩77,500

<u>제조지시서 #103</u>

(미완성품)

월	일	직접재료비	직접노무비	제조간접비	합 계	
9	10	₩15,800	₩10,500		직접재료비	₩44,100
	20	16,300	12,600		직접노무비	32,400
	30	12,000	9,300	₩7,200	제조간접비	7,200

주: 미완성품의 원가계산표는 월말에 마감하여도 무방하지만 보통 다음달로 이월한다.

4. 재공품 계정의 기입

원가계산표에 집계된 모든 금액은 원가원장의 통제계정인 재공품 계정에 집계한다. 이 중 당월에 완성된 것은 제품 계정에 대체하고, 미완성인 것은 차월로 이월하여 차월의 월초 재공품 재고액으로 분류한다. 앞에서 든 예를 이용하여 재공품 계정을 나타내면 다음과 같다.

<u>재 공 품</u>

날짜	적요	금액	날짜	적요	금액
9/ 1	전월이월	0	9/30	제 품	294,500 ④
30	직접재료비	211,100 ①	30	차기이월	83,700
30	직접노무비	130,400 ②			
30	제조간접비	36,700 ③			
		378,200			378,200

주 : ① ₩125,000+₩42,000+₩44,100=₩211,100

② ₩70,000+₩28,000+₩32,400=₩130,400

③ ₩22,000+₩7,500+₩7,200=₩36,700

④ ₩217,000+₩77,500=₩294,500

5. 제품계정의 기입

각 지시서의 제품이 완성되면 완성품 지시서에 기입하는데 이 지시서는 일반 원가계산 기간중의 모든 완성품의 제조원가를 각 지시서번호별로 기입한 것으로서 매월말에 마감하여 당월 중에 제조가 완료한 지시서 제품의 합계액을 산출하여 완성품 계산월보 <도 6-5>에 기입한다.

〈도 6-5〉 완성품계산 월보

완성품계산 월보

년 월 일 No.____________

지시서No.	완성일	품 명	수 량	단 가	금 액	합 계
합 계						

완성품 계산월보에 의해 그 금액에 의하여 다음의 분개를 행하여 처리한다.

차) 제 품 ××× 대) 재 공 품 ×××

다음에 원가계산표(제조원장)에의 기입과 기장관계를 상기에서 예시한 금액을 기초로 하여 도시하면 <도 6-6>과 같다.

〈도 6-6〉 제조원장에의 기장절차

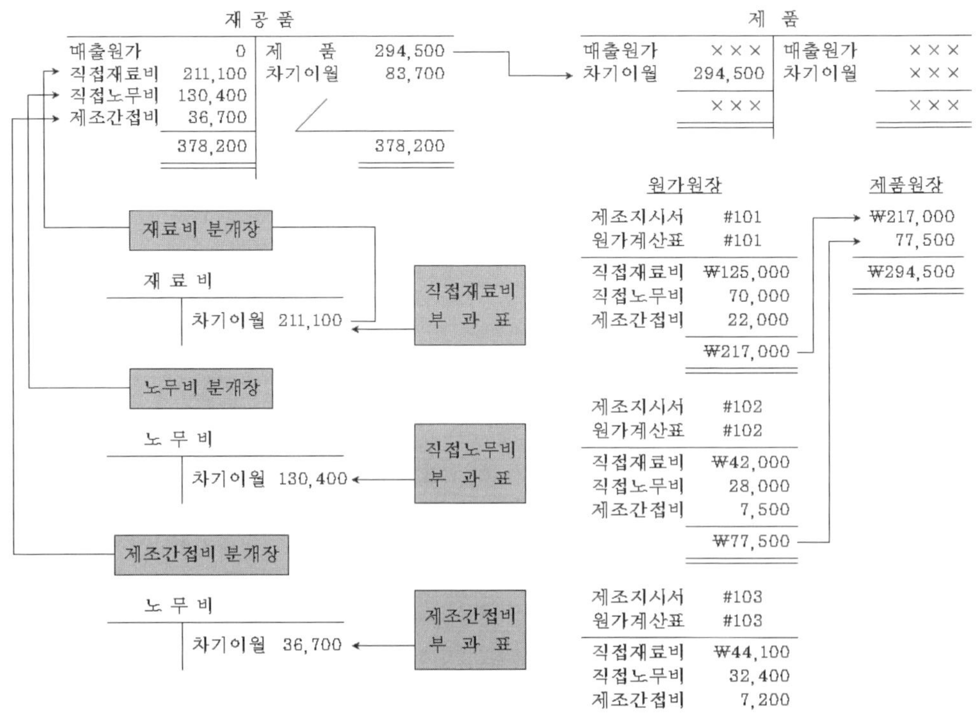

제3절 개별원가계산의 제조원가명세서

3.1 제조원가명세서의 의의

제조기업에서 손익계산서를 작성하려면 사전에 반드시 제조원가명세서를 작성하여야 하는데 제조원가명세서는 재공품계정에서 발생한 원가의 변동사항을 요약한 표라고 할 수 있다. 따라서 이 명세서에는 재공품의 기초잔액, 당기투입원가, 제품으로 대체된 금액 및 재공품의 기말잔액 등이 나타나게 된다.

제조원가명세서는 당기에 완성되어 제품으로 대체된 원가가 얼마인지를 알려주며, 여기에는 제품생산시에 발생하게 되는 직접재료원가, 직접노무원가 및 제조간접원가의 세 가지 원가가 포함된다. 당기제품 제조원가를 계산하기 위해서는 당기총제조원가에 기초재공품 재고액을 합계한 후 기말재공품 재고액을 차감해야 한다. 이렇게 하여 계산한 당기제품제조원가는 1개월 혹은 1년과 같이 특정기간에 완성된 제품의 원가를 나타낸다.

당기총제조원가(current manufacturing costs)와 당기제품제조원가는 서로 혼돈하기 쉬운데, 양자는 다음과 같이 확실하게 구별된다. 즉, 후자는 완성품원가로서, 전기에 착수된 것이든 당기에 착수된 것이든 이에 상관하지 않고 당기에 완성되어 제품계정으로 대체된 제품의 원가이다. 반면, 전자는 제품이 완성된 시기와는 관계없이 당기에 발생한 제조원가를 말한다. 제조원가명세서의 양식은 다음 <도 6-7>과 같다.

〈표 6-7〉 제조원가명세서

과 목	금 액	
Ⅰ. 원 재 료 비		
1. 기초 원재료 재고액	× × ×	
2. 당기 원재료 매입액	× × ×	
계	× × ×	
3. 기말 원재료 재고액	(× × ×)	× × ×
Ⅱ. 노 무 비		
1. 기 본 급	× × ×	
2. 제 수 당	× × ×	
3. 퇴직급여충당금전입액	× × ×	× × ×
Ⅲ. 제 조 경 비		
1. 전 력 비	× × ×	
2. 감 가 상 각 비	× × ×	
3. 수 선 비	× × ×	
4. 운 반 비	× × ×	
5. 기 타	× × ×	× × ×
Ⅳ. 당기 총 제조 비용		× × ×
Ⅴ. 기초 재공품 재고액		× × ×
Ⅵ. 합 계		× × ×
Ⅶ. 기말 재공품 재고액		(× × ×)
Ⅷ. 당기 제품 제조원가		× × ×

3.2 제조원가명세서와 재무제표와의 관계

제조원가명세서와 대차대조표, 손익계산서간의 관계를 요약하면 <도 6-8>와 같다. 기업활동의 성과는 손익계산서에 요약되는데, 손익계산서의 매출총이익을 구하기 위해서는 매출과 함께 매출원가가 산정되어야 한다. 매출원가는 '기초제품재고액 + 당기제품제조원가 − 기말제품재고액'으로 계산되는데, 이 경우 당기제품제조원가는 제조원가명세서에서 얻을 수 있다. 또한 제조원가명세서의 기말재공품재고액과 손익계산서의 기말제품재고액은 대차대조표의 재공품, 제품등의 자산 계정을 구성하게 된다.

〈도 6-8〉 제조원가명세서, 재무상태표 및 손익계산서간의 관계

제조원가명세서

Ⅰ. 직접재료비	×××
Ⅱ. 직접노무비	×××
Ⅲ. 제조간접비	×××
Ⅳ. 당기총제조비용	×××
Ⅴ. 기초재공품재고액	×××
합 계	×××
Ⅵ. 기말재공품재고액	×××
Ⅶ. 당기제품제조원가	×××

손익계산서

Ⅰ. 매 출 액		×××
Ⅱ. 매출원가		
1. 기초제품재고액	×××	
2. 당기제품제조원가	×××	
계	×××	
3. 기말제품재고액	×××	×××
Ⅲ. 매출총이익		×××
Ⅳ. 판매비와 일반관리비		×××
Ⅴ. 영업이익		×××
Ⅵ. 영업외수익		×××
Ⅶ. 영업외비용		×××
Ⅷ. 법인세차감전당기순이익		×××
Ⅸ. 법인세 등		×××
Ⅹ. 당기순이익		×××

재무상태표

현금·예금	×××
외상매출금	×××
제 품	×××
재 공 품	×××
원 재 료	×××

제4절 개별원가계산의 회계처리

개별원가 계산의 회계절차는 제3장의 요소별 원가계산의 제4절에서 언급한 원가요소의 기장과 동일하지만 차이점은 복수의 제품(제조 지시서별)을 현장에서 생산하고 지시서별로 제조원가를 계산한다는데 그 차이가 있다

A회사의 당월분 원가자료는 다음과 같다. (1) 분개를 행하고, (2) 원가계산표에 기입하고, (3) 제조원가명세서를 작성한 후 (4)원장에의 전기를 행하시오.

① 기초재고

가. 재료

구 분	단 가	수 량	금 액
주요재료a	100원	1,000개	100,000
주요재료b	200	500	100,000
주요재료c	300	400	120,000
보조재료			50,000
계			370,000

나. 재공품(재조지시서 No. 101)

직접재료비	100,000
직접노무비	72,000
제조간접비	55,000
계	227,000

다. 제품(제조지시서 No. 100) : 756,000

② 당월재료의 외상매입

구 분	단 가	수 량	금 액
주요재료a	100원	2,500개	250,000
주요재료b	200	1,000	200,000
주요재료c	300	500	150,000
보조재료			80,000
계			680,000

③ 당월주요재료소비액(출고표를 제조지시서별로 분류·집계하였음)

품목	단가	No. 101		No. 102		No. 103		합 계	
		수량	금액	수량	금액	수량	금액	수량	금액
a	100원	-	-	2,000개	200,000	600개	60,000	2,600개	260,000
b	200	400	80,000	500	100,000	100	20,000	1,000	200,000
c	300	300	90,000	100	30,000	-	-	400	120,000
계			170,000		330,000		80,000		580,000

④ 직접공 임금소비(작업시간 보고서에 의하여 제조지시서별로 분류·집계하고 평균임율을 적용하였음)

임율	No. 101		No. 102		No. 103		합 계	
	직접작업시간	금 액	직접작업시간	금 액	직접작업시간	금 액	직접작업시간	금 액
80원/시	2,400h	192,000	4,000h	320,000	600h	48,000	7,000h	560,000

⑤ 제조간접비의 실제발생액

보조재료비	90,000
간접공임금	80,000
급 료	120,000
제 간 접 비	144,000
	434,000

⑥ 제조간접비는 직접작업시간을 기준으로 실제배부함

⑦ 판매비와 일반관리비의 실제발생액 : 56,200원

⑧ 제품생산현황 : 제조지시서 No.101 및 No.102는 당월 중에 완성하였고, No.103은 아직 작업 중이다.

⑨ 판매현황 : 제조지시서 No.100(₩ 900,000) 및 No.101(₩ 850,000)은 현금매출하였다.

풀이

(1) 분 개

① 재료의 외상매입

차) 재 료	680,000	대) 외상매입금	680,000

② 재료의 소비

차) 재 공 품	580,000	대) 재 료 비	670,000
제조간접비	90,000		

③ 임금의 소비

차) 재 공 품	560,000	대) 노 무 비	640,000
제조간접비	80,000		

④ 급료 및 제 간접경비계정의 집계

차) 제조간접비	264,000	대) 급 료	120,000
		제 간 접 비	144,000

⑤ 제조간접비의 배부

차) 재 공 품	434,000	대) 제조간접비	434,000

제조간접비의 제조지시서별 실제배부액은 다음과 같이 계산된다.

실제배부율…… 62원/시 = $\frac{434{,}000원}{7{,}000시간}$

제조지시서	(실제배부율)		실제작업시간		실제배부액
No. 101	62원/시간	×	2,400시간	………	148,800
No. 102	62원/시간	×	4,000시간	………	248,000
No. 103	62원/시간	×	600시간	………	37,200
계			7,000시간		434,000

⑥ 완성품 제조원가의 제품계정에의 대체

차) 제 품	1,635,800	대) 재 공 품	1,635,800

No. 101+No. 102 …… 737,800 + 898,000 = 1,635,800원

⑦ 판매비와 일반관리비의 대체

차) 월차손익	56,200	대) 판 매 비 와 일반관리비	56,200

⑧ No.100의 제조원가(₩756,000)과 No.101의 제조원가(₩737,800)을 ₩900,000과 ₩850,000에 현금 판매

i)	차) 매출원가	1,493,800	대) 제 품	1,493,800
	월차손익	1,493,800	매출원가	1,493,800
ii)	차) 현 금	1,750,000	대) 매 출	1,750,000
	매 출	1,750,000	월차손익	1,750,000

(2) 원가계산표

원가계산표

비목	합계	No. 101	No. 102	No. 103
기초재공품	227,000	227,000	-	-
재 료 비	580,000	170,000	330,000	80,000
노 무 비	560,000	192,000	320,000	48,000
제조간접비	434,000	148,800	248,000	37,200
합 계	1,801,000	737,800	898,000	165,200

※ No.101, No.102는 완성, No.103은 미완성

(3) 제조원가명세서(NO101 완성제품)

과 목	금	액
Ⅰ. 원 재 료 비		
1. 기초 원재료 재고액	× × ×	
2. 당기 원재료 매입액	× × ×	
계	× × ×	
3. 기말 원재료 재고액	(× × ×)	170,000
Ⅱ. 노 무 비		
1. 기 본 급	× × ×	
2. 제 수 당	× × ×	
3. 퇴직급여충당금전입액	× × ×	192,000
Ⅲ. 제 조 경 비		
1. 전 력 비	× × ×	
2. 감 가 상 각 비	× × ×	
3. 수 선 비	× × ×	
4. 운 반 비	× × ×	
5. 기 타	× × ×	148,800
Ⅳ. 당기 총 제조 비용		510,800
Ⅴ. 기초 재공품 재고액		227,000
Ⅵ. 합 계		737,800
Ⅶ. 기말 재공품 재고액		(0)
Ⅷ. 당기 제품 제조원가		737,800

(4) 원장전기

재 공 품

차변	금액	대변	금액
기초재공품	227,000	제 품	1,635,800
재 료 비	580,000	기말재공품	165,200
노 무 비	560,000		
제조간접비	434,000		
	1,801,000		1,801,000

연습문제

객관식

6-1 개별원가계산에서 제품계정으로 대체되는 제공품계정의 금액은 궁극적으로 무엇을 의미하는가?

① 당기에 완성된 작업 중 당기에 투입된 모든 원가
② 당기에 투입된 모든 원가
③ 당기에 완성된 모든 작업의 원가
④ 당기에 지급된 모든 원가

6-2 다음 중 제조원가명세서에 표기되지 않는 항목은?

① 기초재료재고액 ② 매출원가
③ 기초재공품 ④ 직접노무비

6-3 다음 자료에 의한 기초재공품원가는 얼마인가?

당기총제조원가	기말재공품	기초제품	기말제품	매출원가
1,000,000원	250,000원	100,000원	200,000원	800,000원

① 230,000원 ② 220,000원 ③ 218,000원 ④ 150,000원

6-4 다음은 제조원가명세서를 작성하기 위한 자료들이다. 이 중 제조원가명세서에 포함되지 않는 것은?

① 당기직접재료비 사용액 ② 당기기말제품 재고액
③ 당기제조간접비 발생액 ④ 당기직접노무비 발생액

6-5 다음은 기업회계기준에 의한 제조원가명세서에 반영되지 않는 것은?

① 당기매출원가 ② 당기노무원가
③ 당기재료원가 ④ 당기총제조원가

6-6 다음 자료에 의하여 당기제품제조원가를 계산하면 얼마인가?

• 당기총제조비용 800,000원
• 기초재공품재고액 150,000원
• 기말재공품재고액 200,000원
• 기초제품재고액 300,000원
• 기말제품재고액 350,000원

① 700,000원 ② 750,000원
③ 800,000원 ④ 계산 불가능

6-7 다음 항목 중 직접노무비에 해당되는 금액은 얼마인가?

• 종업원 모집비 700,000원
• 공장감독관 임금 900,000원
• 생산직원 임금 600,000원

① 600,000원 ② 700,000원 ③ 900,000원 ④ 1,500,000원

6-8 다음 자료에 의한 당기제품제조원가는 얼마인가?

기초원재료재고	50,000원	기말원재료재고	50,000원	당기원재료매입	150,000원
직접노무비	100,000원	제조간접비	50,000원	기초재공품재고	100,000원
기말재공품재고	50,000원	기초제품재고	100,000원	당기매출원가	

① 250,000원 ② 300,000원 ③ 350,000원 ④ 400,000원

6-9 다음 자료에 의한 매출원가는 얼마인가?

당기총제조원가	기초재공품	기말재공품	기초제품	기말제품
1,000,000원	150,000원	250,000원	100,000원	200,000원

① 800,000원 ② 850,000원 ③ 860,000원 ④ 760,000원

6-10 다음 자료에 의하면 당기제품제조원가는 얼마인가?

• 기초재공품재고액	₩ 20,000	• 기말재공품재고액	₩21,000
• 기초제품재고액	₩ 30,000	• 기말제품재고액	₩25,000
• 당기총제조비용	₩ 100,000		

① ₩124,000 ② ₩94,000 ③ ₩104,000 ④ ₩99,000

6-11 다음은 ㈜유넷의 2001년 원가계산에 관한 자료이다. 2001년도 매출원가는 얼마인가?

• 직접재료비	₩500,000	• 기초재공품	₩100,000
• 기초제품재고액	₩200,000	• 기말제품	₩300,000
• 직접노무비	₩300,000	• 기말재공품	₩200,000
• 제조간접비	₩300,000		

① ₩900,000 ② ₩1,000,000 ③ ₩1,100,000 ④ ₩1,200,000

6-12 다음 자료에 의하면 당월의 제품제조에 소요된 원재료 소비액은?

• 월초 원재료재고액	₩20,000	• 당월 원재료매입액	₩420,000
• 월말 원재료 재고액	₩40,000		

① ₩440,000 ② ₩460,000 ③ ₩400,000 ④ ₩480,000

6-13 제조원가와 관련된 자료는 다음과 같다. 기말재공품재고액은 얼마인가?

• 직접재료비	₩50,000	• 직접노무비	₩ 40,000
• 제조간접비	₩20,000	• 기초재공품재고액	₩ 10,000
• 기말재공품재고액	?	• 당기제품제조원가	₩100,000

① ₩40,000 ② ₩20,000 ③ ₩30,000 ④ ₩10,000

6-14 다음 자료에서 당기제품제조원가는 얼마인가?

구 분	기 초	기 말
원재료	₩50,000	₩60,000
재공품	₩70,000	₩80,000

• 당기 원재료매입액 ₩400,000 • 당기 노무비 ₩280,000
• 당기 제조간접비 ₩480,000

① ₩1,140,000 ② ₩860,000 ③ ₩1,280,000 ④ ₩1,200,000

6-15 다음은 노무비의 모든 자료이다. 직접노무비는 얼마인가?

당월 미지급노무비	₩64,000
2. 전월선급노무비	₩32,000
3. 당월 간접노무비 계상액	₩12,000
4. 전월미지급노무비	₩ 7,000

① ₩94,000 ② ₩101,000 ③ ₩77,000 ④ ₩79,000

6-16 다음 자료에 의하여 당기제품제조원가를 계산하면?

구 분	기 초	기 말
원재료	₩150,000	₩120,000
재공품	₩280,000	₩300,000

• 당기 원재료매입액 ₩4,600,000 • 당기 노무비 ₩2,800,000
• 당기 제조간접비 ₩3,500,000

① ₩10,880,000 ② ₩10,900,000
③ ₩10,910,000 ④ ₩10,940,000

6-17 S/W는 월초재공품 ₩40,000, 월말재공품 ₩27,000, 직접재료비 ₩8,000, 직접노무비 ₩14,000, 제조간접비 ₩22,000, 판매비와 관리비 ₩20,000의 자료를 산출하였다. 당월의 제품제조원가는?

① ₩41,000 ② ₩51,000 ③ ₩39,000 ④ ₩57,000

6-18 다음 자료에 의하여 제조원가명세서에 반영하여야 할 당기 원재료비는 얼마인가?

• 기초원재료 재고액	₩ 70,000	• 기말원재료 재고액	₩ 55,000
• 기중원재료 외상매입	₩350,000	• 기중원재료 현금매입	₩100,000
• 기중원재료 매입환출	₩ 50,000		

① ₩415,000 ② ₩315,000 ③ ₩465,000 ④ ₩365,000

6-19 다음 자료에 의하여 기말재공품을 구하시오.

• 재공품계정 차변합계	₩88,000	• 기초제품 재고액	₩12,000
• 기말제품 재고액	₩23,000	• 매출원가	₩53,000

① ₩22,000 ② ₩24,000 ③ ₩26,000 ④ ₩28,000

6-20 다음 자료에 의하여 매출원가를 구하시오.

• 기초제품 재고액	₩25,000	• 기초재공품 재고액	₩10,000
• 기말제품 재고액	₩22,000	• 기말재공품 재고액	₩11,000
• 당기제조비용	₩44,000		

① ₩46,000 ② ₩47,000 ③ ₩49,000 ④ ₩50,000

6-21 수집된 자료가 다음과 같다면 직접재료 투입액은 얼마인가?

• 기말재공품 재고액	₩32,000	• 기초제품 재고액	₩24,000
• 매출원가	₩80,000	• 기말제품 재고액	₩20,000
• 기초재공품 재고액	₩38,000	• 직접노무비	₩30,000
• 제조간접비	₩20,000		

① ₩20,000 ② ₩22,000 ③ ₩25,000 ④ ₩28,000

주관식

6-1 다음 재공품 계정과 원가계산표의 ( )안에 적당한 금액을 기입하시오(단, 제조간접비는 직접노무비를 기준으로 하여 배부하고 있다. 지시서 #1, #2는 완성되었다).

재 공 품

전 월 이월	100,000	제 품	(①)
재 료 비	900,000	차월이월	(②)
노 무 비	400,000		
제조간접비	780,000		
	2,180,000		2,180,000

원가계산표

비목 \ 지시서	# 1	# 2	# 3
월초재공품	₩70,000	-	₩(③)
직접재료비	(④)	₩280,000	330,000
직접노무비	90,000	110,000	200,000
제조간접비	(⑤)	(⑥)	(⑦)
	₩(⑧)	₩(⑨)	₩(⑩)

6-2 다음물음에 답하시오.

1) 2002년 ×월 ×일의 기초 재료재고액은 ₩5,000이고, 제품재고액은 없으며, 재공품재고액은 다음과 같이 구성되어 있다.

제조지령서번호	원 가
NO.101	₩70,000
NO.102	14,000

2) 2002년 ×월중에 발생한 사항 :

① 직접재료비 ₩73,000과 공장소모품 ₩10,000을 외상으로 매입하다. 직접재료와 공장 소모품은 모두 재료계정에 기장된다.

② ×월중 생산에 사용된 재료는 다음과 같다.

지령서번호	직접재료비	소모품비	합 계
No.101	₩5,000		
No.102	-		
No.103	20,000		
No.104	10,500		
No.105	37,500		
합 계	₩73,000	₩12,000	₩85,000

③ ×월중 노무비 발생액은 다음과 같으며, 모두 미지급이다.

지령서번호	직접노무비	간접노무비	합 계
No.101	₩12,500		
No.102	3,800		
No.103	37,500		
No.104	12,200		
No.105	15,000		
합 계	₩81,000	₩19,000	₩100,000

④ 기타 제조간접비(감가상각비, 수도광열비 등)는 ₩28,000이다.

⑤ ×월 ×일까지 특정 제조지시서 No.101, No.102, No.103은 완성되었고, No.104, No.105는 미완성 상태로 남아 있다.

⑥ ×월중에 특정 제조지시서 No.101과 No.102는 완성되어 각각 ₩134,000과 ₩28,000에 현금으로 판매되었다.

(1) 당사는 실제원가계산제도를 사용하고 있으며, 제조간접비는 직접노무비를 기준으로 배부된다. 개별원가계산표를 작성하고 필요한 분개를 하시오.

(2) 완성품 금액은 얼마인가?

(3) 기말재공품 금액은 얼마인가?

6-3 2017년 12월 1일 현재 우리회사는 작업번호 #101인 작업을 수행하고 있다. 이 작업은 2017년 11월 15일에 착수되었으며, 이 작업과 관련하여 11월 중 발생한 원가는 ₩126,900이다. 우리회사는 12월중에 두 개의 작업 #102, #103를 착수하였으며, 작업 #101과 #102가 완성되었다. 각 작업과 관련하여 12월중에 발생한 직접원가는 다음과 같다.

	#101	#102	#103
직접재료비	₩4,000	₩112,000	₩150,000
직접노무비	₩8,500	₩76,000	₩130,000

한편, 12월 중에 발생한 제조간접비 내역은 다음과 같다.

간접재료비	₩40,000	간접노무비	₩50,000
감가상각비	₩20,000	수도광열비	₩19,000

××회사는 개별원가계산방법을 채택하고 있으며, 추가정보는 다음과 같다.

1) 2017년 12월 1일 재료계정 잔액은 ₩25,000이며, 제품계정 잔액은 없다.
2) 12월중 매입한 재료는 ₩400,000이다.
3) 완성된 #101의 40%와 #102의 50%를 매출원가로 본다.
4) 제조간접비는 제조간접비 예정배부율에 의해 배부하는데, 제조간접비 예정배부율은 직접 노무비의 60%이다.
5) 제조간접비 배부차액은 매출원가에서 조정한다.

(1) T계정을 이용하여 원가흐름을 표시하시오.

(2) 12월중 당기제품제조원가와 매출원가를 구하시오.

6-4 다음 자료에 의해 (1) 제조원가 명세서, (2) 손익계산서를 작성하시오.

매출액	₩443,500
판매수수료	10,300
일반관리비	22,000
기초제품재고액	65,400
기말재품재고액	81,900
기초재료재고액	10,200
기말재료재고액	6,500
직접재료당기매입액	98,400
건물계정의 당기증가액	100,000
외상매입금기초잔액	64,200
기초재공품재고액	45,000
기말재공품재고액	52,200
간접재료원가 및 소모품비	40,300
간접노무원가 및 감독자급료	36,600
제조용건물감가상각비	45,000
수도광열비	24,300
직접노무원가	104,900
재산세(공장건물)	8,700
보험료(공장건물)	16,000

풀이

객관식

6-1 ③ 6-2 ② 6-3 ④ 6-4 ② 6-5 ① 6-6 ② 6-7 ④ 6-8 ③

6-9 ① 6-10 ③ 6-11 ① 6-12 ③ 6-13 ② 6-14 ① 6-13 ③ 6-16 ③

6-17 ④ 6-18 ① 6-19 ② 6-20 ① 6-21 ①

주관식

6-1

원가계산표

비목 \ 지시서	# 1	# 2	# 3
기초재공품	₩70,000	-	₩(③ 30,000)
직접재료비	(④ 290,000)	₩280,000	330,000
직접노무비	90,000	110,000	200,000
제조간접비	(⑤ 175,500)	(⑥ 214,500)	(⑦ 390,000)
	₩(⑧ 625,500)	₩(⑨ 604,500)	₩(⑩ 950,000)

③ : 전월이월 100,000 - 70,000 = 30,000

④ : 900,000 - (280,000 + 330,000) = 290,000

⑤ : 780,000 ÷ 400,000 = 1.95, 90,000 × 1.95 = 175,500

① : 625,500 + 604,500 = 1,230,000

6-2

① 재료의 외상매입

차) 재 료	83,000	대) 외상매입금	83,000

② 재료소비

차) 재 공 품	73,000	대) 재 료 비	85,000
제조간접비	12,000		

③ 노무비 발생(미지급)

차) 노 무 비	100,000	대) 미지급노무비	100,000
재 공 품	81,000	노 무 비	100,000
제조간접비	19,000		

④ 기타 제조간접비 발생

차) 제조간접비	28,000	대) 감가상각비등	28,000

⑤ No.101과 No.102는 현금 판매

차) 매출원가	117,200	대) 제 품	117,200
월차손익	117,200	매출원가	117,200
현 금	162,000	매 출	162,000
매 출	162,000	월차손익	162,000

(1) 원가계산표 작성

원가계산표

원가항목	No.101	No.102	No.103	No.104	No.105	합 계
기초재공품원가	70,000	14,000				84,000
직접재료비	5,000		20,000	10,500	37,500	73,000
직접노무비	12,500	3,800	37,500	12,200	15,000	81,000
제조간접비	9,100*	2,800	27,300	8,900	10,900	59,000
합 계	₩96,600	₩20,600	₩84,800	₩31,600	₩63,400	₩297,000

*제조간접비실제배부율 = 실제제조간접비 ÷ 실제직접노무비

= (12,000 + 19,000 + 28,000) ÷ 81,000 ≒ 0.728

즉, 직접노무비 ₩1당 제조간접비 ₩0.728 배부된다.

따라서 제조지령서 No.101에 배부되는 제조간접비는 12,500 × 0.728 = ₩9,100이다.

(2) 완성품원가

No.101 + No.102 + No.103 = 96,600 + 20,600 + 84,800 = ₩202,000

(3) 기말재공품

No.104 + No.105 = 31,600 + 63,400 = ₩95,000

6-3

원가계산표

원 가 항 목	No.101	No.102	No.103	합 계
기초재공품원가	126,900			126,900
당기투입원가				
직접재료비	4,000	112,000	150,000	266,000
직접노무비	8,500	76,000	130,000	224,500
제조간접비배부액	5,100*	45,600	78,000	128,700
합 계	₩144,500	₩233,600	₩358,000	₩736,100

*제조지시서 #101에 배부되는 제조간접비는 #101 직접노무비의 60%이다. 따라서 8,500 × 0.6 = ₩5,100이다.

1) T계정을 이용하여 원가흐름을 표시하면 다음과 같다.

재 료 비

차변		대변	
기초	25,000	#101	4,000
매입	400,000	#102	112,000
		#103	150,000
		간접비	40,000

재공품 #101

차변		대변	
기초	126,900	완성	144,500
재료비	4,000		
노무비	8,500		
제조간접비	5,100*		

제 품

차변		대변	
기초	0	매출원가	174,600**
#101	144,500	기말	203,500
#102	233,600		

미지급임금

차변		대변	
		#101	8,500
		#102	76,000
		#103	130,000
		간접비	50,000

재공품 #102

차변		대변	
재료비	112,000	완성	233,600
노무비	76,000		
제조간접비	45,600		

매출원가

차변		대변	
제 품	174,600		
간접비	300		
배부차액			

제조간접비

차변		대변	
간접재료비	40,000	#101	5,100
간접노무비	50,000	#102	45,600
감가상각비	20,000	#103	78,000
수도광열비	19,000	배부차액	300

재공품 #103

차변		대변	
재료비	150,000	기말재공품	358,000
노무비	130,000		
간접비	78,000		

* ₩8,500 × 60% = ₩5,100

** ₩144,500 × 40% + ₩233,600 × 50% = ₩174,600

2) 단기제품제조원가 : ₩144,500 + ₩233,600 = ₩378,100

매출원가 : ₩174,600 + ₩300 = ₩174,900

6-4

(1)

제조원가명세서

직접재료원가 :		
기 초 재 고 액	₩10,200	
당 기 매 입 액	98,400	
계	₩108,600	
기 말 재 고 액	6,500	102,100
직 접 노 무 원 가		104,900
제 조 간 접 원 가		170,900
간접재료원가 및 소모품원가	₩40,300	
간접노무원가 및 감독자급료	36,600	
감 가 상 각 비	45,000	
수 도 광 열 비	24,300	
재 산 세	8,700	
보 험 료	16,000	
당기총제조원가		₩377,900
기초재공품재고액		45,000
합 계		₩422,900
기말재공품재고액		52,200
당기제품제조원가		₩370,700

(2)

손익계산서

매 출 액		₩443,500
매 출 원 가		
기초제품재고액	₩65,400	
당기제품제조원가	370,700	
계	₩436,100	
기말제품재고액	81,900	354,200
매 출 총 이 익		₩89,300
판매비 및 일반관리비		
판 매 수 수 료	₩10,300	
관 리 비	22,000	32,300
당 기 순 이 익		₩57,000

PART 3

종합원가회계

제 7 장 종합원가계산
제 8 장 공손품 원가계산
제 9 장 단순종합원가계산
제10장 조별 종합원가계산
제11장 공정별 종합원가계산
제12장 등급별·연산품 종합원가계산
제13장 표준원가계산

제 7 장

종합원가계산

제 1 절 종합원가계산의 개념

1.1 종합원가계산의 의의

연속적인 생산공정을 통해 동종의 제품을 대량으로 생산하는 기업에서는 종합원가계산방법으로 제품의 단위당원가를 계산한다. 종합원가계산(process costing)은 원가를 개별작업별로 집계하는 개별원가계산과는 달리, 공정이나 부문별로 원가를 집계한 다음, 집계된 원가를 각 공정이나 부문에서 생산한 총산출물에 균등하게 배분하여 산출물의 단위당원가를 계산하는 방법이다. 즉, 이 방법은 각 공정이나 부문별로 집계한 원가를 각 공정이나 부문에서 생산한 총산출물의 수량으로 나누어서 산출물의 단위당원가를 구하는 평균화과정에 기초하고 있다. 이처럼 평균화과정에 기초하여 제품의 원가를 계산하는 종합원가계산의 기본가정은 동일한 공정을 거쳐 생산된 각 제품은 동질적이기 때문에 각 제품의 단위당원가는 동일하다는 것이다.

종합원가계산의 경우 가장 중요한 문제는 기말재공품을 어떻게 평가하느냐 인데 일반적으로 완성품과 기말재공품의 원가를 다음과 같은 단계를 거처 계산한다.

첫째, 각 공정을 통과하는 물량단위(physical units)의 흐름을 파악한다.

둘째, 완성품이나 기말재공품을 구성하는 각 원가요소들의 완성품 환산량을 계산한다. 이러한 완성품 환산량은 원가요소별로 차이가 날 수 있으므로 전공정원가, 직접재료원가, 가공원가(전환원가) 등 원가요소별로 구분하여 계산한다.

셋째, 각 원가요소별로 총원가를 계산한다.

넷째, 각 원가요소별로 계산된 총원가를 완성품 환산량으로 나누어서 완성품 환산량 단위당원가를 계산한다.

다섯째, 완성품과 기말재공품의 원가는 완성품 및 완성품 환산량에 완성품 환산량 단위당원가를 곱하여 완성품과 기말재공품의 원가를 계산한다.

1.2 종합원가계산의 분류

종합원가계산은 ① 제품종류의 수 ② 공정별 계산의 여부 ③ 공정원가의 집계범위 등의 기준에 따라 분류된다. 우선 제품종류의 수에 따른 분류로써 먼저 단일제품 종합원가계산은 단일제품을 생산하는 기업에, 조별·등급별 내지 연산품 종합원가계산은 두 종류이상의 제품을 생산하는 기업에 적용되는데 이들은 적용기준에 따라 다음 <도 7-1>과 같이 분류할 수도 있다.

조별종합원가계산(식품, 자동차, 공구산업에 적용), 결합생산물원가계산(원유, 화학산업에 적용), 단순종합원가계산(제과, 제빙산업), 등급별종합원가계산(제분, 방적, 봉제산업)은 각각 어떠한 제품을 제조하는가. 즉, 제조하고 있는 제품의 종류에 의하여 도입되는 제품별 계산방법의 구별을 표시한 것이다. 실제로 공장에 있어서 제품의 종류는 단일제품, 등급별제품, 조별제품, 결합생산물의 어느 하나에만 한정하지 않는다. 즉, 조별제품중 하나의 조가 단일제품이고 다른 조가 등급별 제품일 수도 있는 것이다.

〈도 7-1〉 종합원가계산의 분류

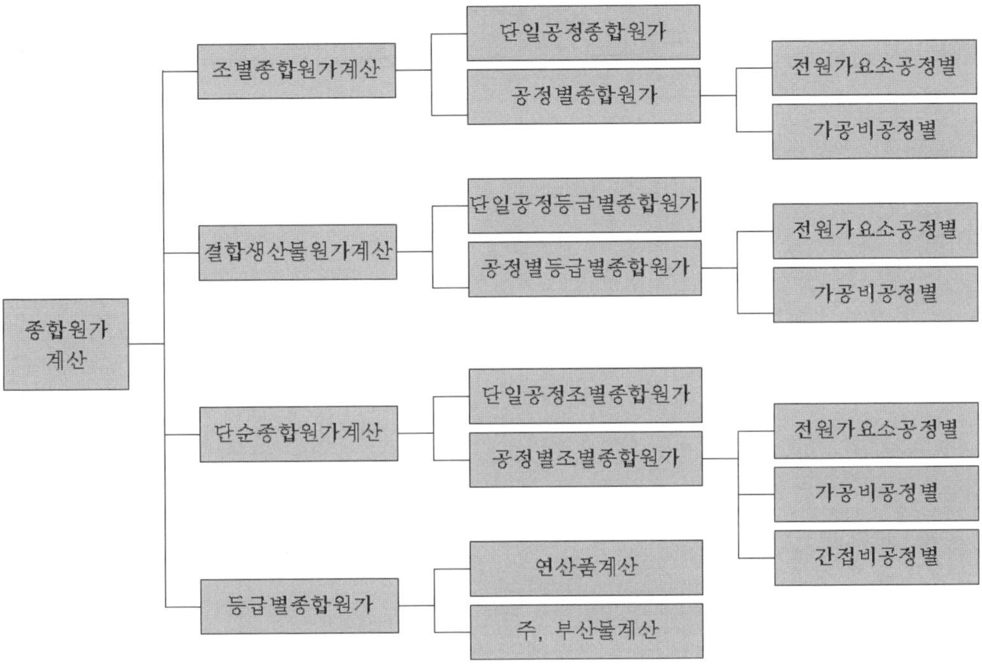

또한, 결합생산물은 화학제품에서 전형적으로 볼 수 있는데, 생산물과 부산물의 원가계산상의 구별, 매각가치의 대소를 비교하여 적은 것을 부산물로 하고 있으며, 소액인 것은 작업폐물로 본다. 작업폐물이 발생하는 경우에도 부산물에 준하여 그 평가액의 차액계산을 행하게 된다. 따라서 연산품, 부산물, 작업폐물을 결합생산물로 보면 결합생산물에 대한 범위가 한정된다.

이와 같이, 단순, 등급별, 조별, 결합생산물로 종합원가계산을 분류하는 것은 제품별 계산절차를 구별하기 위한 제품종류의 구별에 기인할 뿐, 계산절차가 보통의 생산물과 결합생산물의 구별을 명확하게 하는 것은 아니다.

1.3 종합원가계산의 문제점

이러한 종합원가계산을 실제로 사용하는 경우에는 다음과 같은 문제점이 있음을 항상 염두에 두어야 한다.

첫째, 종합원가계산하에서는 개별작업별로 보고서를 작성하지 않고, 단 하나의 보고서로 일정기간 동안의 산출물에 대한 모든 정보를 요약하기 때문에 개별원가계산의 경우보다 기장절차가 단순하다는 이점이 있다. 그러나 이러한 단순화의 이점 속에는 지나친 단순화로 인하여 보다 상세한 정보를 상실할 위험이 내재하고 있다.

둘째, 각 공정에서 실제로 발생한 원가를 기초로 종합원가계산을 하는 경우에는 원가계산기간의 기말까지 원가를 결정할 수가 없으므로 원가보고서의 작성이 지연된다.

셋째, 산출물들이 완전히 동질적이지 않은 경우에는 평균원가가 항상 그 제품에 투입된 원가를 정확히 반영하는 것은 아니다. 또한 산출물들이 완전히 동질적인 경우라 하더라도 제품단위당 원가를 계산하기 위해서는 기말재공품의 완성도를 측정하는 것이 필요한데, 이러한 완성도의 측정에는 회계담당자의 주관적인 판단이 개입되게 되므로 계산된 단위당원가가 반드시 정확한 것이라고는 할 수 없다.

넷째, 실제원가에 입각하여 종합원가계산을 하는 경우에는 개별원가계산에서와 같이 실제원가계산이 지니는 모든 단점이 그대로 잔존한다. 즉, 종합원가계산은 기본적으로 평균화 과정이기 때문에 경영자가 표준원가에 관한 정보를 보충적으로 이용하지 않은 한 생산공정의 비능률을 포착하지 못하게 된다.

다섯째, 여러 종류의 제품을 생산하는 경우에는 필연적으로 원가의 배분이 필요하게 되는데, 이러한 배분은 정확한 평균원가의 계산을 더욱 어렵게 만든다. 특히 이것은 종합원가계산의 주요 장점을 완전히 상쇄시킬 수도 있다.

여섯째, 종합원가계산제도를 설계하고 시행하는데 존재하는 문제점을 들 수 있다. 종합원가계산에 필요한 정보들, 예컨대 완성품 생산량과 기말재공품 완성도에 대한 대부분의 정보는 직접 작업을 담당하는 사람들이 작성한 보고서를 통해서 파악하게 되는데, 만일 이들 보고서에 비능률이나 오류가 개입되어 있다면 종합원가계산결과의 정확성과 신뢰성을 보장하기 어렵다.

제2절 종합원가계산과 개별원가계산의 비교

개별원가계산과 종합원가계산의 공통점과 차이점을 살펴보면 다음과 같다. 종합원가계산과 개별원가계산의 공통점은 두 방법 모두 생산된 산출물단위에 총제조원가를 배분하는 방법이며, 또한 평균화과정을 통해 단위원가를 구한다는 점이다.

그러나 종합원가계산과 개별원가는 다음과 같은 점에서 차이가 있다.

첫째, 종합원가계산은 동종제품을 대량으로 연속적인 제조과정에서 생산하는 기업에 적용되는데 비해, 개별원가계산은 이종제품을 소량으로 생산하는 기업에 적용된다. 즉, 개별원가계산은 각 개별작업이 구매자의 주문에 따라 상이하게 수행되는 경우에 적합한 반면, 종합원가계산은 동종제품에 대해 동일한 작업이 반복적으로 수행되는 경우에 적합하다.

둘째, 종합원가계산은 생산되는 제품 전체를 대상으로 하여 원가를 집계하므로 개별작업별로는 원가를 집계하지 않고 각 제조부문별로 원가를 집계하는데 비해, 개별원가계산은 원가를 특정의 작업에 관련시키기 위해 원가를 개별 작업별로 집계한다. 개별원가계산과 종합원가계산의 일반적 비교는 <도 7-2>와 같이 요약할 수 있다.

〈도 7-2〉 종합과 개별원가계산의 비교

개별원가계산	종합원가계산
적용가능성 • 개별제품, 프로그램, 용역별로 원가를 구분하는 것이 필요하거나 바람직한 경우 • 특히 개별제품, 프로그램, 용역이 상이한 노력을 필요로 하는 경우	**적용가능성** • 대량생산제품이 일정한 부문, 작업자, 공정 등을 계속으로 거치는 경우 • 특히 제품이 개별적으로 다른 제품과 구분할 수 없는 경우
원가계산 • 개별제품, 프로그램, 용역별로 작업원가 표를 통하여 집계 • 작업원가표당 제조원가를 작업된 제품수량으로 나누어 단위당원가 계산 • 재공품, 제품재고액평가는 원가계산표에 집계된 원가액을 기초로 계산	**원가계산** • 부문통제표를 사용하여 부문, 공정, 작업별로 집계하거나 부문별재고계정에 차기하여 집계 • 일정기간(보통 1개월) 동안의 총원가를 작업수량(완성품환산량)으로 나누어 단위당 원가계산 • 재공품, 제품재고액평가는 단위당원가에 완성품환산량을 곱하여 계산
전형적인 적용산업 • 건설업, 주조업, 기계공구업, 주문인쇄업, 조선업, 주문가구제조업, 항공업, 자동차수선업, 기계업	**전형적인 적용산업** • 철강업, 화공약품제조업, 플라스틱업, 정유업, 섬유업, 통조림제조업, 식품가공업, 광업, 시멘트생산업, 정육포장업, 보험회사, 은행, 양조업
장점 • 보다 정확한 원가계산이 가능하다. • 제품별로 손익분석 및 계산이 용이하다. • 작업원가표에 의해 효율성을 통제할 수 있고 미래작업을 평가할 수 있다.	**장점** • 보다 경제적이며 덜 복잡하다. • 부문, 공정, 작업별로 원가 및 차이가 집계되므로 책임회계 및 통제에 용이하다.
단점 • 상세한 기록이 필요하다. • 작업기록이 복잡함으로 인해 오류가 발생할 가능성이 있다.	**단점** • 원가가 비교적 부정확하다. • 작업 또는 제품별로 손익비교가 어렵다. • 작업량에 관계없이 공정착수비를 평균화한다.

제3절 기말재공품의 평가

3.1 기말재공품 평가의 의의

생산활동을 일정한 기간으로 구분하면 당해기간에 있어서 생산이 종료된 완성품과 당해기말 현재 가공 중에 있는 미완성 상태의 재공품(work in process)이 생기게 된다. 이러한 경우에는 완성품 원가는 당해기간에 있어서 발생한 제조비용에서 기말재공품원가를 공제함으로써 산정된다. 따라서 기말재공품원가가 얼마인가를 파악할 필요가 있는데, 이것을 결정하는 것을 재공품평가라 한다.

개별원가계산에 있어서는 제품생산에 따라 발생한 제조비용은 특정 지시서별로 파악되고 있으므로 완성품원가 또는 기말 재공품원가를 산정하는 데는 특정 지시서별로 부과 또는 배부된 제조비용을 합계하면 된다. 따라서 그 원가의 산정은 용이하다. 그러나 종합원가계산에 있어서는 일정기간의 제조비용은 당해기간에 있어서 완성품과 기말 재공품의 제조를 위하여 발생한 것이므로, 이것을 완성품과 기말재공품에 균할 배분해야만 한다. 즉, 당기총제조비용을 어떤 기준에 의하여 완성품원가와 기말재공품원가에 균분하는 것이다. 이와 같은 배분계산은 완성품원가와 기말재공품원가가 동시에 결정된다는 것을 의미한다. 따라서 기말재공품원가가 결정되면 이것을 당기의 총제조비용에서 공제함으로써 완성품원가가 산정된다.

재공품의 평가는 기초재공품 원가를 어떻게 취급하느냐에 따라 평균법, 선입선출법, 후입선출법 등이 있으며, 어느 것을 사용하느냐에 따라서 기말재공품의 원가가 달라진다. 또한, 기말재공품을 예정원가로서 평가하거나 또는 직접재료비·직접노무비를 기준으로 평가하기도 한다. 기말재공품을 어떻게 평가하는가에 따라 완성품원가가 상이하게 된다. 따라서 종합원가계산에 있어서 재공품 평가는 완성품 원가의 산정에 중요한 영향을 미치게 된다.

3.2 기말재공품 평가 방법

종합원가계산에 있어서 재공품 원가의 계산은 일반적으로 재공품원가에 포함되어 있는 직접재료비와 가공비를 구별하여 산정하는 방법을 취하고 있다. 그 이유는 공정의 작업진행에 따라 원가가 일반적으로 상이하므로 구별하여 계산하지 않으면 합리적인 결과를 얻지 못하기 때문이다.

직접재료비에 대해서는 기말재공품에 포함되어 있는 직접재료비 소비액과 완성품에 포함된 것과의 비율을 환산율로서 사용한다. 가공비의 기말재공품 평가에 대해서는 일반적으로 가공비의 투입액의 비율을 가공진척도(등가환신율)로 한다.

1. 평균법

평균법은 전기의 작업성과인 기초재공품 원가와 당기의 제조비용과의 합계액을 평균적으로 기말재공품과 완성품에 그 수량의 비에 의하여 배분하는 것을 말한다.

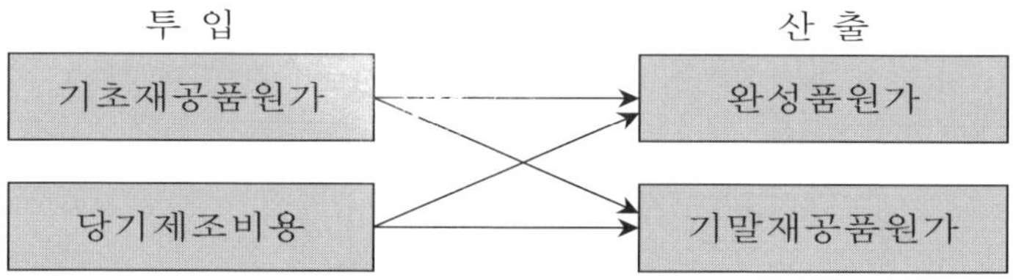

여기에서 기말재공품에 영향을 미친 것은 기초재공품원가와 그 수량 및 당기제조비용과 그 수량인 당기투입량인데, “**기초재공품 수량+당기투입량=완성품수량+기말재공품수량**”의 계산이 성립되기 때문에 분모에 산출수량이 기록된다.

평균법에 따른 기말재공품원가, 완성품원가 및 완성품 단위원가의 계산과정을 나타내면 다음과 같다(단, 재료비는 제조착수시, 가공비는 제조진행에 따라 투입되었다고 가정).

① **직접재료비의 계산** : (기초재공품직접재료비 + 당기직접재료비)

$$\times \frac{\text{기말재공품수량}}{\text{당기완성품수량} + \text{기말재공품수량}} = \text{기말재공품직접재료비}$$

② **가공비의 계산** : (기초재공품가공비 + 당기가공비)

$$\times \frac{\text{기말재공품환산량}}{\text{당기완성품수량} + \text{기말재공품환산량}} = \text{기말재공품가공비}$$

③ **기말재공품원가의 계산 :**
기말재공품직접재료비 + 기말재공품가공비 = 기말재공품원가

④ **완성품원가의 계산 :**
(기초재공품원가 + 당기제조비용) − 기말재공품원가 = 당기완성품원가

⑤ **완성품단위원가의 계산 :**
당기완성품원가 ÷ 당기완성품 수량 = 당기완성품단위원가

주) 1. 기말재공품환산량 = 기말재공품량 × 진척도
2. 직접재료비가 제조 진행에 따라 순차투입되는 경우에는 가공비의 계산과 같다.

☑ 다음 자료에 의하여 (1) 기말재공품원가, (2) 완성품원가, (3) 완성품단위원가를 평균법에 의하여 계산하시오(단, 직접재료는 모두 공정의 시점에서 투입되는 것으로 한다).

1) 원가자료

	직접재료비	가 공 비
기 초 재공품	₩ 55,600	₩ 40,000
당기제조비용	₩600,000	₩880,000
	₩655,600	₩920,000

2) 생산자료

당 기 투 입 량	1,000kg	
기 초 재 공 품 량	100kg	(진척도 40%)
계	1,100kg	
기 말 재 공 품 량	200kg	(진척도 50%)
차감 : 당기완성품량	900kg	kg

풀이

1) 기말재공품직접재료비

(초기재공품직접재료비+당기직접재료비)

$$\times \frac{\text{기말재공품수량}}{\text{당기완성품수량} + \text{기말재공품수량}} = \text{기말재공품직접재료비}$$

$$(₩55,600 + ₩600,000) \times \frac{200}{900 + 200} = ₩119,200$$

2) 기말재공품가공비

(기초재공품가공비+당기가공비)

$$\times \frac{\text{기말재공품완성품환산량}}{\text{당기완성품수량} + \text{기말재공품완성품환산량}} = \text{기말재공품가공품}$$

$$(₩40,000 + ₩880,000) \times \frac{200 \times 0.5}{900 + 200 \times 0.5} = ₩92,000$$

(1) 기말재공품원가: ₩119,200 + ₩92,000 = ₩211,200

(2) 완성품원가: ₩95,600 + 1,480,000 − ₩211,200 = ₩1,364,400

(3) 완성품단위원가: ₩1,364,400 ÷ 900kg = ₩1,516

2. 선입선출법

선입선출법은 전기에서 이월된 기초재공품은 당기의 작업에 우선적으로 가공되어 완성품이 되고 당기에 새로이 착수한 작업의 일부는 완성품이되며 나머지 일부는 기말재공품으로 된다는 가정에서 완성품과 기말재공품에 원가의 배부을 행하는 방법이다.

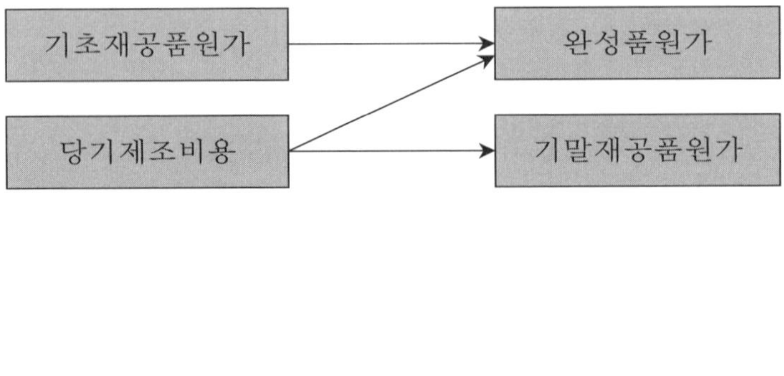

기말재공품에 영향을 미치는 것은 당기제조비용과 당기투입량인데 당기투입량 대신에 **"완성품수량+기말재공품수량-기초재공품수량"**을 기록할 수도 있다.

선입선출법에 의한 기말재공품원가, 완성품원가 및 완성품 단위원가산정의 계산식을 나타내면 다음과 같다(재료는 제조착수시투입).

① **직접재료비의 계산 :**

$$\text{당기직접재료비} \times \frac{\text{기말재공품수량}}{(\text{당기완성품수량}-\text{기초재공품수량})+\text{기말재공품수량}}$$

= 기말재공품 직접재료비 …①

또는

$$\text{당기직접재료비} \times \frac{\text{기말재공품수량}}{\text{당기투입량}} = \text{기말재공품 직접재료비}$$

(당기투입량 = 당기완성품수량 - 기초재공품수량 + 기말재공품수량)

② **가공비의 계산 :**

$$\text{당기가공비} \times \frac{\text{기말재공품 완성품환산량}}{(\text{당기완성품수량}-\text{기초재공품완성품환산량})+\text{기말재공품완성품환산량}}$$

= 기말재공품가공비 …②

③ **기말재공품원가 :** (①+②)

기말재공품 직접재료비+기말재공품 가공비=기말재공품원가

④ **완성품원가의 계산 :**

(기초재공품원가+당기제조비용)-기말재공품원가=당기완성품원가

⑤ **완성품 단위원가의 계산 :**

당기완성품원가÷당기완성품수량=당기완성품 단위원가

☑ 전술한 자료에 의해 선입선출법으로 (1) 기말재공품원가, (2) 완성품원가, (3) 완성품 단위원가를 산출하시오.

• 기말재공품 원가의 계산

① 기말재공품 재료비 :

$$600{,}000 \times \frac{200}{900+200-100} = 120{,}000$$

② 기말재공품 가공비 :

$$880{,}000 \times \frac{200 \times 0.5}{900 + 200 \times 0.5 - 100 \times 0.4} = 91{,}667$$

(1) 기말재공품원가 : 120,000 + 91,667 = 211,667

(2) 완성품원가 : 95,600 + 1,480,000 − 211,667 = 1,363,933

(3) 완성품단위원가 : 1,363,933 ÷ 900 = 1,515.48

3. 후입선출법

이 방법은 나중에 투입된 재료가 먼저 완성품이 된다는 가정으로 원가부담의 계산기준으로서는 기초와 기말의 재공품 수량(환산량)과 비교하여 계산한다. 따라서 ① 기말재공품 환산량＞기초재공품환산량의 경우와 ② 기말재공품환산량＜기초재공품환산량의 두 가지 상황에 따라 계산방법이 달라지는데 이 관계를 도시하면 다음과 같다.

즉, 기말재공품수량(또는 환산량) 중 기초재공품수량(또는 환산량)에 상응하는 부분에 대해서는 기초재공품 원가를 기말재공품원가로 하나, 기초재공품수량(또는 환산량) 보다도 기말재공품수량(또는 환산량)이 초과할 때는 그 초과수량과 완성품수량과의 비율에 따라 당기제조비용을 기말 재공품과 완성품에 균분하고 기말재공품에 대하여 배부된 액과 기초재공품원가와의 합계액을 기말재공품원가로 한다.

여기에서 만약 기말재공품 환산량과 기초재공품 환산량을 비교해서 환산량이 동일한 경우에는 기초재공품 원가를 기말재공품 원가로 간주한다.

①의 경우　　투 입　　　　　　산 출

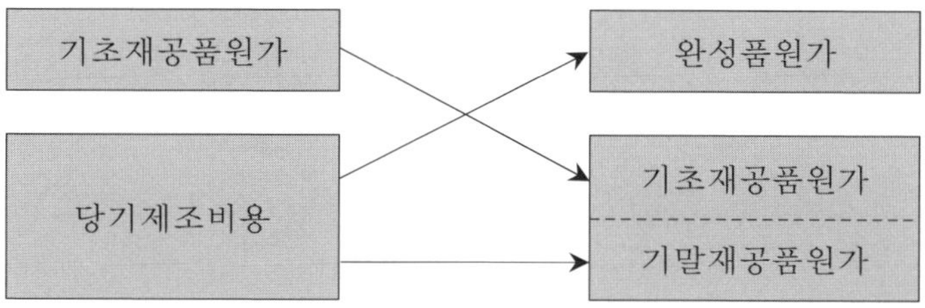

②의 경우　　투 입　　　　　　산 출

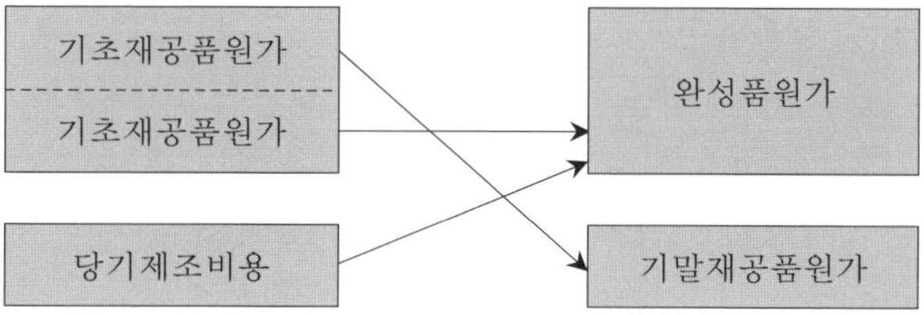

1) 기말재공품환산량 > 기초재공품환산량

이 경우는 당기제조비용의 일부가 기말재공품의 일부를 구성하기 때문에 계산식은 다음과 같이 계산한다.

① 직접재료비의 계산 :

$$\text{당기직접재료비} \times \frac{(\text{기말재공품수량} - \text{기초재공품수량})}{\text{당기완성품수량} + (\text{기말재공품수량} - \text{기초재공품수량})}$$

$$+ \text{기초재공품 직접재료비} = \text{기말재공품 직접재료비}$$

또는

$$\text{당기직접재료비} \times \frac{\text{기말재공품수량} - \text{기초재공품수량}}{\text{당기투입량}}$$

$$+ \text{기초재공품 직접재료비}$$

(당기투입량 = 당기완성품수량 + 기말재공품수량 - 기초재공품수량)

② **가공비의 계산 :**

$$당기가공비 \times \frac{(기말재공품환산량-기초재공품환산량)}{당기완성품수량+(기말재공품환산량-기초재공품환산량)}$$

$$+ 기초재공품가공비 = 기말재공품가공비$$

③ **기말재공품원가의 계산 :**

기말재공품 직접재료비+기말재공품가공비=기말재공품원가

④ **완성품원가의 계산 :**

기초재공품원가+당기제조비용-기말재공품원가=당기완성품원가

⑤ **완성품 단위원가의 계산 :**

당기완성품원가÷당기완성품수량=당기 완성품 단위원가

☑ 전술한 자료에서 후입선출법에 의한 (1) 기말재공품원가, (2) 완성품원가, (3) 완성품단위원가를 계산하시오.

• 기말재공품원가(기초＜기말)

① 기말재공품재료비 :

$$55{,}600+600{,}000\times\frac{200-100}{900+200-100}=115{,}600$$

② 기말재공품가공비 :

$$40{,}000+880{,}000\times\frac{200\times0.5-100\times0.4}{900+(200\times0.5-100\times0.4)}=95{,}000$$

(1) 기말재공품원가 : 115,600+85,000=210,600

(2) 완성품원가 : 95,600+1,480,000-210,600=1,365,000

(3) 완성품단위원가 : 1,365,000÷900=1,516.67

2) 기말재공품환산량 < 기초재공품환산량

이 때에는 기초재공품원가의 일부에서 기말재공품원가가 구성되므로 계산식은 다음과 같이 된다.

① **직접재료비의 계산**

$$\text{기초재공품의 직접재료비} \times \frac{\text{기말재공품수량}}{\text{기초재공품수량}} = \text{기말재공품 직접재료비}$$

② **가공비의 계산**

$$\text{기초재공품가공비} \times \frac{\text{기말재공품환산량}}{\text{기초재공품환산량}} = \text{기말재공품가공비}$$

③ **기말재공품원가의 계산**

기말재공품 직접재료비 + 기말재공품가공비 = 기말재공품원가

④ **완성품원가의 계산**

(기초재공품원가 + 당기제조비용) − 기말재공품원가 = 당기완성품원가

⑤ **완성품 단위원가의 계산**

당기완성품원가 ÷ 당기완성품수량 = 당기완성품 단위원가

☑ 다음 자료에 의하여 기말재공품원가, 완성품원가 및 완성품 단위원가를 후입선출법에 따라 계산하라(단, 직접재료는 모두 공정의 시점에서 투입된 것으로 한다).

(1) 원가자료

	직접재료비	가공비
기 초 재공품	₩ 84,000	₩ 60,000
당기제조비용	₩900,000	₩1,320,000
계	₩984,000	₩1,380,000

(2) 생산자료

당 기 투 입 량	1,000kg	
기초재공품수량	200kg	(진척도 40%)
계	1,200kg	
기말재공품수량	100kg	(진척도 50%)
차감 : 당기완성품수량	1,100kg	

• 기말재공품원가:

① 기말재공품재료비 :

$$60{,}000 \times \frac{100 \times 0.5}{200 \times 0.4} = 37{,}500$$

② 기말재공품가공비 :

$$84{,}000 \times \frac{100}{200} = 42{,}000$$

(1) 기말재공품원가 : 42,000+37,500=79,500

(2) 완성품원가 : 144,000+2,220,000−79,500=2,284,500

(3) 완성품단위원가 : 2,284,500÷1,100=2,076.82

* 기말과 기초재공품의 환산량 결과에 따라서는 재료비의 경우는 기말 재공품환산량이 기초재공품 환산량 보다 많은 반면, 가공비의 경우는 기초재공품 환산량이 기말재공품 환산량 보다 많은 상황이 발생할 수 있으므로 반드시 기초와 기말재공품의 환산량을 비교한 후 기말재공품원가를 계산하여야 한다.

4. Horngren의 5단계법

① 제1단계 : 물량 흐름의 파악(확정)

재공품을 평가하기 위해서는 먼저 제조과정에 투입된 수량과 제조과정으로부터 산출된 수량을 파악하여야 하는데 이를 물량흐름의 파악(확정)이라고 한다.

재 공 품

투 입		산 출	
기초재공품	×××	완성품	×××
당기투입분(량)	×××	기말재공품	×××
총투입량	×××	총산출량	×××

② **제2단계: 완성품 환산량의 계산**

제2단계로는 제1단계에서 파악된 물량단위에 완성도를 곱하여 완성품환산량을 계산한다. 완성품 환산량이란 재공품이 완성품에 비해서 평균 어느 정도 제조가 진척되었는지를 나타내는 개념으로서, 물량단위에 완성도를 곱하여 계산한다.

㉠ 평균법 : 총완성품 환산량

㉡ 선입선출법 : 총완성품 환산량 - 기초재공품 환산량

③ **제3단계 : 총제조원가의 집계**

제1, 2단계에서 물량흐름과 완성품 환산량을 계산한 것은 궁극적으로는 제조과정에 투입된 총제조원가를 완성품과 기말재공품에 배분하기 위한 것이다. 그러므로 제3단계에서는 배분하여야 할 총제조원가를 집계하게 된다. 재료비와 가공비의 완성도가 서로 다른 경우에는 재료비와 가공비로 구분하여 집계해야 한다.

〈도 7-3〉 Horngren 5단계의 절차

	(1단계)	(2단계) 완성품환산량	
	물량흐름	직접재료원가	가 공 원 가
기초재공품	(1)		
당기투입량	(2)		
합 계	(3)=(1)+(2)		
당기완성량	(4)	(4)	(4)
기말재공품	(5)	(7)=(5)×완성도	(8)=(5)×완성도
합 계	(6)=[(4)+(5)]=(3)	(9)=(4)+(7)	(10)=(4)+(8)
(3단계)	총원가		
기초재공품원가	(11)=(12)+(13)	(12)	(13)
당기투입원가	(14)=(15)+(16)	(15)	(16)
합 계	(17)	(18)	(19)
(4단계)			
완성품환산량		÷(9)	÷(10)
완성품환산량 단위당원가		(20)	(21)
(5단계) 원가배분			
완성품원가	(28)=(22)+(24)	(22)=(4)×(20)	(24)=(4)×(21)
기말재공품원가	(29)=(23)+(25)	(23)=(7)×(20)	(25)=(8)×(21)
합 계	(30)=(17)	(26)=(18)	(27)=(19)

④ **제4단계 : 완성품환산량 단위당 원가계산($= \frac{③}{②}$)**

제3단계에서 원가요소별로 집계된 총제조원가를 제2단계에서 산출된 완성품환산량으로 나누어 계산한다. 이 때 원가요소별로 완성도가 다른 경우에는 완성품환산량의 단위당 원가도 각각 구하여야 한다.

⑤ **제5단계 : 완성품 등 원가계산**

제5단계는 제3단계에서 집계된 총제조원가를 완성품과 기말재공품에 배분하여 완성품원가(당기제품제조원가)와 기말재공품원가를 구하는 단계이다. 이 때 기말재공품원가는 기말재공품의 완성품 환산량에 환산량 단위당 원가를 곱하여 계산하며, 완성품원가는 총제조원가에서 기말재공품원가를 차감하여 계산한다. 이렇게 하여 완성품과 기말재공품에 배분된 원가는 제3단계에서 집계된 총제조원가와 일치하여야 한다.

이상의 Horngren 5단계법의 절차를 다음과 같이 나타낼 수 있으며 이것은 곧 공정별 제조원가 보고서와 같은데, 이상의 5단계절차를 그림으로 표시하면 위<도 7-3>와 같이 나타낼 수 있다.

3.3 평균법과 선입선출법의 비교

선입선출법과 평균법은 모두 평균화과정을 기초로 단위당원가를 계산하는 방법으로서 원가배분계산시 배분담당자의 임의성이 개입될 여지가 많다. 따라서 계산된 원가의 정확성을 기준으로 어느 한 방법이 다른 방법에 비해 더 좋다고는 할 수 없다. 단지 각각의 계산방법 하에서 계산된 수치를 얻기 위한 노력의 양과 그 계산된 원가의 유용성의 비교에 의해서만 두 방법의 우열을 가릴 수 있다.

평균법은 전기의 발생원가와 당기의 발생원가를 구분하지 않으므로 원가계산시 선입선출법 보다 적은 노력을 필요로 한다. 게다가 투입요소의 가격수준이나 생산과정이 안정적인 경우에는 제품이 생산공정에 전기에 투입되었든 당기에 투입되었든 그 원가의 성격이 동일한 것이므로 어느 방법을 사용하여 원가를 계산하든지 계산된 원가의 크기는 큰 차이가 발생하지 않는다. 이와 같은 이유로 실무상으로 선입선출법이 거의 사용되지 않지만, 공인회계사 시험을 포함하여 전문적인 회계학 시험에서는 선입선출법이 계속하여 출제되고 있는 실정이다.

평균법과 선입선출법을 각각 이용하여 계산한 결과는 일반적으로 큰 차이가 나지 않는데, 그 이유를 살펴보면 다음과 같다.

① 두 방법 모두 동일한 제품을 계속적으로 대량 생산하는 기업에 적용된다.
② 재공품 수량이나 완성품 환산량의 단위당 가공원가가 매기간 크게 차이가 나지 않는다.

외부보고 목적으로 원가를 재고자산과 매출원가에 배분하는 데에는 위의 두 방법이 모두 인정되지만, 평균법은 당기의 원가를 왜곡시키는 단점이 있다. 왜냐하면 평균법을 사용하면 당기에 보고된 단위당원가가 당기의 제조원가 뿐 만 아니라, 기초재공품에 포함되어 있던 당기 이전에 발생한 원가에 의해서도 영향을 받기 때문이다. 한편, 당기원가에 관한 정보에 대하여 어느 정도의 정확성을 기하여야 하는 문제는 경영자가 의사결정을 할 때 필요로 하는 정보의 질에 따라 달라진다. 그리고 단위당원가를 계산하고 회계기록을 유지하는 데 소요되는 비용이 선입선출법, 평균법 모두 유사한 경우에는, 전기에 발생한 원가와 당기에 발생한 원가를 분리해서 정보를 제공하는 선입선출법이 더 선호될 것이다.

여기서 유의할 점은 특정 공정에 유입된 투입물은 가중평균된 원가로 계산되고 당해공정이 완료된 산출물은 선입선출법에 따라 회계처리된다는 점이다. 따라서 우리가 논의해 온 선입선출법은 순수한 선입선출법이 아니고 수정된 선입선출법(modified first-in first-out method)이라 할 수 있다. 이와 같은 선입선출법을 적용하는 경우에도 평균법에 비하여 보다 많은 노력을 투입하여야 한다. 그러나 선입선출법을 사용함으로써 정보의 정확성이 증진된다 하더라도 그 효익이 이를 달성하기 위한 노력에 미치지 못하므로 일반적이므로 많은 기업이 평균법을 사용한다.

연습문제

객관식

7-1 ㈜양천은 1월부터 새로운 제품을 생산하기 시작하였으며, 1월 중에 1,000개를 착수하여 600개를 완성하고 400개는 1월 31일 현재 작업진행 중에 있다. 원재료는 공정의 초기에 전량 투입되며 가공비는 공정전반에 걸쳐 균등하게 투입된다. 기말재공품의 완성도가 60%일 경우 재료비와 가공비의 완성품환산량은 얼마인가?

① 재료비 : 1,000개, 가공비 : 840개 ② 재료비 : 1,000개, 가공비 : 850개
③ 재료비 : 900개, 가공비 : 840개 ④ 재료비 : 900개, 가공비 : 850개

7-2 종합원가계산에서 기말재공품의 완성도를 높게 적용하는 경우 예상되는 결과는?

① 제품제조원가가 과대평가된다.
② 재공품계정이 과대평가된다.
③ 제품매출원가가 과대평가된다.
④ 제품제조원가 및 제품매출원가에 미치는 영향이 없다.

7-3 종합원가계산시 평균법에 의한 완성품환산량 단위당 원가계산에 대한 설명으로 맞는 것은?

① 당기투입원가만을 고려하여 계산한다.
② 당기투입원가에서 기초재공품원가를 가산하여 계산한다.
③ 당기투입원가에서 기말재공품원가를 가산하여 계산한다.
④ 당기투입원가에서 기말재공품원가를 차감하여 계산한다.

7-4 종합원가계산의 완성품환산량 계산에 있어서 기말재공품의 완성도를 실제보다 높게 적용시 나타나는 결과는?

① 매출원가가 과소평가 된다.
② 제품계정이 과대평가 된다.
③ 재공품계정이 과소평가 된다.
④ 제품계정과 재공품계정에는 영향이 없다.

7-5 회계기간 중 재공품계정의 기말재고액이 재공품계정의 기초재고액보다 증가하였다면?

① 매출원가가 제품제조원가보다 더 클 것이다.
② 제품제조원가가 매출원가보다 더 클 것이다.
③ 당기총제조비용이 제품제조원가보다 더 클 것이다.
④ 당기총제조비용이 제품제조원가보다 더 적을 것이다.

7-6 종합원가계산시 선입선출법에 의한 기말재공품환산량 단위당 원가계산한 설명으로 맞는 것은?

① 당기투입원가만을 고려하여 계산한다.
② 당기투입원가에 기초재공품 원가를 가산하여 계산한다.
③ 당기투입원가에 기말재공품 원가를 가산하여 계산한다.
④ 당기투입원가에서 기초재공품 원가를 차감하여 계산한다.

7-7 초재공품 수량이 0이고 직접재료비의 기말재공품의 완성도가 100%일 경우 직접재료비의 완성품환산량은?(가공비 기말재공품완성도는 50%임)

① 당기착수량보다 많다. ② 당기완 성량보다 적다.
③ 당기 착수량과 같다. ④ 당기 완성량과 같다.

7-8 다음 자료에 의하여 평균법에 의한 재료비의 완성품환산량과 단위원가를 구하시오.

• 기초재료비	12,000	• 당기투입재료비	132,000
• 완성수량	800개	• 기말수량	200개
• 재료는 공정의 종점에서 투입된다.			

① 완성품환산량: 800개 단위원가: 180
② 완성품환산량: 1,000개 단위원가: 150
③ 완성품환산량: 800개 단위원가: 144
④ 완성품환산량: 1,000개 단위원가: 144

7-9 다음 자료에 의해 선입선출법에서의 완성품환산량을 계산하면 얼마인가?

> • 기초재공품 10,000단위(재료비 완성도 : 80%, 가공비 완성도 : 60%)
> • 기말재공품 20,000단위(재료비 완성도 : 80%, 가공비 완성도 : 50%)
> • 착수량 90,000단위 • 완성품수량 80,000단위

① 재료비 완성품환산량 : 88,000 가공비 완성품환산량 : 84,000
② 재료비 완성품환산량 : 898,000 가공비 완성품환산량 : 96,000
③ 재료비 완성품환산량 : 80,000 가공비 완성품환산량 : 60,000
④ 재료비 완성품환산량 : 80,000 가공비 완성품환산량 : 86,000

7-10 다음은 원가계산 및 원가배분과 관련된 문장들이다. 문장들 중 올바르거나 타당한 문장들만을 모은 것은?

> 가. 종합원가계산의 경우, 기초재공품이 없을 때 선입선출법에 의한 제품제조원가나 평균법에 의한 제품제조원가는 동일하다.
> 나. 종합원가계산의 경우, 기초재공품과 기말재공품의 완성도(진척도)가 다 같이 50%일 때 선입선출법에 의한 제품제조원가나 평균법에 의한 제품제조원가는 동일하다.
> 다. 기말재공품 원가가 기초재공품원가에 비해 증가하였다면 당기발생제조원가가 당기제품제조원가보다 더 크다.
> 라. 보조부문 원가를 계제식 방법(step-down method)으로 배분할 경우, 어떤 부문을 먼저 배분하는가에 상관없이 배분결과는 동일하다.

① 가, 나 ② 가, 다 ③ 가, 나, 다 ④ 가, 나, 라

7-11 가나회사는 원재료를 A공정의 초에 투입한다. 2017년 5월 1일 현재 8,000단위의 재공품에 대한 가공비의 진척도는 75%이며 5월 31일 현재 6,000단위의 재공품에 대한 가공비의 진척도는 50%이다. 2017년 5월중 A공정에서는 12,000단위의 완성품이 생산되어 다음 공정으로 대체되었다. 5월 1일 현재의 재공품에 대한 원가 자료와 5월 중의 생산 자료는 다음과 같다. 가중평균법을 사용 할 경우 5월중 완성품 환산량 1단위의 원가는 얼마인가?

	원재료	가공비
재공품(5월 1일)	9,600	4,800
5월 중 투입원가	15,600	14,400

① 2.47 ② 2.50 ③ 2.68 ④ 2.95

주관식

7-1 다음 자료에 의해 평균법에 의한 기말재공품을 평가하고 제조원가를 구하시오(Horngren 5단계법으로 기말재공품을 평가하시오).

1. 기초재공품
   주요재료비 ₩25,700
   가 공 비 ₩32,000
2. 당기 총제조비용
   주요재료비 ₩472,500
   가 공 비 ₩787,000
3. 완성품 수량 500개
4. 기말재공품
   수 량 50개
   진척도(완성도) ─ 주요재료비 60%
   　　　　　　　 ─ 가 공 비 40%

7-2 다음 자료를 기초로 Horngren 5단계법으로 (1) 평균법, (2) 선입선출법에 의한 제조원가 보고서를 작성하시오.

① 월초재공품 : 직접재료원가 ₩350,000 가공비 ₩200,000
② 당월 원가요소 소비액 : 재료비 ₩3,750,000 노무비 ₩1,420,000
경비 ₩380,000
③ 월초재공품 수량 : 1,000개(완성도 60%), 당월 제조착수 수량 : 12,500개
④ 당월 완성품 수량 : 12,000개, 월말재공품 수량 : 1,500개(완성도 40%)
⑤ 재료는 제조착수시에 전부 투입되며, 가공비는 제조진행에 따라 투입됨

7-3 다음 자료에 의해 평균법, 선입선출법, 후입선출법에 의한 당기완성품원가와 기말재공품원가를 구하시오.

①	기초재공품수량	100kg	②	주요재료비완성도	100%
	주요재료비	₩2,500		가공비완성도	50%
	가 공 비	₩1,800			

③ 당기완성량 300kg

④ 당기제조비용
주요재료비 ₩15,000
가공비 ₩13,950

⑤ 기말재공품수량 200kg
재료비완성도 100%
가공비완성도 25%

7-4 Horngren 5단계를 이용한 선입선출법에 의한 완성품원가와 기말재공품원가를 구하시오.

(1) 원재료 : 기초재공품수량 15,000개(20%), 기말재공품수량 6,000개(20%)

(2) 기초재공품수량 15,000개(40%) 직접재료비 ₩7,200 가공비 ₩1,800

(3) 1월 중 완성량 54,000개, 기말재공품수량 6,000개 (1/3)

(4) 당기투입원가 : 직접재료비 ₩27,000 가공비 ₩22,500

풀이

객관식

7-1 ① **7-2** ② **7-3** ② **7-4** ① **7-5** ③ **7-6** ① **7-7** ③ **7-8** ①
7-9 ① **7-10** ② **7-11** ③

재공품				완성품환산량	
				재료비	가공비
월초	8,000단위(75%)				
재료비	9,600				
가공비	4,800		12,000단위	12,000단위	12,000단위
재료비	15,600				
가공비	14,400	월말	6,000단위 (50%)	6,000단위	3,000단위
	44,400		44,400	18,000단위	15,000단위

• 단위원가
  직접재료비 : (9,600+15,600) / 18,000단위=1.4
  가 공 비 : (4,800+14,400) / 15,000단위=1.28

주관식

7-1

1. 기말재공품 평가(평균법)

① 주요재료비 : (₩25,700+₩472,500)× $\frac{50개×60\%}{500개+50개×60\%}$ = ₩28,200

② 가 공 비 : (₩32,000+₩787,000)× $\frac{50개×40\%}{500개+50개×40\%}$ = ₩31,500

₩59,700

2. 완성품 원가

① 주요재료비 : ₩25,700+₩472,500−₩28,200 = ₩470,000
② 가 공 비 : ₩32,000+₩787,000−₩31,500 = ₩787,500

₩1,257,500

3. 검 산

재 공 품

기초재공품		완 성 품	1,257,500
주요재료비	25,700	기말재공품	59,700
가 공 비	32,000		
당기제조비용			
주요재료비	472,500		
가 공 비	787,000		
	1,317,200		1,317,200

※ Hongren의 5단계법

① 1단계 : 물량 흐름의 확정(파악)

투 입		산 출	
기 초		완 성 품	500
투 입 분		기 말	50
	550		550

② 2단계 : 완성품 환산량 계산

	완 성 품	기말재공품	계
주요재료비	500개	50개×60%=30개	530개
가 공 비	500개	50개×40%=20개	520개

③ 3단계 : 제조원가 집계

주요재료비 : ₩25,700+₩472,500=₩498,200

가 공 비 : ₩32,000+₩787,000=₩819,000

④ 4단계 : 완성품 환산량 단위당 원가계산

주요재료비 : ₩498,200 / 530개 = @₩940
가 공 비 : ₩819,000 / 520개 = 1,575
₩2,515

⑤ 5단계 : 완성품원가계산

기말재공품
- 주요재료비 : 50개×60%×@₩940 = ₩28,200
- 가 공 비 : 50개×40%×@₩1,575 = ₩31,500

₩59,700

완성품원가 : 500개×@₩2,515 = ₩1,257,500

7-2

(1) 평균법

제조원가보고서

	(1단계) 물량흐름	(2단계) 완성품환산량 직접재료원가	가 공 원 가
기초재공품(60%)	1,000		
당기투입량	12,500		
합 계	13,500		
당기완성량	12,000	12,000(100%)	12,000(100%)
기말재공품(40%)	1,500	1,500(100%)	600(40%)
합 계	13,500	13,500	12,600
(3단계)	총원가		
기초재공품원가	₩550,000	₩350,000	₩200,000
당기투입원가	₩5,550,000	₩3,750,000	₩1,800,000
합 계	₩6,100,000	₩4,100,000	₩2,000,000

(4단계)			
완성품환산량		÷13,500	÷12,600
완성품환산량 단위당원가		₩303.704	₩158.730
(5단계) 원가배분			
완성품원가	₩5,549,207	₩3,644,447	₩1,904,760
기말재공품원가	₩550,793	₩455,555	₩95,238
합 계	₩6,100,000	₩4,100,002	₩1,999,998

<별 해>

(1) 평균법 :

- 기말재공품원가계산

① 기말재공품재료비: $(350,000+3,750,000)\times\dfrac{1,500}{12,000+1,500}=455,555$

② 기말재공품가공비: $(200,000+1,800,000)\times\dfrac{1,500\times0.4}{12,000+1,500\times0.4}=95,238$

i) 기말재공품원가 : 455,555+95,238 = 550793

ii) 완성품원가 : 550,000+5,550,000−550793 = 5,549,207

(2) 선입선출법

제조원가보고서

	(1단계) 물량흐름	(2단계) 완성품환산량 직접재료원가	가 공 원 가
기초재공품(60%)	1,000		
당기투입량	12,500		
합 계	13,500		
당기완성량	12,000	12,000(100%)	12,000(100%)
기말재공품(40%)	1,500	1,500(100%)	600(40%)
기초재공품량		(1,000)(100%)	(600)(60%)
합 계	13,500	12,500	12,000
(3단계)	총원가		
기초재공품원가	₩550,000		
당기투입원가	₩5,550,000	₩3,750,000	₩1,800,000
합 계	₩6,100,000		

(4단계)			
완성품환산량		÷12,500	÷12,000
완성품환산량 단위당원가		₩300	₩150
(5단계) 원가배분			
완성품원가			
기초재공품원가	₩550,000		
당기투입원가중 완성분	₩5,010,000	₩3,300,000	₩1,710,000
소 계	₩5,560,000		
기말재공품원가	₩540,000	₩450,000	₩90,000
합 계	₩6,100,000	₩3,750,000	₩1,800,000

<별 해>

(2) 선입선출법

• 기말재공품원가계산

① 기말재공품재료비 : $3,750,000 \times \dfrac{1,500}{12,000+1,500-1,000} = 450,000$

② 기말재공품가공비 : $1,800,000 \times \dfrac{600}{12,000+600-600} = 90,000$

i) 기말재공품원가 : 450,000 + 90,000 = 540,000

ii) 완성품원가 : 550,000 + 5,550,000−540,000 = 5,560,000

7-3

(1) 평균법

• 기말재공품원가계산

① 기말재공품재료비 : $(2,500+15,000) \times \dfrac{200}{300+200} = 7,000$

② 기말재공품가공비 : $(1,800+13,950) \times \dfrac{200 \times 0.25}{300+200 \times 0.25} = 2,250$

i) 기말재공품원가 : 7,000 + 2,250 = 9,250

ii) 당기완성품원가 : 4,300 + 28,950−9,250 = 24,000

(2) 선입선출법

• 기말재공품원가 계산

① 기말재공품재료비 : $15,000 \times \frac{200}{300-100+200} = 7,500$

② 기말재공품가공비 : $13,950 \times \frac{200 \times 0.25}{300+200 \times 0.25-10 \times 0.5} = 2,325$

i) 기말재공품원가 : 7,500 + 2,325 = 9,825

ii) 당기완성품원가 : 4,300 + 28,950−9,825 = 23,425

(3) 후입선출법

• 기말재공품원가 계산

① 기말재공품재료비(기말재공품수량>기초재공품수량) ;

$$2,500 + 15,000 \times \frac{200-100}{300+200-100} = 6,250$$

② 기말재공품가공비(기말재공품수량=기초재공품수량) ;

기초재공품가공비원가를 기말재공품가공비원가로 대체(1,800)

i) 기말재공품원가 : 6,250 + 1,800 = 8,050

ii) 당기완성품원가 : 4,300 + 28,950−8,050 = 25,200

7-4

제조원가보고서

	(1단계)	(2단계) 완성품환산량	
	물량흐름	직접재료원가	가 공 원 가
기초재공품(공정초,40%)	15,000		
당기투입량	45,000		
합 계	60,000		
당기완성량	54,000	54,000(100%)	54,000(100%)
기말재공품(공정초, 1/3)	6,000	1,200(20%)	2,000(1/3)
기초재공품량		(3,000)(20%)	(6,000)(40%)
합 계	60,000	52,200	50,000

	총원가		
(3단계)			
기초재공품원가	₩9,000		
당기투입원가	₩49,500	₩27,000	₩22,500
합 계	₩58,500		
(4단계)			
완성품환산량		÷52,200	÷50,000
완성품환산량 단위당원가		₩0.517	₩0.45
(5단계) 원가배분			
완성품원가			
기초재공품원가	₩9,000		
당기투입원가중 완성분	₩47,979	₩26,379	₩21,600
소 계	₩56,979		
기말재공품원가	₩1,521	₩621	₩900
합 계	₩58,500	₩27,000	₩22,500

<별 해>

- 기말재공품원가계산

① 기말재공품재료비: $27{,}000 \times \dfrac{6{,}000 \times 0.2}{54{,}000 + 6{,}000 \times 0.2 - 15{,}000 \times 0.2} = 621$

② 기말재공품가공비: $22{,}500 \times \dfrac{6{,}000 \times 1/2}{54{,}000 + 6{,}000 \times 1/3 - 15{,}000 \times 0.4} = 900$

i) 기말재공품원가 : 621 + 900 = 1,521

ii) 당기완성품원가 : 9,000 + 49,500−1,521 = 56,979

제 8 장

공손품 원가계산

제1절 공손품의 개념

기업이 제품을 생산할 때 공손, 감손 또는 증발 등의 원인에 의하여 생산품이 계획대로 완성되지 못하고 일부가 규격품에 미달하거나 유실되어 폐물이 되는 경우가 있는데, 공손(spoilage)은 불량품(defective units)을 의미하는 용어로서 생산과정 중에 생산품의 일부가 파손되거나 표준규격이 아닌 제품이 생산될 때 발생한다. 공손품은 가치가 작은 것이 대부분이지만, 경우에 따라 비교적 큰 가치를 가지기도 한다.

감손(waste)은 원재료를 가공하고 남은 작업폐물(scrap)을 지칭하는 용어이다. 예컨대, 옷감을 재단하고 남은 조각이나 금속판을 절단하고 남은 철편 등이 이에 해당한다. 감손품도 가치가 작은 경우가 대부분이자만, 때로는 비교적 큰 가치를 가지기도 한다.

증발(evaporation)은 가공을 하는 도중에 자연적으로 양이 감소되는 것을 말한다. 예를 들어, 휘발성이 강한 두 종류의 화공약품을 각각 1리터씩 결합하여 하나의 새로운 화공약품을 제조하는 경우 최종 완성제품이 반드시 2리터가 되는 것은 아니며, 두 화공약품이 서로 반응하는 동안 증발이 발생하여 2리터보다 적어지는 것이 보통이다.

감손이나 증발로 인한 손실의 회계처리는 공손의 경우와 유사하므로 본장에서는 공손에 대한 회계처리만을 중점적으로 살펴보기로 한다.

공손회계처리에 있어서 특히 중요한 문제는 공손이 정상적으로 발생한 것인지 비정상적으로 발생한 것인지를 구별하는 것이다. 즉, 양질의 원재료를 투입하고 합리적인 지도감독을 실시하는 경우에도 현재의 기술수준으로는 더 이상 개선시킬 수 없는 기계의 결함 또는 원재료의 순도 등의 이유로 인해 어느 정도의 공손은 발생할 수 있다. 이와 같은 상황에서 매기간 거의 비슷하게 발생하는 공손을 정상공손(normal spoilage)이라 한다. 이와 같은 정상공손은 재품을 생산하는 과정에서 불가피하게 발생하는 것이며, 따라서 이러한 공손에 투입되는 원가는 정상적인 제품원가의 일부로 포함시켜야 한다.

반면 작업자의 부주의, 전산계획의 미비 등의 이유로도 공손이 발생할 수 있는데, 이러한 공손은 비정상적 공손(abnormal spoilage)으로서, 제조활동을 효율적으로 수행하면 방지할 수 있다. 따라서 이러한 비정상공손에 투입된 원가는 제품의 원가에 포함시킬 것이 아니라 발생한 기간의 손실로 처리하여야 한다.

이러한 경우, 총공손품의 원가 중 과연 얼마를 정상공손의 원가로 보아 완제품 원가에 포함시키고 얼마를 당해기간의 손실로 처리해야 할 것인가 하는 문제가 발생하는데, 일반적으로는 제품을 제조함에 있어서 당연히 발생한 공손 또는 미리 예측할 수 있었던 공손의 원가만을 제품원가에 포함시키고 나머지는 손실로 처리해야 한다. 이와 같이 공손회계처리에 있어서 공손원가가 정상적인 것인가, 아니면 비정상적인 것이냐에 따라 제품원가가 달라지므로 공손을 정상공손과 비정상공손으로 구분하는 것은 매우 중요한 내용이 된다.

제2절 공손품의 회계절차

2.1 정상공손의 회계처리

정상공손(normal spoilage)은 완성품이나 기말재공품등에서 정상품을 제조하는데 불가피하게 발생한 것이다. 이 정상공손의 발생율을 아주 적게하려고 한다면 양질의 재료를 사용하거나 더욱 유념하여 가공하는 등의 조치가 필요하기 때문에 이것이 오히려 비능률적이 되어 제품의 단위원가가 증가하는 경향을 초래할 수 도 있다. 그러므로 정상감손비나 정상공손비가 발생하면 원가계산상 제품의 단위 원가를 높이는 결과를 가져온다.

정상감손비는 양질의 제품에 대한 원가성을 인정함으로써 정상품이 부담해야 한다는 것은 전술한 바와 같다. 이 경우 정상품에는 완성품과 기말재공품이 있음으로 다음을 고려해야만 한다.

첫째, 정상감손비를 완성품에만 부담시킬 것인가 또는 완성품과 기말재공품의 양쪽에 부담시킬 것인가.

둘째, 완성품과 기말재공품에 부담시킨다면 어떤 비율로 부담시킬 것인가 하는 문제를 고려해야 한다.

1. 공손품의 잔존가치가 없을 때

1) 완성품과 기말재공품에 공동 부담시키는 방법(가공비는 제조 진행에 따라 소비된다고 가정)

① 평균법

- 기말재공품직접재료비

$$= (\text{기초재공품직접재료비} + \text{당기직접재료비}) \times \frac{\text{기말재공품수량}}{\text{완성품수량} + \text{기말재공품수량}} \cdots\cdots ①$$

- 기말재공품가공비

$$= (\text{기초재공품가공비} + \text{당기가공비}) \times \frac{\text{기말재공품환산량}}{\text{완성품수량} + \text{기말재공품환산량}} \cdots\cdots ②$$

다만, 필요에 따라 재료비에 대해서도 진척도를 고려한다.

- 기말재공품 원가 = ①+②
- 완성품 원가 = 기초재공품원가+당기제조비용−기말재공품 원가

② **선입선출법**

• 기말재공품 직접재료비

$$= 당기재료비 \times \frac{기말재공품수량}{완성품수량 - 기초재공품수량 + 기말재공품수량} \cdots\cdots ①$$

• 기말재공품가공비

$$= 당기가공비 \times \frac{기말재공품환산량}{완성품수량 - 기초재공품환산량 + 기말재공품환산량} \cdots\cdots ②$$

• 기말재공품원가 = ①+②

• 완성품원가 = 기초재공품원가+당기제조비용−기말재공품원가

당기 '직접재료비'와 '당기가공비'는 당기중의 제조작업을 위하여 소비된 일체의 코스트이다. 그러므로 당연히 소비된 공손품 부분도 당기중의 원가에 포함되어 있다. 그리고, 위 식의 분모에 그 수량이 제외되어 있으므로 완성품과 기말재공품에 공손비가 배분된다.

2) 완성품에만 부담시키는 방법

① **평균법**

• 기말재공품직접재료비

$$=(기초재공품직접재료비 + 당기직접재료비) \times \frac{기말재공품수량}{완성품수량 + 공손품수량 + 기말재공품수량} \cdots ①$$

• 기말재공품가공비

$$=(기초재공품가공비 + 당기가공비) \times \frac{기말재공품환상량}{완성품수량 + 공손품환산량 + 기말재공품환산량} \cdots\cdots ②$$

• 기말재공품 원가 = ①+②

• 완성품원가 = 기초재공품원가+당기제조비용−기말재공품원가

② **선입선출법**

- 기말재공품직접재료비

$$= 당기직접재료비 \times \frac{기말재공품수량}{완성수량 + 공손품수량 + 기말재공품수량 - 기초재공품수량} \cdots\cdots ①$$

- 기말재공품가공비

$$= 당기가공비 \times \frac{기말재공품환산량}{완성품수량 + 공손품환산량 - 기초재공품환산량 + 기말재공품환산량} \cdots ②$$

- 기말재공품 원가 = ①+②
- 완성품원가 = 기초재공품원가+당기제조비용－기말재공품원가

2. 공손품의 잔존가치가 있을 때

1) 완성품과 기말재공품에 공동 부담시키는 방법

① **평균법**

- 기말재공품직접재료비

$$= (기초재공품직접재료비 + 당기직접재료비 - 공손품재료비잔존가액) \times \frac{기말재공품수량}{완성품수량 + 기말재공품수량} \cdots ①$$

- 기말재공품가공비

$$= (기초재공품가공비 + 당기가공비 - 공손품가공비\ 잔존가액) \times \frac{기말재공품환산량}{완성품수량 + 기말재공품환산량} \cdots ②$$

다만, 필요에 따라 재료비에 대해서도 진척도를 고려한다.

- 기말재공품원가 = ①+②
- 완성품원가 = 기초재공품원가+당기제조비용－공손품잔존가액－기말재공품원가

② **선입선출법**

- 기말재공품재료비

$$= (당기재료비 - 공손품재료비가액) \times \frac{기말재공품수량}{완성품수량 - 기초재공품수량 + 기말재공품수량} \cdots\cdots ①$$

- 기말재공품가공비

$$= (\text{당기가공비} - \text{공손품가공비가액}) \times \frac{\text{기말재공품환산량}}{\text{완성품수량} - \text{기초재공품환산량} + \text{기말재공품환산량}} \cdots\cdots ②$$

- 기말재공품원가 = ①+②
- 완성품원가 = 기초재공품원가+당기제조비용−공손품잔존가액−기말재공품원가

2) 완성품에만 부담시키는 방법

① 평균법

- 기말완성품직접재료비

$$= (\text{기초재공품직접재료비} + \text{당기직접재료비} - \text{공손품재료비잔존가액}) \times \frac{\text{기말재공품수량}}{\text{완성품수량} + \text{공손품수량} + \text{기말재공품수량}} \cdots\cdots ①$$

- 기말재공품가공비

$$= (\text{기초재공품가공비} + \text{당기가공비} - \text{공손품가공비잔존가액}) \times \frac{\text{기말재공품환산량}}{\text{완성품수량} + \text{공손품환산량} + \text{기말재공품환산량}} \cdots ②$$

- 기말재공품원가 = ①+②
- 완성품원가 = 기초재공품원가+당기제조비용−공손품잔존가액−기말재공품원가

② 선입선출법

- 기말재공품직접재료비

$$= (\text{당기직접재료비} - \text{공손품재료비잔존가액}) \times \frac{\text{기말재공품수량}}{\text{완성품수량} + \text{공손품수량} - \text{기초재공품수량} + \text{기말재공품수량}} \cdots\cdots ①$$

- 기말재공품가공비

$$= (\text{당기가공비} - \text{공손품가공비잔존가치}) \times \frac{\text{기말재공품환산량}}{\text{완성품수량} + \text{공손품환산량} - \text{기초재공품환산량} + \text{기말재공품환산량}} \cdots ②$$

- 기말재공품원가 = ①+②
- 완성품원가 = 기초재공품원가+당기제조비용−공손품잔존가액−기말재공품원가

2.2 이상공손의 회계처리

이상발생이란 일반적인 제품생산과정에 있어서 합격품의 생산을 위하여 불가피하게 발생하는 감손 또는 공손을 초과하여 발생하는 경우, 혹은 통산 발생하는 지점 이외의 지점에서 돌발적으로 발생하는 경우를 말한다. 그러므로 이상감손비(abnormal waste) 및 이상공손비(abnormal spoliage)는 합격품의 원가를 구성하지 않기 때문에 원가계산상 양자의 원가를 계산하여 원가외손실로서 처리(영업외 비용)하며 이상감손의 회계처리는 이상공손에 준하여 실시되므로 여기서는 이상공손에 한해서 다루기로 한다. 평균법과 선입선출법에 의하여 그 계산식을 나타내면 다음과 같다. 단, 직접재료는 모두 공정의 시점에 투입했다고 가정한다.

1) 평균법

- 이상공손품직접재료비

$$= (\text{기초재공품 직접재료비} + \text{당기직접재료비}) \times \frac{\text{당기이상공손품수량}}{\text{완성품수량} + \text{당기이상공손품수량} + \text{기말재공품수량}} \cdots ①$$

- 이상공손품가공비

$$= (\text{기초재공품가공비} + \text{당기가공비}) \times \frac{\text{당기이상공손품환산량}}{\text{완성품수량} + \text{당기이상공손품환산량} + \text{기말재공품환산량}} \cdots\cdots ②$$

- 이상공손품원가 = ①+②
- 기말재공품재료비

$$= (\text{기초재공품 직접재료비} + \text{당기직접재료비}) \times \frac{\text{기말재공품수량}}{\text{완성품수량} + \text{당기이상공손품수량} + \text{기말재공품수량}} \cdots ③$$

- 기말재공품가공비

$$= (\text{기초재공품가공비} + \text{당기가공비}) \times \frac{\text{기말재공품환산량}}{\text{완성품수량} + \text{당기이상공손품환산량} + \text{기말재공품환산량}} \cdots\cdots ④$$

- 기말재공품원가 = ③+④
- 완성품원가 = 기초재공품원가+당기제조비용−이상공손품원가−기말재공품원가

2) 선입선출법

• 이상공손품직접재료비

$$= \text{당기직접재료비} \times \frac{\text{당기이상공손품수량}}{\text{당기완성품수량}-\text{기초재공품수량}+\text{당기이상공손품수량}+\text{기말재공품수량}} \cdots ①$$

• 이상공손품가공비

$$= \text{당기가공비} \times \frac{\text{당기이상공손품환산량}}{\text{당기완성품수량}-\text{기초공손품환산량}+\text{당기공손품환산량}+\text{기말재공품환산량}} \cdots\cdots ②$$

• 이상공손품원가 = ①+②

• 기말재공품 직접재료비

$$= \text{당기직접재료비} \times \frac{\text{기말재공품수량}}{\text{당기완성품수량}-\text{기초재공품수량}+\text{당기이상공손품수량}+\text{기말재공품수량}} \cdots ③$$

• 기말재공품 가공비

$$= \text{당기가공비} \times \frac{\text{기말재공품환산량}}{\text{당기완성품수량}-\text{기초공손품환산량}+\text{당기공손품환산량}+\text{기말재공품환산량}} \cdots\cdots ④$$

• 기말재공품원가 = ③+④

• 완성품원가 = 기초재공품원가+당기제조비용－이상공손품원가－기말재공품원가

제3절 공손품의 회계사례

다음의 자료를 기초로 평균법과 선입선출법에 의한 완성품 제조단가를 구하면 다음과 같다.

☑ 다음 자료를 기초로 각 조건에 의한 완성품원가 제조단가를 구하시오.

(1) 원가자료

	직접재료비	가 공 비
기 초 재공품	₩ 25,000	₩ 15,000
당기제조비용	₩325,000	₩215,000
	₩350,000	₩230,000

(2) 생산자료

당기투입량	180kg	
기초재공품수량	20kg	(진척도 90%)
계	200kg	
당기말재공품수량	30kg	(진척도 80%)
당기말공손품수량	20kg	(진척도 50%)
완성품수량	150kg	

(3) 재료는 제조착수시에 투입되었으며 공손은 정상이며 잔존가치는 없다.

3.1 평균법

1. 완성품과 기말재공품 공동부담(잔존가치 없음)

1) 기말재공품원가

• 기말재공품재료비 $= (25{,}000 + 325{,}000) \times \dfrac{30}{150 + 30} = 58{,}333$

• 기말재공품가공비 $= (15{,}000 + 215{,}000) \times \dfrac{30 \times 0.8}{150 + 30 \times 0.8} = 31{,}724$

$58{,}333 + 31{,}724 = 90{,}057$

2) 완성품제조단가

• $40{,}000 + 540{,}000 - 90{,}057 = 489{,}943$

$\therefore\ 489{,}943 \div 150 = 3{,}266.29$

2. 완성품과 기말재공품 공동부담(잔존가치 있음)

(단, 재료비 잔존가치가 ₩15,000, 가공비잔존가치가 ₩5,000 있다고 가정하면)

1) 기말재공품원가

- 기말재공품재료비

$$(25{,}000 + 325{,}000 - 15{,}000) \times \frac{30}{150 + 30} = 55{,}833$$

- 기말재공품가공비

$$(15{,}000 + 215{,}000 - 5{,}000) \times \frac{30 \times 0.8}{150 + 30 \times 0.8} = 31{,}034$$

$55{,}833 + 31{,}034 = \underline{86{,}867}$

2) 완성품제조단가

- $40{,}000 + 540{,}000 - 20{,}000 - 86{,}867 = 473{,}133$

  $\therefore\ 473{,}133 \div 150 = 3{,}154.22$

3.2 선입선출법

1. 완성품에만 부담(정상공손으로 가정)

1) 기말재공품원가

- 기말재공품재료비

$$325{,}000 \times \frac{30}{150 + 30 + 20 - 20} = 54{,}167$$

- 기말재공품가공비

$$215{,}000 \times \frac{30 \times 0.8}{150 + 30 \times 0.8 + 20 \times 0.5 - 20 \times 0.9} = 31{,}084$$

- 기말재공품원가

$54{,}167 + 31{,}084 = 85{,}251$

2) 완성품제조단가

- 40,000 + 540,000 − 85,251 = 494,749

  ∴ 494,749 ÷ 150 = 3,298.33

2. 완성품에만 부담(이상공손으로 가정)

1) 기말재공품원가

- 기말재공품재료비

$$325{,}000 \times \frac{30}{150 + 30 + 20 - 20} = 54{,}167$$

- 기말재공품가공비

$$215{,}000 \times \frac{30 \times 0.8}{150 + 30 + 0.8 + 20 \times 0.5 - 20 \times 0.9} = 31{,}084$$

$54{,}167 + 31{,}084 = \underline{85{,}251}$

2) 공손품원가

- 공손품재료비

$$325{,}000 \times \frac{20}{150 + 30 + 20 - 20} = 36{,}111$$

- 공손품가공비

$$215{,}000 \times \frac{20 \times 0.8}{150 + 30 + 0.8 + 20 \times 0.5 - 20 \times 0.9} = 12{,}952$$

$36{,}111 + 12{,}952 = \underline{49{,}063}$

3) 완성품원가

- 40,000 + 540,000 − 85,251 − 49,063 = 445,686

  ∴ 445,686 ÷ 150 = 2,971.24

※ Horngren의 5단계법에 의해 풀이하면 다음과 같다.

① 평균법

제조원가 보고서

(평균법)

	(1단계) 물량흐름	(2단계) 직접재료비	완성품 환산량 가공비
기초재공품(90%)	20		
당기 투입량	180		
합계	200		
당기완성량	150	150(100%)	150(100%)
공손수량	20	20(100%)	10(50%)
기말재공품(80%)	30	30(100%)	24(80%)
합계	200	200	184
(3단계) 원가			
기초재공품원가	₩40,000	₩25,000	₩15,000
당기제조비용	₩540,000	₩325,000	₩215,000
합계	580,000	350,000	230,000
(4단계)			
완성품환산량		÷ 200	÷ 184
완성품환산량단위원가		₩1,750	₩1,250
(5단계) 배분			
투입완성품원가	450,000	262,500	187,500
공손원가	47,500	35,000	12,500
기말재공품원가	82,500	52,500	30,000
합계	580,000	350,000	230,000

※ 공손원가의 기말재공품배부

• $52{,}500 + 35{,}000 \times \frac{30}{180} = 58{,}333$, $30{,}000 + 12{,}500 \times \frac{24}{174} = 31{,}724$

• $262{,}500 + 35{,}000 \times \frac{150}{180} = 291{,}667$, $178{,}500 + 12{,}500 \times \frac{150}{174} = 198.276$

기말재공품원가 : 58,333 + 31,724 = <u>90,057</u>

완성품원가 : 291,667 + 198,276 = <u>489,943</u>(전술한 1과 일치)

② **선입선출법**

제조원가 보고서

(선입선출법)

	(1단계) 물량흐름	(2단계) 직접재료비	완성품 환산량 가공비
기초재공품	20		
당기 투입량	180		
합계	200		
당기완성량	150	150(100%)	150(100%)
공손수량	20	20(100%)	10(50%)
기말재공품	30	30(100%)	24(80%)
기초재공품	×	−20(100%)	−18(90%)
합계	200	180	166
(3단계) 원가			
당기제조비용	₩540,000	₩325,000	₩215,000
(4단계)			
완성품환산량		÷ 180	÷ 166
완성품환산량단가		₩1,805.55	₩1,295.18
(5단계) 배분			
기초재공품원가	40,000	25,000	15,000
당기투입완성품원가	405,685	*234,721	170,964**
공손원가	49,063	36,111	12,952
기말재공품원가	85,252	54,168	31,084
합계	580,000	350,000	230,000

* 1,805.55 × (150 − 20(기초수량)) = 234,721

① 완성품원가 : 40,000 + 405,685 + 49,063 = 494,748(전술한 2과 일치)

② 공손원가가 이상공손이라면 그 원가 : 49,063(전술한 4와 일치)

**1,295.18 × (150 − 18(기초환산량)) = 170,964

연습문제

객관식

8-1 다음 공손에 대한 설명 중 틀린 것은?

① 정산공손원가는 완성품 혹은 기말재공품에 배분한다.

② 공손품의 처분가치가 있는 경우 정상공손원가는 순실현가치를 차감한 금액만을 합격품에 배분한다.

③ 비정상공손원가는 영업외비용으로 처리한다.

④ 공손은 생산과정에서 발생하는 원재료 찌거기를 말한다.

8-2 제조과정에서 발생한 정상공손원가를 처리하는 방법 중 완성품 제조원가를 상대적으로 가장 크게 만드는 방법은?

① 정상공손원가를 완성품원가 및 재공품원가로부터 분리하여 원가 외 손실로 하는 방법

② 정상공손원가를 재공품에만 부담 시키는 방법

③ 정상공손원가를 완성품과 재공품에 안분하여 부담시키는 방법

④ 정상공손원가를 완성품에만 부담시키는 방법

8-3 다음은 제조활동과 관련된 물량 흐름이다. 다음의 설명 중 틀린 것은?

• 기초재공품	3,000개	• 당기완성수량	8,000개
• 당기착수량	6,000개	• 기말재공품	500개

① 공손품 물량은 500개이다.

② 정상공손품의 기준을 완성품의 5%라고 가정할 경우 정상공손의 수량은 400개이다.

③ 정상공손원가는 완성품 또는 기말재공품에 배분한다.

④ 비정상공손원가는 제조원가로 처리한다.

8-4 다음은 (주)정원상사의 제조활동과 관련하여 발생한 자료이다. 당사는 종합원가계산하에서 선입선출법을 사용하고 있다. 당기 중에 발생한 정상공손의 수량은? (단, 검사시점은 50%공정이며, 정상공손은 당기 검사를 통과한 수량의 10%이다)

• 기초재공품	150개(55%)	• 당기완성수량	200개(70%)
• 당기착수량	2,100개	• 기말재공품	1,750개

① 160개 ② 175개 ③ 180개 ④ 185개

8-5 (주)해원은 자동차를 생산한다. 공손품은 제품을 검사하는 시점에서 파악된다. 정상적인 공손품은 품질검사시점을 통과한 합격품의 10%의 비율로 가정한다. 월초재공품(완성도 30%) 5,000단위, 당월 생산착수량 45,000단위, 당월제품생산량 35,000단위, 월말재공품(완성도 80%) 6,000단위이다. 품질검사가 생산공정의 20% 시점에서 실시되는 경우 비정상공손품의 수량은 몇 개인가?

① 5,100개 ② 5,200개 ③ 5,300개 ④ 5,400개

8-6 당사는 평균법에 의한 종합원가계산제도를 채택하고 있다. 직접재료는 공정 초에 전액 투입되고, 가공원가는 공정 전반에 균등하게 투입되며, 공손은 공정 말에 발견된다. 가공원가의 완성품환산량을 다음 자료에 의하여 계산하면?

• 기초재공품	300,000단위(완성도 20%)
• 당기착수량	7,600,000단위
• 완성품수량	6,800,000단위
• 정상공손수량	420,000단위
• 기말재공품	680,000단위(완성도 50%)

① 7,170,000단위 ② 7,320,000단위
③ 7,490,000단위 ④ 7,560,000단위

8-7 다음은 (주)대한산업의 제조활동과 관련하여 발생한 자료이다. 당기 완성품 수량은? (단, 기말재공품은 당기 완성수량의 10%이며, 공손품을 제외한 파손품이나 작업폐물은 없는 것으로 전제한다)

• 기초재공품	255개	• 정상공손수량	150개
• 당기착수량	2,350개	• 비정상공손수량	35개

① 2,100개 ② 2,200개 ③ 2,300개 ④ 2,500개

8-8 (주)정연은 종합원가계산에 의하여 제품을 생산한다. 재료는 공정의 초기에 전량 투입이 되며, 가공언가는 전체 공정에 고르게 투입된다. 2017년 3월 1일의 재공품 30,000단위에 대해서는 공정이 60% 진행되었고 동년 3월 31일 재공품 40,000단위에 대해서는 공정이 75% 진행되었다. 품질검사는 공정이 70% 진행되었을 때에 실시하며, 불합격품에 대해서는 재작업을 실시하지 않는다. 정상공손은 당월의 품질검사에서 합격한 제품의 5%로 설정하고 있다. 3월 중 65,000단위가 착수되었으며, 총 50,000단위가 완성이 되었다. 3월에 발생한 비정상공손품의 가공원가 완성품 환산량은 얼마인가?

① 350단위 ② 500단위 ③ 1,400단위 ④ 2,000단위

주관식

8-1 다음 (1) 공손을 무시할 때 (2) 공손을 분리 계산할 때의 각 경우를 평균법에 의한 기말재공품원가 및 완성품원가를 산출하시오.

(1) 기초재공품 : 수량 30단위(완성도 50%), 재료비 ₩250,000, 가공비 ₩270,300
(2) 당기투입원가 : 재료비 ₩1,400,000, 가공비 ₩1,531,700
(3) 당기완성품수량 2,000단위, 기말재공품수량 200단위(완성도 60%)
(4) 공손품수량 100단위(완성도 80%), 모두 정상공손이며 처분가치는 없다.
(5) 재료는 제조착수시에 투입

8-2 우리회사의 공정 A의 자료는 다음과 같다. 재료는 공정의 착수시점에서 전량 투입되고, 가공원가는 공정 전반에 걸쳐 균등하게 발생한다. 또한, 당기완성량의 1%를 넘는 공손은 비정상공손으로 간주한다.

기초재공품 : 10,000개(직접재료원가 ₩240,000, 가공원가 ₩360,000, 가공원가의 완성도 60%)
당기투입량 : 150,000개
당기투입원가 : 직접재료비 ₩1,200,000, 가공원가 ₩1,440,000
당기완성량 : 138,000개
공 손 량 : 2,000개(정상공손 1,380개, 비정상공손 620개), 검사시점 80%
기말재공품 : 20,000개, 가공원가의 완성도 50%

물 음)

(1) 공정 A에 대해 평균법에 의하여 완성품 원가를 계산하시오.

(2) 만약 검사가 공정의 80% 시점이 아니라 30% 시점에서 이루어진다고 가정하고 물음 1에 대해 계산하시오.

(3) 공정 A에 대해 선입선출법에 의하여 완성품원가를 계산하시오.

풀 이

객관식

8-1 ④ **8-2** ④

8-3 ④
- 공손품물량 : 기초재공품(3,000개)+당기착수량(6,000개)－당기완성수량(8,000개)－기말재공품(500개)=500개
- 정상공손품 : 8,000개×5%=400개
- 비정상공손품 : 500개－400개=100개
- 정상공손은 제조원가로 처리하고, 비정상공손은 영업외비용으로 처리

8-4 ③ 정상공손 : [(1,750개－150개)+200개)]×10%=180개

8-5 ④
- 비정상공손품수량: 총공손량 9,000개－정상공손품량 3,600개=5,400개
- 총공손수량 : 기초(5,000개)+당기착수(45,000개)－완성(35,000개)－기말(6,000개)=9,000개
- 합격수량 : 기초(5,000개)+당기착수(45,000개)－총공손량(9,000개)－기합격수량(5,000개)=36,000개
- 정상공손품수량=합격수량×10%=3,600개

8-6 ④
- 가공원가완성품환산량=6,800,000단위+420,000단위+680,000단위×50%=75,60,000단위
- 공손은 공정 말에 발견되므로 정상공손품의 환산량은 100%로 계산된다.

8-7 ②
- 기말재공품수량+당기완성품수량=기초재공품+당기착수량-총공손수량
=255개+2,350개－185개=2,420개
- 당기 완성품수량=(기초재공품+당기착수량)×(100/110)
=2,420개×(100/110)=2,200개

8-8 ①
- 정상공손수량 : (30,000단위+20,000단위+40,000단위)×5%=4,500단위
- 비정상공손수량 : 5,000단위－4,500단위=500단위
- 비정상공손품의 가공원가 완성품환산량 : 500단위×70%=350단위

주관식

8-1

(1) 공손무시의 경우

① 기말재공품원가

• 기말재공품재료비

$$(250{,}000 + 1{,}400{,}000) \times \frac{200}{2{,}000 + 200} = 150{,}000$$

• 기말재공품가공비

$$(270{,}300 + 1{,}531{,}700) \times \frac{200 \times 60\%}{2{,}000 + 200 \times 60\%} = 102{,}000$$

150,000 + 102,000 = 252,000

② 완성품원가

520,300 + 2,931,700 - 252,000 = 3,200,000

(2) 공손분리의 경우

① 기말재공품원가

• 기말재공품재료비

$$(250{,}000 + 1{,}400{,}000) \times \frac{200}{2{,}000 + 200 + 100} = 143{,}478.26$$

• 기말재공품가공비

$$(270{,}300 + 1{,}531{,}700) \times \frac{200 \times 60\%}{2{,}000 + 200 \times 60\% + 100 \times 80\%} = 98{,}290.91$$

143,478.26 + 98,290.91 = 241,769.17

② 공손품원가

• 공손품재료비

$$(250{,}000 + 1{,}400{,}000) \times \frac{100}{2{,}000 + 200 + 100} = 71{,}739.13$$

• 공손품가공비

$$(270{,}300 + 1{,}531{,}700) \times \frac{100 \times 80\%}{2{,}000 + 200 \times 60\% + 100 \times 0.8} = 65{,}527.27$$

71,739.13 + 65,527.27 = 137,266.40

③ 완성품원가

520,300 + 2,931,700 - 241,769.17 - 137,266.40 = 3,072,964.50

별해> Horngren 법

(1) 공손무시

제조원가 보고서

(평균법)

	(1단계) 물량흐름	(2단계) 완성품 환산량 직접재료비	가공비
기초재공품(50%)	30		
당기 투입량	2,270		
합계	2,300		
당기완성량	2,000	2,000(100%)	2,000(100%)
공손수량	100		
기말재공품(60%)	200	200(100%)	120(60%)
합계	2,300	2,200	2,120
(3단계)			
기초재공품원가	₩520,300	₩250,000	₩270,300
당기투입원가	₩2,931,700	₩1,400,000	₩1,531,700
합계	₩3,452,000	₩1,650,000	₩1,802,000
(4단계)			
완성품환산량		÷ 2,200	÷ 2,120
완성품환산량단위당원가		₩750	₩850
(5단계) 배분			
완성품원가	₩3,200,000	₩1,500,000	₩1,700,000
기말재공품원가	₩252,000	₩150,000	₩102,000
합계	₩3,452,000	₩1,650,000	₩1,802,000

(2) 공손 고려

제조원가 보고서

(평균법)

	(1단계) 물량흐름	(2단계) 완성품 환산량 직접재료비	가공비
기초재공품(50%)	30		
당기 투입량	2,270		
합계	2,300		
당기완성량	2,000	2,000(100%)	2,000(100%)
공손수량	100	100(100%)	80(80%)
기말재공품(60%)	200	200(100%)	120(60%)
합계	2,300	2,300	2,200

(3단계) 원가			
기초재공품원가	₩520,300	₩250,000	₩270,300
당기투입원가	₩2.931.700	₩1,400,000	₩1,531,700
합계	₩3.452.000	₩1,650,000	₩1,802,000
(4단계)			
완성품환산량		÷ 2,300	÷ 2,200
완성품환산량단위당원가		₩717,391	₩819,091
(5단계) 배분			
완성품원가			
완성품	3,072,965	1,434,783	1,638,182
공손품	137,266	71,739	65,527
소계	3,210,231	1,506,522	1,703,709
기말재공품원가	241,769	143,478	98,291
합계	₩3,452,000	₩1,650,000	₩1,802,000

8-2

물음 1) 검사가 공정의 80% 시점에서 이루어지므로 공손품의 가공원가 완성도는 80%이다. 또한 기말재공품은 50% 완성도로서 50%의 검사시점을 통과하지 않았으므로 정상공손원가를 완성품원가에만 배부한다(평균법에 의해 작성하면 다음과 같다).

① 기말재공품원가

• 공손품재료비 :

$$(240,000 + 1,200,000) \times \frac{20,000}{138,000 + 20,000 + 620 + 1,380} = 180,000$$

• 공손품가공비 :

$$(360,000 + 1,440,000) \times \frac{20,000 \times 50\%}{138,000 + 20,000 \times 50\% + 620 \times 80\% + 1,380 \times 80\%} = 120,320.85$$

180,000 + 120,320.85 = <u>300,320.85</u>

② 비정상공손원가

• 비정상공손재료비 :

$$(240,000 + 1,200,000) \times \frac{620}{138,000 + 20,000 + 620 + 1,380} = 5,580$$

• 비정상공손가공비 :

$$(360{,}000+1{,}440{,}000)\times\frac{620\times80\%}{138{,}000+20{,}000\times50\%+620\times80\%+1{,}380\times80\%}=5{,}967.91$$

5,580+5,967.91 = <u>11,547.91</u>

③ 완성품원가

600,000 + 2,640,000 − 300,320.85 − 11,547.91 = 2,928,131.30

물음 2) 기말재공품이 50%의 완성도로서 30%의 검사시점을 통과하였기 때문에 정상공손은 공동부담이다.

① 기말재공품원가

• 기말재공품재료비:

$$(240{,}000+1{,}200{,}000)\times\frac{20{,}000}{138{,}000+20{,}000+620}=181{,}567$$

• 비정상공손가공비:

$$(360{,}000+1{,}440{,}000)\times\frac{20{,}000\times50\%}{138{,}000+20{,}000\times50\%+620\times30\%}=121{,}482$$

181,567 + 121,482 = <u>303,049</u>

② 비정상공손원가

• 비정상공손재료비:

$$(240{,}000+1{,}200{,}000)\times\frac{620}{138{,}000+20{,}000+620}=5{,}628$$

• 비정상공손가공비:

$$(360{,}000+1{,}440{,}000)\times\frac{620\times30\%}{138{,}000+20{,}000\times50\%+620\times30\%}=2{,}259$$

5,628 + 2,259 = <u>7,887</u>

③ 완성품원가

600,000 + 2,640,000 - 303,049 - 7,887 = 2,929,004

물음 3) 정상공손은 완성품에만 부담

① 기말재공품원가

• 기말재공품재료비:

$$1{,}200{,}000\times\frac{20{,}000}{138{,}000+20{,}000+620+1{,}380-10{,}000}=160{,}000$$

• 기말재공품가공비:

$$1{,}440{,}000 \times \frac{20{,}000 \times 50\%}{138{,}000 + 20{,}000 \times 50\% + 20{,}000 \times 80\% - 10{,}000 \times 60\%} = 100{,}728$$

160,000 + 100,728 = <u>260,728</u>

② 비정상공손원가

• 비정상공손재료비:

$$1{,}200{,}000 \times \frac{620}{138{,}000 + 20{,}000 + 620 + 1{,}380 - 10{,}000} = 4{,}960$$

• 비정상공손가공비:

$$1{,}440{,}000 \times \frac{620 \times 80\%}{138{,}000 + 20{,}000 \times 50\% + 620 \times 80\% + 1{,}380 \times 80\% - 10{,}000 \times 60\%} = 4{,}974$$

4,960+4,974 = <u>9,934</u>

③ 완성품원가

600,000 + 2,640,000 − 260,728 − 9,934 = 2,969,338

※ Horngren법(두 방법의 계산차이는 단위원가의 소수차이에 의함)

물음 1)

제조원가 보고서 (평균법) 80%검사

	(1단계) 물량흐름	(2단계) 직접재료비	완성품 환산량 가공비
기초재공품(60%)	10,000(60%)		
당기 투입량	150,000		
합계	160,000		
당기완성량	138,000	138,000(100%)	138,000(100%)
정상공손	1,380	1,380(100%)	1,104(80%)
비정상공손	620*	620(100%)	496(80%)
기말재공품(50%)	20,000	20,000(100%)	10,000(50%)
합계	160,000	160,000	149,600
(3단계)			
기초재공품원가	₩600,000	₩240,000	₩360,000
당기투입원가	₩2,640,000	₩1,200,000	₩1,440,000
합계	₩3,240,000	₩1,440,000	₩1,800,000

(4단계)			
완성품환산량		÷ 160,000	÷ 149,600
완성품환산량단위당원가		₩9	₩12.13
(5단계) 배분			
완성품원가	2,928,131	1,254,420**	1,673,711
비정상공손원가	11,548	5,580	5,968
기말재공품원가	300,321	180,000	120,321
합계	₩3,400,000	₩1,440,000	₩1,800,000

* 총공손량 − 정상공손량 = 20,000 − 138,000 × 1% = 620

** (138,000 + 1,380) × 9 = 1,254,420

물음 2)

제조원가 보고서(평균법)

	(1단계) 물량흐름	(2단계) 직접재료비	30% 완성품 환산량 가공비
기초재공품(60%)	10,000(60%)		
당기 투입량	150,000		
합계	160,000		
당기완성량	138,000	138,000(100%)	138,000(100%)
정상공손	1,380	1,380(100%)	414(30%)
비정상공손	620	620(100%)	186(30%)
기말재공품(50%)	20,000	20,000(100%)	10,000(50%)
합계	160,000	160,000	148,600
(3단계)			
기초재공품원가	₩600,000	₩240,000	₩260,000
당기투입원가	₩2,640,000	₩1,200,000	₩1,440,000
합계	₩3,240,000	₩1,440,000	₩1,800,000
(4단계)			
완성품환산량		÷ 160,000	÷ 148,600
완성품환산량단위당원가		₩9	₩12.11

(5단계)(1차원가배분)			
완성품원가	₩2,913,602	₩1,242,000*	₩1,671,602
정상공손원가	₩17,435	₩12,420	₩5,015**
비정상공손원가	₩7,833	₩5,580	₩2,253
기말재공품원가	₩301,130	₩180,000	₩121,130
합계	₩3,240,000	₩1,440,000	₩1,800,000
(1차 원가배분)			
완성품원가	₩2,928,830***		
비정상공손원가	₩7,833		
기말재공품원가	₩303,337***		
합계	₩3,240,000		

* 138,000 × 9 = 1,242,000

** 414 × 12.11 = 5,015

*** 2,913,602 + 17,435 × [138,000/(138,000 +20,000)] = 2,928,830

**** 301,130 + 17,435 × [20,000/(138,000 + 20,000)] = 303,337

물음 3)

제조원가 보고서 (선입선출법)

	(1단계)	(2단계)	완성품 환산량
	물량흐름	직접재료비	가공비
기초재공품(60%)	10,000(60%)		
당기 투입량	150,000		
합계	160,000		
당기완성량	138,000	138,000(100%)	138,000(100%)
정상공손	1,380	1,380(100%)	1,104(80%)
비정상공손	620	620(100%)	496(80%)
기말재공품(50%)	20,000	20,000(100%)	10,000(50%)
기초재공품(60%)		(10,000)(100%)	(6,000)(60%)
합계	160,000	150,000	143,600
(3단계)			
기초재공품원가	₩600,000		
당기투입원가	₩2,640,000	₩1,200,000	₩1,440,000
합계	₩3,400,000		

(4단계)			
완성품환산량		÷ 150,000	÷ 143,600
완성품환산량단위당원가		₩8	₩10.03
(5단계) 배분			
완성품원가			
기초재공품원가	₩600,000	₩200,000	₩360,000
당기투입원가완성품	₩2,347,677	₩1,024,000*	₩1,323,677
정상공손원가	₩22,110	₩11,040	₩11,070**
소계	₩2,969,787	1,235,040	1,694,747
비정상공손원가	₩9,934	₩4,960	₩4,974
기말재공품원가	₩260,279	₩160,000	₩100,279
합계	₩3,240,000	₩1,440,000	₩1,800,000

* $(138{,}000 - 10{,}000) \times 8 = 1{,}024{,}000$

** $1{,}104 \times 10.03 = 11{,}070$

제 9 장

단순종합원가계산

제1절 단순종합원가계산의 개념

1.1 단순종합원가계산의 의의

단순종합원가계산(single process cost system)이란 단일종류의 제품을 반복하여 계속적으로 생산하는 생산공장에 적용하는 계산방법을 말한다. 단순종합원가라면 일반적으로 단일공정단순종합원가계산을 의미하고 있다.

제품의 계속적 생산에 있어서도 단일 생산공정에 의하여 제품의 생산이 행해지는 것은 거의 없고 실제적으로는 몇 개의 생산공정이 존재한다 하더라도 제품원가의 정확한 산정이나 원가관리목적에서도 공정을 구분할 필요성이 없이 연속되어 있는 자동화된 제조과정은 원가계산상은 단일공정으로서 취급한다.

즉, 제조기술상은 몇 개의 과정으로 나누더라도 반드시 그것에 일치시켜 공정을 구분할 필요는 없다. 따라서 생산규모가 적은 경우도 단일공정으로서 계산하게 된다. 이러한 예로서는 제과공장 제빙공장 등을 들 수 있다.

1.2 원가의 흐름과 완성품 환산량

1. 원가요소의 흐름

원가요소는 직접재료비와 가공비(직접노무비+제조간접비)로 먼저 분류하고 각 요소별로원가를 집계한다. 전술한 6장의 개별원가계산에서 적용하였던 원가의 3요소는 직접재료비를 제외한 나머지 원가요소는 모두 가공비로 분류되어야 한다. 이렇게 직접재료비와 가공비로 분류된 원가는 개별원가계산과 마찬가지로 재공품계정에 투입된다. 단 종합원가계산의 특성상 전원이월이나 차월이월에도 원가는 직접재료비와 가공비로 분류되어야 한다.

2. 완성품 환산량

종합원가계산은 완성도(진척도)라는 개념이 매우 중요하다. 왜냐하면 대량의 제품을 생산하기 때문에 월말에 대량의 제품이 완성되지 못하고 공정에 남아 있는 경우에 이것을 어떻게 회계처리 할 것인가가 문제인데 이러한 경우에 완성도(degree of completedness)에 의하여 완성품 환산량을 산출하여 회계처리하게 된다.

3. 원가계산의 순서

제1단계 : 물량흐름의 파악－재공품계정에 전체적인 물량흐름을 기입한다(전월이월이나 차월이월이 없는 경우도 있다).

제2단계 : 완성품환산량 계산－완성품 환산량은 직접재료비와 가공비의 진척도가 상이한 경우가 있기 때문에 분리 계산해야 한다.

제3단계 : 투입원가의 산정－전월이월직접재료비(가공비)와 당월투입직접재료비(가공비)의 각각의 합계금액이다.

제4단계 : 단위원가의 산정－전월이월직접재료비(가공비)와 당기 직접재료비(가공비)를 합하여 환산량을 고려한 재료비와 가공비의 수량으로 나눈다.

제5단계 : 제4단계에서 산출된 직접재료비 및 가공비의 각각의 단가에 기말재공품 환산량을 곱하여 기말재공품 원가(직접재료비+가공비)를 구한다.

제 2 절 단순종합원가계산의 회계절차

2.1 단순종합원가계산의 방법

단일공정종합원가계산에서는 일정기간에 발생한 총제조비용을 파악하여 이것을 그 기간의 생산량으로 나눔으로 제품단위당원가가 산정된다. 그러나, 그 기간의 기초와 기말의 재공품의 유무 및 평가 방법(평균법, 선입선출법, 후입선출법)에 따라서 계산방법이 달라진다.

1. 기초와 기말에 재공품이 존재하지 않는 경우

원가계산 기간에 있어서 기초와 기말에 재공품이 존재하지 않는 경우는 당기에 발생한 모든 원가요소의 합계액인 당기총제조비용이 완성품의 원가이므로 당해기간에 있어서 생산된 완성품에 부담시켜야 한다. 완성품 단위원가는 다음과 같이 계산한다.

$$\text{완성품종합원가} = \text{당기제조비용}$$
$$\therefore \text{완성품단위원가} = \frac{\text{당기제조비용}}{\text{당기완성품수량}}$$

2. 기초재공품이 존재하는 경우

기초에만 재공품이 존재하고 기말에는 재공품이 존재하지 않은 경우도 기초재공품 원가와 당기제조비용과의 합계액이 완성품종합원가가 됨으로 이것을 당기의 완성품 수량으로 나누면 완성품 단위 원가를 계산할 수 있다.

$$\text{완성품종합원가} = \text{기초재공품원가} + \text{당기제조비용}$$
$$\therefore \text{완성품단위원가} = \frac{\text{기초재공품원가} + \text{당기제조비용}}{\text{당기완성품수량}}$$

3. 기말재공품이 존재하는 경우

공장에 근무하는 공원이 1일의 근무시간을 종료하기까지 공장내의 작업이 모두 완료될 때도 있으나 일부가 미완성의 상태로 종료되는 경우도 있다. 이러한 미완성된 것은 익일 이후에 가공되어 완성된다. 이와 같이 제품을 반복·계속하여 생산하거나 일련의 생산공정을 연속적으로 생산하고 있는 경우 이것을 기간적으로 구분하면 기말에는 미완성인 재공품이 존재하는 경우가 많다.

따라서 당해 기간에 있어서 발생한 제조비용에는 기말재공품에 이러한 제조비용이 포함되어 있다. 그러므로 당해 기간에 있어서 완성품원가를 산정하는 데는 당기의 제조비용에서 기말재공품에 관한 제조비용을 공제하지 않으면 안 된다. 이것을 완성품수량으로 균분함으로써 완성품의 단위원가가 산정된다.

$$\text{완성품종합원가} = \text{당기제조비용} - \text{기말재공품원가}$$

$$\therefore \ \text{완성품단위원가} = \frac{\text{당기제조비용} - \text{기말재공품원가}}{\text{당기완성품수량}}$$

4. 기초재공품과 기말재공품이 존재하는 경우

전기에 있어서 기말재공품은 당기의 기초재공품이 된다. 이 재공품은 당기에 가공됨으로써 완성품이 되나 원재료의 추가투입 또는 첨가가 필요하게 될 때도 있다. 이와 같이 제품의 반복적인 계속생산이나 일련의 생산공정을 연속적으로 생산하는 생산형태에서는 일반적으로 기초재공품과 기말재공품이 존재하는 것이 보통이다.

당기제조비용에는 기초재공품원가가 포함되어 있지 않다. 그러므로 완성품원가를 산정하는 데는 기초재공품원가와 당기제조비용의 합계액(총제조비용)에서 기말재공품원가를 공제하지 않으면 안 된다.

$$\text{완성품종합원가} = \text{기초재공품원가} + \text{당기제조원가} - \text{기말재공품원가}$$

$$\therefore \ \text{완성품단위원가} = \frac{\text{완성품 종합원가}}{\text{당기완성품수량}}$$

다만, 일정기간의 완성품에서 주제품과 부제품의 구별이 생길 때는 주제품 원가의 산정에 있어서는 일기간의 완성품종합원가에서 부제품의 평가액을 공제하여 그 단위 원가를 산정한다. 또한, 작업폐물이 발생한 경우는 그의 처분가치 또는 그 평가액을 완성품종합원가에서 공제한 후에 주 제품을 평가한다.

기말재공품 평가 방법에 대해서는 전술하였다.

2.2 단순종합원가의 기장

총계정원장에는 1개의 재공품계정 및 제품계정을 설정한다. 그리고 재공품계정 차변에는 기초재공품 및 요소별로 파악된 재료비, 노무비, 제조경비에 대한 계산기간의 소비액이 대체 기입되고 재공품계정 대변에는 기말재공품 및 제조원가가 산출된다. 또한 재공품계정 대변에서 산출된 제조원가는 제품계정 차변에 대체된다. 그리고 유념할 것은 종합원가계산의 원가소비액은 직접비와 간접비로 구분하지 않는다. 이상의 대체관계를 나타내면 다음 <도 9-1>과 같다.

〈도 9-1〉 재공품계정의 기장관계

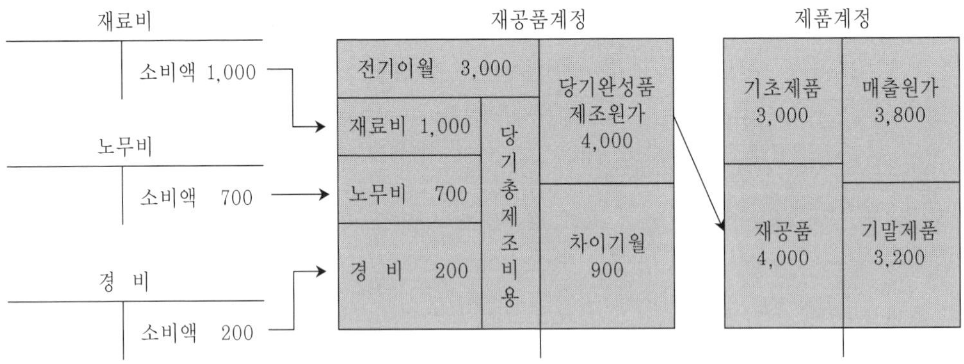

※ 숫자는 가정

분 개

(1) 재료비 소비 때

(차) 재공품	1,000	(대) 재료비	1,000

(2) 노무비 소비 때

(차) 재공품	700	(대) 노무비	700

(3) 경비 소비 때

(차) 재공품	200	(대) 경 비	200

(4) 제품완성시

(차) 제 품	4,000	(대) 재공품	4,000

제3절 단순종합원가계산의 회계사례

3.1 평균법에 의한 회계사례

☑ 다음 자료에 의하여 (1) 단순종합원가계산을 작성하고, (2) 필요한 분개와 계정의 기입을 나타내시오. 단, 직접재료는 모두 공정시점에서 투입되었으며 재공품의 평가는 평균법에 의한다(원 단위미만 4사 5입).

(1) 원가자료

① 기초재공품

직접재료비 ₩14,000
가공비 ₩10,000

② 당기제조비용

직접재료비 ₩150,000
노무비 ₩140,000
경비 ₩80,000

(2) 생산자료

당기투입량 1,000kg
기초재고품수량 100kg (진척도 50%)
기말재공품수량 200kg (진척도 40%)
당기완성품수량 900kg

풀이

(1) 단순종합원가계산표(평균법)

적 요	직접재료비	가 공 비	합 계
당기제조비용			
주요재료비	150,000		150,000
노 무 비		140,000	140,000
경 비		80,000	80,000
계	150,000	220,000	370,000
기초재공품원가	14,000	10,000	24,000
계	164,000	230,000	394,000
기말재공품원가	①29,818	②18,776	48,594
당기완성품원가	134,182	211,224	345,406
당기완성품수량	900kg	900kg	900kg
당기완성품단위원가	₩150	₩234	₩384

① 기말재공품 직접재료비

$$(₩14,000 + ₩150,000) \times \frac{200}{900 + 200} = ₩29,818$$

② 기말재공품가공비

$$(₩10,000 + ₩220,000) \times \frac{200 \times 0.4}{900 + 200 \times 0.4} = ₩18,776$$

(2) 분 개

① 당기제조비용을 재공품계정에 대체하다.

(차) 재공품	150,000	(대) 재 료	150,000
(차) 재공품	140,000	(대) 노무비	140,000
(차) 재공품	80,000	(대) 경 비	80,000

② 당기완성품원가를 제공품계정에 대체하다.

(차) 제 품	345,406	(대) 재공품	345,406

제 조

전기이월	24,000	제 품	345,406
재 료	150,000	차기이월	48,594
노 무 비	140,000		
경 비	80,000		
	394,000		394,000
전기이월	48,594		

3.2 선입 및 후입선출법

☑ 다음 자료에 의하여 이에 의하여 (1) 단순종합원가계산표를 작성하고, (2) 필요한 분개와 제조계정에 기입하시오. 단, 직접재료는 전부공정시점에서 투입되었으며, 재공품의 평가는 선입선출법과 후입선출법에 의한다.

(1) 원가자료

① 기초재공품

직접재료비 ₩40,000
가 공 비 ₩20,000

② 당기제조비용

직접재료비 ₩200,000
노 무 비 ₩120,000
경 비 ₩ 40,000

(2) 생산자료

당기투입량	2,000kg
기초재고품수량	200kg (진척도 20%)
기말재공품수량	400kg (진척도 40%)
당기완성품수량	1,800kg

풀이

1. 선입선출법

(1) 단순종합원가계산표(선입선출법)

적 요	직접재료비	가 공 비	합 계
당기제조비용			
주요재료비	200,000		200,000
노 무 비		120,000	120,000
경 비		40,000	40,000
계	200,000	160,000	360,000
기초재공품원가	40,000	20,000	60,000
계	240,000	180,000	420,000
기말재공품원가	40,000	13,334	53,334
당기완성품원가	200,000	166,666	366,666
당기완성품수량	1,800kg	1,800kg	1,800kg
당기완성품단위원가	₩112	₩92	₩204

• 기말재공품의 평가

① 기말재공품 직접재료비

$$₩200,000 \times \frac{400}{(1,800 - 200 + 400)} = ₩40,000$$

② 기말재공품가공비

$$₩160,000 \times \frac{400 \times 0.4}{(1,800 - 200 \times 0.2) + 400 \times 0.4} = ₩13,334$$

(2) 분 개

① 당기제조비용을 재공품계정에 대체한다.

(차) 재공품	200,000	(대) 재료비	200,000
(차) 재공품	120,000	(대) 노무비	120,000
(차) 재공품	40,000	(대) 경 비	40,000

재 공 품

전기이월	60,000	제 품	366,666
재 료	200,000	차기이월	53,334
노 무 비	120,000		
경 비	40,000		
	420,000		420,000
전기이월			

② 당기완성품원가를 제품계정에 대체하다.

(차) 제 품 366,666 (대) 재공품 366,666

2. 후입선출법

• 기말재공품평가

① 기말재공품직접재료비 (기말수량 : 400 > 기초수량 : 200)

$$₩40{,}000 + 200{,}000 \times \frac{400 - 200}{1{,}800 + 400 - 200} = ₩60{,}000$$

(1) 단순종합원가계산표(후입선출법)

적 요	직접재료비	가 공 비	합 계
당기제조비용			
주요재료비	200,000		200,000
노 무 비		120,000	120,000
경 비		40,000	40,000
계	200,000	160,000	360,000
기초재공품원가	40,000	20,000	60,000
계	240,000	180,000	420,000
기말재공품원가	60,000	23,748	83,748
당기완성품원가	180,000	156,252	336,252
당기완성품수량	1,800kg	1,800kg	1,800kg
당기완성품단위원가	₩100	₩86.80	₩186.80

② 기말재공품가공비 (기말환산량 : 80 > 기초환산량 : 40)

$$₩20,000 + 160,000 \times \frac{160 - 40}{1,800 + 160 - 40} = ₩23,748$$

(2) 분 개

① 당기제조비용을 재공품계정에 대체

(차) 재공품 360,000 (대) 재료비 200,000
노무비 120,000
경 비 40,000

재 공 품

전기이월	60,000	제 품	336,252
재 료	200,000	차기이월	83,748
노 무 비	120,000		
경 비	40,000		
	420,000		420,000

② 당기완성품원가를 제품계정에 대체

(차) 제 품 336,252 (대) 재공품 336,252

연습문제

객관식

9-1 동질의 제품을 단일의 생산공정을 통해 대량으로 생산하는 경우에 적절한 원가계산 제도는?

① 개별원가 계산제도 ② 부문별원가 계산제도
③ 표준원가 계산제도 ④ 종합원가 계산제도

9-2 다음 중 종합원가계산에서 나타나는 특징이 아닌 것은?

① 평균화과정에서 기초하여 제품원가가 계산된다.
② 원가요소의 분류가 재료비와 가공비로 단순화된다.
③ 각 완성제품별로 제조지시서와 원가계산표가 이용된다.
④ 기간개념이 중시된다.

9-3 주식회사 서강의 2003년 제조원가 자료는 다음과 같다. 가공비는 얼마인가?

직접재료비			500,000원
직접노무비			200,000원
제조간접비	고정비	150,000원	
	변동비	250,000원	400,000원
			1,100,000원

① 350,000원 ② 450,000원 ③ 600,000원 ④ 700,000원

9-4 종합원가계산의 특징을 가장 잘 설명한 것은?

① 원가를 고객의 주문별로 집계한다.
② 표준원가를 사용할 수 없다.
③ 평균화 과정이다.
④ 재공품 수량을 완성품 환산량으로 집계하지 않는다.

9-5 다음 자료에 의하여 가공비 금액을 계산하시오?

직접재료비	200,000원	변동제조간접비	550,000원
직접노무비	300,000원	고정제조간접비	400,000원

① 1,050,000원　② 1,250,000원　③ 950,000원　④ 500,000원

9-6 종합원가계산에서 선입선출법으로 완성품환산량을 계산하는 방법으로 옳은 것은?

① 당기완성수량+기말재공품 진척에 따른 완성환산량
② 당기매출수량+당기제조수량
③ 당기완성수량－기초재공품환산 수량+기말재공품 진척에 따른 완성환산량
④ 기초수량+당기완성수량+기말재공품 진척에 따른 완성환산량

9-7 다음 가공비에 대한 설명 중 가장 올바른 것은?

① 직접원가를 제외한 모든 원가를 말한다.
② 직접노무비와 제조간접비 합계를 말한다.
③ 직접재료비와 제조간접비 합계를 말한다.
④ 제품의 판매에 대한 원가를 말한다.

9-8 다음 자료에 의하여 완성품환산량을 산출하였을 경우 평균법과 선입선출법의 차이는?

기초재공품 수량	300개(완성도 30%)
당기투입수량	1,200개
기말재공품수량수량	400개(완성도 40%)

① 80개　② 90개　③ 100개　④ 120개

9-9 당기에 1,000단위를 착수하여 600단위는 완성하고 400단위는 기말 현재 작업이 진행 중에 있다. 원재료는 공정초기에 모두 투입되고, 기초재공품은 없다. 가공비가 공정 전반에 걸쳐 발생한다면, 기말재공품의 완성도가 40%일 경우 기말재공품의 재료비와 가공비의 완성품 환산량은 얼마인가?

① 재료비 : 400　가공비 : 160　② 재료비 : 600　가공비 : 160
③ 재료비 : 400　가공비 : 600　④ 재료비 : 600　가공비 : 400

9-10 평균법으로 완성품 단위당 원가를 계산할 때 필요하지 않은 자료는 무엇인가?

① 기말재공품의 완성도 ② 기초재공품의 물량
③ 완성품의 물량 ④ 당기총제조원가

9-11 다음은 종합원가계산에 적용되는 완성품환산량에 대한 설명이다. 타당하지 않은 것은?

① 완성품환산량은 항상 투입된 재료의 양과 일치한다.
② 완성품환산량이란 각 공정이나 부문에서 수행한 총작업량을 완성품 기준으로 변형하는 경우에 환산되는 완성품의 수량이다.
③ 재료를 생산공정의 초기에 투입하는 경우에 재공품 재료의 완성품 환산량은 투입량과 동일한 값으로 나타난다.
④ 완성품환산량의 산식은 완성품환산량=물량(수량)×완성도(진척도)로 계산된다.

9-12 단일종합원가계산에 대한 설명으로 바른 것은?

① 단일재료를 사용하여 품질이 다른 제품을 대량생산하는 기업에서 사용하는 원가계산방법이다.
② 소비자주문에 의해 단일제품을 생산하는 기업에서 사용하는 원가계산방법이다.
③ 단일공정에서 여러 가지 제품을 대량생산하는 기업에서 사용하는 원가계산 방법이다.
④ 단일공정에서 단일제품을 대량생산하는 기업에서 사용하는 원가계산방법이다.

9-13 기초재공품 수량은 없고, 가공원가의 기말재공품 완성도가 30%일 경우, 가공원가의 완성품 환산량은?

① 당기 완성량과 같다. ② 당기 착수량과 같다.
③ 당기 착수량 보다 크다. ④ 당기 착수량 보다 작다.

주관식

9-1 다음 자료에 의해 1) 평균법, 2) 선입선출법, 3) 후입선출법에 의한 (1) 단순종합원가계산표와 (2) 기말재공품평가를 행하시오.

① 월초재공품 수량 160개(완성도 50%)
재료비 ₩ 820,000

가공비 ₩568,000(노무비 368,000 경비 200,000)

② 당월 제조비용
재료비 ₩4,720,000
가공비 ₩8,296,000(노무비 4,296,000 경비 4,000,000)

③ 당월 제조 착수 수량 1,020개

④ 재료비와 가공비는 제조의 진행에 따라 동일한 비율로 소비되어 월말재공품 수량은 180개(완성도 60%)이다.

풀이

객관식

9-1 ④ **9-2** ③ **9-3** ③ **9-4** ③ **9-5** ② **9-6** ③ **9-7** ① **9-8** ②
9-9 ① **9-10** ③ **9-11** ① **9-12** ④ **9-13** ④

주관식

9-1

1) 평균법

(1) 월말재공품의 평가

① 재료비 :

$$(820{,}000 + 4{,}720{,}000) \times \frac{180 \times 0.6}{1{,}000 + 180 \times 0.6} = 540{,}000$$

② 가공비 :

$$(568{,}000 + 8{,}296{,}000) \times \frac{180 \times 0.6}{1{,}000 + 180 \times 0.6} = 864{,}000$$

③ 월말재공품 평가액 :
540,000 + 8,296,000 = 1,404,000

재 공 품

전 기 이 월	1,388,000	제 품	13,000,000
재 료	4,720,000	차 기 이 월	1,404,000
노 무 비	4,296,000		
경 비	4,000,000		
	14,404,000		14,404,000

(차) 제 품 13,000,000 (대) 재 공 품 13,000,000

(2)

단순종합원가계산표(평균법)

항 목	재 료 비	가 공 비	계
당월 총 제조비용	4,720,000	8,296,000	13,016,000
월초재공품재고액	820,000	568,000	1,388,000
계	5,540,000	8,864,000	14,404,000
월말재공품재고액	540,000	864,000	1,404,000
당월제품제조원가	5,000,000	8,000,000	13,000,000
완 성 품 수 량	1,000개	1,000개	1,000개
단 위 원 가	@₩5,000	@₩8,000	@₩13,000

2) 선입선출법

(1) 월말재공품평가

① 재료비 : $4,720,000 \times \dfrac{180 \times 0.6}{1,000 + 180 \times 0.6 - 160 \times 0.5} = 495,895$

② 가공비 : $8,296,000 \times \dfrac{180 \times 0.6}{1,000 + 180 \times 0.6 - 160 \times 0.5} = 871,564$

③ 월말재공품원가 : 495,875 + 871,564 = 1,357,439

(2)

단순종합원가계산표(선입선출법)

항 목	재 료 비	가 공 비	계
당월 총 제조비용	4,720,000	8,296,000	13,016,000
월초재공품재고액	820,000	568,000	1,388,000
계	5,540,000	8,864,000	14,404,000
월말재공품재고액	495,875	871,564	1,357,439
당월제품제조원가	5,044,125	7,992,436	13,036,531
완 성 품 수 량	1,000개	1,000개	1,000개
단 위 원 가	@₩5,044.12	@₩7,992.43	@₩13,036.56

3) 후입선출법

(1) 월말재공품평가

① 재료비(기말 : 108 > 기초 : 80)

$$820{,}000 + 4{,}720{,}000 \times \frac{180 \times 0.6 - 160 \times 0.5}{1{,}000 + 180 \times 0.6 - 160 \times 0.5} = 948{,}560$$

② 가공비(기말 : 108 > 기초 : 80)

$$568{,}000 + 8{,}296{,}000 \times \frac{180 \times 0.6 - 160 \times 0.5}{1{,}000 + 180 \times 0.6 - 160 \times 0.5} = 793{,}961$$

③ 월말재공품원가 : 948,560 + 793,961 = 1,742,521

(2)

단순종합원가계산표(후입선출법)

항 목	재 료 비	가 공 비	계
당월 총 제조비용	4,720,000	8,296,000	13,016,000
월초재공품재고액	820,000	568,000	1,388,000
계	5,540,000	8,864,000	14,404,000
월말재공품재고액	948,560	793,961	1,742,521
당월제품제조원가	4,591,440	8,070,039	12,661,479
완 성 품 수 량	1,000개	1,000개	1,000개
단 위 원 가	@₩4,591.44	@₩8,070	@₩12,661.44

제10장

조별 종합원가계산

제1절 조별 종합원가계산의 의의

1.1 조별 종합원가계산의 적용대상

조별종합원가계산은 반별종합원가계산이라고도 하는데, 복수의 표준제품을 조별로 구별하여 연속적으로 생산하는 형태에 적용하는 방법이다. 조란 원가집계를 위한 계산구분이며, 이는 원칙적으로 제품종류별로 설정한다. 한편 제품종류가 많으면 유사한 제품을 묶어서 몇 개의 조를 설정하기도 한다. 이 원가계산은 식품공업, 자동차제조업, 공구제조업 등에 널리 이용되고 있는 중요한 원가계산의 형태이다.

조별종합원가계산의 절차는 크게 다음의 두 가지로 구별한다.

첫째 모든 원가요소를 조직접비와 조간접비로 분류하여, 조직접비는 조별로 직접부과(직과)하고 조간접비는 어떤 배부기준에 의해 배부한다. 이 조별 집계 절차는 개별원가계산에 있어 제조직접비와 제조간접비를 집계하는 절차와 유사하다.

둘째, 일단 조별로 집계된 조별 제조비용과 기초 재공품원가를 투입액으로 하여 완성품원가와 기말재공품원가로 안분계산하여 완성품의 단위원가를 계산한다.

1.2 조간접비의 배부방법

원가계산준칙 제21조 조별원가계산에서는 다른 종류의 제품을 조별로 연속하여 생산하는 생산형태에 적용하는데 당해 기간의 제조원가를 조직접비와 조간접비로 구분하여 전자는 각 조에 직과하고 후자는 일정한 배부기준에 의하여 각 조별로 배부하여 조별총제조원가를 산출해야 한다고 규정하고 있다. 이때 조 간접비의 배부방법으로는 ① 직접재료비의 투입정도, ② 직접노무비의 투입정도, ③ 기계의 가동시간, ④ 노동시간 등이 기준이 된다.

이와 같이 조별 종합원가계산은 개별원가계산과 종합원가계산을 병용하므로, 두 원가계산의 중간형태 또는 절충형태라 부른다. 전술한 절차 중에 원가를 조별로 집계하는 절차가 언제나 선행 된다는 점을 강조해 둔다.

제2절 조별 종합원가계산의 종류

2.1 단일공정의 조별 종합원가계산

이 방법은 작업이 단순하여 공정이 하나뿐인 경우나, 또는 여러 개의 공정을 경제성에 입각해서 단일공정으로 간주하는 경우에 적용한다. 이 경우 모든 원가요소를 조직접비와 조간접비로 구분하고, 조직접비는 각 조의 제품에 직과하며, 조간접비는 적당한 배부기준에 따라 각 조에 배부한다. 그 후 각 조별로 파악된 투입액 합계(기초재공품원가+조직접비+조간접비)를 완성품과 기말재공품에 안분계산한다. 요컨대 1차적으로 단순개별원가계산의 방식을 취하고, 2차적으로 각 조별로 단일공정·조별제품종합원가계산의 방식을 취한다. 이러한 절차를 계정흐름도를 통해 보면 <도 10-1>과 같다.

〈도 10-1〉 단일공정·조별 종합원가계산의 계정흐름도

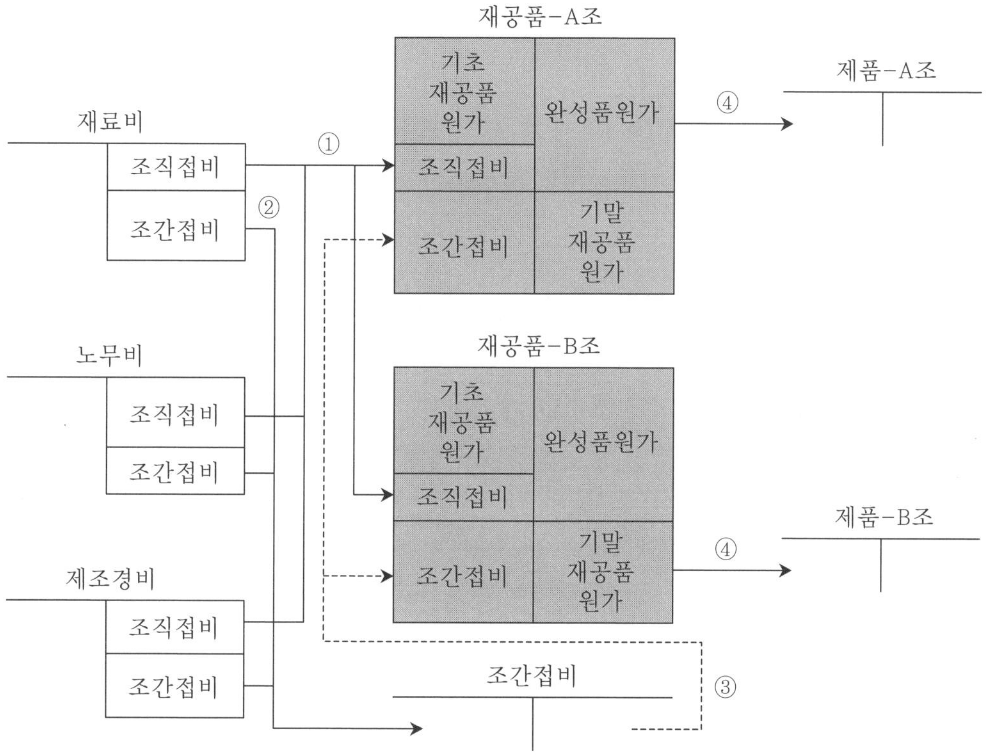

2.2 가공비·공정별·조별 종합원가계산

이 방법은 조별로 공정별계산을 실시하되, 공정별로 집계되는 원가범위는 가공비에 한정되는 종합원가계산의 일형태이다. 이 원가계산의 구체적 절차는 혼동하기 쉽기 때문에 <도 10-2>의 계정흐름과 결부하여 설명코자 한다.

① 조직접비인 주요재료비는 공정별 계산을 하지 않으므로 각 조의 재료비계정에 직과한다.
② 가공비 중의 조직접가공비는 각 조의 해당공정에 직과한다.
③ 조간접가공비 중의 공정개별비는 제조부문과 보조부문에 직과한다.
④ 조간접가공비 중의 공정공통비는 제조부문과 보조부문에 배부한다.
⑤ 보조부문비를 제조부문에 용역제공정도에 따라 배부한다.

〈도 10-2〉 가공비·공정별·조별종합원가계산의 계정흐름도(누가법)

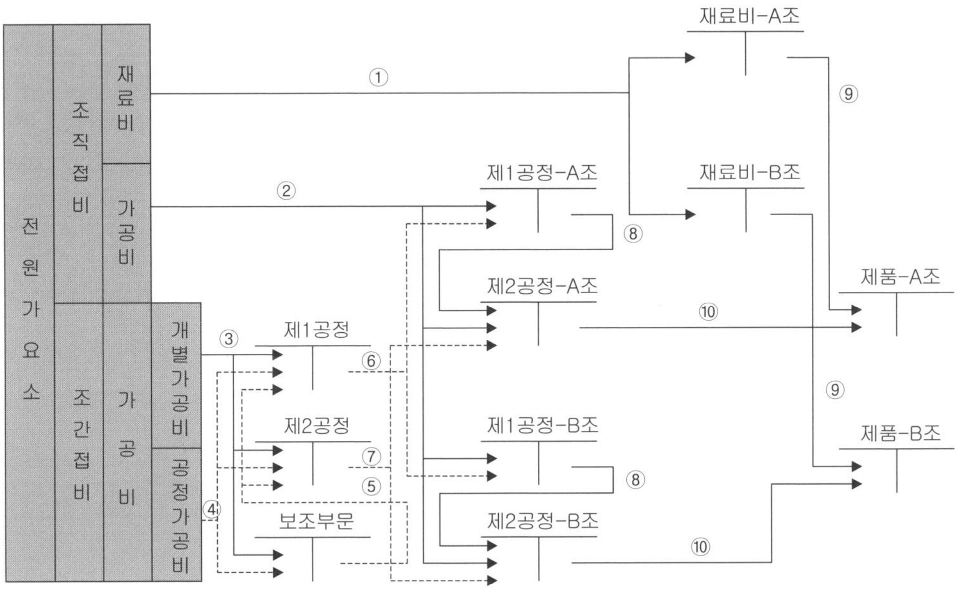

⑥ 및 ⑦ 제조부문비를 조별 제품에 대한 가공정도에 따라 배부한다.
⑧ 누가법(또는 비누가법)에 의하여 각 조별로 공정별계산을 행한다.
⑨ 및 ⑩ 최종공정에서 완성된 각조 제품의 가공비를 재료비와 함께 제품에 대체한다.

3. 전원가요소의 공정별·조별 종합원가계산

전원가요소(주요재료비 및 가공비)를 조별로 공정별계산을 행하는 방법이다. 조직접비로서의 주요재료비 및 조직접가공비는 각조별로 직과하고 조간접가공비는 부문별계산을 거쳐 각조별로 공정에 직과 하고, 조간접가공비는 부문별계산을 거쳐 각조별로 공정에 배부하게 된다. 그 다음에 조별로 전원가요소·공정별계산을 행하게 된다. 이 계산절차의 흐름도는 <도 10-3>과 같다.

〈도 0-3〉 전원가요소 · 공정별 · 조별종합원가계산의 흐름도(누가법)

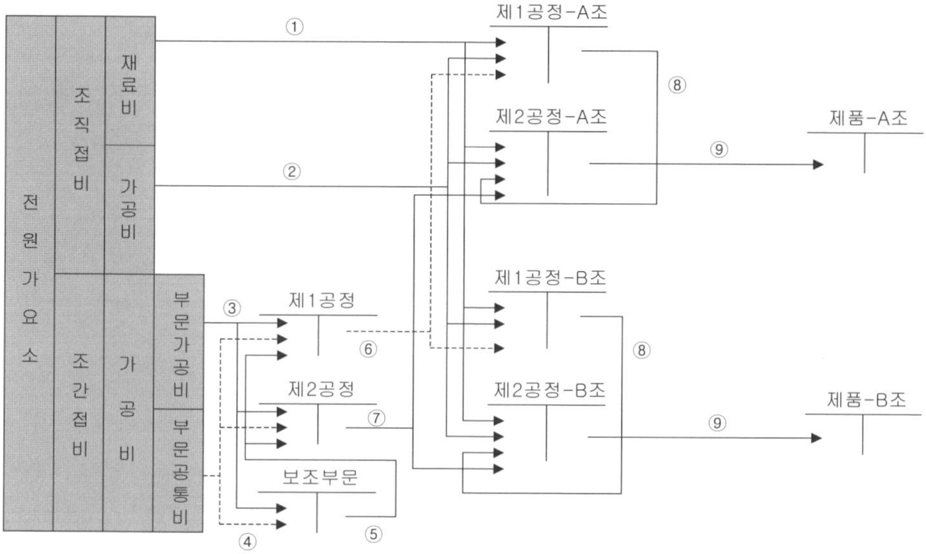

제3절 조별종합원가계산의 회계사례

3.1 단일 공정경우

☑ 다음 자료에 의해 제품 A와 제품 B의 원가를 계산하시오(단, 안분계산은 선입선출법으로 계산할 것).

① 기초재공품

구 분	수 량	주요재료비	가 공 비	진 척 도
A 제품	20kg	₩4,000	₩6,000	50%
B 제품	30kg	₩9,000	₩7,200	60%

② 작업현황

구 분	완성도	기말재공품		직 접 비		간 접 비
		수 량	진 척 도	재 료 비	노 무 비	
A 제품	400kg	40kg	30%	₩92,400	₩160,800	₩143,650
B 제품	500kg	60kg	40%	₩169,600	₩151,800	

③ 조간접비는 직접비 합계를 기준으로 배부한다.

④ 주요재료비는 모두 제조의 시점에서 투입된다.

풀이

(1)

조 별 원 가 계 산 표

(선입선출법)

원가항목	A 제 품	B 제 품	합 계
기초재공품원가			
주요재료비	4,000	9,000	13,000
가 공 비	6,000	7,200	13,200
조직접비			
주요재료비	92,400	169,600	262,000
노 무 비	160,800	151,800	312,600
조간접비배부액	63,300*	80,350*	143,650
계	326,500	417,950	744,450
기말재공품원가			
주요재료비	8,800	19,200	28,000
가 공 비	6,690**	11,011**	17,701
조제품제조원가	311,010	387,739	698,749
완성수량	400kg	500kg	
완성단가	@₩777.53	@₩775.48	

(2) 조간접비의 배부계산

* A제품··· $143,650 \times \dfrac{92,400 + 160,800}{92,400 + 160,800 + 169,600 + 151,800} = ₩63,300$

* B제품··· $143,650 \times \dfrac{169,600 + 151,800}{92,400 + 160,800 + 169,600 + 151,800} = ₩80,350$

(3) 기말재공품 평가

① A제품의 기말재공품 재료비

$$92{,}400 \times \frac{40}{400 + 40 - 20} = 8{,}800$$

② A제품의 기말 재공품가공비

$$**(160{,}800 + 63{,}300) \times \frac{40 \times 0.3}{400 + 40 \times 0.3 - 20 \times 0.5} = 6{,}690$$

③ B제품의 기말 재공품 재료비

$$169{,}600 \times \frac{60}{500 + 60 - 30} = 19{,}200$$

④ B제품의 기말 재공품 가공비

$$**(151{,}800 + 80{,}350) \times \frac{60 \times 0.4}{500 + 60 \times 0.4 - 30 \times 0.6} = 10{,}011$$

3.2 가공비 공정별경우

☑ 다음 자료에 의해 조별원가계산표를 작성하시오(단, 공정별계산은 누가법, 완성품과 기말재공품의 안분계산은 선입선출법에 의함. 필요에 따라서는 다음의 공정별 종합원가계산 방법을 학습한 후에 하면 보다 용이함).

① 기초재공품원가

구 분		제1공정	제2공정	합 계
A제품	재료비	-	-	28,000
	가공비	6,480	56,000	62,480
B제품	재료비	-	-	66,000
	가공비	32,000	135,600	167,600

② 작업현황

구 분		기초재공품		완성량	기말재공품		직접노동시간
		수 량	진척도		수 량	진척도	
A제품	제1공정	120kg	20%	800kg	160kg	25%	800시간
	제2공정	160kg	25%	840kg	120kg	20%	1,000시간
B제품	제1공정	200kg	40%	1,600kg	240kg	50%	1,200시간
	제2공정	240kg	50%	1,640kg	200kg	40%	1,000시간

③ 10월 중 제조비용

구 분		제1공정	제2공정	합 계
A 제 품	주요재료비	-	-	84,000
	직접가공비	114,240	140,080	254,320
B 제 품	주요재료비	-	-	246,000
	직접가공비	328,000	272,000	600,000
조간접비	공정개별비	180,000	240,000	420,000
	갑보조부문비	200,000		200,000
	을보조부문비	260,000		260,000

④ 보조부문비의 배부기준(공정별간접작업시간)

구 분	제1공정	제2공정
갑보조부문비	12시간	8시간
을보조부문비	28	24

⑤ 간접가공비의 조별배부는 직접노동시간을 기준으로 한다.

⑥ 주요재료비는 제1공정의 시점에서 전부 투입되고 감손은 없다고 가정한다.

⑦ 제1공정의 완성품은 모두 제2공정에 대체된다.

풀이

(1) 조별 원가계산표 - A제품

(선입선출법)

원가항목	가 공 비		주요재료비	합 계
	제1공정	제2공정		
기초재공품원가	6,480	56,000	28,000	84,000
당기제조비용				
직접비	114,240	140,080	84,000	224,080
간접비	176,000	220,000	-	220,000
전공정대체액	-	282,493	-	282,493
계	296,720	698,573	112,000	810,573
기말재공품원가	14,227	53,862	28,000	80,862
완성품원가	282,493	645,711	84,000	729,711
완성량	800kg	840kg	840kg	840kg
완성단가	@₩353.12	@₩768.70	@₩100	@₩868.70

(2) 조간접 가공비 배부

조간접가공비배부표

구 분	제1공정	제2공정	합 계
공정개별비	180,000	240,000	420,000
갑보조부문비	120,000	80,000	200,000
을보조부문비	140,000	120,000	260,000
계	440,000	440,000	880,000
A제품간접가공비	176,000	220,000	396,000
B제품간접가공비	264,000	220,000	484,000
계	440,000	440,000	880,000

갑제조부문비의 공정(제조부문에의 배부계산)

$$200{,}000 \times \frac{12}{12+8} = ₩120{,}000 \cdots \text{제1공정배부액}$$

$$200{,}000 \times \frac{8}{12+8} = ₩80{,}000 \cdots \text{제2공정배부액}$$

을보조부문비의 공정에의 배부계산

$$260{,}000 \times \frac{28}{28+24} = ₩140{,}000 \cdots \text{제1공정배부액}$$

$$260{,}000 \times \frac{24}{28+24} = ₩120{,}000 \cdots \text{제2공정배부액}$$

제1공정비(조간접비)의 조별 배부액

$$440{,}000 \times \frac{800}{800+1{,}200} = ₩176{,}000 \cdots \text{A조 배부액}$$

$$440{,}000 \times \frac{1{,}200}{800+1{,}200} = ₩264{,}000 \cdots \text{B조 배부액}$$

제2공정비(조간접비)의 조별 배부액

$$440{,}000 \times \frac{1{,}000}{1{,}000+1{,}000} = ₩220{,}000 \cdots \text{A조 및 B조의 배부액}$$

(3) 기말 재공품 평가 (A제품)

① 제1공정 기말재공품

$$(114{,}240 + 176{,}000) \times \frac{160 \times 0.25}{800 + 160 \times 0.25 - 120 \times 0.2} = 14{,}227$$

② 제2공정 기말 재공품

전공정비: $282{,}493 \times \dfrac{120}{840 - 160 + 120} = 42{,}374$

자공정비: $(140{,}080 + 220{,}000) \times \dfrac{120 \times 0.2}{840 - 160 \times 0.25 + 120 \times 0.2} = 10{,}488$

$$42{,}374 + 10{,}488 = 52{,}862$$

③ 주요재료비 :

$$84{,}000 \times \frac{280}{840 + 280 - 280} = 28{,}000$$

★ 주요재료비는 제1공정과 제2공정을 하나의 공정으로 간주한다.

(4) B제품의 원가계산

<u>조별원가계산표-B제품</u>

원가항목	가 공 비		주요재료비	합 계
	제1공정	제2공정		
기초재공품원가	32,000	135,600	66,000	210,600
당기제조비용				
직접비	328,000	272,000	246,000	518,000
간접비	264,000	220,000	-	220,000
전공정대체액	-	580,683	-	580,683
계	624,000	1,208,283	312,000	1,520,283
기말재공품원가	43,317	97,185	66,000	163,185
완성품원가	580,683	1,111,098	246,000	1,357,098
완성량	1,600kg	1,640kg	1,640kg	1,640kg
완성단가	@₩362.93	@₩677.50	@₩150	@₩827.50

① 제1공정가공비

• 완성품평가 :

$$32{,}000+(328{,}000+264{,}000)\times\frac{1{,}600-200\times0.4}{1{,}600-200\times0.4+240\times0.5}\fallingdotseq ₩580{,}683$$

• 기말재공품평가 :

$$(328{,}000+264{,}000)\times\frac{240\times0.5}{1{,}600-200\times0.4+240\times0.5}\fallingdotseq ₩43{,}317$$

• 완성품원가 : 624,000 - 43,317 = 580,683

② 제2공정가공비

• 완성품평가:

$$135{,}600+[580{,}683\times\frac{1{,}640-240}{1{,}640-240+200}]+[(272{,}000+220{,}000)\times\frac{1{,}640-240\times0.5}{1{,}640-240\times0.5+200\times0.4}]\fallingdotseq ₩1{,}111{,}098$$

• 기말재공품평가:

$$\text{전공정비 } 580{,}683\times\frac{200}{1{,}670-240+200}\fallingdotseq ₩72{,}585$$

$$\text{자공정비}(272{,}000+220{,}000)\times\frac{200\times0.4}{1{,}640-240\times0.5+200\times0.4}=₩24{,}600$$

• 완성품 원가 : 1,208,283-(72,585+24,600)=1,111,098

③ 주요재료비

• 완성품: $66{,}000+246{,}000\times\frac{1{,}640-440}{1{,}640-440,+440}=₩246{,}000$

• 기말재공품: $246{,}000\times\frac{440}{1{,}640-440+440}=₩66{,}000$

연습문제

객관식

10-1 다음 중 조별종합원가계산에 대한 설명으로 틀린 것을 모두 나열한 것은?

> 1. 다른 종류의 제품을 조별로 연속하여 생산하는 형태에 적용한다.
> 2. 조 직접비와 조 간접비의 구분기준에 따라 조별 원가는 다르게 나타난다.
> 3. 조 간접비는 가공비에 합산하여 처리할 수 있다.
> 4. 조 간접비는 조 직접비의 비율에 의하여 배분한다.
> 5. 'A'조는 평균법 'B'조는 선입선출법과 같이 조별로 다른 회계처리 방식을 사용할 수 없다.

① 1, 2　　② 2, 3　　③ 3, 4　　④ 4, 5

10-2 다음은 평균법으로 2개 조의 조별종합원가계산을 실행하는 기업의 B조에 관한 원가자료이다. 동 자료에 의한 A조에 배분된 조 간접비로 바른 것은?

• 가공비의 기초재고액	225,200원
• 당기제품완성수량	8,600단위
• 당기 기말재공품 재고수량	1,600단위(완성도60%)
• 당기 발생 조 직접비	1,375,000원
• 가공비의 완성품환산량 단위당원가	@170원
• 조 간접비는 A조와 B조를 8 : 2로 배분	

① 160,000원　　② 140,000원　　③ 120,000원　　④ 100,000원

10-3 다음의 사례에 적합한 원가계산방법으로 옳은 것은?

> (주)코리아제지는 사무용 종이를 생산하고 있는데, 각각 다른 종류의 제품(A와 B)을 연속하여 생산하고 있다. 각 제품에 공통저으로 발생하는 비용

은 일정한 부과기준에 의하여 제품별로 배분하여 원가를 산출한다.

① 조별원가계산 ② 등급별원가계산
③ 가공비공정별원가계산 ④ 연산품원가계산

10-4 조별원가 계산을 적용할 경우 생산되는 제품의 특징에 대한 설명으로 옳은 것은?

① 생산제품의 품질의 차이가 있다.
② 주산물과 부산물의 구분이 불명확하다.
③ 생산되는 제품의 종류가 여러 가지이다.
④ 생산제품의 공정 개수가 다수 존재한다.

10-5 다음 자료에서 등급품의 결합원가는 1,500,000원이라고 가정할 때, A등급 제품에 배부되는 결합원가는?(단, 물량기준법에 의한 등급별 원가계산을 한다)

등 급	단 위	판매금액
A등급	1,000	1,800,000원
B등급	600	1,080,000원
C등급	400	525,000원

① 900,000원 ② 612,000원 ③ 650,000원 ④ 750,000원

10-6 다음 중 결합원가계산에 대한 설명으로 틀린 것은?

① 순실현가치법은 일반적으로 연산품 중 분리점에서 판매가치를 알 수 없는 경우에 사용한다.
② 상대적판매가치기준은 분리점에서의 판매가액을 상대적가치로 하여 결합원가를 배부한다.
③ 결합원가는 매출가액에서 제품분리점 이후의 추가가공원가를 차감한 가액을 말한다.
④ 순실현가치기준은 분리점 이후의 추가가공원가 이익창출에 전혀 기여하지 못하는 것으로 가정한다.

10-7 다음 중 결합원가계산에 대한 설명으로 옳지 않은 것은?

① 순실현가치란 최종판매가치에서 추가가공원가와 판매비용을 차감한 금액을 말한다.

② 분리점에서의 판매가치법은 연산품의 분리점에서의 상대적 순실현가치를 기준으로 결합원가를 배분하는 방법이다.

③ 균등이익률법은 개별제품 각각의 최종판매가치에 대하여 모두 동일한 매출총이익률을 갖도록 결합원가를 배분하는 방법이다.

④ 물량기준법은 연산품의 생산량이나 중량, 용량, 면적 등을 기준으로 하여 결합원가를 배분하는 방법이다.

10-8 결합원가와 관련된 설명으로 올바르지 않은 것은 무엇인가?

① 순실현가능가치법은 연산품 중 분리점에서 시장성이 없어 판매가치를 알 수 없는 제품이 있는 경우에 사용된다.

② 분리점판매가치법에서 분리점의 판매가치를 계산할 때에는 생산량이 아닌 판매량을 이용한다.

③ 균등이익률법은 개별 제품이 추가가공되더라도 각각의 최종판매가격에 대하여 모두 동일한 매출총이익률을 갖도록 결합원가를 배분하는 방법이다.

④ 균등이익률법은 조건이 같다면 추가가공비가 높은 제품에 결합원가가 적게 배부된다.

10-9 판매가치법에 의하여 결합원가를 배분하고 있다. 연산품 A, B에 배분될 결합원가는 얼마인가? 단, 연산품의 결합원가는 80,000원이다.

제 품	생산량(kg)	판매가격(원/kg)
A	600	20
B	400	20

	A	B		A	B
①	60,000원	20,000원	②	48,000원	32,000원
③	50,000원	30,000원	④	20,000원	60,000원

10-10 (주)한결은 결합제조공정에서 A제품과 B제품을 생산하고 있다. ㈜한결은 A제품 500단위와 B제품 300단위를 생산하였으며, 분리시점에서 A제품은 단위당 1,500원에 판매 가능하나, B제품은 분리점에서 판매시장이 형성되지 않아 추가가공을 거쳐 단위당 1,000원에 판매가능하다. B제품의 추가가공에 소요되는 원가는 50,000원이다. 순실현가치법을 적용할 경우 A제품에 배분되는 결합원가가 210,000원이었다면 결합원가총액은 얼마인가?

① 280,000원 ② 290,000원 ③ 310,000원 ④ 320,000원

10-11 (주)채원은 두 개의 제품 Q와 W를 생산하고 있다. 두 제품의 결합가는 24,000원이며, 생산량 및 추가가공 자료는 다음과 같다. 순실현가치법에 의해 결합원가를 배분할 경우 Q제품에 배분될 결합원가는?

제 품	생산량	추가가공비	추가가공후 판매단가
Q	300개	3,000원	210원
W	200개	4,000원	170원

① 8,000원 ② 14,000원 ③ 16,000원 ④ 18,000원

10-12 (주)화성은 A제품과 B제품으로 구성된 두 개의 연산품을 생산하고 있다. 5월의 결합원가는 40,000원이다. 5월에 분리점 이후 제품을 판매 가능한 형태로 전환하는데 필요한 가공비는, A제품은 월생산량 1,500개에 대하여 300,000원이고, B제품은 1,375개에 대하여 412,500원이다. A제품과 B제품의 단위당판매가격은 각각 500원과 700원이다. (주)화성이 순실현가치를 이용하여 결합원가를 배분한다면 5월의 결합원가 중 A제품에 배분될 금액은 얼마인가?

① 16,000원 ② 16,667원 ③ 18,000원 ④ 22,000원

주관식

10-1 다음 자료로 조별 종합원가계산표를 작성하시오. 단, 조간접비 총액은 ₩288,000이며, 이것은 각 조의 직접노동시간을 기준으로 하여 배부한다.

적 요	과 자	사 탕	음 료	합 계
조직접비				
재료비	₩165,000	₩63,000	₩164,000	₩392,000
노무비	172,000	84,000	112,000	368,000
제조경비	86,000	42,000	56,000	184,000
직접노동시간	1,000시간	800시간	600시간	2,400시간
월초재공품원가	117,000	52,000	86,000	255,000
월말재공품원가	120,000	57,000	82,000	259,000
당월완성품수량	1,000개	800개	600개	

10-2 ㈜경남은 A제품과 B제품을 생산하고 있다. 제조과정은 거의 동일하나 영업목적상 A제품을 A조, B제품을 B조로 분리하고 있다. 2개의 제품은 모두 가스난로를 공동사용하고 있어 노동시간 기준으로 가스난로 비용을 분담한다. 각 조별 원가내역은 다음과 같으며 A조는 평균법, B조는 선입선출법을 사용한다.

<A 조>

1. 월초재공품 : 200단위
   직접재료비 ₩ 8,010(60%)
   가 공 비 ₩12,700(65%)
2. 당월투입내역 : 800단위
   직접재료비 ₩24,000
   가 공 비 ₩46,000
3. 완 성 수 량 : 900단위
4. 월말재공품 : 100단위 – 직접재료비(70%) 가공비(60%)

<B 조>

1. 월초재공품 : 300단위
   직접재료비 ₩22,000(70%)
   가 공 비 ₩50,000(40%)
2. 당월투입내역 : 1,500단위
   직접재료비 ₩64,680
   가 공 비 ₩86,180
3. 완 성 수 량 : 1,500단위
4. 월말재공품 : 300단위 – 직접재료비(70%) 가공비(80%)
5. 조간접비는 ₩50,000이고, A조의 노동시간은 1,300시간 B조의 노동시간은 700시간 이다.

* ( )은 완성도를 표시.

<요구사항>

각 조별 당월제품제조원가를 구하시오.

10-3 다음 자료로 (1) 조별 종합원가계산표를 작성하고 (2) 제계정의 기입면을 표시하시오.

① 기초재공품

제품종류	수 량	주요재료비	가 공 비	합 계
A	500개	₩120,000	₩59,600	₩179,600
B	300개	₩110,000	₩40,000	₩150,000

② 당월 작업현황

제품종류	완성수량	기말재공품		직접노동시간수	조 직 접 비		조간접비
		수량	진척도		주요재료비	가공비	
A	1,700개	300개	60%	300시간	₩680,000	₩430,000	₩500,000
B	800개	200개	50%	200시간	₩510,000	₩390,000	

③ 조간접비는 직접노동시간수를 기준으로 각조에 배부한다.
④ 주요재료비는 제조 착수시에 투입된다.

풀 이

객관식

10-1 ④

10-2 ②
- 가공비의 완성품환산량 : 8,600단위+1,600단위×60%=9,560단위
- 당기투입액 : 9,560단위×@170원=1,625,200원
- 당기착수액 : 1,625,200원 − 기초재고액 225,200원=1,400,000원
- 조간접비 :당기착수액1,400,000원 − 조직접비1,375,000원=25,000원
- A조의 조 간접비 : (25,000×8)/2=100,000원

10-3 ① **10-4** ③

10-5 ④ • 1,500,000원×(1,000단위/2,000단위)=750,000원

10-6 ③ **10-7** ②

10-9 ②

제 품	판매가치	결합원가배분비율	결합원가
A	600kg×20원=120,000원	60%	48,000원
B	400kg×20원= 80,000원	40%	32,000원

10-10 ① 결합원가 총액 : 210,000×(100/75)=280,000원

제 품	순실현가치	배분비율	결합원가
A	500단위×1,500원=750,000원	75%	210,000원
B	300단위×1,000원-50,000원=250,000원	25%	
합 계		100%	280,000원

10-11 ③

제 품	순실현가치	비 율	배분액
Q	60,000원	2/3	16,000원
W	30,000원	1/3	8,000원
합 계	90,000원		24,000원

10-12 ③

제품	최종판매가치-추가비용=순실현가치	배분비율	결합원가배분액	추가가공원가	총원가
A	(1,500×@500)-300,000=450,000	45%	18,000	300,000	318,000
B	(1,375×@700)-412,500=550,000	55%	22,000	412,500	434,500

주관식

10-1

조별종합원가계산표

적 요	과 자	사 탕	음 료	합 계
조 직 접 비				
재 료 비	₩165,000	₩63,000	₩164,000	₩392,000
노 무 비	172,000	84,000	112,000	368,000
제 조 경 비	86,000	42,000	56,000	184,000
조 간 접 비 배 부 액	120,000	96,000	72,000	288,000
당 월 총 제 조 비 용	543,000	285,000	404,000	1,232,000
월 초 재 공 품 원 가	117,000	52,000	86,000	255,000
합 계	660,000	337,000	490,000	1,487,000
월 말 재 공 품 원 가	120,000	57,000	82,000	259,000
당 월 제 품 제 조 원 가	540,000	280,000	408,000	1,228,000
완 성 품 수 량	1,000개	800개	600개	
단 위 당 원 가	540@₩	350@₩	680@₩	

(조간접비의 배부)

조	직접노동시간	배 부 율	조간접비 총액	조간접비 배부액
과 자	1,000시간	10/24[1)]	₩288,000	₩120,000
사 탕	800	8/24	288,000	96,000
음 료	600	6/24	288,000	72,000
합 계	2,400	24/24		₩288,000

주 : 1) $\frac{1{,}000\text{시간}}{2{,}400\text{시간}} = \frac{10}{24}$

과자 재공품

차변	금액	대변	금액
전 기 이 월	117,000	과 자 제 품	540,000
재 료 비	165,000	차 기 이 월	120,000
노 무 비	172,000		
제 조 경 비	86,000		
조 간 접 비	120,000		
	660,000		660,000
전 기 이 월	120,000		

과자제품

차변	금액	대변	금액
전 기 이 월	×××		
과자재공품	540,000		

12-2

<A조>

제공품					직접재료비	가공비
전월이월	200단위					
직접재료비	8,010	(60%)				
가공비	12,700	(65%)		900단위	900단위	900단위
	800단위					
직접재료비	24,000		차월이월	100단위		
가공비	46,000		직접재료비	(70%)	70단위	60단위
조간접비	32,500		가공비	(60%)		
	123,210			123,210	970단위	960단위

· 단위원가

직접재료비 : (8,010+24,000) / 970단위=@33

가 공 비 : (12,700+46,000+32,500) / 960단위=@95

· 월말평가액

직접재료비 : @33×70단위= 2,310

가 공 비 : @95×60단위= 5,700

8,100

· 당월제품제조원가

123,210 − 기말평가액(8,010)=115,200

<B조>

제공품					직접재료비	가공비
전월이월	300단위					
직접재료비	22,000	(70%)			210단위	120단위
가공비	50,000	(40%)		1,500단위		
	1,500단위				1,500단위	1,500단위
직접재료비	64,680		차월이월	300단위		
가공비	86,810		직접재료비	(70%)	210단위	240단위
조간접비	17,500		가공비	(80%)		
	240,360			240,360	1,500단위	1,620단위

· 단위원가

직접재료비 : 64,680 / 1,500단위=@43.12

가 공 비 : (86,180+17,500) / 1,620단위=@64

· 월말평가액

직접재료비 : @43.12×210단위= 9,055

가 공 비 : @64 ×240단위= 15,360

24,415

· 당월제품제조원가

240,360 − 월말평가액(24,415)=215,945

10-3

(1) 조별종합원가계산표

적 요	A조	B조	합 계
조 직 접 비			
주 요 재 료 비	680,000	510,000	1,190,000
가 공 비	430,000	390,000	820,000
조 간 접 비	300,000	200,000	500,000
계	1,410,000	1,100,000	2,510,000
기 초 재 공 품			
주 요 재 료 비	120,000	110,000	230,000
가 공 비	59,600	40,000	99,600
계	1,589,600	1,250,000	2,839,600
기 말 재 공 품			
주 요 재 료 비	120,000	124,000	244,000
가 공 비	75,600	70,000	146,600
조 별 제 조 원 가	1,394,000	1,056,000	2,450,000

주 : 1. 조간접비 배부

① A조 : $₩500,000 \times \frac{300시간}{300시간 + 200시간} = ₩300,000$

② A조 : $₩500,000 \times \frac{200시간}{200시간 + 200시간} = ₩200,000$

2. 기말재공품의 평가(평균법)

① A조

$$\text{주요재료비 : }(₩120,000+₩680,000)\times\frac{300\times100\%^{*}}{1,700+300\times100\%^{*}}=₩120,000$$

* 재료비에 대한 진척도 100%

$$\text{가공비 }(₩59,600+\boxed{₩430,000+₩300,000})\times\frac{300\times60\%}{1,700+300\times60\%}=₩75,600$$

② B조

$$\text{주요재료비 : }(₩110,000+₩510,000)\times\frac{200\text{개}\times100\%^{*}}{800\text{개}+200\text{개}\times100\%^{*}}=₩124,000$$

* 재료비에 대한 진척도 100%

$$\text{가공비 }(₩40,000+\boxed{₩390,000+₩200,000})\times\frac{200\text{개}\times20\%}{800\text{개}+200\text{개}\times50\%}=₩70,000$$

(2)

A조 제조

전 기 이 월	179,600	A 조 제 품	1,394,000
재 료 비	680,000	차 기 이 월	195,600
가 공 비	430,000		
조 간 접 비	300,000		
	1,589,600		1,589,600

B조 제조

전 기 이 월	150,000	B 조 제 품	1,056,000
재 료 비	510,000	차 기 이 월	194,000
가 공 비	390,000		
조 간 접 비	200,000		
	1,250,000		1,250,000

A조 제품

A 조 제 품	1,394,000		

B조 제품

B 조 제 품	1,056,000		

제11장

공정별 종합원가계산

제1절 공정별 종합원가계산의 개념

1.1 공정별 종합원가계산의 의의

공정별 종합원가계산(continuous process cost system)이란 일련의 제조과정을 공정별로 구분하여 일정기간에 있어서 공정생산물에 관한 제조비용을 종합원가로서 파악하고 이것을 공정완료품과 공정재공품에 배분함과 동시에 최종공정에서 완성품의 단위원가를 산정하는 원가계산방법을 말한다.

제품원가의 정확한 산정을 위해서 공정은 가능한 한 세분하는 것이 좋으나, 계산의 경제성에 비추어 이것에도 일정한 한도가 있다. 원가에 의한 생산실적의 유효 적절한 관리를 행하기 위해서는 관리자에게 원가발생의 권한을 결부시켜 그 원가책임을 추궁하도록 하지 않으면 안 된다. 그러기 위해서는 공정의 구분은 직제에 있는 권한과 책임에 의하여 구분하지 않으면 안 된다.

종합원가계산에 있어서 공정개별원가계산은 제조부문에 해당한다. 따라서 공정의 구분설정은 부문별계산에 있어서 부문설정의 것과 동일하다. 공정별로 제조비용을 분류 집계하는 것은 부문별계산에 불과하나, 공정완료품과 공정재공품에 원가를 배분하거나 완성품 단위원가를 산정하는 것은 부문별계산에서는 행하지 않는다. 그러므로 공정별 종합원가계산은 그 계산절차에 부문별 계산을 포함하고 있으나 부문별계산과 제품별 계산과의 구별이 개별원가계산 만큼 명확하지는 않으며, 그 계산의 본질은 제품별 계산이라 할 수 있다.

1.2 공정별 종합원가계산의 방법

일반적으로 공정별 종합원가계산은 동일공정에 있어서 제품종류별로 계산하는가 혹은 공정에 집계되는 원가범위에 따라 계산하느냐에 의해 몇 개로 구분된다. 동일공정에서 동종제품을 생산하는 경우가 공정별 단순종합원가계산이며 동일공정에 있어서 이종제품을 생산하는 경우가 조별공정별 종합원가계산이다. 공정에 집계되는 원가범위가 전원가요소, 가공비, 제조간접비인가에 따라 공정별계산은 전원가요소 공정별 종합원가계산, 가공비 공정별 종합원가계산, 간접비 공정별 종합원가계산으로 구분한다.

공정별 종합원가계산의 방법에는 다음의 두 가지로 나눌 수 있다.

1. 누가법(cumulative method)

누가법이란 각 공정의 완료품 원가를 순차적으로 다음 공정(자공정)에 대체하여 제품원가를 계산하는 방법이다. 따라서 제2공정 이후의 각 공정에서는 전공정에서 대체된 전공정의 완료품 원가가 전공정비(transferred-costs)로서 자공정비(transferred-out cost)에 가산하여 당해 공정 완료품 원가(transferred-to- next process)로 산정되고 이를 차 공정에 대체하여 간다. 이리하여 최종공정의 종료품 원가가 제품원가로 된다.

각 공정의 자공정비의 계산은 단순종합원가계산과 동일하며 전공정비는 공정의 시점에서 투입된 직접재료로 볼 수 있기 때문에 이것 역시 단순종합원가계산과 마찬가지이다.

그러므로 누가법은 단순종합원가계산방법을 공정순으로 연속하여 실시하는 방법에 불과하다. 단지 자공정비계산 이외에 전공정비의 계산을 실시한다는 점에서 다르다.

2. 비누가법(noncumulative method)

비누가법은 누가법과 같이 각 공정의 완료품 원가를 자공정에 대체하지 않고, 각 공정에 있어서 제품원가를 구성하는 공정비를 계산하고 이들을 집계하여 제품원가를 계산하는 방법이다.

이상의 두 가지 방법 중에서 누가법이 가장 일반적으로 널리 이용되고 있다.

제2절 공정별 종합원가계산의 기장

2.1 누가법에 의한 기장

공정별 종합원가계산을 실시하고 있는 경우에는 일반원장에 다음과 같은 제 계정을 설정한다.

1. 각 공정별 재공품계정

재공품계정을 각 제조공정별로 설정한다. 그리고 동계정의 대변에는 각 공정별 원가를 집계하고 대변에는 각 공정의 완료품 원가를 기입한다.

2. 공정 공통비계정

각 공정별 제조계정에 각 공정원가를 기입하는 경우, 공정 개별비(direct departmental cost)는 각 원가요소계정에 직접 대체 기입하면 되고, 공정 공통비(indirect departmental cost)는 각 원가요소계정에서 일단 공정공통비계정에 대체·집계한 뒤 공정공통비계정에서 어떤 배부기준에 의하여 그 배부액을 각 공정별 제조계정에 대체한다.

3. 보조부분비계정

보조부분비계정의 성질 및 기입요령은 전술한 부문비계정의 경우와 동일하다.

4. 각 공정별 반제품계정

각 공정의 완료품이 차공정에 옮겨지지 않고 일반적으로 저장되는 경우에는 각 공정별 반제품계정에 대체하여 둔다. 그리고 반제품이 차 공정에서 사용되는 경우에는 각 공정별 반제품계정에서 차공정의 제조계정에 대체된다.

5. 제품계정

최종단계의 제조공정에 있어서 종료품은 그대로 완성품이 된다. 따라서 동공정의 재공품계정에서 완성품 원가를 제품계정에 대체한다.

이상의 대체관계를 나타내면 <도 11-1>과 같다.

〈도 11-1〉 전공정 완료품을 전부 차공정에 대체하는 경우

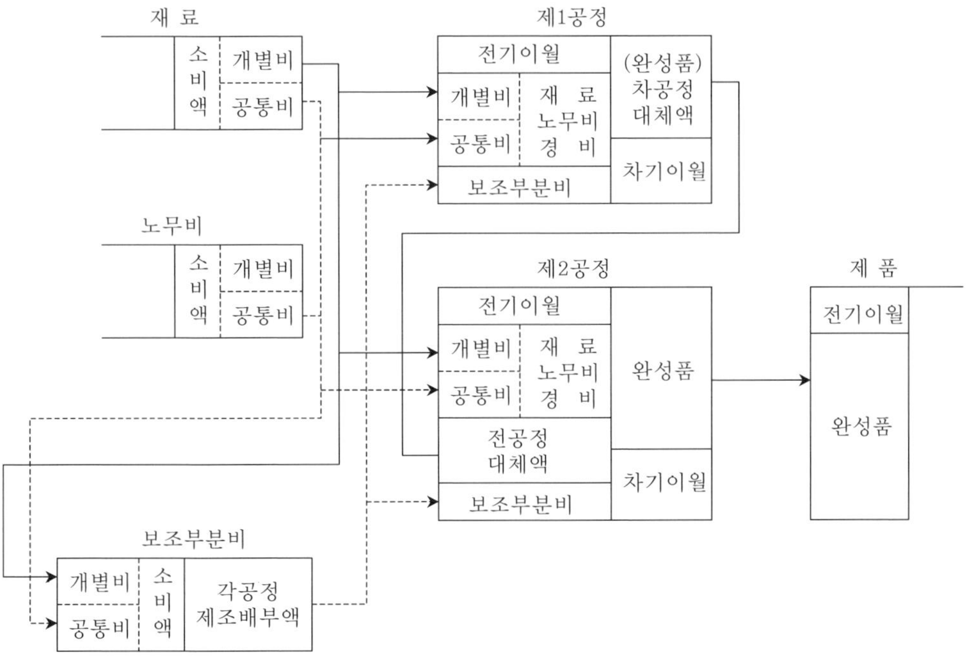

2.2 전공정비의 평가

전공정비의 평가도 전술한 기말재공품평가와 마찬가지로 평균법과 선입선출법 및 후입선출법에 의해 평가한다.

1) 평균법

$$\text{기말재공품전공정비} = (\text{기초재공품전공정비} + \text{당기전공정비}) \times \frac{\text{기말재공품수량}}{\text{기초재공품수량} + \text{전공정대체수량}}$$

감손에 의한 손실, 공손비를 재공품에도 부담시키는 경우 이 식의 분모를 (기초재공품수량+전공정대체량-공손품수량-감손량)으로 하면 된다.

이 계산을 하기 위해서는 기초재공품의 원가를 전공정비와 자공정비로 구분하여 표시되지 않으면 안 된다.

다만, 문제가 되는 것은 재공품 수량의 측정이다. 직접재료비의 투입이 당 공정에서 투입되지 않고 작업은 단지 전 공정의 대체품에 가공을 행하는 경우에는 생산물의 수량을 파악하기는 매우 용이한데 전공정대체품수량에 대한 기말재공품의 관계, 감손량, 공손품수량의 계산도 용이하다. 그러나, 당 공정에 새로 직접재료가 투입되는 경우에는 전 공정대체품 중 기말재공품 수량을 측정하기가 곤난하다. 재공품수량에 대해서 당 공정의 재료투입부분과 전 공정대체품의 투입부분과의 구분이 곤란한 경우에는 미리 그 작업에 대하여 충분한 조사를 행하여 각각 재공품 1단위에 있어서 정하는 비율에 대한 표준을 정해두고 이 비율를 재공품의 수량에 곱하여 재공품에 포함한 각 재료의 양을 측정하게 된다. 감손량, 공손품수량도 이 계산에 의하여 결정된다.

2) 선입선출법

$$\text{기말제공품전공정비} = \text{당기전공정비} \times \frac{\text{기말재공품수량}}{\text{전공정대체품수량}}$$

공손비·감손비를 재공품에도 부담시킬 때는 위 식의 분모에(전공정대체품량-공손품수량-감손량)으로 한다.

3) 후입선출법

① 기말재공품수량 > 기초재공품수량

$$\text{기말재공품전공정비} = (\text{기초재공품전공정비} + \text{당기전공정비}) \times \frac{\text{기말재공품수량} - \text{기초재공품수량}}{\text{전공정대체품수량}}$$

② 기말재공품수량 < 기초재공품수량

$$\text{기말제공품전공정비} = \text{기초재공품전공정비} \times \frac{\text{기말재공품수량}}{\text{기초재공품수량}}$$

공손비·감손비를 기말재공품에도 부담시키는 경우에는 ①에서는 계산식의 분모를 선입선출법의 경우와 같이 하면 되고, ②에서는 공손품량, 감손량은 고려하지 않는다. 왜냐하면 기말재공품의 전부가 기초재공품을 인계한다는 것이므로 당기의 감손은 관계가 없기 때문이다. 따라서 감손비·공손비는 모두 완성품이 부담하게 된다.

2.3 비누가법에 의한 기장

비누가법(noncumulative method)은 비누적법이라고도 하는데, 이는 누가법과 같이 각 공정의 완성품원가를 다음의 공정에 차례로 대체하지 않고, 각 공정마다 공정제품의 단가를 산출하고, 그 합계로써 최종제품의 단가를 계산하는 방법이다. 이 경우에 각 공정의 계산은 자공정비만 하므로 누가법처럼 전공정비의 계산을 할 필요는 없다. 결국 비누가법은 자공정비만으로 계산하기 때문에 ① 각 공정의 원가능률을 명확히 알 수 있고, ② 환경 및 조건의 변화에 따라 최종제품의 원가가 어떻게 변동할 것인가에 관해 판단하기 쉬운 장점이 있다.

그러나 계산이 복잡하고 이해하기 어려운 단점 때문에 실무에서 잘 쓰이지 않는다.

제1공정의 완성품원가가 제2공정에 대체되지 않고, 바로 제품 계정에 대체된다는 점에 비누가법이 특징이 있다. 실제는 각 공정의 완성품은 가공흐름상 다음의 공정에 대체하지 않을 수가 없으나, 비누가법은 단지 계산상 이를 무시하고 있다는 점에 유의하여야 한다.

그리고 비누가법의 경우 특히 주의할 점은 각 공정의 기말재공품을 계산할 때 자공정에 남아 있는 기말재공품 뿐만 아니라, 다음 공정에 남아 있는 기말재공품의 자공정비 부담액도 고려해야 한다는 점이다.

이상의 비누가법에 의한 기장 도해는 상기 <도 11-2>와 같다.

〈도 11-2〉 비누가법의 기장

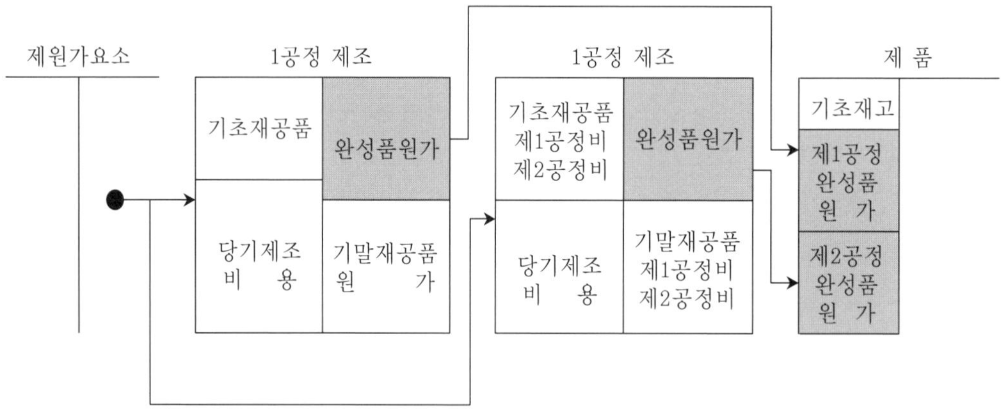

제3절 공정별 원가계산의 회계사례

☑ 다음 자료에 의해 (1) 누가법 (2) 비누가법으로 공정별 종합원가계산표를 작성하시오.

① 당기작업보고

구 분	제1공정	제2공정
완성품수량	100개	96개
기말재공품		
수량	10개	12개
완성도	20%	50%
감손량	5개	2개
당기제조비용	₩20,000	₩16,000

② 기초재공품

구 분	제1공정	제2공정
수량	10개	10개
완성도	70%	80%
원가		
전공정비	-	₩2,000
자공정비	₩4,000	₩2,400

③ 선입선출법에 의하며 안분계산한다.

④ 감손은 정상적이며 공정종점에서 발생한다.

⑤ 1공정 완성품은 전부 2공정에 대체

풀이

1) 누가법

① 1공정 기말재공품 평가

$$20{,}000 \times \frac{10 \times 0.2}{100 + 10 \times 0.2 + 5 - 10 \times 0.7} = 400$$

* 감손은 ① 공정종점에서 발생하므로 완성도는 100%이며 ② 이것은 기말재공품의 완성도(20%)보다 크므로 완성품에만 부담한다. ③ 따라서 분모에 정상감손량이 포함되어야 한다.

② 2공정 기말재공품 평가

ⓐ 전공정비 : $23{,}600 \times \frac{12}{96 + 12 + 2 - 10} = 2{,}832$

ⓑ 자공정비 : $16{,}000 \times \frac{12 \times 0.5}{96 + 12 \times 0.5 + 2 - 10 \times 0.8} = 1{,}000$

$\therefore\ 2{,}832 + 1{,}000 = 3{,}832$

③ 원 가 계 산 표

원가항목	제1공정	제2공정	합 계
기초재공품	4,000	4,400	4,400
당기제조비용	20,000	16,000	16,000
전공정비	-	23,600	23,600
계	24,000	44,000	44,000
기말재공품	400	3,832	3,832
완성품원가	23,600	40,168	40,168
완성량	100개	96개	96개
단가	@₩236	@₩418.42	@₩418.42

2) 비누가법

* 아래와 같이 비누가법의 경우 원가계산표에 합계란이 반드시 필요하다. 왜냐하면 제1공정 단위원가와 제2공정 단위원가의 합계에 의하여 완성품 단위원가를 구 할 수 있기 때문이다. 그러나 누가법은 최종공정의 단위원가가 바로 완성품 단위원가라는 점에서 합계란이 별다른 의미가 없으나, 원가계산표의 전체적 검산을 위해 합계란을 반드시 둘 필요가 있다.

원 가 계 산 표

원가항목	제1공정	제2공정	합 계
기초재공품			
제 1 공정	4,000	-	4,000
제 2 공정	2,000	2,400	4,400
당기제조비용기말	20,000	16,000	36,000
계	26,000	18,400	44,400
기말재공품			
제 1 공정	400	-	400
제 2 공정	2,832	1,000	3,832
완성품원가	22,768	17,400	40,168
완성량	96개	96개	96개
단가	@₩237.17	@₩181.25	@₩418.42

제4절 가공비 공정별 원가계산

4.1 가공비 공정별 원가계산의 의의

가공비 공정별 원가계산이란 일정기간에 있어서 제조비용 중 직접재료비를 제외한 나머지 분, 즉 가공비(conversion cost)만을 공정별로 계산하여 이것에 직접재료비를 가산해서 제조원가를 산정하는 원가계산방법을 말한다. 이러한 계산은 주요재료의 전량이 제1공정의 시점에서 투입되고 그 이후의 공정에서는 단지 그것을 가공하는데 불과한 생산형태에서 적용되는 계산방식이다.

직접재료비에 대해서는 전 공정을 단일공정으로 간주하여 계산함으로 그만큼 공정별 계산이 간소화된 것이라 할 수 있다.

가공비 공정별계산의 특징은 주요재료비가 점하는 비율이 원가 구성요소 중 특히 크며 주요재료비가 모두 공정의 제품 또는 재공품 중에도 균등하게 포함되어 있는 경우에 적용된다. 따라서 직접재료비와 가공비를 구별하여 계산하고 제품단위당 직접재료비와 가공비를 명백히 구분한다. 원재료의 가격변동이 극심한 제품을 생산하는 기업에서는 이 방법에 의하여 원재료가격의 변동에 적응한 원가의 견적이 용이하다. 또한, 이종제품을 동일공정에서 생산하는 경우 제품종류별로 원재료가 상이하더라도 제품단위당 가공비가 거의 같을 경우에는 원재료비만을 조별(제품별)로 계산하고 가공비는 제품종류별로 분리하지 않고 이것을 일괄하여 공정별 계산을 할 수도 있는 것이다.

가공비공정별 계산의 계산절차를 도시하면 <도 11-3>과 같다.

〈도 11-3〉 가공비 · 공정별 · 종합원가계산의 체계(누가법)

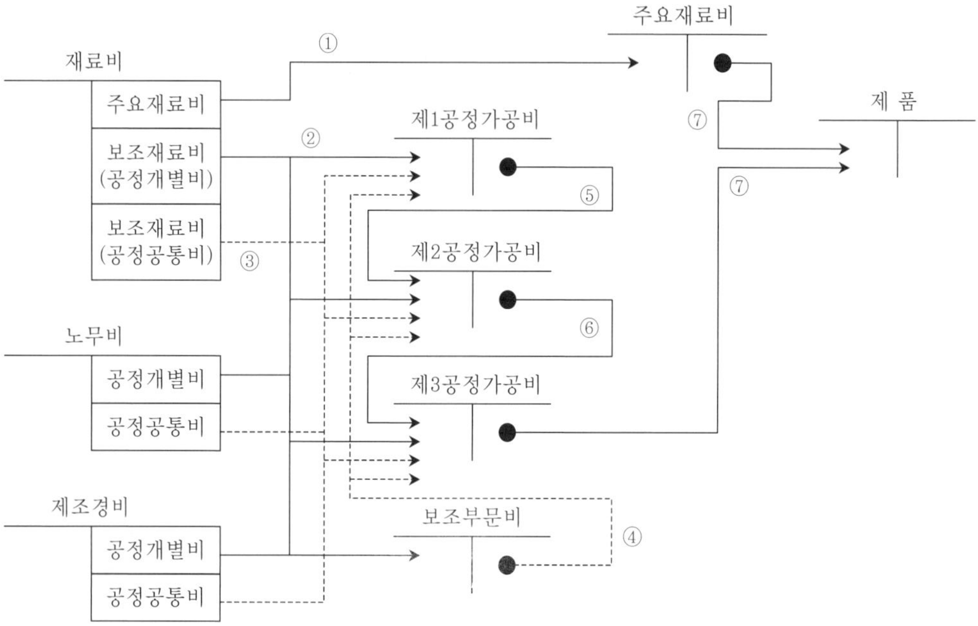

가공비 공정별 계산에서는 직접재료비는 공정별로 계산하지 않으므로 당기에 투입한 원재료에 관한 직접재료비에 각 공정기초재공품의 직접재료비를 가산한 총액에서 각 공정기말재공품의 직접재료비를 차감하여 당기완성품의 직접재료비를 계산한다.

가공비는 전술한 누가법, 비누가법에 의하여 공정별로 계산하여 당기 완성품의 가공비를 산정한다. 그리하여 완성품의 직접재료비와 가공비의 합계에서 완성품 단위당 원가를 산정한다.

제1공정의 시점에서 원재료가 투입되고 제2공정이하의 공정에서는 투입되지 않는 경우에는 각 공정에 있어서 기말재공품, 반제품과 완성품은 동일한 원재료이므로 원재료비의 단위원가는 동일하다. 이러한 것은 각 공정에 있어서 감손이나 공손이 발생하지 않는 경우는 타당하다. 각 공정에서 감손이나 공손이 발생하는 경우에는 이것을 기말재공품과 완성품의 어디에 부담하는가에 따라서 재공품과 완성품에 포함된 원재료비의 단가는 상이하게 된다. 또한, 감손이 발생하는 공정과 발생하지 않는 공정간에는 감손의 발생율이 상이하기 때문에 완성품원가에 영향을 미친다.

그러므로 가공비 공정별계산에 있어서 감손·공손이 발생하였을 때 각 공정의 기말재공품수량을 각 공정의 수율에 의해 제1공정 시점량으로 환산한 다음 원재료의 배분계산을 행해야 한다는 견해와 그렇지 않는 견해가 있다.

4.2 가공비 공정별 원가계산의 회계사례

☑ 다음 자료에 의해 가공비 공정별원가계산표를 작성하시오.

① 당기의 작업보고

구 분	제1공정	제2공정
완성품수량	600kg	550kg
기말재공품량	50kg	90kg
진 척 도	20%	50%
감 손 량	20kg	10kg
당기가공비	₩200,000	₩150,000
당기주요재료비	₩250,000	

② 기초재공품

구 분	제1공정	제2공정
수 량	60kg	50kg
진 척 도	75%	80%
가 공 비	₩20,000	₩70,000
주요재료비	₩62,000	

③ 안분계산은 평균법에 의할 것.

④ 감손은 평균적으로 발생했으며 완성품에만 부담시킬 것.

⑤ 제2공정 기초재공품 원가 중에는 전공정비 20,000원이 포함되어 있음.

⑥ 공정별 계산은 누가법 의할 것.

풀이

가공비·공정별 종합원가계산표

원가항목	가 공 비		주요재료비	합 계
	제 1 공정	제 2 공정		
기초재공품				
전공정비	-	20,000	-	20,000
자공정비	20,000	50,000	62,000	112,000
당기제조비용				
전공정비	-	216,452	-	216,452
자공정비	200,000	150,000	250,000	400,000
계	220,000	436,452	312,000	748,452
기말재공품				
전공정비	-	32,740	-	32,740
자공정비	3,548	15,000	60,667	75,667
완성품원가	216,452	388,712	251,333	
완성량	600kg	550kg	550kg	550kg
단가	@₩360.75	@₩706.75	@₩456.97	@₩1,163.72

* 원가계산표를 작성할 때 제2공정가공비와 재료비로서 합계란을 구하여야 한다.
(원가계산표 기입시에는 원미만 반올림함)

(1) 기말 재공품 주요재료비 평가

$$(62{,}000 + 250{,}000) \times \frac{140}{550 + 30 + 140} = 60{,}666.67$$

(2) 1공정 기말 재공품 가공비 평가

$$(20{,}000 + 200{,}000) \times \frac{50 \times 0.2}{600 + 20 \times 0.5 + 50 \times 0.2} = 3{,}548.39$$

(3) 제2공정 기말재공품가공비평가

① 전공정비 : $(20{,}000 + 216{,}452) \times \dfrac{90}{550 + 10 + 90} = 32{,}739.50$

② 자공정비 : $(50{,}000 + 150{,}000) \times \dfrac{90 \times 0.5}{550 + 10 \times 0.5 + 90 \times 0.5} = 15{,}000$

$\therefore$ 32,739.50 + 15,000 = 47,739.50

연습문제

객관식

11-1 다음 중 공정별 종합원가 시스템과는 관련이 있으나 개별원가와는 무관한 항목은?

① 공손과 감손 ② 재공품 계정의 처리
③ 제조 간접비의 예정배부 ④ 완성품환산량

11-2 완성품환산량의 단위원가는 재료비가 ₩5, 가공비가 ₩10, 전공정대체액이 ₩8이다. 기말재공품 재고량이 1,000개(가공비 진척도가 30%)이고, 재료는 공정의 종점에서 투입될 때 기말재공품 재고액은?

① ₩8,000 ② ₩10,000 ③ ₩11,000 ④ ₩16,000

11-3 다음 자료를 평균법으로 처리할 경우 완성품환산량은?

- 기초재공품 – 10,000단위(완성도: 재료 – 80%, 가공비 – 40%)
- 전공정으로부터의 대체 – 25,000단위
- 기말재공품 – 15,000단위(완성도: 재료 – 60%, 가공비 – 70%)

	재료비	가공비	전공정원가		재료비	가공비	전공정원가
①	36,000	30,000	40,500	②	45,000	30,000	45,000
③	39,000	35,000	40,000	④	34,000	35,500	40,000

11-4 다음 자료에 의하여 선입선출법으로 산출한 제 2공정의 재료비와 전공정대체의 완성품 환산량은?

- 월초 제공품 수량 200개
- 당월의 1공정에서의 대체수량 1800개
- 당월의 완성수량 1600개
- 월초·말재공품의 가공비 완성도 40%
- 재료는 공정의 서점에서 투입된다.

	재료비	전공정대체액		재료비	전공정대체액
①	1,560	1,760	②	1,560	1,800
③	1,500	1,500	④	1,800	1,800

다음 제2공정의 자료에 의하여 물음에 답하시오. 〈5~6〉

1. 기초제공품 500단위~완성도40%
   (전공정대체액 ₩100,000, 가공비 ₩300,000)
2. 당기투입내역 27,000단위
   (전공정대체액 ₩450,000,가공비 ₩770,000, 재료비₩250,000)
3. 당기완성·대체수량 25,000단위
4. 기말재공품가공비 완성도－70%
5. 재료는 공정의 종점에서 투입된다.
6. 원가계산은 평균법으로 한다.

11-5 각 원가요소별 완성품환산량은?

	전공정대체액	재료비	가공비		전공정대체액	재료비	가공비
①	27,500	25,000	26,750	②	27,500	25,500	26,750
③	26,750	27,500	26,750	④	27,500	27,500	26,750

11-6 각 원가요소별 기말재공품 평가액은?

	전공정대체액	재료비	가공비		전공정대체액	재료비	가공비
①	50,000	0	70,000	②	50,000	25,000	70,000
③	0	25,000	35,000	④	25,000	50,000	35,000

다음 자료에 의하여 물음에 답하시오. 〈7~8〉

1. 기초재공품	200단위(완성도 60%)
2. 제조착수량	1,200단위
3. 완성품	900단위
4. 공손품	200단위(검사시점은 가공비 진척도 70%시)
5. 기말재공품	300단위(완성도70%)
6. 재료는 공정의 시점에서 전량 투입된다.	

11-7 평균법을 사용하는 경우의 완성품환산량은?

	전공정대체원가	재료비	가공비		전공정대체원가	재료비	가공비
①	1,400	1,400	1,260	②	1,400	1,400	1,250
③	1,300	1,300	1,350	④	1,300	1,210	900

11-8 선입선출법을 사용하는 경우와 평균법을 사용하는 경우의 완성품 환산량의 차이는?

	전공정대체원가	재료비	가공비		전공정대체원가	재료비	가공비
①	220	200	200	②	220	200	220
③	200	200	120	④	200	220	200

11-9 평균법을 적용한 공정별원가계산에 대한 설명으로 가장 부적절한 것은?

① 가중평균법은 마치 기초재공품 모두를 당기에 착수, 완성한 듯이 가정한다.
② 적시재고관리(Just-In-Time : JIT)를 적용하고 원가요소의 기간별 가격차이가 크지 않다면 선입선출법과 거의 차이가 없다.
③ 가중평균법은 착수 및 원가발생 시점에 관계없이, 당기완성량의 평균적 원가를 계산한다.
④ 선입선출법에 비해 가중평균법은 당기의 성과를 이전의 기간과 독립적으로 평가할 수 있는 보다 적절한 기회를 제공한다.

주관식

11-1 다음 자료에 의하여 (1) 공정별 종합원가계산표를 작성하시고, 완성품의 단위원가를 계산하고, 또 이에 필요한 (2) 분개를 실시하고 아래의 (3) 계정에 기입하시오. 공정완성품은 전부 차공정에 대체된 것으로 본다.

(1) 제조부문(공정)개별비

비 목	합 계	제1공정	제2공정	제3공정
주요재료비	₩480,000	300,000	120,000	60,000
노 무 비	₩180,000	120,000	36,000	24,000
경 비	₩ 60,000	36,000	18,000	6,000

(2) 보조부문개별비

비 목	합 계	수 선 부 문	동 력 부 문
주요재료비	₩12,000	4,800	7,200
노 무 비	₩ 4,800	2,400	2,400

(3) 부문공통비

감가상각비 ₩18,000 운 임 ₩24,000

노 무 비 ₩39,600 보 험 료 ₩14,400

(4) 부문공통비배부율

제 1 공 정 35% 수선부문 10%

제 2 공 정 25% 동력부문 10%

제 3 공 정 20%

(5) 보조부문비배부율

제1공정 40% 제2공정 30% 제3공정 30%

(6) 기초재공품원가

제1공정 ₩96,000 제2공정 ₩84,000 제3공정 ₩78,000

(7) 기말재공품원가

제1공정 ₩72,000 제2공정 ₩36,000 제3공정 ₩48,000

(8) 제3공정 완성품수량 200kg

11-2 다음 자료에 의하여 (1) 공정별 종합원가계산표를 작성하고, (2) 제1공정 제조 계정 및 제2공정 제조 계정에 기입하시오. 또한 (3) 제2공정 제조 착수 수량이 5,000개일 때의 공정별 종합원가계산표를 작성하시오.

(1) 당월소비액

	제1공정	제2공정	동력부문	수선부문
재 료 비	₩150,000	₩135,000	-	₩15,000
노 무 비	125,000	105,000	₩22,500	13,000
제 조 경 비	15,000	10,000	2,500	2,000

(2) 보조부문비 배부율

	제1공정	제2공정
동력부문	40%	60%
수선부문	50	50

(3) 재 공 품

	제1공정	제2공정
기초재공품	₩20,000	₩17,000
기말재공품	25,000	22,000

(4) 수 량

	제1공정	제2공정
기 초 재 공 품 수 량	500개	500개
제 조 착 수 수 량	6,000	4,500
기 말 재 공 품 수 량	1,500	1,000
완 성 품 수 량	5,000	4,000

(5) 제2공정은 최종 공정이다.

11-3 다음의 자료에 의하여 (1) 가공비 공정별 종합원가계산표를 작성하고, 필요한 (2) 분개를 하고, 아래의 (3) 계정에 기입하시오(단, 제1공정완료품 가공비는 모두 제2공정에 대체되는 것으로 한다).

(1) 직접재료비

기초재공품	₩	50,000
당기투입량	₩	370,000
기말재공품	₩	60,000

(2) 가공비 소비액

	제 1 공 정	제 2 공 정
노 무 비	₩21,000	₩25,000
경 비	₩ 7,000	₩ 8,000
보조부문비	₩ 3,000	₩ 4,000

(3) 재공품 가공비

	제 1 공 정	제 2 공 정
기초재공품	₩ 6,000	₩ 6,000
기말재공품	₩ 5,000	₩ 7,000

(4) 완성품량 1,000kg

풀 이

객관식

11-1 ④

11-2 ③

전공정대체액	: 1,000단위(100%)×@ 8=	8,000
재 료 비	: 1,000단위(0%)×@ 5=	0
가 공 비	: 1,000단위(30%)×@10=	3,000
	=	11,000

11-3 ④

재공품		전공정대체량	재료단위	가공단위
전기이월 10,000단위 재 료 80% 가공비 40%	25,000단위	25,000단위	25,000단위	25,000단위
30,000단위	차기이월 15,000단위 재 료 60% 가공비 70%	15,000단위	9,000단위	10,500단위
40,000단위	40,000단위	40,000단위	34,000단위	35,500단위

11-4 ④

재공품		전공정대체량	재료단위
전기이월 200단위 재 료 100% 가공비 40%	1,600단위	전공정대체량 1,800단위	200단위
1,800단위	차월이월 400단위 재 료 100% 가공비 40%		1,600단위 400단위
2,000단위	2,000단위	1,800단위	1,800단위

11-5 ①

제공품		전공정대체량	재료단위	가공단위
전기기월 500단위 전공정대체액 100,000 재료비 가공비 300,000	25,000단위	25,000단위	25,000단위	25,000단위
27,000단위 전공정대체액 450,000 재료비 250,000 가공비 770,000	차기이월 2,500단위 전공정대체액 100% 재료비 0% 가공비 70%	2,500단위	0단위	1,750단위
1,870,000	1,870,000	27,500단위	25,000단위	26,750단위

· 단위원가

전공정대체액 : (100,000+450,000) / 27,500단위=@20

재　료　비 : (　　0+250,000) / 25,000단위=@10

가　공　비 : (300,000+770,000) / 26,750단위=@40

11-6 ① · 기말평가액

전공정대체액 : @20×2,500단위=50,000

재　료　비 : @10×　0단위=　0

가　공　비 : @40×1,750단위=70,000

11-7 ②

제공품				전공정대체량	재료단위	가공단위
전기이월	200단위 (60%)		900단위	900단위	900단위	900단위
	1,200단위	공손품	200단위	200단위	200단위	140단위
		차기이월	300단위 (70%)	300단위	300단위	210단위
	1,400단위		1,400단위	1,400단위	1,400단위	1,250단위

11-8 ③

제공품				전공정대체량	재료단위	가공단위
전기이월	200단위 (60%)		900단위	200단위	200단위	120단위
				900단위	900단위	900단위
	1,200단위	공손품	200단위	200단위	200단위	140단위
		차기이월	300단위 (70%)	300단위	300단위	210단위
	1,400단위		1,400단위	1,200단위	1,200단위	1,130단위

11-9 ④

주관식

11-1

(1) 공정별 종합원가계산표

비 목	제1공정	제2공정	제3공정	합 계
제 조 부 문 개 별 비				
주요재료비	300,000	120,000	60,000	480,000
노 무 비	120,000	36,000	24,000	180,000
경 비	36,000	18,000	6,000	60,000
제 조 부 문 공 통 비	33,600	24,000	19,200	76,800
제 조 부 문 비	14,400	10,800	10,800	36,000
전 공 정 비 대 체 액		528,000	784,800	1,312,800
소 계	504,000	736,800	904,800	2,145,600
기 초 재 공 품 원 가	96,000	84,000	78,000	258,000
합 계	600,000	820,800	982,800	2,403,600
기 말 재 공 품 원 가	72,000	36,000	48,000	156,000
공 정 완 성 품 원 가	528,000	784,800	934,800	2,247,600
공 정 완 성 품 수 량			200kg	
공정 완성품 단위원가			@₩4,674	

(2) 분 개

		차변 계정	금액		대변 계정	금액
①	(차)	제1공정제조	456,000	(대)	주요재료비	480,000
		제2공정제조	174,000		노 무 비	180,000
		제3공정제조	90,000		경 비	60,000
②	(차)	수선부문비	7,200	(대)	주요재료비	12,000
		동력부문비	9,600		노 무 비	4,800
③	(차)	제1공정제조	33,600	(대)	감가상각비	18,000
		제2공정제조	24,000		보 험 료	14,400
		제3공정제조	19,200		운 임	24,000
		수선부문비	9,600		노 무 비	39,600
		동력부문비	9,600			
④	(차)	제1공정제조	14,400	(대)	수선부문비	16,800
		제2공정제조	10,800		동력부문비	19,200
		제3공정제조	10,800			
⑤	(차)	제2공정제조	528,000	(대)	제1공정제조	528,000
⑥	(차)	제3공정제조	784,800	(대)	제2공정제조	784,800
⑦	(차)	제 품	934,800	(대)	제3공정제조	934,800

(3)

제1공정제조

차변	금액	대변	금액
전 기 이 월	96,000	제2공정제조	528,000
제 좌	456,000	차 기 이 월	72,000
제 좌	33,600		
제 좌	14,400		
	600,000		600,000
전 기 이 월	72,000		

제2공정제조

차변	금액	대변	금액
전 기 이 월	84,000	제2공정제조	784,800
제 좌	174,000	차 기 이 월	36,000
제 좌	24,000		
제 좌	10,800		
제1공정제조	528,000		
	820,800		820,800
전 기 이 월	36,000		

제3공정제조

전 기 이 월	78,000	제 품	938,800
제 좌	90,000	차 기 이 월	48,000
제 좌	19,200		
제 좌	10,800		
제2공정제조	784,800		
	982,800		982,800

수선부문비

제 좌	7,200	제 좌	16,800
제2공정제조	9,600		
	16,800		16,800

동력부문비

제 좌	9,600	제 좌	19,200
제2공정제조	9,600		
	19,200		19,200

제 품

제3공정제조	934,800		

11-2

(1) 공정별 종합원가계산표를 작성하시오.

공정별 종합원가계산표

적 요	제1공정	제2공정	합 계
기 초 재 공 품	20,000	17,000	37,000
당 기 제 조 비 용	①315,000	②280,000	595,000
전 공 정 비	-	③279,000	-
합 계	335,000	576,000	632,000
기 말 재 공 품	25,000	22,000	47,000
완 성 품 원 가	310,000	554,000	585,000
공 정 완 성 품 수 량	5,000개	4,000개	
공 정 단 가	@₩62	@₩138.50	

주) ① 제1공정 당기제조비용 :

(재료비 ₩150,000 + 노무비 ₩125,000 + 제조경비 ₩15,000)

↑ 제1공정 당월소비액

+ (노무비 ₩22,500 + 제조경비 ₩2,500) × 40%

↑ 동력부문 당월소비액 ↑ 동력부문 보조부문비 배부율

+ (재료비 ₩15,000 + 노무비 ₩13,000 + 제조경비 ₩2,000) × 50%

↑ 수선부문 당월소비액 ↑ 수선부문 보조부문비 배부율

= ₩290,000 + ₩25,000 × 40% + ₩30,000 × 50%
= ₩290,000 + ₩10,000 + ₩15,000
= ₩315,000

② 제2공정 당기제조비용 :

(재료비 ₩135,000 + 노무비 ₩105,000 + 제조경비 ₩10,000)

↑ 제2공정 당월소비액

+ (노무비 ₩22,500 + 제조경비 ₩2,500) × 60%

↑ 동력부문 당월소비액 ↑ 동력부문 보조부문비 배부율

+ (재료비 ₩15,000 + 노무비 ₩13,000 + 제조경비 ₩2,000) × 50%

↑ 수선부문 당월소비액 ↑ 수선부문 보조부문비 배부율

= ₩250,000 + ₩25,000 × 60% + ₩30,000 × 50%
= ₩250,000 + ₩15,000 + ₩15,000
= ₩280,000

③ 공정완성품수량 5,000개 중에서 4,500개가 대체됨.
4,500개×@₩62=₩279,000

⑵ 계정기입

제1공정 제조

전 기 이 월	20,000	제1공정완성품	310,000
재 료 비	150,000	차 기 이 월	25,000
노 무 비	125,000		
제 조 경 비	15,000		
제 좌	①25,000		
	335,000		335,000

제2공정 제조

전 기 이 월	17,000	제 품	554,000
재 료 비	135,000	차 기 이 월	22,000
노 무 비	105,000		
제 조 경 비	10,000		
제 좌	②300,000		
제1공정완성품	279,000		
	576,000		576,000

주) ① 보조부문비₩25,000 = 동력부문₩25,000 × 40% + 수선부문₩30,000 × 50%
② 보조부문비₩30,000 = 동력부문₩25,000 × 60% + 수선부문₩30,000 × 50%

⑶ 제2공정 제조착수 수량이 5,000개일 때

공정별 종합원가계산표

적 요	제1공정	제2공정	합계
기 초 재 공 품	20,000	17,000	37,000
당 기 제 조 비 용	315,000	280,000	595,000
전 공 정 비	-	①310,000	-
합 계	335,000	607,000	632,000
기 말 재 공 품	25,000	22,000	47,000
완 성 품 원 가	310,000	585,000	585,000
공 정 완 성 품 수 량	5,000개	4,000개	4,000개
공 정 단 가	@62	@146.25	@146.25

주) 공정완성품 수량 : 5,000 × @62 =310,000

11-3

(1) **가공비 공정별 종합원가계산표**

비 목	제1공정	제2공정	완성품
직 접 재 료 비			360,000
노 무 비	21,000	25,000	
경 비	7,000	8,000	
보 조 부 문 비	3,000	4,000	
전 공 정 가 공 비	-	32,000	
계	31,000	69,000	
기초재공품가공비	6,000	7,000	
계	37,000	76,000	
기말재공품가공비	5,000	6,000	
완 성 품 원 가	32,000	70,000	70,000
완 성 품 량			430,000
			1,000kg
제 품 단 가			@₩480

(2) 분 개

		차변 과목	금액		대변 과목	금액
①	(차)	직접재료비	370,000	(대)	재 료	370,000
②	(차)	제 품	360,000	(대)	직접재료비	36,000
③	(차)	제1공정가공비	21,000	(대)	노 무 비	46,000
		제2공정가공비	25,000			
④	(차)	제1공정가공비	7,000	(대)	경 비	15,000
		제2공정가공비	8,000			
⑤	(차)	제1공정가공비	3,000	(대)	보조부문비	7,000
		제2공정가공비	4,000			
⑥	(차)	제2공정가공비	32,000	(대)	제1공정가공비	32,000
⑦	(차)	제 품	70,000	(대)	제2공정가공비	70,000

(3)

제1공정가공비

제2공정가공비	6,000	제2공정가공비	32,000
노무비	21,000		5,000
경비	7,000		
보조부문비	3,000		
	37,000		37,000
전기이월	5,000		

제2공정가공비

전기이월	7,000	제2공정가공비	70,000
노무비	25,000		6,000
경비	8,000		
보조부문비	4,000		
제1공정가공비	32,000		
	76,000		76,000
전기이월	6,000		

직접재료비

전기이월	50,000	제품	360,000
재료	370,000	차기이월	60,000
	420,000		420,000
전기이월	60,000		

제품

직접재료비	360,000		
제2공정가공비	70,000		

제12장

등급별·연산품 종합원가계산

제1절 등급별 종합원가계산

1.1 등급별 종합원가계산의 의의

동일제품이라 하더라도 제품의 모양, 중량, 길이, 면적 등이 상이할 때 이것을 등급제품(product by class)이라 한다. 등급별 제품을 동일공정에서 생산하는 경우, 일정기간의 종합원가를 등급이 상이한 총생산량으로 균분하여 원가를 계산한다면 등급의 상이에서 발생하는 원가의 차이를 무시하게 됨으로 불합리하다. 그러므로 등급제품에 대한 단위당의 원가부담이 균등하도록 하는 기준, 즉 등가계수에 각 등급의 생산수량을 곱하여 산정된 적수의 비율에 의하여 일정기간에 있어서 종합원가를 각 등급별 제품에 배분하는 방법을 사용하게 된다. 이와 같은 계산방법이 등급별 종합원가계산이다.

등급별 종합원가계산(class cost system)이란 등급이 상이한 동종제품을 동일공정에서 연속적으로 생산하는 경우, 각 등급제품에 대해서 적당한 등가계수를 정함과 동시에 일정기간에 있어서 완성품의 종합원가 또는 일정기간의 제조비용을 이 등가계수에 의하여 각 등급제품에 배분하여 각 등급제품의 단위 원가를 계산하는 방법이다. 등급별 종합원가 계산은 주물, 제분, 방적, 봉제, 전선 등의 공장에 적용된다.

등급별 원가계산은 등가계수에 의하여 각 등급별 제품의 원가가 계산되므로 등가계수가 각 등급별 제품의 발생비용과 관련시켜 결정되지 않으면 각 등급별 제품에 배분된 제조비용은 실태를 반영하지 못하는 것이 된다. 따라서 등급별 계산에 있어서는 등가계수를 어떻게 합리적으로 결정할 것인가가 문제이다.

또한, 동일공정에서 다종류의 제품을 연속적으로 생산하는 경우 일반적으로는 각 제품을 조별로 하는 조별원가계산을 하게 되나, 제품종류별로 원가를 측정하기가 번잡하거나 그만큼 중요성이 없고, 소규모 기업의 경우에는 이것을 합리적인 정도의 제품종류별로 조합하여 조별원가계산을 한다. 그리하여 당기의 제조비용을 각 조별로 파악한 후 조를 구성한 각 제품에 배분하는 것이다. 이와 같은 경우에 적용되는 등급별 원가계산은 조별원가계산을 간략하게 한 것이라고 이해할 수 있다.

1.2 등가계수의 결정 및 기장

등가계수(equivalent coefficient)는 등가비율이라고도 하며 이것은 각 등급제품 1 단위당의 원가부담을 균등하게 하는 비율을 말한다. 또는, 등가비율은 등가계수에 생산량을 곱한 적수의 비를 지칭하기도 한다. 등가계수를 결정하는 기준에는 다음과 같이 물량기준, 원가기준, 시가기준의 3가지가 있다.

① **물량기준** : 등급품의 크기·무게·두께·굵기·면적·분포도 ····등

② **원가기준** : 일정기간의 시작(test run) 또는 표준조사에 의해 표준재료비·표준가공비 또는 표준제조원가 등을 계산하여 이용함

③ **시가기준** : 물량 및 원가기준에 의할 수 없는 경우에는 정상시가를 기준으로 함

이러한 등가계수의 기준을 적용할 때 ① 전 원가요소에 대하여 총괄적으로 하나의 등가계수를 적용하는 경우(일괄배분법)와 ② 원가요소별로 복수의 등가계수를 적용하는 경우(요소별배부법)가 있다. 이중에서 정확한 등급품의 원가계산을 위해서는 후자의 경우가 바람직하다.

이상의 3가지 방법 가운데 어떤 기준을 선택해야 하는 가는 공장의 제 조건 및 제품의 종류 등에 따라 결정해야만 한다. 원가계산기준에는 보통 물량기준 또는 원가기준에 따를 것을 정하여 두고 있다. 시가기준은 수량기준 및 원가기준에 의한 것이 부적합하고 곤란한 경우에 사용된다.

먼저 등급계수가 결정되면 이를 각 제품의 생산량에 곱하여 각 등급 제품별의 적수를 구하여 그것을 등가비율(배분기준)로 하여 등급제품 전체의 제조비용을 등가비율에 근거하여 각 등급제품에 배분한 후 각 등급제품별로 배분된 제조비용을 각각의 생산량으로 나누어 제조단가를 계산한다.

등급별 종합원가계산을 채택하고 있는 경우에는 일반원장에 재공품 계정과 등급별 제품 계정을 설정한다.

① **재공품 계정**

먼저 재공품 계정을 설정하는데, 이 계정의 차변에는 당기제조비용(재료비, 노무비, 경비)의 소비액이 기입되고 대변에는 당기 완성액이 기입된다.

〈도 12-1〉 등급별 종합원가계산의 기장관계

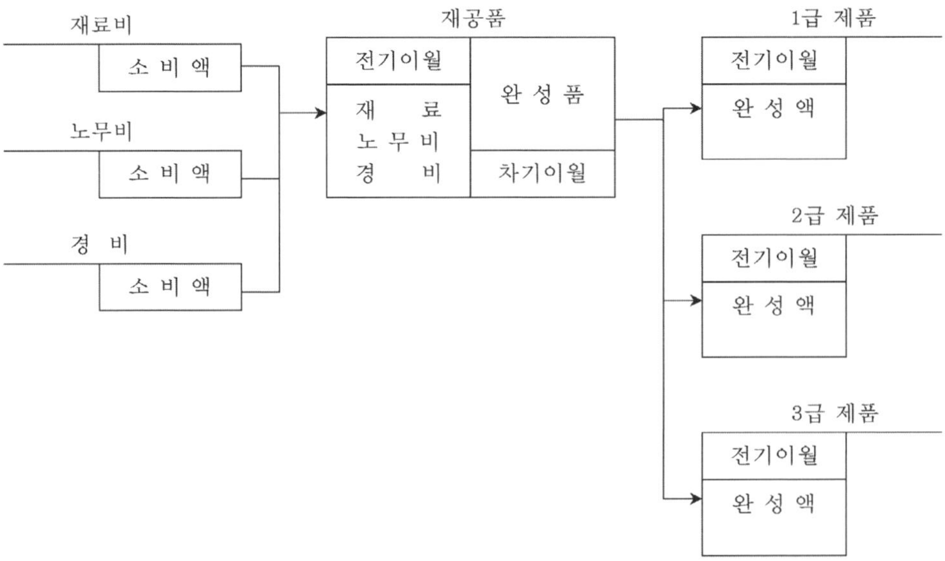

② **각 등급별 제품계정**

각 등급 제조별로 제품계정을 설정한다. 이 계정의 차변에는 재공품 계정에서 각 등급제품의 완성액이 대체 기입된다. 이상의 관계를 그림으로 표시하면 <도 12-1>과 같다.

1.3 등급별 원가계산의 회계사례

☑ 다음 자료로 (1) 물량기준법과 (2) 판매가치법에 의한 등급별 종합원가계산표를 각각 작성하고 분개 및 각 등급품의 단위당 원가를 계산하시오. 등급품의 결합원가는 ₩4,368,000이다.

등 급	생 산 량	판매단가	단위당 무게
1급품	4,000개	@₩800	120g
2급품	5,000	400	60
3급품	6,000	200	40

풀이

(1) 물량기준

① 원가계산표 **등급별 종합원가계산표**

등 급	무 게 ①	생산량 ②	시 가 ③=①×②	배부율[1] ④	결합원가 배부액 ⑤=₩4.368.000 ×④	단위원가 ⑥=⑤÷②
1등급	120g	4,000개	480,000g	48/102	₩2,055,529	@₩513.88
2등급	60	5,000	300,000	30/102	1,284,706	265.94
3등급	40	6,000	240,000	24/102	1,027,765	171.29
합 계			1,020,000g		₩4,368,000	

주 : 1) 배부율은 다음과 같이 계산한다.

$$1\text{등급}=\frac{480{,}000g}{1{,}020{,}000g}=\frac{48}{102}$$

$$2\text{등급}=\frac{300{,}000g}{1{,}020{,}000g}=\frac{30}{102}$$

$$3\text{등급}=\frac{240{,}000g}{1{,}020{,}000g}=\frac{24}{102}$$

<별 해>

완성품 전체의 제조원가	등 급 제 품	등가계수 ①	생산량 ②	적 수 ③=①×②	배부원가 ④	단위원가 ⑤=④÷②
4,368,000	1급품	6	4,000	24,000	2,055,529[1)]	@₩513.88
	2급품	3	5,000	15,000	1,284,706[2)]	256.94
	3급품	2	6,000	12,000	1,027,765[3)]	171.29
	계			51,000	4,368,000	

주 : 1) $₩4,368,000 \times \frac{24,000}{51,000} = ₩2,055,529$

2) $₩4,368,000 \times \frac{15,000}{51,000} = ₩1,284,706$

3) $₩4,368,000 \times \frac{12,000}{51,000} = ₩1,027,765$

② 분 개

차) 1급품	2,055,529	대) 재공품	4,368,000
2급품	1,284,706		
3급품	1,027,765		

(2) 시가기준

① 원가계산표

등급별 종합원가계산표

등 급	판매단가 ①	생산량 ②	시가 ③=①×②	배부율[1)] ④	결합원가 배부액 ⑤=₩4.368.000×④	단위원가 ⑥=⑤÷②
1등급	@₩800	4,000개	₩3,200,000	32/64	₩2,184,000	@₩546
2등급	400	5,000	2,000,000	20/64	1,365,000	273
3등급	200	6,000	1,200,000	12/64	819,000	136.50
합 계			₩6,400,000		₩4,368,000	

주) 배부율은 다음과 같이 계산된다.

$1등급 = \frac{₩3,200,000}{₩6,400,000} = \frac{32}{64}$

$2등급 = \frac{₩2,000,000}{₩6,400,000} = \frac{20}{64}$

$3등급 = \frac{₩1,200,000}{₩6,400,000} = \frac{12}{64}$

<별 해>

완성품 전체의 제조원가	등급 제품	등가계수 ①	생산량 ②	적수 ③=①×②	배부원가 ④	단위원가 ⑤=④÷②
4,368,000	1급품	$4(=\frac{@₩800}{200})$	4,000	16,000	2,184,000[1]	@₩546
	2급품	$2(=\frac{400}{200})$	5,000	10,000	1,365,000[2]	273
	3급품	$1(=\frac{200}{200})$	6,000	6,000	819,000[3]	136.50
	계			32,000	4,368,000	

주 : 1) $₩4,368,000 \times \frac{16,000}{32,000} = ₩2,184,000$

2) $₩4,368,000 \times \frac{10,000}{32,000} = ₩1,365,000$

3) $₩4,368,000 \times \frac{6,000}{32,000} = ₩819,000$

② 분 개

차) 1급품	2,184,000	대) 재 공 품	4,368,000
2급품	1,365,000		
3급품	819,000		

제2절 연산품 종합원가계산

2.1 연산품 종합원가계산의 의의

연산품(co-product, joint product)이란 동일한 원재료를 사용하여 동일한 공정을 거쳐 생산되는 2종류 이상의 제품들을 말하며, 이들 제품 상호간에 있어서 주·부를 구별할 수 없다는 점에서는 연산품과 등급품이 동일하나, 연산품은 동일 원재료의 투입으로 서로 다른 제품이 산출되는데 비하여, 등급품은 동일한 원재료에서 산출되는 제품의 모양, 크기, 품위 등이 상이하다 하더라도 동종의 제품이라는 점에서 다르지만 연산품을 일종의 등급품으로 취급하기도 한다.

연산품은 투입한 원재료에서 생산되는 이종의 제품이나 투입 원재료의 성질이나 생산기술상에서 제품의 산출비율이 일정하다는 점에서 특색이 있다. 이와 같은 연산품은 어느 하나의 제품만을 산출하기 위하여 개별생산 할 수는 없다. 다만, 어느 특정한 연산품을 생산하기 위해서는 필연적으로 산출된 다른 연산품을 폐기 처분함으로써 가능하지만 이러한 처치는 경제적으로 허용되지 않는다.

연산품은 최종공정에 있어서 최종제품의 형태로 분리하기도 하며 중간공정에 있어서 반제품의 형체로 분리되기도 한다. 분리된 반제품은 그대로 매각되나 매각되지 못한 것은 다시 그 후의 공정에서 가공되어 최종제품이 된다. 연산품의 전형적인 예로서는 정유공장의 중유, 등유, 경유, 납사 등을 들 수 있으며, 가스공업에 있어서 코크스, 콜탈, 벤졸, 암모니아, 가스 등을 들 수 있다.

연산품은 그것이 분리되기까지는 결합생산물로서 파악된다. 따라서 결합생산물에 관한 일체의 연산비용은 결합원가(joint cost)로서 일괄하여 파악되므로 연산품의 제조원가는 이 결합원가를 어떤 기준에 의하여 각 연산품에 배분해야 한다. 그러나 연산품은 분리한 후에도 다시 가공되는 것도 있으므로 이러한 분리 후 가공비를 가산한 합계액을 각 연산품의 완성수량으로 균분함으로써 연산품 단위원가가 산정된다.

〈도 12-2〉 연산품 · 결합원가 · 분리점의 관계

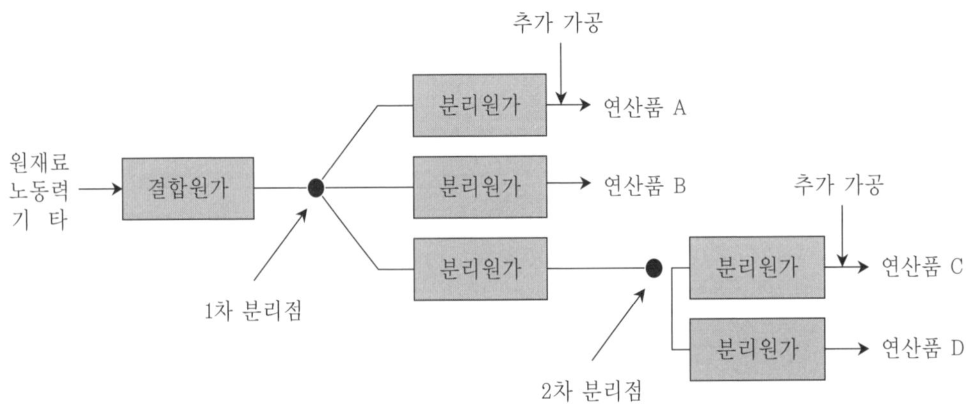

2.2 연산품의 원가계산 및 기장

1. 연산품의 원가계산

연산품이 일정한 생산단계에 도달하면 개별 제품으로 식별될 수 있는데, 이 단계 또는 시점을 **분리점(分離點, Split-off points)**이라 한다. 분리점에서 분리된 각 개별제품은 그 단계에서 즉시 중간 제품으로 판매되기도 하고, 추가 가공을 거친 완제품으로 판매되기도 한다.

분리점 도달하기 전의 연산품을 생산하는 과정에서 발생한 모든 원가를 **결합원가 또는 추가가공비(개별가공비, additional processing costs)**라 한다.

분리원가는 결합원가와는 달리 원가회계상 별다른 문제를 일으키지 않는다. 왜냐하면 분리원가는 개별제품과 관련하여 발생하는 것이므로 각 제품별로 추적이 가능하기 때문이다. 즉, 분리점 이후에 발생하는 원가에 대해서는 회사가 적절한 원가계산절차를 통해 비교적 정확하게 개별제품에 부과할 수 있기 때문이다.

연산품의 원가를 계산하기 위해서는 **결합원가를 각 연산품에 배부**해야 하는데, 이에는 **판매가치법, 물량기준법과 순실현가치법**이 있다. 이 중, 일반적으로 많이 사용되는 방법은 판매가치법이다.

1) 판매가치법(relative sales value method) :

이것은 분리점에서의 각 개별 제품의 판매가치를 기준으로 결합원가를 배부하는 방법이다. 분리점에서 개별 제품을 판매할 수 있는 시장이 존재한다면, 결합원가의 배부기준이 되는 판매가치를 쉽게 알 수 있다.

그러나 분리점 이후에 추가 가공을 해야만 판매될 수 있는 경우에는 분리점에서의 판매가치를 알 수 없으므로 이때는 개별제품의 최종 판매가격에서 추가 가공비(분리원가)를 차감한 잔액을 분리점에서의 판매가치의 추정치로 사용한다.

2) 물량기준법(physical method)

이것은 분리점에서의 각 개별 제품의 수량, 무게, 부피, 면적 등과 같은 **물리적 수치를 기준으로 결합원가를 배부하는 방법**이다. 생산 수량을 배부 기준으로 사용하는 경우, 결합원가는 개별제품의 수량에 비례하여 배부된다.

3) **순실현가치법**(net realizable value method : NRV법)

이것은 개별제품의 분리점에서의 순실현가치를 기준으로 결합원가를 배분하는 방법이다. 여기서 **순실현가치**란 개별제품의 최종판매가치에서 추가가공비 및 추가판매비 등을 차감한 금액을 말한다.

2. 기장방법

각 연산품을 종합한 원가는 재공품 계정으로부터 각 연산품 계정에 대체한다. 그러나 제품의 종류가 많은 경우에는 제품계정을 통제계정으로 하고, 그 명세를 보조부인 제품원장에서 기입하도록 하는 것이 편리하다.

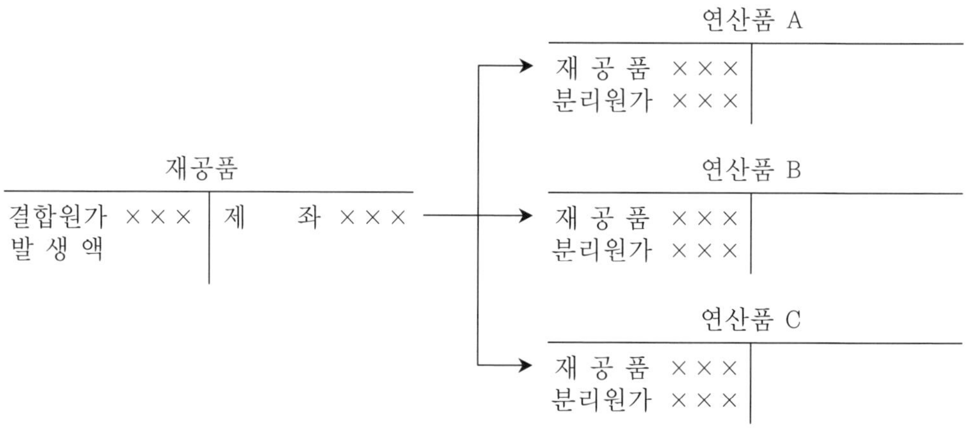

차)	연산품 A	×××	대) 재 공 품	×××
	연산품 B	×××		
	연산품 C	×××		

2.3 연산품의 원가계산의 회계사례

1. 판매가치법

다음 자료로 판매가치법에 의한 연산품 원가계산표를 작성 및 분개하고 연산품 A, B, C의 단위당 원가를 계산하시오. 단, 결합원가는 ₩740,000이다.

제 품	생 산 량	단 가
A 제 품	3,000개	@₩150
B 제 품	4,000	90
C 제 품	5,000	60

풀이

1) 원가계산표

연산품 원가계산표

제 품	판매단가 ①	생산량 ②	총판매가치 ①×②=③	배부율 ④	결합원가배부액 ⑤	단위당원가 ⑥=⑤÷②
A	₩150	3,000개	₩450,000	45/111	₩300,000	@₩100
B	90	4,000	360,000	36/111	240,000	60
C	60	5,000	300,000	30/111	200,000	40
합 계			₩1,110,000		₩740,000	

주 : 1) 배부율은 다음과 같이 계산한다.

A제품 : $\frac{₩450,000}{₩1,110,000} = \frac{45}{111}$

B제품 : $\frac{₩360,000}{₩1,110,000} = \frac{36}{111}$

C제품 : $\frac{₩300,000}{₩1,110,000} = \frac{30}{111}$

2) 결합원가 배부는 다음과 같다.

A제품 : $₩740,000 \times \frac{45}{111} = ₩300,000$

B제품 : $₩740,000 \times \frac{36}{111} = ₩240,000$

C제품 : $₩740,000 \times \frac{30}{111} = ₩200,000$

2) 분 개

차) A 제품	300,000	대) 재 공 품	740,000
B 제품	240,000		
C 제품	200,000		

3) 별해

판매단가를 등가계수화하여 원가계산표를 작성하면 아래와 같다.

등급	등가계수 ①	생산량 ②	적수 ③=①×②	원가배부 ④	단가 ⑥=④÷②
A제품	5(150/30)	3,000	15,000	300,000	@100
B제품	3(90/30)	4,000	12,000	240,000	60
C제품	2(60/30)	5,000	10,000	200,000	40
계			37,000	740,000	

주 : ④ $74,000 \times \frac{15,000}{37,000} = 300,000$

$74,000 \times \frac{12,000}{37,000} = 240,000$

$74,000 \times \frac{10,000}{37,000} = 200,000$

2. 물량기준법

☑ (주)제일은 하나의 결합공정에 ₩160,000의 원가를 투입하여 A제품, B제품, C제품이라는 연산품을 생산하고 있다. 이 제품들은 분리점 이후에 추가 가공하여 A제품은 ₩78,000, B제품은 ₩108,000, C제품은 ₩54,000의 판매가치가 있을 것으로 추정된다. 개별제품을 추가 가공하는데 소요되는 원가는 A제품이 ₩15,000, B제품이 ₩27,000, C제품이 ₩18,000이다. 그리고 각 제품의 단위당 무게와 생산량은 다음과 같다. 물량기준법에 의한 A제품, B제품, C제품의 제조원가를 계산하시오.

제 품	단위당 무게	생 산 량
A 제품	4kg	100개
B 제품	3kg	250개
C 제품	3kg	150개

풀이

(1) 원가계산표

연산품 원가계산표

등급	물량	원가배부 ①	추가원가 ②	제조원가 ③=①+②	단가 ③÷생산량
A제품	4×100=400	40,000	15,000	55,000	@550
B제품	3×250=750	75,000	27,000	102,000	400
C제품	3×150=450	45,000	18,000	63,000	140
계	1,600	160,000	60,000	220,000	

주 : ① A제품 : $160,000 \times \frac{400}{1600} = 40,000$

B제품 : $160,000 \times \frac{750}{1600} = 75,000$

C제품 : $160,000 \times \frac{450}{1600} = 45,000$

3. 순실현가치법

☑ (주)희망은 ₩80,000의 결합원가를 투입하여 세 종류의 연산품을 생산·판매하고 있다. 연산품은 분리점 이후에 추가 가공되어 A제품은 ₩52,000, B제품은 ₩72,000, C제품은 ₩ 36,000에 판매된다. 각 제품을 추가 가공하는 데 발생한 원가는 A제품이 ₩10,000, B제품이 ₩18,000, C제품이 ₩12,000이다. 각 제품의 생산량은 A제품이 200개, B제품이 300개, C제품이 100개이다. 결합원가는 순실현가치법을 사용하여 개별제품에 배분하고 있다. 결합원가를 각 제품에 배분하고 각 제품의 제조단가를 구하시오.

(1) 원가계산표

연산품원가계산표

등급	판매가격 ①	추가원가 ②	NRV ③=①-②	원가배분 ④	제조원가⑤= ②+④	단가 ⑥=⑤÷생상량
A제품	52,000	10,000	42,000	28,000	38,000	@190
B제품	72,000	18,000	54,000	36,000	54,000	180
C제품	36,000	12,000	24,000	16,000	28,000	280
계	160,000	40,000	120,000	80,000	120,000	

주) 순실현가치를 등가계수화 하여 결합원가를 배분한다.

④ A제품 : $80{,}000\times\dfrac{42{,}000}{120{,}000}=28{,}000$

B제품 : $80{,}000\times\dfrac{54{,}000}{120{,}000}=36{,}000$

C제품 : $80{,}000\times\dfrac{24{,}000}{120{,}000}=16{,}000$

제3절 부산물원가계산

3.1 부산물의 의의

동일한 원재료를 사용하여 동일공정에서 가공함으로써 생산기술상 필연적으로 산출되는 2종류이상의 제품을 결합생산물이라고 전술했는데, 그러나, 생산된 제품 중 그것이 당해기업에 있어서 주 제품일 때 그 제품을 주산물(main product)이라 하며 그 이외의 제품을 부산물(by product)이라 한다. 즉, 부산물은 제조과정에서 필연적으로 산출되는 부차적 물품이다.

제품의 주·부의 구별은 당해기업이 어느 제품의 생산판매에 목적을 두는가에 따라 구별한다. 기업은 이익의 장기적 극대화를 지향하고 있기 때문에 이것에 기여하는 시장가격 또는 경제적 가치의 크기에 의존한다. 시장가격이나 경제적 가치는 기술혁신, 수요의 동향 등에 의하여 영향을 받으므로 이들의 변동에 의하여 그 후 제품 상호간에 있어서의 주·부가 역전될 수도 있는 것이다. 따라서 제품의 주·부의 구별은 상대적인 것이라 할 수 있다.

주제품은 일반적으로 산출량이 많고, 그 경제적 가치가 부산물보다도 훨씬 높다. 그러나 부산물의 경제적 가치가 증대되고 주산물과 같은 정도로 또는 구별하기가 곤란한 상황이 되면 이러한 제품을 연산품이라 한다.

부산물이 동일공정에서 최종제품으로서 분리되면 그것을 그대로 판매하거나, 또는 타 용도로 이용하거나 할 것이다. 그 분리가 최종제품에 이르지 못한 단계라면 다른 공정에서 가공하지 않으면 판매 또는 이용가능 한 제품이 되지 않는다.

따라서 이러한 부산물은 분리 후의 가공정도에 따라서 상이하나, 주산물의 공정에서 배출된 것, 또는 원재료에서 주산물을 회수한 잔여물을 유용하게 이용한 것이라 할 수 있다.

부산물은 동일공정에서 동일원재료로 생산되는 서로 다른 제품이며 각각의 품종을 별개로 생산할 수 없는 결합생산물이라는 점에서 연산품과 같다. 그러나, 연산품에 있어서는 제품 상호간에 경제적 가치의 우열을 가리기가 어렵고 어느 제품이라도 기업에 있어 동등한 경제적 가치가 있다는 점에서 경제적 가치가 명확하게 저렴한 부산물과는 상이하다.

또한, 결합생산물의 원가인 결합원가를 각 제품에 배분하지 않으면 안 된다는 점에서는 양자가 동일하지만 배분방법이 상이하다. 결합원가를 주산물과 부산물에 배분하는 경우 부산물을 적절하게 평가하여 이것을 결합원가에서 공제함으로서 주산물의 원가를 결정하든가 또는 주산물을 적절하게 평가하여 이것을 결합원가에서 공제함으로써 부산물의 원가를 결정하는가의 두 가지 방법이 있으나 일반적으로 전자에 의한 것이 원칙이다.

부산물의 경제적 가치가 높아져 주산물의 경제적 가치와 비슷하면 연산품이 됨으로 그 결합원가는 연산품과 동일한 배분계산을 행하고, 경미한 부산물은 매각한 수입을 원가외 수익으로 처리하는 것을 인정하고 있다.

3.2 부산물의 평가

부산물이 발생하는 경우에는 부산물을 일정한 방법에 의하여 평가하고 이것을 주·부산물의 결합원가에서 공제함으로써 비로소 주산물의 종합원가 산정된다. 그런데, 원가회계기준에서는 '주산물의 종합원가'에서 부산물평가액을 공제한다고 규정하고 있으나, 이 주산물의 종합원가는 어떻게 산정하는가는 명확하게 되어 있지 않다.

일반적으로 주산물의 평가액을 공제하는 방법으로는 다음의 3가지 방법이 있다.

1. 주산물의 완성품 원가에서 공제하는 방법

이것은 완성품과 기말재공품을 모두 주산물로 보고 기초재공품원가와 당기제조비용의 합계액을 주산물의 완성품과 기말재공품에 배분한다. 주산물의 완성품원가인 종합원가에서 부산물 평가액을 공제한 것을 주산물의 제품원가로 한다. 이 방법에 의하면 기말재공품원가는 부산물 평가액에 영향을 주지 않고 완성품에만 영향을 미치기 때문에 그 제품의 단위원가가 낮아진다. 부산물의 발생이 공정의 종점 또는 종점가까이에서 발생할 때는 기말재공품수량에 영향을 주지 않으므로 이 방법이 바람직하다.

종합원가계산에서는 직접재료비, 전공정비, 가공비로 분리하여 각각을 완성품과 기말재공품에 배분하나 이 방법에서는 부산물 평가액을 완성품원가에서 일괄적으로 공제한다. 따라서 계산이 용이하다는 점에서 일반적으로 널리 사용되고 있으며 전술한 원가회계기준에서도 이 방법을 권장하고 있다.

2. 주·부산물의 결합원가에서 공제하는 방법

결합원가를 주산물의 완성품과 기말재공품에 배분하기 전에 결합원가에서 부산물의 평가액을 공제하는 방법이다. 결합원가에서 부산물의 평가액을 공제하면 주산물의 제조비용만 남게 된다.

부산물이 공정의 시점 또는 시점가까이에서 혹은 가공에 따라 서서히 발생할 때는 기말재공품에 영향을 주기 때문에 이 방법에 의하지 않으면 안된다. 부산물 평가액을 결합원가에서 공제한다 하더라도 이것은 직접재료비, 전공정비, 가공비의 원가항목에서 공제하는 결과를 초래한다.

부산물의 평가에 대해서는 원가회계기준에서는 다음과 같은 방법에 따라야 한다고 규정하고 있다.

① 부산물로서 그대로 외부에 매각할 수 있는 것은 추정매각가격에서 판매비와 일반관리비 및 통상이윤을 공제한 가격
② 부산물로서 가공 후에 매각하는 것은 가공제품의 추정매각가격에서 가공비, 일반관리비와 판매비 및 통상의 이윤의 추정액을 공제한 가격
③ 부산물로서 그대로 자가 소비하는 것은 그 추정구입가격

④ 부산물로서 가공 후 자가 소비하는 것은 그 추정가액에서 가공비 발생액을 공제한 가격

3. 무평가법

이것은 부산물의 수량이 적고 그 판매가격 또는 이용가치가 낮은 경우로서 부산물을 평가하더라도 그것이 경미할 때는 이것을 평가하지 않고 매각에 의한 수입액 또는 이용가치를 영업외의 잡수익으로 처리하는 방법이다.

상기 방법 이외에도 (a) 분리점에 있어서 부산물의 시장성이 전혀 없거나 이것을 가공함으로서 시장성이 생기는 경우에는 분리점에서는 무평가 하나 분리 후에 발생한 가공비를 가지고 부산물의 평가로 하는 방법, (b) 부산물의 가격이 변동함으로써 주산물의 종합원가가 좌우되는 결점을 제거하기 위하여 부산물을 표준원가로서 평가하는 방법 등이 있다. 실무적으로는 판매비와 일반관리비, 이윤의 추정이 용이하지 않다는 것과 계산상의 비용이 많다는 이유에서 추정매각가액에 의하는 것이 일반적이다.

3.3 부산물의 회계사례

부산물의 평가액은 부산물계정에 처리하였다가 주산물의 종합원가에서 차감하는 것으로, 이때 공정별 원가계산, 조별원가계산을 실시하는 경우에는 부산물이 발생된 공정 또는 조의 제조원가에서 차감하고, 또한 부산물의 발생을 평가하는 경우에는 매각하여 얻게 될 수입을 영업외 수익으로서 잡수익계정에서 처리한다.

작업폐물에 대한 평가 및 회계처리는 부산물에 준한다.

☑ 다음의 거래를 중심으로 부산물의 회계처리에 대해 학습코자 한다.

(1) 부산물이 발생하여 예상판매가액 ₩400,000, 판매비와 일반관리비에 대한 예상액 ₩20,000, 예상수익은 ₩40,000이었다.

(2) 위의 부산물을 ₩412,000에 매각하여 대금은 수표로 받다.

(3) ① 제1공정에서 부산물이 발생하다. 이것은 자공정에서 소비된 것으로 이로 인하여 연료비를 ₩60,000 절약할 수 있었다.

② 위의 부산물을 제2공정의 연료비로 처리하다.

(4) ① 부산물이 발생하였으나 경미한 것이어서 평가하지 아니한다.

② 위의 부산물을 ₩10,000에 처분하고 대금은 수표로 받다.

풀이

		차변	금액		대변	금액
(1)	차)	부 산 물	340,000	대)	제 조	340,000
(2)	차)	현 금	412,000		부 산 물	340,000
					부산물처분이익	72,000
		또는				
	차)	현 금	412,000		분 산 물 매 출	412,000
	차)	부산물매출원가	340,000		부 산 물	340,000
(3) ①	차)	부 산 물	60,000		제 1 공 정 제 조	60,000
②	차)	제 2 공 정 제 조	60,000		부 산 물	60,000
(4) ①		분개없음.				
②	차)	현 금	10,000		잡 수 익	10,000

연습문제

객관식

12-1 다음 자료에 의하여 각 등급품의 단위원가를 고르시오.

	생산량	단위당원가	제조원가
1등급	100단위	100원	3,080,000
2등급	150단위	80원	

① 11,000(1급품) 12,000(2급품)　② 12,000(1급품) 14,000(2급품)
③ 11,200(1급품) 14,000(2급품)　④ 14,000(1급품) 11,200(2급품)

12-2 연산품 결합원가에서 배부기준으로 이용되고 있는 순실현기능가치는 무엇을 지칭하고 있는가?

① 매출가액에서 정상이윤을 차감한 금액　② 총원가
③ 매출가액에서 제품분리점 이후의 가공비를 차감한 금액　④ 결합원가

12-3 결합원가 ₩218,400이다. 분리점 이후 A제품의 판매가격은 25,000 B제품의 판매가격은 34,000이다. 이러한 판매가격을 성취하기 위하여 A제품은 추가가공비가 7,000이고 B는 추가가공비가 없이 판매한다. 순실현가능가치에 의한 각 제품의 배부액은?

① A-75,600　B-142,800　② A-57,600　B-152,000
③ A-44,800　B-75,600　④ A-84,800　B-124,800

12-4 다음 자료에 의하여 순실현가능가치에 의한 결합원가의 배분비율을 구하시오.

	A제품	B제품
생산 및 판매량	200단위	50단위
판매단가	@750	@250
추가가공비	@500	@50

① 2 : 1 ② 3 : 1 ③ 4 : 1 ④ 5 : 1

12-5 다음 자료의 빈칸에 들어갈 말로 짝지어 진 것은?

> 연산품 원가계산에서 연산품이 개별제품으로 식별될 수 있는 일정한 생산단계를 (가) 이라하고, (가)에 도달하기 전까지 연산품을 제조하는 과정에서 발생한 제조원가를 (나)라 한다.

	가	나		가	나
①	생산점	결합원가	②	생산점	추가가공원가
③	분리점	결합원가	④	분리점	추가가공원가

12-6 순실현가능가치에 의하여 연산품 B의 순이익을 구하시오. 단 B 제품은 추가가공으로 판매한다.

> 결합원가 ₩32,250
> A제품: 생산량 1,000단위, 판매단위가격 ₩50
> B제품: 생산량 500단위, 판매단위가격 ₩30
> 추가가공비 총액 ₩500

① ₩6,500 ② ₩7,250 ③ ₩7500 ④ ₩ 7,700

12-7 다음 자료에 의하여 2등급품의 단위원가를 구하시오.

> 기초재공품 재고액 ₩120,000
> 당기제조비용 ₩540,000
> 기말재공품 재고액 ₩137,500
> 생산량 : 1급품-100개, 2급품-150개
> 등가계수 : 1급품-1, 2급품-0.6

① ₩1,650 ② ₩1,750 ③ ₩1,850 ④ ₩1,950

12-8 (주)한강은 동일 공정에서 3가지 제품 A, B, C를 생산하고 있다. 결합원가는 분리점에서의 상대적 판매가치를 기준으로 배분하고 있다. 이와 관련된 자료는 다음과 같다. 분리점 이후에 C제품 400개에 대하여 총 ₩14,000을 추가로 투입하여 최종제품으로 완성한 다음 단위당 500에 판매하는 경우 C제품의 매출총이익은?

	A	B	C	합계
생산량	?	?	400	2,000개
결합원가	₩180,000	?	?	₩360,000
분리점의 판매가치	?	₩280,000	?	₩800,000

① ₩118,000 ② ₩132,000 ③ ₩46,000 ④ ₩160,000

12-9 (주)대정은 화학물질 생산업체로서 A제품과 C제품을 최종판매하고 있다. 생산과정은 제1공정에서 A제품과 B중간재를 생산하고, B중간재는 제2공정에서 추가가공을 거쳐 C제품으로 완성된다. 제1공정에서는 직접재료비 ₩60,000, 가공비 ₩40,000이 발생된다. A제품은 분리점에서 ₩80,000에 판매되고, B중간재는 제2공장에서 추가가공을 거친 후 C제품으로 완성되어 ₩70,000에 판매된다. 제2공정에서 발생하는 추가가공원가는 직접노무비 ₩10,000, 제조간접비접비 ₩15,000이다. A제품과 C제품의 원가를 구하시오.

	A제품원가	C제품원가		A제품원가	C제품원가
①	₩64,000	₩61,000	②	₩62,500	₩62,500
③	₩66,667	₩58,333	④	₩80,000	₩45,000

12-10 (주)석사는 6월 중 500kg의 화확원료를 투입하여 가공한 후 하나의 분리점에서 A와 B 그리고 C라는 제품을 분리시켜 이를 추가 가공함으로써 비로소 시장성 있는 완제품을 만들었다. A와 B 그리고 C라는 제품을 생산하기 위한 결합원가는 ₩1,000,000이다. 아래 각 자료를 참고하여 A제품에 배분될 kg당 원가를 계산하시오(단, 결합원가의 배분은 순실현가치를 기분으로 하시오).

제품	생산량	분리후 가공비	판매단가(kg당)
A	200kg	₩140,000	₩4,000
B	200kg	₩120,000	₩3,000
C	200kg	₩40,000	₩2,000
합계	600kg	₩300,000	

① ₩2,200 ② ₩1,600 ③ ₩1,200 ④ ₩1,667

12-11 (주)해동은 결합공정에 의해 제품 X와 Y를 제조한다. 총결합원가는 ₩120,000이다. 분리점에서의 판매가치는 제품 X가 ₩150,000이며, 제품 Y는 2,000단위에 ₩50,000이다. 결합원가를 분리점에서의 상대적 판매가치를 사용하여 배분한다면, 제품 X에 배분 될 결합원가는 얼마인가?

① ₩30,000 ② ₩60,000 ③ ₩90,000 ④ ₩96,000

주관식

12-1 인천공장은 연산품 A, B, C제품을 제조하고 있다. 당월중에 발생한 자료를 기초로 순실현가치법에 의한 연산품 원가계산표를 작성하시오.

(1) 원가소비 내역

비 목	분리전 종합원가	분리후 개별가공비			계
		A	B	C	
주요재료비	₩105,000				₩105,000
보조재료비	25,000	₩4,000	₩2,800	₩4,000	35,800
노 무 비	65,000	7,000	6,000	13,500	91,500
제 조 경비	31,000	5,000	4,000	3,700	43,700
계	₩226,000	₩16,000	₩12,800	₩21,200	₩276,000

(2) 생산량 및 정상판매가격

제 품 명	생 산 량	판 매 단 가
A	2,000	@₩60
B	1,000	@₩70
C	1,500	@₩80

(3) 결합원가는 정상판매액에서 개별가공비를 공제한 금액을 기준으로 한다.

연산품 원가계산표

제 품	생산량	판매 단가	정상 매출액	개별 가공비	차감액(분리점의 순실현가치(NRV))	결합원가 배부액	제조 원가	제조 단가

12-2 다음 자료에 의하여 완성된 제품의 제조원가를 각 등급품에 안분계산을 하고 제조계정에 대체하시오.

(1) 당기제품 완성수량 1급품 100개(@₩200)
2급품 500개(@₩160)

제 조

전월이월	16,000	제 품	120,000
제 조	66,000	차월이월	18,000
임 금	30,000		
제조경비	26,000		

1등급

2등급

12-3 다음 제조계정과 등급별 종합원가계산표를 상호 참조하여 이를 완성하고 각 등급별 원가를 대체한 분개를 나타냄과 동시에 아래의 자산에 의하여 B제품계정의 기입을 완성하시오.

등급별 종합원가계산표

등 급 별	등가계수	생 산 량	적 수	완성품원가	단위원가
A 제 품	1.0	1,500개		₩	
B 제 품	0.7	3,000개		₩	
C 제 품	0.6	2,000개		₩	

제 조

전기이월	370,000	A 제 품	(　　)
재 료	855,000	B 제 품	(　　)
노 무 비	632,600	C 제 품	(　　)
경 비	413,400	차기이월	255,000
	(　　)		(　　)

B제품에 관한 자료

기초재고 300개, 당기판매 2,950개, 기말재고 350개(평가는 선입선출법에 의한다)

B 제 품

전기이월	88,800	(　　)	(　　)
(　　)	(　　)	차기이월	(　　)
	(　　)		(　　)

12-4 다음 자료에 의하여 순실현가치기준에 따른 연산품원가계산표를 작성하시오.

	판매단가	완성품수량	분리점후 개별가공비
A제품	₩400/kg	500kg	₩40,000
B제품	₩240/kg	500kg	₩20,000
C제품	₩200/kg	200kg	₩20,000
결합원가	₩140,000		

12-5 식욕이 없는 사람을 위한 약품을 제조, 판매하는 ㈜걸신제약은 갑제품의 약품을 개발하였다. 약효의 강도에 따라 등급별로 생산을 하는데 원가에 관한 자료는 다음과 같다.

> 1. 월초자료 : 재료 ₩ 2,000, 가공비 ₩ 3,200
> 2. 당월투입액 : 재료 ₩20,000, 가공비 ₩12,400
> 3. 월말평가액 : 재료 ₩ 4,400, 가공비 ₩ 2,000
>   1급제품 : 생산량 200단위 시가 ₩200
>   2급제품 : 생산량 400단위 시가 ₩ 70
>   3급제품 : 생산량 600단위 시가 ₩ 50

<요구사항>

각 등급별로 단위원가를 산출하시오.

풀 이

객관식

12-1 ④ **12-2** ③

12-3 ①

		판매액	추가가공비	순실현가능가치	배분액
결합원가(218,400)	A 제품	25,000	7,000	18,0000	75,600
	B 제품	34,000	0	34,000	142,800
				52,000	218,400

12-4 ④

	판매단가	생산 및 판매량	판매액	추가가공비	순실현가능가치
A제품	@750	200	150,000	100,000	50,000
B제품	@250	50	12,500	2,500	10,000

200 × @500, 50 × @50

12-5 ③

12-6 ②

		생산량	판매단가	판매액	추가가공비	순실현가능가치
결합원가(32,250)	A 제품	1,000	@50	50,000	0	50,000
	B 제품	500	@30	15,000	500	14,500
						64,500

B제품의 순이익

매 출 액	15,000	
(−) 결합원가배분	7,250	; 32,250×145 / 645
(−) 추가가공비	500	
	7,250	

12-7 ①

제공품

전기이월	120,000	제품	552,500
제조비용	540,000	차기이월	137,500
	660,000		660,000

	생산량	등가계수	적수
⇨ 1급품	100	1	100
⇨ 2급품	150	0.6	90
			190

2등급의 원가배분 : 522,500 × 90/190=247,500 단위원가 : 247,500/150=@1,650

12-8 ②
- B제품의 결합원가
  총제품의 판매가치 800,000 중 B제품의 상대적 판매가치 280,000
  800,000 : 280,000=360,000 : X ∴ X=126,000
- 총 결합원가 360,000 중 A제품 180,000 B제품 126,000을 차감하면 C제품의 결합원가는 54,000
- C 제품의 이익 : 판매가치200,000(400단위×@500) − 결합원가54,000=146,000
- 추가가공비 146,000 − 14,000=132,000

12-9 ① 1공정 결합원가(직접재료비 60,000 + 가공비 40,000)

	판매가격	추가가공비	순실현가능가치	결합원가 배분액
A제품	80,000	-	80,000	64,000
C제품	70,000	25,000	45,000	36,000

* 직접노무비 10,000 + 제조간접비 15,000

12-10 ① 결합원가 1,000,000

	판매가격	추가가공비	순실현가능가치	결합원가 배분액
A제품	800,000	140,000	660,000	440,000
B제품	600,000	120,000	480,000	320,000
C제품	400,000	40,000	360,000	240,000

단위원가 440,000÷200kg=@2,200

12-11 ③ 120,000×(150,000 / 200,000)=90,000

객관식

12-1

연산품 원가계산표

제품	생산량 ①	판매 단가 ②	정상매출액 ③=①×②	개별가공비 ④	분리점의 순실현가치 (NRV) ⑤=③−④	결합원가 배 부 액 ⑥*	제조원가 ⑦=⑥+④	제조단가 ⑧=⑦÷①
A	2,000	@₩60	₩120,000	₩16,000	₩104,000	₩90,400	₩106,400	@₩53.20
B	1,000	70	70,000	12,800	57,200	49,720	62,520	62.52
C	1,500	80	12,000	21,200	98,800	85,880	107,080	71.39
계	4,500		₩202,000	₩50,000	₩260,000	₩226,000	₩276,000	

주 : ⑥ 결합원가 배부액은 다음과 같다.

A제품 : $226,000\times\frac{₩104,000}{₩260,000} = 90,400$

B제품 : $226,000\times\frac{₩57,200}{₩260,000} = 49,720$

C제품 : $226,000\times\frac{₩98,800}{₩260,000} = 85,880$

₩226,000

12-2

제 조

기초재공품	16,0000	제 품	120,000
재 료	66,000	기말재공품	18,000
임 금	30,000		
제 조 경비	26,000		
	138,000		138,000

1 등 급

24,000*	

2 등 급

96,000	

$$* \ 120,000 \times \frac{100 \times 200}{(100 \times 200) + (500 \times 160)} = 24,000$$

<별 해>

완성품 전체의 제조원가	등 급 제 품	등가계수 ①	생산량 ②	적 수 ③=①×②	등급별원가 (배분원가) ④	단위원가 ⑤=④÷②
120,000	1급품	5(290/40)	100	500	24,000[1)]	@₩240
	2급품	4(160/40)	500	2,000	96,000[2)]	192
	계			2,500	120,000	

제조단가를 등가계수화하면

$$120,000\times \frac{500}{2500} = 24,000$$

$$120,000\times \frac{2000}{2500} = 96,000$$

12-3

등급별 종합원가계산표

등 급 별	등가계수	생 산 량	적 수	완성품원가*	단 위 원 가
A 제 품	1.0	1,500개	1,500	₩630.000	₩420
B 제 품	0.7	3,000개	2,100	₩882,000	₩294
C 제 품	0.6	2,000개	1,200	₩504,000	₩252
		6,500개	4,800	₩2,016,000	

완성품 원가를 대체한 분개

차)	A 제품	630,000	대) 제 조	2,016,000
	B 제품	882,000		
	C 제품	504,000		

제 조

전 기 이 월	370,000	A 제 품	(630,000)
재 료	855,000	B 제 품	(882,000)
노 무 비	632,600	C 제 품	(504,000)
경 비	413,400	**차 기 이 월**	**255,000**
	2,271,000		(2,271,000)

B 제품

전 기 이 월	88,800	(매 출 원 가)	(867,900)
(제 조)	(882,000)	**차 기 이 월**	**(102,900)**
	(970,800)		(907,800)

주 : (1) 당기완성품원가의 계산

A제품 : $₩2,016,000 \times \frac{₩1,500}{₩4,800} = 630,000$

B제품 : $₩2,016,000 \times \frac{₩2,100}{₩4,800} = 882,000$

C제품 : $₩2,016,000 \times \frac{₩1,200}{₩4,800} = 504,000$

(2) B제품 기말재고액

₩294×350개=₩102,900

12-4

(1) 등가비율의 산정

제품명	생산량	판매단가	매출액	분리후개별가공비	개별가공비제거 후 매출액	등가비율
A	500kg	@₩400	₩200,000	₩40,000	₩160,000	8
B	500	240	120,000	20,000	100,000	5
C	200	200	40,000	20,000	20,000	1

(주) 매출액(생산량×판매단가)

(2) 원가계산표의 작성

연산품 원가계산표

제품명	결합원가배분액	분리후개별가공비	완성품원가	생산량	완성품단위원가
A	₩80,000	₩40,000	₩120,000	500kg	@₩240
B	50,000	20,000	70,000	500	140
C	10,000	20,000	30,000	200	150
	₩140,000	₩80,000	₩220,000	1,200kg	

① 결합원가의 배분계산

A제품 $140,000 \times \frac{8}{8+5+1} =$ ₩80,000

B제품 $140,000 \times \frac{5}{8+5+1} =$ ₩50,000

C제품 $14,0000 \times \frac{1}{8+5+1} =$ ₩10,000

② 완성품 원가의 계산

A제품 ₩80,000 + ₩40,000 = ₩120,000

B제품 ₩50,000 + ₩20,000 = ₩70,000

C제품 ₩10,000 + ₩20,000 = ₩30,000

③ 제조단가의 계산

A제품 ₩120,000 ÷ 500 = @240

B제품 ₩70,000 ÷ 500 = @140

C제품 ₩30,000 ÷ 200 = @150

12-5

제공품

월초재료비	2,000	제 품	31,200
월초가공비	3,200		
당기재료비	20,000	월말재료비	4,400
당기가공비	12,400	월말가공비	2,000
	37,600		37,600

	생산량	등가계수	적수	등급별배분액	등급별 단가
1급제품	200	1	200	8,000	@40
2급제품	400	0.7	280	11,200	@28
3급제품	600	0.5	300	12,000	@20
			780		

제13장

표준원가계산

제1절 표준원가계산의 개념

1.1 표준원가계산의 의의

표준원가계산(standard costing)이란 직접재료비, 직접노무비, 제조간접비에 대해서 미리 설정해 놓은 표준원가를 이용해서 제품의 원가계산을 하는 것으로 즉, 표준원가는 모든 원가요소에 대해서 과학적 방법과 통계적 방법에 의하여 표준이 되는 원가를 미리 산정하고 이를 실제 발생한 원가와 비교하여 그 차이를 분석함으로써 원가통제에 도움이 되도록 하는 원가계산 방법인 것이다. 따라서 표준원가계산은 다음과 같은 실제원가계산의 문제점을 해결해 준다.

첫째, 실제원가계산을 하는 경우에는 제품이 완성된 후 상당한 기간이 경과하여야만 실제 금액이 확정되므로 원가계산이 지연되지만, 표준원가를 이용하여 제품원가계산을 하면 제품의 제조와 동시에 제품원가가 계산되기 때문에 원가계산이 신속하고 간편해진다.

둘째, 실제원가는 조업도의 변동에 따라 제품원가가 현저하게 변동하며 정상적인 노력을 하면 피할 수도 있는 비능률 요소를 포함하고 있기 때문에 원가통제의 관점에서 보면 부적합하다. 반면에 표준원가계산은 표준원가와 실제원가를 비교하여 그 차이를 분석함으로써 원가통제에 도움을 주는 정보를 제공해 준다.

이와 같이 표준원가계산은 실제원가계산이 가지는 문제점을 보완하고 경영 관리적 측면에 보다 요용한 정보를 제공하는 원가계산제도인 것이다.

1.2 표준원가의 설정 및 원가계산의 목적

표준원가계산을 사용하기 위한 출발점은 표준원가를 설정하는 일인데, 표준원가란 특정제품을 생산함으로서 발생 가능한 원가로서 제품을 제조하기 이전에 결정된다.

표준원가를 설정할 때에는 통상 현실적으로 달성 가능한 표준원가를 많이 사용한다. 이것은 현재의 경영여건에서 매우 효율적으로 제품제조의 수행이 이행된다면 달성될 수 있는 원가이다. 즉, 최선의 작업 조건하에서 현재의 생산설비로 달성 가능한 최소한의 원가(이상적 표준원가)에서 정상적인 기계 고장이나 종업원의 휴식 등으로 인한 시간 손실 등을 허용하여 설정된 원가이다.

표준원가는 제품 1단위를 생산하는 데 필요한 제조원가를 직접재료비, 직접노무비, 제조간접비로 구분하여 설정하는 것이 일반적인데, 구체적으로 각 원가 요소별 표준원가의 설정에 대해서 학습하고자 한다.

1. 표준직접재료비의 설정

제품단위당 표준직접재료비는 재료를 종류별로 제품 단위당 표준 직접재료수량과 재료단위당 표준가격을 결정한 다음 이 둘을 곱하여 산정한다.

제품단위당 표준직접재료비 =

$$\text{표준원가} = \frac{\text{제품단위당 표준직접재료 수량}}{\text{표준수량}} \times \frac{\text{재료단위당 표준가격}}{\text{표준가격}}$$

제품단위당 표준직접재료 수량은 제품 한 단위를 생산하기 위해 투입되어야 할 직접재료의 표준수량을 의미하는데, 이는 작업폐물, 공손, 감손, 증발 등의 정상적인 발생량을 고려하여 결정한다. 재료단위당 표준가격이란 재료 1단위의 표준 구입가격을 말하는 것으로 현재 및 미래의 가격 동향, 경제적 주문량 및 거래방법 등을 고려하여 결정한다.

2. 표준직접노무비의 설정

제품단위당 표준직접노무비는 제품단위당 표준직접노동시간과 시간당 표준임률을 정하고 이 둘을 곱하여 계산한다.

$$\text{제품단위당 표준직접노무비} =$$

$$\text{표준원가} = \frac{\text{제품단위당 표준직접노동시간}}{\text{표준수량}} \times \frac{\text{시간당 표준임률}}{\text{표준가격}}$$

제품단위당 표준직접노동시간은 제품 한 단위를 생산하기 위해 투입되어야 할 표준 직접노동시간으로 종업원들의 불가피한 피로, 생리적 욕구, 대기시간, 기계고장 등을 고려하여 결정한다. 표준노동시간을 결정하기 위해서는 보통 산업공학적 방법으로 시간연구와 동작연구가 선행되어야 한다. 시간당 표준임률은 노동시간당 표준임률을 의미하는 것으로 이는 급여, 수당뿐만 아니라 복리후생비 등 인건비적인 성격을 띤 다른 원가도 고려해야 하며 앞으로의 임금인상분도 고려해야 한다.

3. 표준제조간접비의 설정

제조간접비는 성격상 그 구성항목이 매우 많으며 구성항목들의 원가행태도 매우 다양하다. 따라서 표준제조간접비를 설정하기 위해서는 제조간접비를 변동과 고정으로 분류하는 것이 일반적이다. 변동제조간접비는 조업도의 변동에 따라 원가총액이 비례적으로 변동하는 제조간접비를 말하며, 고정제조간접비는 조업도의 변동과는 관계없이 원가총액이 변동하지 않고 고정적으로 발생하는 제조간접비를 말한다. 일반적으로 조업도는 보통 직접노동시간, 생산량 등이 많이 사용된다.

제품단위당 표준변동제조간접비는 제품단위당 표준조업도와 조업도 단위당 표준배부율을 정하고 이를 곱하여 계산한다.

제품단위당 표준변동제조비 =

$$\text{표준원가} = \frac{\text{제품단위당 표준조업도}}{\text{표준수량}} \times \frac{\text{조업도 단위당 표준배부율}}{\text{표준가격}}$$

제품단위당 표준조업도는 제품 한 단위를 생산하기 위해서 허용된 표준조업도를 말하며, 조업도 단위당 표준배부율은 변동제조간접비와 조업도의 인과관계에 따라 설정되는 변동제조간접비의 표준배율이다.

한편, 제품단위당 표준고정제조간접비는 제조원가계산 목적상 다음과 같이 계산된다.

제품단위당 표준고정제조비 =

$$\text{표준원가} = \frac{\text{제품단위당 표준조업도}}{\text{표준수량}} \times \frac{\text{조업도 단위당 예정배부율}}{\text{표준가격}}$$

조업도 단위당 예정배부율은 고정제조간접비를 배부하기 위해 미리 결정된 고정제조간접비의 예정배부율을 의미한다.

4. 표준원가계산의 목적

표준원가시스템을 이용하면 다음과 같은 목적을 달설 할 수 있다.

① 계획 목적

표준원가가 설정되어 있으면 계획과 예산의 설정이 용이하다. 즉, 현금 조달계획, 원재료 구입계획 등의 이러한 계획을 금액으로 표시하는 예산 등을 수립하기가 용이하다.

② 통제 목적

표준원가가 설정되어 있으면 작업이 진행되고 있는 동안 실제투입량 및 실제원가가 표준으로 설정된 범위 내에서 발생되고 있는지를 즉시 파악할 수 있다. 그러므로 원가통제가 용이하며 현재 상태에 맞추어 표준을 수정하기도 용이하다.

③ **제품원가계산 목적**

표준원가를 사용하면 기장업무가 단축되므로 제품원가계산 목적으로도 사용된다, 즉 제품의 표준원가는 제품의 수량에 단위당 표준원가를 곱해서 계산되므로, 매출원가나 기말재고자산의 금액계산이 용이해진다.

제2절 원가차이 분석

원가차이 분석이란 표준원가와 실제원가를 비교하여 그 차이를 분석하는 것을 말한다. 차이분석은 각 원가요소별로, 즉 직접재료비, 직접노무비, 변동제조간접비, 고정제조간접비의 각각에 대하여 행해지며 이의 중요한 차이에 대해서는 그 원인을 분석하고 책임을 규명하여 원가관리의 자료로 이용 된다.

원가차이는 유리한 차이(favorable variance. F)와 불리한 차이(unfavorable variance. U)로 나뉘어 지는데, 전자는 실제원가가 표준원가보다 적게 발생하여 영업이익을 증가시키는 차이고, 후자는 반대로 실제원가가 표준원가보다 많이 발생하여 영업이익을 감소시키는 차이다.

<예제 1>을 토대로 각 원가요소별로 차이분석에 대한 내용을 살펴보기로 한다.

<예제 1>

1. (주)서강은 단일 제품을 생산하고 있는 데 회사가 생산하는 제품의 단위당 표준원가는 다음과 같다.

	표준수량	표준가격	표준원가
직접재료비	2kg	₩25 /kg	₩50
직접노무비	3시간	₩3 / 시간	9
변동제조간접비	3시간	₩2 / 시간	6
고정제조간접비	3시간	₩5 / 시간	15
제품단위당 표준원가			₩80

2. 고정제조간접비 예산은 연간 ₩90,000이고, 고정제조간접비 예정배부율을 산정하는데 사용된 기준조업도는 18,000시간이다. 회사는 2005년 중 제품 5,000개를 생산하였으며, 실제 발생된 제조원가는 다음과 같다.

직접 재료비	12,000kg × 27.5 =	330,000
직접노무비	16,000 시간 × 2.5 =	40,000
변동제조간접비	=	28,000
고정제조간접비	=	80,000
합 계		478,000

3. 당시의 원재료구입량은 16,000kg이며, kg당 구입가격은 ₩27.5이었다.

2.1 직접재료비 차이

직접재료비차이란 실제직접재료비와 표준재료비의 차이를 말한다. 이를 식으로 나타내어 보면 다음과 같다.

$$\text{직접재료비차이} = \underset{(AQ \times AP)}{\underline{\text{실제원가}}} - \underset{(SQ \times SP)}{\underline{\text{표준원가}}}$$

단, AQ : 사용된 원재료의 실제수량
AP : 사용된 원재료의 단위당 실제가격
SQ : 실제생산량에 허용된 원재료의 표준수량
SP : 원재료의 단위당 표준가격

위 <예제 1>에서 직접재료비차이를 계산하면 실제원가가 표준원가를 초과하여 불리한 차이 ₩80,000이 발생하였음을 알 수 있다.

$$\underline{AQ \times AP} \qquad \underline{SQ \times SP}$$
(12,000kg×₩27.5) − (5,000개×2kg)×₩25] = 80,000U

직접재료비차이는 직접재료비 가격차이와 직접재료비 능률(수량)차이로 나누어지는데 이를 식으로 나타내어 보면 다음과 같다.

$$\text{직접재료비 가격차이} = \underset{(AQ \times AP)}{\text{실제원가}} - \underset{(AQ \times SP)}{\text{실제수량} \times \text{표준가격}}$$

$$\text{직접재료비 능률차이} = \underset{(AQ \times SP)}{\text{실제수량} \times \text{표준가격}} - \underset{(SQ \times SP)}{\text{표준원가}}$$

직접재료비 가격차이는 직접재료비의 실제수량이 일정한 경우 직접재료의 가격변동이 직접재료비에 미치는 영향을 나타내는 것이고, 직접재료비 능률차이는 직접재료의 표준가격이 일정한 경우 직접재료의 실제사용수량과 허용된 표준사용수량의 차이를 나타내 준다.

<예제 1>의 직접재료비 가격차이와 직접재료비 능률차이는 다음과 같다.

직접재료비 가격차이	(12,000kgX₩27.5)-(12,000kgX₩25) =	₩30,000U
직접재료비 능률차이	(12,000kgX₩25)-(5,000개X2kg)X₩25] =	₩50.000U
직접재료비 차이		₩80,000U

위의 내용을 요약하여 나타내면 다음과 같다.

AQ × AP	AQ × SP	SQ × SP
12,000kg×27.5	12,000kg×27.5	(5,000×2kg)×25
=330,000	=300,000	=250,000

└ 가격차이 30,000(U) ┘└ 능률차이 50,000(U) ┘

└ 직접재료비 차이 80,000(U) ┘

한편, 직접재료비 가격차이는 직접재료비를 구입하는 시점에서 계산할 수도 있고, 직접재료의 사용시점에서는 계산할 수도 있다. 앞에서는 직접재료의 사용시점에서 가격차이를 분리하였다. 그러나 직접재료비 가격차이는 구입시점에서 계산하는 것이 관리목적상 더 좋다고 할 수 있다. 왜냐하면 가격차이를 구입시점에서 계산하면 구매담당자가 이를 즉시 인식하여 수정조치를 취할 수 있기 때문이다. 구입시점에서 계산하는 직접재료비 가격차이를 사용시점에서 계산하는 가격차이와 구별하기 위해여 직접재료 구입가격차이는 구입수량을 기초로 계산되고 직접재료비 능률차이는 사용수량을 기초로 계산된다는 점에 유의하여야 한다.

직접재료 구입가격차이 = (AQ' × AP) − (AQ' × SP)
직접재료비 능률차이 = (AQ × SP) − (SQ × SP)

단, AQ':직접재료 구입수량
AQ:직접재료 사용수량

<예제 1>에서 가격차이를 재료의 구입시점에서 분리할 때의 직접재료비 차이분석을 요약하여 나타내면 다음과 같다.

AQ' × AP	AQ' × SP	
16,000kg × 27.5 =440,000	16,000kg × 25 =400,000	
구입가격차이 40,000(U)		

AQ × SP	SQ × SP
12,000kg × 25 =300,000	(5,000개 × 2kg) × 25 =250,000
능률차이 50,000(U)	

2.2 직접노무비 차이

직접노무비차이란 실제직접노무비와 표준 직접노무비의 차이를 말하는데 이를 식으로 나타내어 보면 다음과 같다.

$$\text{직접노무비차이} = \underset{(AQ \times AP)}{\underline{\text{실제원가}}} - \underset{(SQ \times SP)}{\underline{\text{표준원가}}}$$

단, AQ : 실제직접노동시간
AP : 직접노동시간당 실제임률
SQ : 실제생산에 허용된 표준직접노동시간
SP : 직접노동시간당 표준임률

<예제 1>에서 직접노무비차이를 계산하면 유리한 차이 ₩5,000이 발생하였음을 알 수 있다.

$$\underline{AQ \times AP} \qquad \underline{SQ \times SP}$$
$$(16{,}000\text{시간}\times ₩2.5) - (5{,}000\text{개}\times 3\text{시간})\times ₩3] = ₩5{,}000F$$

직접노무비차이는 직접노무비 가격차이와 직접노무비 능률차이로 나누어지는데 이를 식으로 나타내어 보면 다음과 같다.

$$\text{직접노무비 가격차이} = \underset{(AQ \times AP)}{\underline{\text{실제원가}}} - \underset{(AQ \times SP)}{\underline{\text{실제수량} \times \text{표준원가}}}$$

$$\text{직접노무비 능률차이} = \underset{(AQ \times SP)}{\underline{\text{실제원가} \times \text{표준원가}}} - \underset{(SQ \times SP)}{\underline{\text{표준원가}}}$$

직접노무비 가격차이는 실제직접노동시간이 일정하다고 할 때 임률의 변동이 직접노무비에 미치는 영향을 나타내주며, 직접노무비 능률차이는 표준임률이 일정한 경우 실제직접노동시간과 허용된 표준직접노동시간 사이의 차이를 나타내 준다.

<예제 1>의 직접노무비 가격차이와 능률차이는 다음과 같다.

직접노무비 가격차이	(16,000시간×₩2.5)−(16,000시간×₩3)	=₩8,000F
직접노무비 능률차이	(16,000시간×₩3)−[(5,000개×3시간)×₩3]	= 3,000U
직접노무비차이		₩5,00F

위의 내용을 요약하여 나타내면 다음과 같다.

AQ × AP	AQ × SP	SQ × SP
16,000시간×₩2.5	16,000시간×₩3	(5,000×3시간)×₩3
=₩40,000	=₩48,000	=₩45,000

가격차이₩8,000(F)   능률차이₩3,000(U)

직접노무비 차이 ₩5,000(F)

2.3 변동제조간접비 차이

변동 제조간접비차이는 실제 변동제조간접비와 표준 변동제조간접비의 차이를 말한다. 이를 식으로 나타내면 다음과 같다.

변동제조간접비차이 = 실제원가 (AQ × AP) − 표준원가 (SQ × SP)

단, AQ: 실제조업도
AP: 조업도 단위당 실제배부율
SQ: 실제생산량에 허용된 표준조업도
SP: 조업도 단위당 표준배부율

<예제 1>에서 변동 제조간접비차이를 계산하면 유리한 차이 ₩2,000이 발생하였음을 알 수 있다.

$$\underline{\mathbf{AQ \times AP}} \qquad \underline{\mathbf{SQ \times SP}}$$

₩28,000 − [(5,000개×3시간)×₩2] = ₩2,000F

변동 제조간접비차이는 다음과 같이 변동제조간접비 소비차이와 변동제조간접비 능률차이로 나누어진다.

변동제조간접비 소비차이 = $\dfrac{\text{실제원가}}{(AQ \times AP)}$ − $\dfrac{\text{실제조업도} \times \text{표준배부율}}{(AQ \times SP)}$

변동제조간접비 능률차이 = $\dfrac{\text{실제조업도} \times \text{표준배부율}}{(AQ \times SP)}$ − $\dfrac{\text{표준원가}}{(SQ \times SP)}$

변동 제조간접비 소비차이는 실제 변동 제조간접비와 실제 조업도에 대한 표준변동제조간접비와 차이를 나타내며, 변동 제조간접비 능률차이는 실제 조업도에 대한 표준변동간접비와 실제생산량에 허용된 표준조업도에 대한 표준변동제조간접비와의 차이를 나타낸다.

<예제 1>의 변동제조간접비 소비차이와 능률차이는 다음과 같다.

변동제조간접비 소비차이	₩28,000−(16,000시간×₩2)	=₩4,000F
변동제조간접비 능률차이	(16,000시간×₩2)−[(5,000개×3시간)×₩2]	= 2,000U
변동제조간접비차이		₩2,000F

위의 내용을 요약하여 나타내면 다음과 같다.

AQ × AP	AQ × SP	SQ × SP
	16,000시간×₩2	(5,000×3시간)×₩2
=₩28,000	=₩32,000	=₩30,000

소비차이₩4,000(F)   능률차이₩2,000(U)

변동제조간접비 차이 ₩2,000(F)

2.4 고정제조간접비 차이

고정제조간접비차이는 고정제조간접비 실제발생액과 배부액과의 차이로서 이 경우에 고정제조간접비 배부액은 실제생산량에 허용된 표준조업도에 고정제조간접비 예정배부율을 곱한 금액이다.

$$\text{고정제조간접비 차이} = \frac{\text{실제원가}}{\text{실제발생액}} - \frac{\text{배부액}}{(SQ \times SP)}$$

단, SQ: 실제발생에 허용된 표준조업도
SP: 조업도 단위당 예정배부율(표준가격)

고정제조간접비 예정배부율은 제품원가계산 목적상 고정제조간접비를 배부하기 위해 다음과 같이 계산한다.

고정제조간접비예정배부율 = 고정제조간접비예산 / 기준조업도(배부기준)

여기서 기준조업도는 고정제조간접비 예정배부율을 산정하는데 사용되는 배부기준으로 직접노동시간, 생산량 등으로 표현된다. <예제 1>에서 고정제조간접비 예정배부율은 ₩5인데 이는 고정제조간접비예산 ₩90,000을 기준조업도 18,000시간으로 나누어 산출된 것으로 <예제 1>에서 고정제조간접비차이를 계산하면 불리한 차이 ₩5,000이 발생하였음을 알 수 있다.

<u>**실제발생액**</u>		<u>**SQ × SP**</u>		
₩80,000	−	[(5,000개×3시간)×₩5]	=	₩5,000U

고정제조간접비는 다른 원가차이분석과는 달리 가격차이(소비차이)와 능률차이로 분해할 수가 없다. 고정제조간접비는 조업도와는 관계없이 항상 일정하게 발생하므로 투입·산출사이에 비례관계가 존재하지 않는다. 따라서 능률적 관리에 의해 고정제조간접비는 변화될 수 없으므로 능률차이는 발생되지 않고, 원가통제 목적상 실제발생액과 예산을 총액으로 비교하여 그 차이 전액을 소비차이로 관리한다. 또한 제품원가계산 목적상 고정제조간접비 예정배부율에 의한 배부액과 예산과는 차이가 발생하게 되는데 이는 실제생산량에 허용된 표준조업도와 기준조업도가 다르기 때문에 생기는 차이이므로 조업도차이라고 한다. 고정제조간접비를 소비차이로 구분하여 표시하면 다음과 같다.

	실제원가		예산
고정제조간접비 소비차이 =	실제발생액	−	(기준조업도 × SP)

	예산		배부액
고정제조간접비 조업도차이 =	(기업조업도 × SP)	−	(SQ × SP)

<예제 1>의 고정 제조간접비 소비차이와 조업도차이는 다음과 같다.

고정제조간접비 소비차이	(₩80,000−(18,000시간×₩5)	=₩10,000F
고정제조간접비 조업도차이	₩90,000−](5,000개×3시간)×₩5]	= 15,000U
고정제조간접비차이		₩ 5,000U

위의 내용을 요약하여 나타내면 다음과 같다.

실 제	예 산	배 부
	18,000시간×₩5	(5,000×3시간)×₩5
=₩80,000	=₩90,000	=₩75,000

└ 소비차이₩10,000(F) ┘└ 능률차이₩15,000(U) ┘

└ 고정제조간접비 차이₩5,000(U) ┘

기준조업도 이하로 조업을 한 경우에는 고정제조간접비 예산액보다 제품에 배부된 고정제조간접비가 더 적을 것이므로 불리한 조업도차이(생산시설의 이용도가 기대치에 못 미침)가 발생할 것이며, 반대로 기준조업도 이상으로 조업을 한 경우에는 고정 제조간접비 예산액보다 제품에 배부된 고정 제조간접비가 더 많을 것이므로 유리한 조업도차이(생산시설의 이용 정도가 기대치 이상임)가 발생할 것이다.

〈도 13-1〉 고정제조간접비 차이

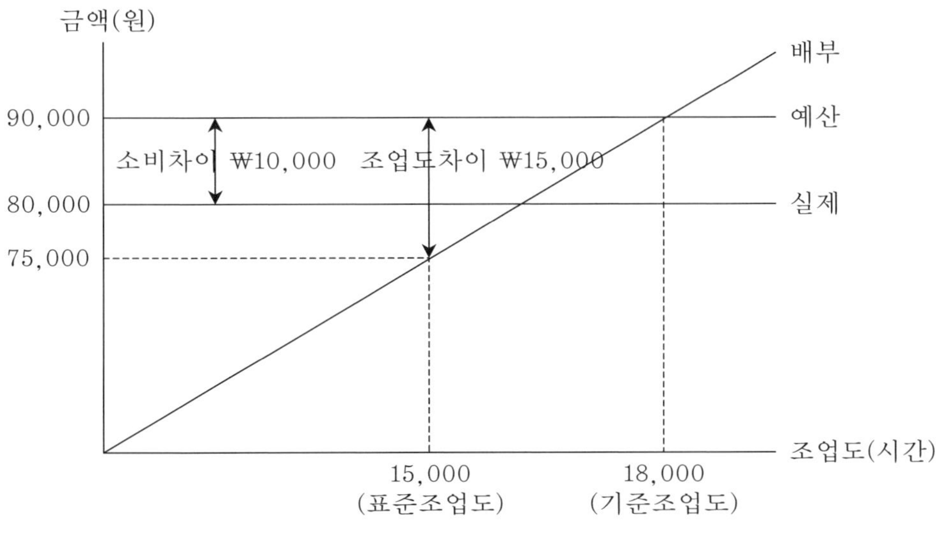

2.5 원가차이 분석의 종합

지금까지 살펴본 각 원가요소별 차이분석을 종합하면 다음과 같다.

	AQ × AP		AQ × SP		SQ × SP
직접재료비	****1)		****		****2)
	└	가격차이	┘└	능률차이	┘
직접노무비	****1)		****		****2)
	└	가격차이	┘└	능률차이	┘
변동제조간접비	****1)		****		****2)
	└	소비차이	┘└	능률차이	┘
	실 제		예 산		배 부
고정제조간접비	****		****		****2)
	└	소비차이	┘└	조업도차이	┘

1) : 실제원가　　2) : 표준원가, 배부액

2.6 차이분석과 예외에 의한 관리

표준원가계산이 갖고 있는 원가통제(cost control, cost management 원가관리)의 유용성은 원가차이의 회계적 분석을 통하여 경영자가 미래에 보다 나은 의사결정을 할 수 있도록 주의를 환기시키고, 예외에 의한 관리(management by exception)를 적용할 수 있는데 있다. 예외에 의한 관리란 실제성과와 예산(표준)과의 차이 중 중요한 부분에 대해서만 경영자가 관리하는 것을 말한다. 즉, 원가차이의 예외적인 경우에만 원가차이의 원인을 조사한 후 필요한 시정조치를 취하는 것을 말한다.

한편, 원가차이를 분석하는 과정에서는 원가차이의 상호관계를 고려하여 종합적으로 판단하여야 한다. 예컨대, 자료의 구매담당자가 품질이 낮은 재료를 구입하여 유리한 가격차이가 발생하였지만, 이로 인해 제조과정에 투입되는 재료의 수량이나 작업시간이 많아져 불리한 능률차이를 발생시킬 수도 있기 때문이다. 마찬가지로 제조과정에 미숙련공을 많이 투입하면 유리한 가격차이가 발생하지만 이로 인해 작업시간이 표준보다 많아져 불리한 능률차이가 발생할 수 있다. 따라서 유리한 차이든 불리한 차이든 어느 특정차이 하나만으로는 실질적인 의미를 갖지 못하기 때문에 원가차이의 상호관계를 고려하여 주의 깊게 판단하여야 한다.

연습문제

객관식

13-1 표준원가 계산의 유용성으로 볼 수 없는 것은?

① 표준원가와 실제원가가 차이가 나는 경우 원가통제를 할 수 없다.
② 예산을 선정하는데 있어 기초자료로 활용할 수 있다.
③ 원가계산이 신속하고 간편해 진다.
④ 단위당 표준원가가 선정되어 있기 때문에 원가흐름의 가정이 필요없고 단지 재고자산의 물량만 파악하면 된다.

13-2 표준원가계산에서 능률차이는?

① 실제원가－실제투입된 수량의 표준원가
② 실제산출량에 허용된 표준투입량의 표준원가－실제원가
③ 실제원가－실제산출량에 허용된 표준투입량의 표준원가
④ 실제투입된 수량의 표준원가－실제산출량에 허용된 표준투입량의 표준원가

13-3 표준원가계산에 대한 설명으로 맞지 않는 것은?

① 표준원가계산이란 정상적인 작업 조건 하에서 달성되어져야 할 원가를 미리 책정하여 표준원가로 적용하는 방법을 말한다.
② 표준원가계산은 표준원가를 달성할 수 있도록 효과적으로 원가통제를 하기 위해 적용하는 방법이다.
③ 표준원가계산방법을 적용하여 제품제조기술을 향상시키고자 하는 것은 아니다.
④ 표준원가계산방법을 적용함에 있어서 표준원가보다 실제발생원가가 크게 나타나는 불리한 차이는 그 원인을 모두 밝혀야 하나 실제발생원가가 적게 발생하는 유리한 차이에 대해서는 전혀 관여할 필요가 없다.

13-4 관련범위 내에서 단위당 변동원가는 어떤 형태로 설명될 수 있는가?

① 각 생산수준에서 일정하다.
② 생산량이 증가함에 따라 감소한다.
③ 각 생산수준에서 다르다.
④ 생산량이 증가함에 따라 증가한다.

13-5 다음 자료에 의하여 실제생산량은 얼마인가?

• 실제노동시간	5,000시간
• 시간당 표준 노동시간	10시간
• 표준임률(시간당)	3,000
• 노무비의 능률차이	1,500,000(불리한 차이)

① 350단위 ② 400단위 ③ 450단위 ④ 500단위

13-6 원가관리를 위하여 고정비와 변동비로 분류하는 목적과 가장 거리가 먼 것은?

① 합리적 원가관리
② 재무제표의 공시
③ 미래예측을 위한 의사결정
④ 경영성과의 분석

13-7 다음 자료에 의한 표준원가계산의 차이분석의 설명 중 옳은 것은?

• 표준가격	220	• 실제가격	200
• 표준투입량	90개	• 실제투입량	100개

① 가격차이 2,000(불리)
② 가격차이 1,800(불리)
③ 가격차이 2,000(유리)
④ 가격차이 1,800(유리)

13-8 다음 자료에 의하여 재료비의 가격차이와 수량차이를 구하시오.

• 실제매입가격	98,000	• 실제재료 소비수량	70단위
• 단위당 표준 매입가격	1,350	• 완성제품 수량	10단위
• 제품 단위당 표준재료 소비량 6단위			

	가격차이	수량차이		가격차이	수량차이
①	3,500(불리)	13,500(불리)	②	3,500(유리)	13,500(유리)
③	13,500(유리)	3,500(불리)	④	13,500(불리)	3,500(유리)

13-9 다음 자료에 의하여 노무비 표준임율과 실제임율은?

• 실제노동시간	1,400	• 표준노동시간	1,200
• 실제노무비 발생액	15,400	• 노무비의 임률차이	2,800(불리)
• 노무비의 능률차이	1,800(불리)		

	표준임율	실제임율		표준임율	실제임율
①	9	11	②	10	10
③	10	11	④	11	11

12-10 다음 자료에 의한 수량차이는?

- 제품단위당 표준 직접 재료비:10kg,@ 500원
- 기초재료 재고:2000kg, @ 구입가격 560원
- 당기 재료 매입실적: 100,000kg, kg당 매입가격 600원
- 재료 120,000kg을 사용하여 제품 11,000단위 생산
- 재료에 대하여 선입선출법을 적용

① 5,000,000(유리한 차이) ② 5,000,000(불리한 차이)
③ 10,000,000(유리한 차이) ④ 10,000,000(불리한 차이)

13-11 표준원가시스템에 대하여 틀리게 설명한 것은?

① 원가에 대한 책임을 명확히 하고 통제하기 위한 시스템이다.
② 원가의 요소별 분석으로 예외에 의한 관리를 가능하게 한다.
③ 올바른 재무제표를 공시하기 위한 시스템이다.
④ 예산에 대한 하위개념으로 표준원가를 적용할 수 있다.

13-12 표준원가계산에 의한 차이분석에서 능률차이가 발생하지 않는 것은?

① 직접재료원가 차이분석 ② 고정제조간접비 차이분석
③ 변동제조간접비 차이분석 ④ 직접노무원가 차이분석

13-13 자료에 의하여 노무비의 차이분석이 옳은 것을 고르시오.

• 제품생산량 500단위	• 제품 단위당 표준노동시간 3시간
• 시간당 표준 임률 10원	• 실제노무비 총액 14,400원
• 실제노동시간 1,200시간	

	임률차이	능률차이
①	2,400(유리한 차이)	3,000(불리한 차이)
②	2,400(불리한 차이)	3,000(유리한 차이)
③	3,000(불리한 차이)	2,000(유리한 차이)
④	2,000(유리한 차이)	3,000(불리한 차이)

13-14 다음 자료에 의한 직접노무비의 실제임률(A)와 표준임률(B)는?

• 표준직접노동시간 105,000시간	• 실제직접노동시간 101,500시간
• 직접노무비능률차이(유리) 14,000	• 직접노무비임률차이(유리) 20,300
• 노무비지급총액(=실제발생액) 385,700	

	(A) 실제임률	(B) 표준임률		(A) 실제임률	(B) 표준임률
①	3.8	3.9	②	3.9	4.0
③	3.8	4.0	④	3.9	4.1

13-15 다음 자료에 의한 표준조업도는?

• 기준조업도 12,000시간	• 고정비 예산 240,000
• 고정비의 조업도 차이 40,000(불리한 차이)	

① 4,000시간 ② 6,000시간 ③ 8,000시간 ④ 10,000시간

※ 다음 자료에 의하여 물음에 답하시오. 〈16-17〉

• 실제 변동비 소비액 276,000	• 실제조업시간 1,200
• 제품생산량 500단위	• 제품생산에 허용된 표준시간 2시간
• 실제 고정비 소비액 30,000	• 변동제조간접비 표준배부율 250/시간
• 고정비 배부율 30/시간	• 기준조업시간 1,100

13-16 변동제조간접비의 차이가 옳은 것은?

	소비차이	능률차이		소비차이	능률차이
①	3,000(유리)	3,000(불리)	②	3,000(불리)	3,000(유리)
③	24,000(불리)	50,000(유리)	④	24,000(유리)	50,000(불리)

13-17 고정제조간접비의 차이가 옳은 것은?

	예산차이	조업도차이		예산차이	조업도차이
①	3,000(유리)	3,000(불리)	②	3,000(불리)	3,000(유리)
③	24,000(불리)	50,000(유리)	④	24,000(유리)	50,000(불리)

주관식

13-1 (주)갑회사의 다음 자료에 의해 물음에 답하시오.

자 료 : 1. 단위당 표준원가표

직접재료비(4단위×@5)	20	
직접노무비(2시간×@8)	16	
변동제조간접비(2시간×@10)	20	
고정제조간접비(2시간×@10)	20	76

2. 고정제조간접비예산 110,000
3. 실제생산수량 4,500단위
4. 월말재공품수량 1,000단위(진척도:50%)
(단, 재료는 제조착수시 투입)
5. 실제발생원가
원재료 구입 : 22,000단위 @5.10
원재료 사용량:21,000단위(공정시점에 투입)

직접노무비(11,000시간×@8)	88,000
변동제조간접비	99,000
고정제조간접비	105,000

(1) 표준종합원가계산에 의한 완성품과 기말재공품원가를 구하시오.
(2) 재료가격차이(구입시점)와 수량차이를 구하시오.
(3) 임율차이와 능율차이를 구하시오.
(4) 예산차이와 조업도차이를 구하시오.

13-2 (주)을 회사의 제조부문의 고정예산자료이다. 물음에 답하시오.

자료 : 1. 제품단위당표준원가(예상조업도 120,000단위)		
재료A (1.02×@35)	35.7	
재료B (3×@3)	9	
직접노무비(0.24시간×@60)	14.4	
변동제조간접비(0.24시간×@35)	8.4	
고정제조간접비(0.24시간×@20)	4.8	72.3
2. 실제발생원가(실제조업도 117,000단위)		
재료A	4,350,000	
재료B	1,050,000	
직접노무비	1,700,000	
변동제조간접비	1,010,000	
고정제조간접비	562,000	8,672,000

(1) 고정예산을 기준하여 당기의 성과는?

(2) 고정예산기준하의 성과평가는 타당한가?

(3) 변동예산을 기준하여 당기의 성과는?

(4) 변동예산기준하의 성과평가는 타당한가?

풀 이

객관식

13-1 ① **13-2** ④ **13-3** ④ **13-4** ①

13-5 ③ 노무비의 능률차이=(실제시간－표준시간)×표준임률임으로
1,500,000(불)=(5,000시간－4,500시간)×3,000
4,500시간÷10시간(표준 노동시간)=450단위.

13-6 ②

13-7 ③ (실제가격 : 200－표준가격 : 220)×실제투입량 : 100개=2,000(유리)

13-8 ① 가격차이(X)=[실제가격a“98,000/70”－표준가격 : 1,350] × 실제수량(70)
수량차이(y)=[실제수량(70)－표준수량b“10 × 60] × 표준가격(1,350)

13-9 ①

13-10 ② (실제수량 : 120,000kg − 표준수량 : 110,000kg)×표준가격@500=5,000,000(불)

13-11 ③ **13-12** ②

13-13 ②

실제임률 ; 실제노무비 총액(14,400) / 실제노동시간(1,200시간)=@12

노무비의 임률차이=(실제임률 − 표준임률)×실제시간.

X : 2,400(불) 12 10 1,200시간

노무비의 능률차이=(실제시간 − 표준시간)×표준임률

Y : 3,000(유) 1,200시간 1,500시간 10

500단위 × 3시간

13-14 ③ 실제임률 ; 실제노무비 총액(357,700) / 실제노동시간(101,500시간)=@3.8임으로
노무비의 임률차이(20,300:불)=[실제임율(3.8) − 표준임율(4)] × 실제시간(101,500)

13-15 ④ 고정제조간접비의 조업도차이(40,000)=[기준조업도(12,000) − 표준조업도(10,000)] × 고정비배부액(a"고정예산/기준조업도")

13-16 ② 변동제조간접비의 소비차이=실제 총변동제조간접비 − (표준배부율×실제조업도)

X : 24,000(유) 276,00 250 1,200시간

변동제조간접비의 능률차이=(실제조업도 − 표준조업도)×표준배부율

Y : 50,000(불) 1,200시간 1,000시간 250

13-17 ① 고정제조간접비의 예산차이=실제고정제조간접비 − (고정비배부율×기준조업도)

3,000(유) 30,000 30 1,100시간

주관식

13-1

① *완성품원가(실제생산수량 4,500단위×76) = 342,000

*기말재공품원가: 재료비(1,000단위×20) = 20,000

가공비(1,000단위×50%×56*) = 28,000 48,000

*20+16+20=56

② 재료비	AQ × AP	AQ × SP	SQ × SP
<구 매>	22,000단위×5.1	22,000단위×5	
	= 112,200	= 110,000	

└ 가격차이 2,200(U) ┘

<사 용>	21,000단위×5	55,000단위*×4단위×5
	= 105,000	= 110,000
	└ 수량차이 5,000(F) ┘	

* 실제생산량4,500+월말재공품수량1,000(재료는 진척도 100%)

③ 노무비	AQ × AP	AQ × SP	SQ × SP
<구 매>	11,000시간×8	11,000시간×8	5,000단위*×2시간×8
	= 88,000	= 88,000	= 80,000
	└ 임율차이 0 ┘	└ 능율차이 8,000(U) ┘	

* 실제생산수량 4,500단위 + 월말재공품수량 1,000(진척도 50%)

④ 제조간접비	AQ × AP	AQ × SP	SQ × SP
변동제조간접비	11,000시간×9	11,000시간×10	5,000×2시간×10
	= 99,000	= 110,000	= 100,000
	└소비차이11,000(F)┘	└능율차이 10,000(U)┘	
고정제조간접비	105,000	110,000	100,000
	└예산차이 5,000(F)┘	└ 조업도차이 10,000(U)┘	

13-2

①

	실제발생원가	고정예산	차 이
재료A	4,350,800	4,284,000*	66,800
재료B	1,050,000	1,080,000	−30,000
직접노무비	1,700,000	1,728,000	−28,000
변동제조간접비	1,010,000	1,008,000	2,000
고정제조간접비	562,000	576,000	−14,000
	8,672,000	8,676,000	−3,200

기준조업도에도 미치지 못하는 생산으로 그 실적은 저조, 그러나 예산보다 적은 원가가 투입되어 생산활동을 하였음.

(*35.7 × 120,000 = 4,284,000)

② 상식적으로 실제생산이 고정예산보다 적은 원가를 발생시킨 이유는 절대적인 생산량이 적기 때문이며, 고정예산 하에서의 원가의 절대비교는 성과평가의 적절한 기준이 되지 못한다. 실제조업도하에서의 원가비교(효율성측정)가 필요하다.

③

	실제발생원가	고정예산	차 이
재료A	4,350,800	4,176,900*	173,900
재료B	1,050,000	1,053,000	−3,000
직접노무비	1,700,000	1,684,800	15,200
변동제조간접비	1,010,000	982,800	27,200
고정제조간접비	562,000	576,000	−14,000
	8,672,000	8,473,500	190,300

* 35.7 × 117,000 = 4,176,900

④ 생산목표 120,000의 미달성뿐만 아니라 실제조업수준 117,000를 기준으로 한 변동예산과의 비교에서도 원가의 효율성이 저조함.

부 록

1. 원가계산준칙
2. 원가회계 관련용어
3. 화폐의 시간가치표

1. 원가계산준칙

[증권선물위원회 제정]
개정 1999. 12. 8
한국회계연구원 회계기준위원회
개정 2002. 8. 25

제1조[목적] 이 준칙은 기업회계기준 제90조의 규정에 의하여 회사가 재무제표를 작성하기 위하여 제품의 원가를 산정함에 있어 준거해야 할 세부사항에 관하여 정함을 목적으로 한다.

제2조[적용범위] 이 준칙은 회사가 제품의 생산과 관련하여 발생한 원가(이하 "제조원가"라 한다)를 산정하는 데 적용한다.

제3조[원가계산제도의 확립 등] ① 회사는 제조원가를 계속적으로 수집·측정·배분·보고하기 위한 계산절차로서 실제원가계산제도 또는 표준원가계산제도를 확립하여야 한다.
② 회사가 채택한 원가계산제도는 매기 계속하여 적용하여야 하며, 정당한 이유없이 이를 변경하여서는 아니된다.

제4조[제조원가의 범위] ① 제조원가는 제품의 생산과 관련하여 소비된 경제적 자원의 가치만을 포함한다.
② 비정상적으로 발생한 경제적 자원의 소비는 제조원가에 포함하지 아니한다.

제5조[원가계산기간] 원가계산기간은 회사의 회계연도와 일치하여야 한다. 다만, 필요한 경우에는 월별 또는 분기별 등으로 세분하여 원가계산을 실시할 수 있다.

제6조[원가계산이 일반원칙] 제조원가의 계산은 다음 각호에 따른다.
1. 제조원가는 일정한 제품의 생산량과 관련시켜 집계하고 계산한다.
2. 제조원가는 신뢰할 수 있는 객관적인 자료와 증거에 의하여 계산한다.
3. 제조원가는 제품의 생산과 관련하여 발생한 원가에 의하여 계산한다.
4. 제조원가는 그 발생의 경제적 효익 또는 인과관계에 비례하여 관련 제품 또는 원가부문에 직접 부과하고, 직접 부과가 곤란한 경우에는 합리적인 배부기준을 설정하여 배부한다.

제7조[제조원가요소의 분류] ① 제조원가요소는 재료비·노무비 및 경비로 분류하거나, 회

사가 채택하고 있는 원가계산방법에 따라 직접재료비·직접노무비 및 제조간접비 등으로 분류할 수 있다.

② 제조원가요소와 판매비와 관리비 요소는 구분하여 집계한다. 다만, 그 구분이 명확하지 아니한 경우에는 발생원가를 비목별로 집계한 후, 일정한 기준에 따라 제조원가와 판매비와 일반관리비로 구분하여 배부할 수 있다.

第8조[실제원가계산의 절차] 실제원가계산은 원가요소의 실제발생액을 비목별 계산을 거쳐 원가부문별로 계산한 후 제품별로 제조원가를 집계한다.

第9조[재료비의 계산] ① 재료비는 기초재료재고액에 당기재료매입액을 가산하고 기말재료재고액을 차감하여 계산한다.

② 재료의 소비수량은 계속기록법에 의하여 계산하며 필요한 경우에는 실지재고조사법 또는 역산법에 의하여 계산할 수 있고, 2 이상의 방법을 병행하여 적용할 수 있다.

③ 재료이 소비가격은 취득원가에 의하여 계산하며, 동일 재료의 취득원가가 다를 경우에는 개별법·선입선출법·후입선출법·이동평균법 또는 총평균법 등의 방법을 적용하여 계산한다.

第10조[노무비의 계산] ① 노무비는 그 지급기준에 기초하여 당해 기간에 실제로 발생한 비용을 집계하여 계산한다.

② 작업시간 또는 작업량에 비례하여 발생하는 노무비는 실제작업시간 또는 실제작업량에 임율을 곱하여 계산한다. 이 경우 임률은 개별임률 또는 평균임률에 의한다.

③ 상여금 또는 특별수당 등과 같은 월별·분기별로 지급금액 또는 지급시기가 일정하지 아니한 노무비는 회계연도 중의 원가계산기간에 안분하여 계산한다.

第11조[경비의 계산] ① 경비는 제조원가 중 재료비와 노무비를 제외한 모든 비용을 포함하고 그 내용을 표시하는 적절한 세부과목으로 구분하여 기재한다.

② 경비는 당해 기간에 실제로 발생한 비용을 집계하여 계산한다.

③ 시간 또는 수량에 비례하여 발생하는 경비는 실제시간 또는 실제수량에 단가를 곱하여 계산한다.

第12조[외주가공비의 계산] ① 당기 제품제조와 관련하여 발생한 외주가공비는 당해 기간에 실제로 발생한 비용을 집계하여 계산한다.

② 외주가공비는 그 성격에 따라 재료비 또는 경비에 포함하여 계상할 수 있으며, 그 금액이 중요한 경우에는 별도의 과목으로 기재할 수 있다.

第13조[에정가격 등의 적용특례] 제8조의 규정에 불구하고 제조원가는 재료의 가격, 임율 및 경비를 예정가격 또는 예정액으로 계산할 수 있으며, 제조간접비는 예정배부율을 적용하여 계산할 수도 있다.

제14조[원가부문별 계산] ① 원가계산은 원가의 발생을 관리하고 제품원가의 계산을 정확히 하기 위하여 부문별로 계산할 수 있다. 이 경우 원가의 비목별 계산에서 집계된 원가요소는 그 전부 또는 일부를 다시 원가부문별로 집계한 후, 이를 다시 제품별로 배분할 수 있다.

② 원가부문은 원가요소를 분류·집계하는 계산상의 구분으로서 제조부문과 보조부문으로 구분한다.

③ 제조부문은 직접 제조작업을 수행하는 부문을 말하며 제조활동 등에 따라 세분할 수 있다.

④ 보조부문은 직접 생산활동을 수행하지 아니하고 제조부문을 지원·보조하는 부문으로 그 수행하는 내용에 따라 세분할 수 있다.

제15조[부문비 계산의 절차] ① 원가의 부문별 계산은 원가요소를 제조부문과 보조부문에 배부하고, 보조부문비는 직접배부법·단계배부법 또는 상호배부법 등을 적용하여 각 제조부문별에 합리적으로 배부한다.

② 제조부문에 집계된 원가요소는 필요에 따라 그 부문의 소공정 또는 작업단위별로 집계할 수 있다.

제16조[부문개별비와 부문공통비] ① 원가요소는 발생한 원가의 직접적인 집계가능성 여부에 따라 부문개별비와 부문공통비로 구분한다.

② 부문개별비는 원가발생액을 당해 발생부문에 직접 부과하고, 부문공통비는 인과관계 또는 효익관계 등을 감안한 합리적인 배부기준에 의하여 관련부문에 배부한다.

제17조[원가의 제품별 계산방법] 원가의 제품별 계산은 원가요소를 제품단위에 집계하여 단위제품의 제조원가를 산정하는 절차를 말하며, 이는 생산형태에 따라 개별원가계산방식과 종합원가계산방식 등으로 분류한다.

제18조[개별원가계산] ① 개별원가계산은 다른 종류의 제품을 개별적으로 생산하는 생산형태에 적용하며, 각 제조지시서별로 원가를 산정한다.

② 제조간접비의 제품별 배부액은 각 제조부문별·소공정별 또는 작업단위별로 예정배부율 또는 실제배부기준에 의하여 배부한다. 다만, 필요한 경우에는 제조부문에 배부하지 않고 직접 제품에 부과할 수 있다.

제19조[종합원가계산] ① 종합원가계산은 동일 종류 또는 다른 종류의 제품을 연속하여

반복적으로 생산하는 생산형태에 적용한다.
② 종합원가계산의 단위당 원가는 발생한 모든 원가요소를 집계한 당기총제조비용에 기초재공품원가를 가산한 후 그 합계액을 완성품과 기말재공품에 안분계산함으로써 완성품 총원가를 계산하고, 이를 제품단위에 배분하여 산정한다.
③ 종합원가계산에 있어서 완성품원가와 기말재공품원가는 완성품환산량에 의하여 선입선출법·후입선출법 또는 총평균법 등 기타 합리적인 방법을 적용하여 계산한다.
④ 기말재공품 완성품환산량은 재료의 투입 정도 또는 가공정도 등을 고려하여 직접재료비와 가공비로 구분하여 산정할 수 있다.
⑤ 종합원가계산은 생산되는 제품의 형태 및 공정에 따라 공정별 원가계산, 조별원가계산, 등급별 원가계산 및 연산품 원가계산 등으로 분류한다.

第20조[공정별 원가계산] ① 공정별 원가계산은 제조공정이 2 이상의 연속되는 공정으로 구분되고 각 공정별로 당해 공정제품의 제조원가를 계산할 경우에 적용한다.
② 전공정에서 다음 공정으로 대체되는 제조원가는 전공정 대체원가로 하여 다음 공정의 제조원가에 가산한다.
③ 재료가 최초 공정에 전량 투입되고 다음 공정 이후에는 단순히 가공비만이 발생하는 경우 완성품총원가는 각 공정별로 가공비를 집계하고 여기에 재료비를 가산하여 계산할 수 있다.

第21조[조별 원가계산] ① 조별 원가계산은 다른 종류의 제품을 조별로 연속하여 생산하는 생산상태에 적용한다.
② 조별 원가계산에서는 당해 기간의 제조원가를 조직접비와 조간접비로 구분하여 조직접비는 각 조에 직접 부과하고, 조 간접비는 일정한 배부기준에 의하여 각 조별로 배부하여 조별원가를 산출한다.

第22조[등급별 원가계산] ① 등급별 원가계산은 동일 종류의 제품이 동일 공정에서 연속적으로 생산되나 그 제품의 품질 등이 다른 경우에 적용한다.
② 등급품별 단위당 원가는 각 등급품에 대하여 합리적인 배부기준을 정하고, 당해 기간의 완성품총원가를 동 배부기준에 따라 안분하여 계산한다.
③ 등급품별로 직접원가를 구분하는 것이 가능할 경우 직접원가는 당해 제품에 직접부과하고 간접원가는 제2항의 배부기준에 따라 배부할 수 있다.

第23조[연산품 원가계산] ① 연산품 원가계산은 동일 재료로 동일 공정에서 생산되는 다른 종류의 제품으로서 주산물과 부산물의 명확히 구분하기 곤란한 경우에 적용한다.
② 연산품 원가계산은 제22조 제2항 및 제3항의 규정을 준용한다.

第24조[부산물과 작업폐물의 평가] ① 부산물을 제22조의 규정을 준용하여 평가하거나 다음 각 호의 방법에 의하여 그 가액을 산정하여 이를 발생부문의 주산물 총원가에서 안분하여 차감한다.

1. 부산물을 그대로 외부에 매각할 수 있는 경우에는 추정매각가격에서 판매비와 관리비 및 정상이윤을 공제한 가액
2. 부산물로서 추가가공 후 매각하는 경우에는 가공제품의 추정매각가격에서 추가 가공비와 판매비와 관리비 및 정상이윤을 공제한 가액
3. 부산물을 그대로 자가소비하는 경우에는 그 추정매입가격
4. 부산물로서 추가가공 후 자가소비하는 것은 그 추정매입가격에서 추가가공비 발생액을 공제한 가격

② 부산물의 추정매각가격 또는 추정매입가격은 최근의 거래가격 또는 권위 있는 물가조사기관의 물가조사표에 의한 시가를 적용한다.

③ 판매비와 관리비 및 정상이윤은 유사제품의 최근 평균매출원가율을 적용하여 계산한다.

④ 작업폐물은 제1항 내지 제3항의 규정에 준용하여 평가하고, 이를 발생부문의 제조원가에서 차감하거나 필요에 따라 당해제품의 제조원가에서 차감할 수 있다.

第25조[공손비의 계산] ① 공손비는 다음 각호에 따라 계산하여 당해 제품의 제조원가에 부과하거나 원가발생부문의 간접비용으로 한다. 다만, 비정상적인 공손비는 영업외 비용으로 한다.

1. 공손이 보수에 의하여 회복될 경우 공손비는 그 보수비용으로 한다.
2. 공손이 보수로서 회복되지 않고 그 전부를 다시 생산할 경우 공손비는 기발생 된 공손품제조원가에서 공손품의 평가액을 차감한 가액으로 한다.
3. 공손이 보수로서 완전 회복되지 않고 그 일부를 다시 생산할 경우 공손비는 추가적으로 발생하는 제조원가에서 공손품의 평가액을 차감한 가액으로 한다.

② 제1항 제 2호 및 제3호의 규정에 의한 공손품의 평가는 제25조의 규정을 준용한다.

第26조[표준원가계산의 적용] ① 표준원가계산은 사전에 객관적이고 합리적인 방법에 의하여 산정한 원가(이하 "표준원가"라 한다)를 이용하여 제조원가를 계산하는 경우에 적용한다.

② 표준원가는 회사의 제반사항을 고려하여 현실적으로 달성 가능하도록 설정한다.

第27조[표준원가의 산정] ① 표준원가는 직접재료비·직접노무비 및 제조간접비에 대하여 산정하고, 다시 제품원가에 대하여 설정한다.

② 원가요소의 표준은 수량과 가격에 대하여 각각 설정한다.

제28조[표준직접재료비] ① 표준직접재료비는 직접재료의 종류별로 제품 단위당 표준소비수량과 표준소비가격을 설정하고, 이 양자를 곱하여 산정한다.
② 표준소비수량은 과학적·통제적 조사에 의하여 제품의 생산에 필요한 각종 재료의 종류, 품질, 가공방법 등을 고려하여 정한다. 이 경우 표준소비수량에는 정상적인 공손 및 감손을 포함한다.
③ 동일한 기능을 수행하는 여러 종류의 재료가 대체적으로 사용되는 경우 표준직접재료비는 각 재료의 표준배합비율을 설정하고, 이에 각 재료의 표준소비수량과 표준소비가격을 곱하여 산정한다.
④ 표준소비가격은 과거 및 현재의 시장가격과 장래에 예측되는 가격 동향이나 거래관습 등 제반경제적 여건을 고려하여 정한다.

제29조[표준직접노무비] ① 표준직접노무비는 직접 작업의 구분마다 제품 단위당 표준작업시간과 표준임률을 설정하고, 이 양자를 곱하여 산정한다.
② 표준작업시간은 과학적·통계적 조사에 의하여 작업의 종류, 사용기계공구, 작업방식, 노동의 등급 등을 고려하여 정한다.
③ 표준임률은 과거 및 현재의 임률과 장래에 예측되는 변동 등 제반 여건을 고려하여 정한다.

제30조[제조간접비의 표준] ① 제조간접비의 표준은 부문별 또는 작업단위별로 일정기간에 발생할 제조간접비의 예정액으로 산정한다.
② 부문별 제조간접비 표준의 산정방법은 제14조 내지 제16조의 규정을 준용한다.

제31조[표준원가의 수정] 표준원가는 생산의 조건 등에 변화가 있는 경우 이를 적절히 수정한다.

제32조[원가차이의 산정] 표준원가와 실제발생원가와의 차액(이하 "원가차이"라한다)은 원가계산기간별로 산정한다. 이 경우 실제발생원가의 산정은 제8조 내지 제16조의 규정에 의한다.

제33조[원가차이의 회계처리] ① 원가차이는 일정한 기준에 따라 회계연도의 매출원가와 기말재고자산에 배부하며, 원가차이의 배부를 보다 정확히 하기 위하여 원가요소별로 다른 배부기준을 적용할 수 있다.
② 비정상적으로 발생한 원가차이는 영업외수익 또는 영업외비용으로 한다.
③ 실제원가계산제도에 있어서 원가의 일부를 예정가격 등으로 계산할 경우 발생한 원가차이는 제1항 및 제2항의 규정을 준용하여 처리한다.

제34조[준용규정] 이 준칙은 제조업 이외의 업종을 영위하는 회사가 원가계산을 함에 있어서도 이를 준용할 수 있다.

보 칙

제1조(시행일) 이 준칙은 1998년 4월 1일부터 시행한다.

제2조(종전준칙의 폐지 및 이에 따른 경과조치) ① 종전 증권관리 위원회의 원가회계준칙(이하 "종전준칙"이라 한다.)은 이 준칙 시행일부터 이를 폐지한다.
② 이 준칙 시행 전에 종전준칙에 의하여 회계처리 한 경우에는 이 준칙을 적용한 것으로 본다.

제3조(다른 규정과의 관계) 이 준칙 시행당시 다른 규정에서 종전준칙을 인용하고 있는 경우에 이 준칙 중 그에 해당하는 규정이 있는 경우에는 종전준칙에 갈음하여 이 준칙 또는 이 준칙의 해당규정을 인용한 것으로 본다.

2. 원가회계 관련용어

가격차이(price variance) : 재료의 실제가격과 표준가격의 차액을 말한다. 가격차이는 대부분 기업의 외적인 요인에 의해서 발생하기 때문에 통제할 수 없다. 이러한 가격차이가 발생하는 원인으로는 시장가격 변동, 매입처의 변경, 매입방법 및 지급조건 등이 변경, 운송방법 및 보관방법 등의 변경, 표준품질과의 차이, 부적정한 표준가격의 설정 등이 있다.

가격차이 = (실제가격 - 표준가격) × 실제구입량

가공비(conversion cost) : 제조원가를 구성하는 항목 중 직접노무비와 제조간접비를 합한 것, 또는 직접재료비 이외의 원가요소를 총괄한 것을 말한다.

가공비공정별 종합원가계산 : 가공비를 공정별로 계산하는 종합원가계산으로, 가공비법이라고도 한다. 이 방법은 최초의 공정에서 원료가 모두 투입되고, 그 후에는 각 공정에서 가공이 이루어지는 생산형태를 취하고 있는 기업(제약, 기계가공, 고무가공, 피혁제품제조 등)에 적용되는 것이다. 가공비공정별 종합원가계산에서는 공정초에 원료가 모두 투입되기 때문에 가공비만을 공정별로 계산해 두고 최종 공정이 완료될 때에 원료비를 가산한다.

간접경비(indirect expenses) : 특정 제조지시서와 특정 제품 등에 직접 부과할 수 없는 경비, 즉 어느 제품의 제조를 위해서 얼마나 소비되었는가가 명백하지 않은 경비를 말한다. 원가계산기준에 속하는 간접경비는 복리후생비, 감가상각비, 임차료, 보험료, 수선비, 전력비, 수도료, 세금과 공과, 여비교통비, 통신비, 보관료, 잡비 등이다. 그러나 이와 같은 비목을 어느 기업에서나 간접경비로 결정하는 것은 아니다. 비목의 설정과 기록방법을 직접비로 하면 직접경비가 될 수 도 있다. 예를 들어 전력료가 큰 비중을 차지하는 공장에서는 간접경비로 하지 않고 직접비로서 특정 제품에 직접 부과할 수 도 있다.

간접공 임금 : 공구의 제작, 기계의 보수, 소재와 원료의 보관, 입출고, 소재와 완성품의 운반 등 간접작업에 종사하는 간접공에 대한 임금을 말한다. 간접공 임금은 간접누무비에 포함되지만 제조작업이 급할 때에는 간접공도 직접작업에 종사할 수도 있는데, 이때에는 간접고의 임금을 직접노무비로 처리해야 한다.

간접노무비(indirect labor cost) : 간접노무비 이외의 모든 공장노무비를 말하는 것으로, 제조 간접비의 중요한 구성요소이다.

간접비(indirect cost) : 어느 특정 제품에 있어 추적할 수 없는 원가, 즉 제품생산과 직접적인 관계없이 투입된 간접적인 원가를 말한다. 예를 들어 소모품원가, 전력료 및 기계청소비 등을 제품을 생산하는 데 필요한 원가이기는 하지만, 특정 제품에 대해 정확히 집계하기는 어렵기 때문에 간접비가 된다. 간접비를 제품에 부과시키기 위해서는 일정한 배부 기준을 이용하여 각제품에 배부하여야 한다. 이러한 간접비에는 간접재료비, 간접노무비, 간접경비 등이 있다.

간접작업시간(indirect job time) : 간접공이 종사한 작업시간을 말한다. 이는 소재외 부품의 운반, 기계와 장치의 보수 등에 필요한 간접공의 작업시간을 의미하지만, 직접공이 간접작업에 종사한 경우에는 간접작업시간으로서 직접작업시간과 구분해야 한다. 작업시간의 기록에서 가장 중요한 것은 직접작업시간에 관한 것이지만, 원가계산제도를 적용하는 기업에서는 간접작업시간의 기록도 행해야 한다. 직접공이 행한 간접작업시간을 기록하는 것은 직접작업시간을 정확히 기록하기 위한 거시지만, 간접공의 간접작업시간을 기록하기 위한 것이지만, 간접공의 간접작업시간을 기록하는 것은 효율적인 원가관리와 보조부문비의 배부 기준을 설정하기 위한 것이다.

간접작업임금(indirect labor cost) : 직접공의 임금은 원칙적으로 직접임금이지만 때로는 직접공이 소재와 원료의 운반, 기계와 장치의 설치, 기계의 정리와 보수, 교육 등의 간접작업에 종사할 때 간접작업에 상사하는 시간에 따라 지급하는 임금을 간접작업임금이라고 한다.

감손(waste) : 원재료를 가공한 후 남은 작업폐품을 말한다. 예를 들어 옷감을 재단하고 남은 천 조각이나 금속판을 절단하고 남은 철판 등이 이에 해당한다. 감손품은 가치가 작은 경우가 대부분이지만 때로는 큰 가치를 가지기도 한다. 일반적으로 감손은 눈에 보이지 않게 발생하는 경우가 많으므로 관리상 주의가 필요하다.

개별원가계산(job-order costing) : 종류가 다른 제품을 개별적으로 생산하는 생산형태에 적용되는 원가계산방법이다. 이는 원가계산의 가장 기본적인 방법으로 통상 개별수주생산, 즉 하나 하나의 제품을 고객의 요구에 의해 생산하는 기업(조선, 중장비 제조, 특수기계 제작, 전동기 제작, 특수인쇄, 공구·기구류 제작, 사무용 기구 제작, 토목건축공사 등)에 적용되고 있다. 개별원가계산에서는 개별적인 제품제조에 착수하기 전에 각 제품의 제조지시서가 발행되는데, 이 제품 제조지시서에 의해 지시된 제조활동의 흐름을 파악해서 원가를 집계하여 계산하는 것이 특징이다.

개별주문생산(specific order production) : 조선업과 특수한 공장기계회사 등과 같이 거래처의 주문에 의해서 그 종류, 규격, 용도고 각기 다른 제품을 개별적으로 생산하는 것을 말한다.

결합원가(joint costs) : 여러 가지 종류의 제품을 한 공장에서 생산하는 경우에 발생하는 원가로서, 특히 목재가공·석유경제·식료품가공 등의 공정에서 많이 볼 수 있다. 예를 들어 통나무를 가공하여 목재와 판지 등 두 종류의 제품을 생산하는 경우 원재료인 통나무의 원가와 통나무를 가공하는데 소요되는 원가가 결합원가이다.

경비(expenses) : 제품의 제조를 위하여 소비되는 원가 중에서 재료비와 노무비를 제외한 모든 원가요소를 말한다. 즉, 경비는 제조활동과 관련하여 발생하는 원가라는 점에서 판매비와 일반관리비와는 엄격히 구분되어야 한다.

계제식 배부법(step ladder distribution method) : 계단식 배부법이라고도 하며, 보조부문 중 타 부문에 용역을 가장 많이 제공하거나 발생원가가 많은 부문부터 순서를 정해서 보조부문비를 배부하는 방법을 말한다. 즉, 보조부문 중에서 가장 여러 부문에 영역을 제공한 순위에 따라 제 1순위, 제 2순위 식으로 순서를 정하여 순서대로 해당 보조부문비를 다른 보조부문과 제조부문에 배부하는 방법이다. 일단 배부가 끝난 보조부문은 다른 보조부문으로부터 배부 받지 않는다. 이 방법은 합리적이긴 하나 순서결정의 어려움으로 실무에서는 그다지 사용되지 않는다.

고정비(fixed costs) : 조업도와 관계없이 고정적으로 발생하는 임대료, 감가상각비, 종업원에게 지급하는 고정급 등의 비용을 말한다. 고정비는 제조, 판매수량에 관계없이 고정적으로 발생하는 비용이기 때문에 제조, 판매수량이 많으면 많을수록 제품 1개당 고정비 부담액은 저하되어 그만큼 기업에 유리하게 된다.

공손(spoilage) : 불량품은 의미하는 것으로서, 생산과정 중에 생산품의 일부가 파손되거나 표준규격이 아닌 제품이 생산될 때 발생한다. 공손품은 가치가 적은 것이 대부분이지만 경우에 따라 비교적 큰 가치를 가지는 것도 있다.

공정별 종합원가계산(process cost system) : 한 제품의 제조공정을 두 개 이상 연속되는 공정으로 나누어 생산하는 경우, 한 공정에서 다음 공정으로 대체된 공정제품의 종합원가를 전공정비로서 다음 공정의 제조원가를 가산하는 방법이다. 농약공장, 일반화학공장, 원료정제공장, 제약공장, 식품공장, 방직공장 등과 같이 단일제품을 연속 생산하는 회사에서 사용하고 있다.

공통원가(common cost) : 여러 부문이 공유하여 사용하는 설비나 서비스의 원가를 말한다.

기간원가(period cost) : 제품 생산에 투입된 제품원가 이외의 원가로서 그것이 발생한 기간에 비용으로 처리되는 것을 말하며, 판매비와 일반관리비가 이에 해당된다. 즉, 기간원가는 그 지출과 관련해서 미래에 발생할 지도 모르는 경제적 효익을 객관적으로 측정하기가 어렵기 때문에 실무의 편의상 미래기간으로 이연하지 않고 발생시점에서 비용화하는 것이다.

기계작업시간(machine hour) : 제조활동을 위하여 기계를 사용한 시간을 말한다. 원가계산에서는 제품을 제조하기 위해서 사용되는 기계의 운전시간을 제조간접비의 배부기준으로 사용하고 있지만 이는 제조간접비가 기계작업시간에 비례해서 발생하는 경우에 한한다.

기본원가(prime cost) : 직접재료비와 직접노무비의 합계를 말한다.

기준조업도(denominator level) : 예산고정제조간접비 배부율을 결정하기 위하여 미리 선정한 조업도를 말한다. 이는 당해 연도의 예상물량을 기준으로 사전에 결정되며, 가장 널리 이용되는 것은 연간예산조업도이다.

기회비용(opportunity cost) : 제품이나 서비스를 현재의 용도가 아닌 다른 용도에 사용했을 때 얻을 수 있는 수익 중 금액이 가장 큰 것을 말한다.

노무비(labor cost) : 제조활동과 관련해서 소비된 노동용역의 대가를 금액으로 표시한 원가를 말하는 것으로서, 임금, 급료, 수당, 상여금, 퇴직급여충당금전입액 등으로 구분할 수 있다. 비용의 형태별 분류인 재료비, 경비와 함께 3대 원가요소의 하나로서, 다른 요소와 다른 점은 용역이기 때문에 재료 등과 같이 저장이 될 수 없다는 점이다. 노무비는 발생시점과 지급시점이 다르기 때문에 원가계산시에는 원가계산기간 동안 발생한 원가를 계상한다. 한편, 임금과 노무비의 차이는 임금이 제품의 제조에 소비할 목적으로 구입한 노동용역의 대가인 반면, 노무비는 노동용역을 제품의 제조에 소비할 때의 가치로서 원가요소에 포함된다는 점이다.

누가법(cumulative method) : 누적법이라고도 하며, 각 공정의 완성품을 다음 공정으로 대체하면 공정별로 계산이 완료된 공정제품의 종합원가도 다음 공정에 차례로 대체되어 최종 공정에서 완성품의 종합원가를 계산하는 원가계산방법을 말한다.

능률차이(efficiency variance) : 표준작업시간과 실제작업시가간과의 차이에 의해 발생하는 것을 말하며, 관리기능차이라고도 한다. 직접노무비차이에 있어 능률차이는 표준임률×(표눈작업시간-실제작업사건)에 의해서 산정한다. 능률차이의 발생원인에는 ① 표준과 상이한 작업방법의 변경 ② 표준과 상이한 작업조건의 변경 ③ 기계, 공기구의 미비, 불량 및 변경 ④ 기계장비의 고장 ⑤ 작업자의 미숙련, 부적정한 배치 ⑥ 감독자, 작업자의 노력부족 ⑦ 불량재료의 사용 ⑧ 부적당한 표준작업시간의 설정 등이 있다. 일반적으로 임률차이는 현장관리자에 의한 관리가 불가능 하지만 능률차이는 가능하다.

단순종합원가계산(single process cost accounting) : 같은 제품을 반복, 연속적으로 생산하는 형태의 생산방식은 경우에 제품별로 적용하는 원가계산방법으로, 한 공장에서 한 종류의 제품만을 생산할 때 이용된다. 단순종합원가계산에서는 원가계산기간에서 발생된 전체의 재료비, 노무비, 경비 등을 집계하여 구한 당기 제조비용에 기초재공품원가를 가산하여 총제조비용을 구한 후 이를 완성품과 기말재공품으로 분할해서 완성품 종합원가를 계산하고, 계산된 완성품 종합원가를 완성품환산량으로 나누어 제품단위당 원가를 구한다.

단위원가(unit cost) : 제품 1단위당 제조원가를 말한다. 종합원가계산에서는 원가계산기간의 생산량에 대응한 종합원가를 우선 파악하고 이것을 그 기간의 생산량으로 나누어 제품단위당 원가를 계산한다.

당기총제조원가(total cost of manufacturing for period) : 한 기간에 발생된 전체의 원가요소를 집계한 금액을 말한다. 즉, 당기에 발생된 재료비, 노무비, 경비의 총합계액으로서, 당기총제조비용이라고도 한다. 당기총제조원가에 기초재공품재고액을 더하고 기말재공품재고액을 빼면 당기제품제조원가가 산출된다.

대체가격(transfer price) : 기업 내부의 사업부간에 재화나 용역의 이전이 이루어지는 경우 그 재화나 용역에 부여되는 가격을 말한다. 대체가격은 공급부서에는 수익이 되고, 구매부서에는 원가가 된다는 양면성이 있기 때문에 대체가격을 얼마로 결정하느냐에 따라 이익중심적인 사업부의 성과평가가치가 크게 달라진다. 따라서 대체가격의 결정은 개별 사업부 뿐만 아니라 기업 전체에 큰 영향을 미치게 된다.

대체원가(replacement cost) : 현재의 시장에서 동일한 자산을 구입하는 데 필요한 금액을 말하며, 현행원가라고도 한다.

등가계수(equivalent coefficient) : 등급품과 연산품의 원가계산에 이용되는 원가배부의 기준으로서, 표준품을 1로 했을 때 다른 등급품에 부담되는 원가배부상의 비율을 말한다. 등급품에 이용되는 경우에는 중량, 길이, 면적, 순분도, 열량 등 등급에 의한 차이가 등가계수를 설정할 수 없기 때문에 정상시가를 등가계수로 한다.

등급별종합원가계산(class process costing) : 등급품을 생산하는 기업에 적용되는 원가계산 방법이다. 등급품이란 동일 재료로 동일 공정을 거쳐 계속 생산되는 동종제품이지만 두께, 굵기, 크기, 모양, 품질, 중량, 면적 등에서 구별되는 제품을 말한다. 등급별 종합 원가계산은 먼저 등급별 전체에 대한 조합원가를 계산하고, 등가계수를 이용하여 등급 제품에 안분함으로써 등급품별 종합원가와 단위원가를 계산하는 방법이다.

매몰원가(sunk cost) : 이미 발생된 원가로서 미래 의사결정에 영향을 미치지 않는 원가를 말한다.

발생경비(accrued expenses) : 실제 발생액을 그 원가계산기간에 소비액으로 하는 재고감모비·공손비 등의 경비를 말하는 것으로, 실사에 의해 파악되기 때문에 실사경비라고도 한다. 기업에 따라 매 월마다 실사를 하기 곤란한 경우가 많으므로 일반적으로 연간 발생액을 추산하여 월할 계산하는 방법을 취한다.

변동비(variable cost) : 제품의 생산량이나 판매수량 등의 조업도의 변동에 따라서 비례적으로 증감하는 재료비·노무비 등의 비용을 말하며, 비례비라 한다. 변동비는 그 발생액이 생산량과 같은 비율로 증감하기 때문에 제품단위당 변동비 부담액은 균등하다.

보조부문(service department) : 제조부문에 용역을 제공하는 것을 주요 기능으로 하면서 제조활동에 간접적으로 기여하는 부문을 말하며, 서비스부문이라고도 한다. 보조부문은 때에 따라서는 제조부문 이외의 다른 보조부문에 용역의 일부를 스스로 사용하기도 한다. 그러나 보조부문의 모든 활동은 본질적으로 제조부문의 생산활동을 보조하기 위한 것이므로 보조부문에서 생산한 모든 지출은 마땅히 제품의 제조원가를 구성하는 간접 제조간접비로서 제조부분에 배부하여야 한다.

보조부문비의 배부기준 : 보조부문 발생원가를 제조부문 또는 다른 보조부문으로 배부하는 기준이다. 이에는 인과관계기준, 수혜기준, 부담능력기준 등이 있다. 일반적으로는 수혜기준이 사용되며, 전력부에서 발생된 원가의 경우 전력사용량, 수선부에서 발생된 원가는 수선시간이, 수선회수, 검사부의 발생원가는 검사시간 등이 이용된다.

보조재료비(subsidiary materials) : 주요재료비와 반대되는 용어로서 제품생산에는 필요하지만 제품의 기본적인 실체를 구성하지 않는 보조적인 물품소배액을 말하는 것으로, 간접재료비중의 하나이다. 제품의 실체를 형성하는 재료비로서의 중요성이 크지 않으므로 보조재료비는 제조간접비로 계상한다. 또한 제품의 실체를 형성하지 않는 약품,

휘발유 등의 공장 소모품비도 보조재료비이다.

부가원가(direct departmental overhead cost) : 특정부문에 개별적으로 발생하여 그 부문에 직접적으로 인식할 수 있는 원가요소를 말한다. 따라서 이들 원가는 각 해당 부문에 부과하게 된다. 특정 부문관리자의 급료, 부문 소유의 기계감가상각비, 그 부문에서 소요된 수선비 등이 이에 속한다.

부문공통비(indirect departmental overhead cost) : 여러 부문에서 공통적으로 발생하여 각 부문에 직접적으로 인식하기 곤란하거나 불가능한 원가요소를 말하는 것이다. 이들 원가는 그 성질에 따라 적절한 배부기준을 이용하여 각 부문에 배부해야 한다. 공장장의 급료, 공장건물의 감가상각비, 재산세, 보험료 등이 이에 속한다.

부문별 원가계산(department cost accounting) : 요소별 원가계산의 단계에서 파악된 원가요소를 원가부문별로 분류, 집계하는 계산절차이다. 원가부문은 크게 직접 제조활동을 수행하는 제조부문과 제조부문을 보조하는 보조부문으로 구분된다. 요소별 원가계산에서 집계된 자료 중 직접비는 제품에 직접 부과할 수 있으나 간접비는 일단 그것이 발생한 부문별로 집계하여 각 부문의 원가를 계산하는 것이 보통이다.

부산물(by-products) : 주산물의 제조과정에서 부수적으로 생산되는 제품을 말한다. 주산물과 부산물은 동일 재료, 동일 제조과정을 통해서 생산되지만 경제적 가치가 큰 제품을 가리켜 주산물이라 하고, 경제적 가치가 적은 제품을 가리켜 부산물이라 한다. 부산물은 종류에 따라서 작업폐물과 같이 경제적 가치가 매우 낮은 것도 있으며, 또는 연산품에 가까운 것도 있다. 주산물과 부산물이 분리될 때까지는 개개의 제품으로서 식별되지 않고 그 때까지의 원가는 공통적으로 발생하므로 이를 결합원가라고도 한다.

불량품(defective units) : 표준규격이나 표준품질에 맞지 않는 생산품을 말한다. 제품의 특성이나 여러 가지 대안에 따라서 다시 작업하기도 하고 등급별로 나누어 판매하기도 한다.

불리한 차이(unfavorable variance) : 수량차이, 가격차이 등에 있어서 실제액이 표준액을 초과하여 발생된 경우의 차액을 말한다. 즉, 실제발생액이 표준액보다 초과함으로써 영업이익을 감소시키는 차이를 말한다.

비누가법(non-cumulative method) : 각 공정의 완성품원가를 다음의 공정에 순차로 대체하지 않고 각 공정마다 반제품의 원가를 산출하고, 그 합계로써 최종제품의 원가를 계산하는 방법을 말하며, 비누적법이라고도 한다. 비누가법은 공정간의 원가대체가 이루어지지 않으므로 제 1공정이 이후 각 공정에서는 전공정비를 계산할 필요없이 자공정비만 계산하면 된다. 그러나 이 방법으로 특정 공정의 기말재공품원가를 계산하면 자공정에 있는 재공품과 자공정 이외에 있는 재공품에 포함되어 있는 자공정비를 계산해야 하므로 공정의 수가 많으면 많을수록 기말재공품원가 계산은 복잡해 진다.

비례법(proportional cost) : 조업도의 증감에 따라 비례적으로는 원가 발생이 증감하는 것을 말하며, 변동비라고도 한다. 이에는 직접재료비나 직접노무비와 같은 원가요소 등이 있다.

비원가항목(non-cost item) : 일반적인 원가개념으로는 경제 가치의 소비급부에의 가치 이전, 경영목적과의 관련, 정상적 가치소비 등의 네 가지가 있는데, 이러한 성질을 총족시킬 수 없는 경제가치의 감소를 비원가항목이라 한다. 이러한 비원가항목으로는 다음과 같은 것이 있다.

(1) 현재 영업에 제공되지 않는 자산에 관련하여 발생하는 제비용 : 유휴미가동인 투자자산이나 경영목적과는 무관한 자산에 대한 감가상각비, 세금과 공과, 관리비 등
(2) 기업회계기준에서 규정하고 있는 영업비용 : 이자비용, 대손상각 등
(3) 이상 상태에 원인으로 하는 가치의 감소 우발손실 또는 천재지변에 의한 손실 등
(4) 세법상 특별히 인정된 손금산입항목 : 해외시장개척준비금 전입액, 정상상각액을 초과하는 특별상각비 등
(5) 기타 이익잉여금에 부과되는 항목 : 법인세, 소득세, 배당금 및 건설이자 상각 등

사전원가계산(pre-cost accounting) : 경영활동이 있기 이전에 장래의 발생한 조건하에서 발생하리라고 예상한 원가계산을 말하며, 견적가액의 계산과 표준원가계산이 여기에 포함된다.

사후원가계산(post-cost accounting) : 경영활동이 종료된 후에 실제로 발생한 실적자료에 의한 원가계산을 말하며, 실제원가계산이라고도 한다.

상호배부법(reciprocal method) : 보조부문간의 상호관련성을 충분히 고려하는 배부방법을 말한다. 즉, 각 보조부문 사이에서 서로 용역을 제공하게 되는 경우, 이러한 용역관계를 완전히 인식하여 각 보조부문의 원가를 배부하는 방법이다. 상호배부법에서는 먼저 모든 보조부문에 대하여 위와 같은 형태의 산식을 세운 후, 각 산식을 풀어서 각 보조부문의 총원가를 계산한다. 그런 후에 이 총원가를 직접배부법에 따라 제조부문에 배부하게 된다. 특정 보조부문의 총원가는 다음과 같은 산식으로 표시된다.

총원가 = 자부문의 발생원가 + 타부분으로 부터 배포된 원가

성과급제(price-rate plans) : 생산량 단위당 임금을 정해 놓고 여기에 각 종업원 또는 각 작업조의 실제생산량을 곱하여 임금을 계산하는 방법으로, 도급제 또는 생산량급제라가도 한다. 성과급제는 작업성과가 생산량으로 직접 파악되는 직접작업의 경우에는 적용이 가능하지만, 간접작업이나 사무관리와 같이 일의 성과가 계량적으로 파악되지 않는 경우는 적용하기가 어렵다.

소비임률(spending wage rate) : 원가계산기간에 소비된 노무비 원가를 계산하기 위한 임률로서, 소비임금액 또는 노무비원가를 신속하고 정확하게 계산하기 위해서 이용된다. 소비임률은 작업자 개인에 대해 산출하느냐 또는 그룹별 등의 평균으로 하느냐에 따라 개별임률과 평균임률로 구분된다. 즉, 개별임률은 작업자 개인에 대하여 그 지급임률에 기초하여 산정하는 것이고, 평균임률은 생산에 참여한 각 작업자의 개별임률을 평균화한 것이다.

$$\text{소비임률} = \frac{\text{원가계산기간의 임금총액}}{\text{원가계산기간의 총작업시간수}}$$

소비차이(spending variance) : 표준원가계산제도를 채택하여 원가계산을 하는 경우에 나타나는 것으로서, 제조활동을 통해서 실제로 발생한 제조간접비에서 실제투입량에 허용된 표준제조간접비를 뺀 차액을 말한다.

순실현가치(net realizable value) : 정상적인 영업활동의 과정에서 제품의 판매가치를 추정하여 합리적으로 예상할 수 있는 제조 및 판매비용을 차감한 금액이다.

실제원가(actual cost) : 재화나 용역의 실제소비량과 실제 취득가격을 근거로 해서 계산된 원가를 말한다. 여기서 실제소비량이란 경영의 정상적인 상태 하에서 소비된 것을 말하며, 비정상적인 상태에서 발생한 소비량은 실제소비량에서 제외시킨다. 또한 실제자격의 경우도 반드시 실제취득가격만을 기준하는 것이 아니라 예정가격을 적용하기도 한다.

실제조업도(practical capacity) : 공장이나 설비나 부문은 능률적으로 운영할 수 있도록 하는 최대의 조업도이다.

실제최대조업도(practical maximum capacity) : 기계의 수선 등에 소비되는 정상적인 대기시간을 허용하면서 달성할 수 있는 최대 수준의 조업도를 말하는 것이다. 따라서 실제최대조업도는 이상적 조업도에서 회피 불가능한 작업중단으로 인하여 발생하는 조업도 감소분을 차감한 것이라 할 수 있다.

연산품(joint products) : 동일한 공정에서 동일한 원료를 사용하여 두 종류 이상의 서로 다른 제품을 생산하는 경우에 이들 제품을 총칭하여 말하는 것이다. 연산품으로서는 경유업의 휘발유·등유·중유, 제련업의 금·은·동 등을 들 수 있다. 연산품의 원가는 분리점까지 공동으로 발생한 결합원가를 일정한 기준에 따라 각 제품별로 안분하여 계산한다. 안분하는 방법으로는 각 연산품의 판매가치를 기준으로 하는 방법(정상시가법)과 각 연산품의 수량·중량·부피 등과 같은 물리적 단위를 기준으로 안분하는 방법(물량기준법)으로 크게 구분할 수 있다.

연속예상생산 : 시장의 요구에 의해서 꾸준히 판매될 수 있는 제품을 예측해서 동종제품을 연속하여 생산하는 것을 말한다.

예산차이(budget variance) : 표준원가제도를 채택하여 원가예산을 하는 경우에 나타나는 것으로서, 제조간접비 예산액과 실제액과의 차이를 말한다. 이러한 차이가 발생하는 원인으로는 물가의 변동, 예산관리방법의 불비 및 결합으로 인한 예산의 낭비, 작업방법 등의 변경으로 인한 제조간접비의 변동, 제조간접비 예산측정의 오류 등이 있다.

예정원가(predetermined cost) : 생산활동을 시작하기 전에 과거의 경험 및 장래의 예상을 가감하여 추정한 원가로서, 예정소비량에 예정가격을 곱하여 계산된다. 예정원가는 원가계산의 신속성을 기하고 제품의 판매가격을 결정하는 데 사용된다. 또한 예산제도에 사용되며, 사전원가로서 실제원가와 비교하여 원가관리에 이용되기도 한다.

예정임률(predetermined wage rate) : 실제원가계산에서는 실제임률을 이용하는 것이 원칙이지만 원가계산의 신속화, 정상원가의 산출 등을 위해서 연초에 1년간 발생되리라 예상되는 노무비와 조업도를 예측함으로써 예정임율을 구한다. 즉, 예정임률이란 노무비 원가의 산정을 위해 사용되는 임률을 말한다.

완성도(degree of completion) : 종합원가계산시에 필요한 개념으로서, 현재 작업 중인 가공대상 생산물이 어느 정도 진척되었는가를 나타내는 것을 말한다. 완성품환선량을 계산하기 위해서는 기초 및 기말재공품의 완성도를 알아야 한다. 일반적으로 완성도는 재료비와 가공비의 투입시점에 따라 상이하므로 각 원가요소별로 분리하여 계산한다. 재료비의 경우에는 완성도를 추정하기가 위한, 가공비의 경우는 완성도의 추정이 어렵다. 일반적으로 가공비는 제품이 공정을 통과하는 데 걸리는 총시간 중에서 기말 현재까지 얼마의 시간이 경과되었는가를 기준으로 완성도를 측정한다.

완성품환산량(equivalent units) : 종합원가계산에서 완성도가 다른 완성품과 기말재공품에 총원가를 정확하게 배부하기 위한 배부기준으로, 완성품환산량이라는 개념을 공통척도로 사용한다. 즉, 완성품환산량을 공통척도로 사용하면 일정기간 동안에 수행된 모든 작업을 그 기간 중에 제조하기 시작하여 완성한 제품의 수량으로 나타낼 수 있다. 예를 들어, 처음에 제조하기 시작하여 완성한 제품의 수량으로 나타낼 수 있다. 처음에 제품 10단위를 생산하고자 제조활동을 시작하였는데 기말에 제품 10단위에 대한 완성도가 20%라면 이는 제품 2개를 처음부터 끝까지 완성시키는 데 투입된 작업총량과 같다고 볼 수 있다. 따라서 종합원가계산에서는 10개의미완성단위를 완성품환산량으로 나타내면 2개가 된다.

원가(cost) : 특정 목적을 달성하기 위해 치른 자원의 희생, 즉 경제적 효익의 희생을 화폐단위로 측정한 것을 말한다. 원가의 정의를 구체적으로 살펴보면 다음과 같다.

(1) "원가는 경제가치의 소비이다." 경제가치가 없는 것, 예를 들어 공기·햇볕·물(경제학상의 자유재)등은 소비하여도 원가가 되지 않는다. 그러므로 유용한 재화나 용역이라도 이것이 화폐단위로 표시할 수 없는 것은 원가가 될 수 없다.

(2) "원가는 경영목적에 관련된 가치소비이다." 원가는 경영목적, 즉, 재화나 용역의 생산·판매에 관련하여 소비된 경제가치에 한정된다. 그러므로 경영목적에 직접 관련이 없는 경제가치의 소비, 예를 들어 재무비용·도난 등은 원가를 구성하지 않는다.

(3) "원가는 일정한 급부와 관련하여 파악된 경제가치이다." 경영활동에 있어 재화나 용역을 소비하면, 그 재화나 용역에 포함되어 있던 경제가치는 재화나 용역의 소비에 의하여 만들어지는 급부에 이전되는 것으로 인식된다. 따라서 원가는 급부에 관련하여 파악한다.

(4) "원가는 정상적인 가치소비이다." 원가는 정상적인 경영활동에서 발생한 재화소비액만을 말하는 것으로, 화재 등의 이상상태에서 발생한 가치감소는 비원가항목으로 처리한다.

원가계산(costing) : 재화나 용역의 단위당 원가를 계산하는 것을 말한다. 제품의 제조활동에 소요된 총제조비용은 쉽게 계산할 수 있으나 제조간접비를 고려해야 하므로 단위당 원가를 정확하게 배부해야 정확하게 원가계산을 할 수 있다. 일반적으로 원가계산은 요소별 계산, 부문별 계산, 제품별 계산 등의 과정을 통해 이루어진다.

원가계산기간(costing period) : 원가를 계산하여 정기적으로 원가정보를 제공하는데 소요되는 기간을 말한다. 일반적으로 원가계산기간은 1개월로 하지만, 제품생산기간이 길거나 개별적인 원가발생액을 파악하기 용이한 제품일 경우에는 생산개시일로 부터 제품완성일 또는 회계연도 종료일까지를 원가계산기간으로 할 수도 있다.

원가계산단위(costing unit) : 원가계산에서 원가를 측정·집계 및 표시하는 기준을 말하며, 원가단위 또는 원가계산점이라고도 한다. 원가계산단위는 일반적으로 개수·중량·시간·

길이·면적 등의 단위로 표시되지만, 제품의 종류·기업의 생산방식과 거래관습 등에 따라 달라진다. 원가계산단위를 결정할 때에는 원가계산단위가 너무 크면 조업도별·원가계산기간별로 원가가 평균화되기 때문에 정확한 원가변동상태를 파악하기가 어려우며, 원가계산단위가 너무 작으면 원가계산실무가 복잡해져 많은 시간과 노력을 요하게 된다는 점을 유의해야 한다.

원가계산의 목적(boject of costing) : 원가계산을 하는 목적은 크게 외부보고목적과 내부보고목적으로 나눌 수 있다. 외부보고는 주주 또는 채권자 등과 같이 기업외부의 이해관계자들에게 기업의 경영성과와 재무상태를 보고하는 것이며, 내부보고는 조직 내의 경영자들이 의사결정을 효과적으로 할 수 있도록 원가정보를 제공해 주는 것을 말한다. 이러한 원가계산의 목적을 좀더 구체적으로 말하면 다음과 같다.

(1) 재무제표작성에 필요한 원가자료제공
(2) 가격결정에 필요한 원가자료 제공
(3) 원가관리에 필요한 원가자료제공
(4) 예산편성 및 예산통제에 필요한 원가자료 제공
(5) 기업의 장·단기 경영계획수립에 필요한 원가자료 제공

여기서 (1)(3)(4)항은 주로 제도적인 원가계산과 관련이 있고, (2)(5)항은 제도 외적인 원가계산과 관련이 있다. 또한 원가정보이용자의 입장에서 본다면, (1)은 기업외부의 이용자를 위한 것이고 (2)(3)(4)(5)는 주로 기업내부의 경영의사결정에 관한 것이다.

원가계산절차(costing procedure) : 원가를 어떠한 절차로 계산하는가를 말하는 것이다. 일반적인 원가계산절차는 다음과 같다.

(1) 원가발생액을 원가요소별로 분류·집계하고, 이를 다시 부문별로 분류·집계한다.
(2) 보조부문에서 집계된 원가는 배부기준에 의해서 제조부문에 배부한다.
(3) 제조부문에서 집계된 원가를 각 제품별로 배부하여 제품의 단위당 원가를 계산한다.

원가계산제도(cost accounting system) : 재무회계와 유기적으로 결합되어 재무제표작성, 원가관리 및 예산관리의 목적을 상호 조정적으로 달성하기 위한 일정한 계산체계이다. 이러한 원가계산제도에는 실제원가계산제도, 평균화원가계산제도 및 표준원가계산제도 등이 있다.

원가계산표(job order cost sheet) : 원가계산부문에서 제조지시서의 사본을 받는 경우 작성하는 표, 즉 종류를 달리하는 제품의 제조원가를 개별적으로 집계·산정하는 표를 말한다. 원가계산표는 제조지령서의 경우와 마찬가지로 제품별로 1매씩 마련하며, 개별원가계산의 중심이 된다. 또한 원가계산표는 보조원장에 해당하는 것으로 원가대장·제조원장이라고도 한다.

원가관리(cost management) : 일정한 품질의 제품을 최소의 비용으로 생산하기 위해 제조활동에서 종업원에게 동기를 부여하고 지도·감독하는 것을 말한다. 원가관리는 제조원가의 모든 항목에 대해서 실시하는 것이 아니라 가장 관리효과가 큰 항목, 예를 들어 직접재료비·직접노무비 등에서 시작하는 것이 좋다. 또한 표준을 정하기가 어렵기 때문에 과거의 자료를 기초로 적당한 숫자를 가미해서 정하는 것이 좋다. 원가관리의 단계를 살펴보면 다음과 같다.

(1) 비교의 척도고 되는 표준을 정한다.
(2) 실적을 기록한다.
(3) 표준과 실적을 비교한다.
(4) 그 차이의 원인을 조사한다.
(5) 불리한 차이가 나올 경우에는 원인을 제거하고 표준작업이 될 수 있도록 한다.

원가구성(cost composition)도 : 제조직접비는 직접재료비, 직접노무비, 직접경비로 구성되는데, 경비는 그 성격상 대부분 간접비에 해당하는 경우가 많다. 제조간접비는 간접재료비, 간접노무비, 간접경비로 구성된다. 직접재료비와 직접노무비를 합하여 기초원가로 하고, 직접노무비와 제조간접비를 합하여 가공비라 한다. 제조직접비에 제조간접비를 합하면 제품제조원가가 산정되며, 제품제조원가에 판매비와 관리비를 가산하면 총원가가 산정된다. 따라서 광의의 원가개념에 는 제조원가 외의 판매비와 관리비까지도 포함한다. 총원가에 판매이익을 가산하여 판매가격이 결정된다. 다음은 원가구성도를 나타내고 있다.

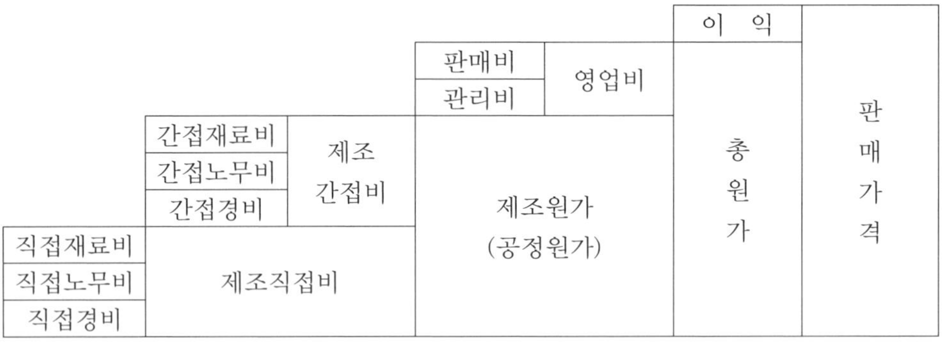

원가중심적(cost center point) : 원가가 집계되는 책임중심점의 한 형태로, 가장 작은 단위로 구분되는 부문이다. 즉, 원가중심점은 관리자의 업적평가와 관련하여 원가발생에 대한 책임만을 지는 책임 중심적이라고 할 수 있으며, 제조부문 및 일반관리부문 등에 있어 주로 조직의 하위계층에 설정된다.

원가차이(cost variance) : 표준원가 또는 예정원가와 실제원가와의 차이를 말하며, 이는 유리한 차이와 불리한 차이로 나눌 수 있다. 즉, 특정제품을 생산하는 발생하리라 예상한 표준원가보다 실제원가가 표준원가보다 적을 때에는 그만큼 회사에 이익이 되는 것이기 때문에 유리한 차이라고 할 수 있다.

원가차이분석(cost variance analysis) : 원가차이가 발생하면 그 원인을 규명해야 하며, 그 원인조사의 첫 번째가 바로 원가차이분석이다. 원가차이의 분석자는 어느 곳에서 발생했는가, 책임자는 누구인가, 왜 발생했는가를 명확히 해야 한다. 원가차이를 분석해서 어느 곳에 문제가 있는가를 판명한다.

원가회계(cost accounting) : 외부이용자를 위한 재무제표를 작성하고, 내부이용자를 위해 경영계획을 수립·통제하며, 특수한 의사결정과 경영자의 성과를 평가하는 데 필요한 원가정보를 제공할 목적으로 생산·영업활동에 관한 원가자료를 확인하고 분류하여 집계하는 회계를 말한다. 즉, 원가회계는 대차대조표상의 재고자산가액과 손익계산서상의 매출원가를 결정하는 데 필요한 원가정보뿐만 아니라 예산계획, 경영관리의 통제, 성과평가, 가격결정 등과 같은 관리적 의사결정을 하는데 필요한 원가정보를 제공하는 회계를 말한다.

월할경비 : 1년이나 6개월 정도의 경비를 총괄하여 일시에 지급하거나 계산했을 경우, 다시 월별로 분할로 분할하여 매 원가계산기간의 경비를 계산하는 것을 말한다. 이에는 감가상각비·세금과 공과·지급임차료·보험료 등이 있다.

유리한 차이(favorable variance) : 수량차이·가격차이 등에 있어서 실제액이 표준액에 미달되는 경우의 차액을 말한다. 즉, 실제 발생한 금액이 발생되리라 예정했던 금액보다 오히려 적게 발생한 경우로서, 영업이익을 증가시키는 것이다.

이상공손(abnormal spoilage) : 생산공정상 자연적으로 발생하는 것이 아니라 천재지변이나 정산의 수준을 넘어서 발생하는 제품의 손실을 말한다. 이상공손비는 영업외비용 또는 특별손실로 처리한다.

임률(wage rage) :단위 시간당 또는 단위생산량당의 임금을 말한다. 즉, 임금지급형태가 시간급일 때는 단위작업시간당 임금이, 성과급일 때는 단위생산량당 임금이 임률이 된다.

임률차이(wage rate variance) : 실제임률에 의하지 않고 표준임률을 사용해서 소비임금을 산출할 때 나타나는 원가치아를 말한다. 임률차이가 생기는 원인으로는 ① 임률수준 및 임금체계의 변경 ② 잔업·휴일작업 등 정규시간 외작업의 증가 ③ 임률이 다른 작업원 구성의 변경 ④ 부동시간의 발생 및 가동률 저하 ⑤ 부당한 표준임률의 설정 등을 들 수 있다.

임률차이 = (실제임률 − 표준임률) × 실제작업시간

작업(operation) : 기업의 생산활동에서 최종 완제품이 생산되기까지 반복적으로 수행되는 표준화된 노동방법 또는 노동수행과정을 말한다.

제조간접비(factory overhead cost) : 제품의 제조과정에서 발생한 원가 중 직접재료비와 직접노무비를 제외한 모든 원가, 즉 간접재료비·간접노무비·기타 제조원가 등을 합계한 금액을 말한다. 제조간접비는 특정한 제조지령서 또는 특정 제품에 직접 부과할 수 없기 때문에 일정한 배부기준에 따라 제품에 배부하여야 한다.

제조간접비예정배부율(applied overhead rate) : 제조간접비를 배부하는 데 사용되는 예정률로서, 연간 발생하리라 예상되는 제조간접비추산액을 예정조업도로 나누어 계산한다. 즉, 제조간접비예정배부율은 연초에 당해 연도의 조업도수준과 제조간접비에 대한 예측에 근거하여 산출된 것으로 1년동안 계속해서 적용되기 때문에 실제원가계산에서처럼 월별로 배부율이 변동하지 않는다. 제조간접비배부율은 실제 제조간접비를 기준으로 배부하느냐 또는 예정제조간접비를 기준으로 배부하느냐 에 따라 실제제조간접비배부율과 제조간접비 예정배부율로 구분되는데, 일반적으로 제조간접비예정배부율이 많이 사용된다.

제조간접비의 표준(standard of factory overhead cost) : 제조간접비의 표준을 설정하는 목적은 제조간접비의 부문별 발생책임을 명확히 하고 이를 효율적으로 관리하는 데 있다. 이를 위해서는 공장을 제조부문과 보조부문으로 크게 나누어 구분한 후 동력부·수선부·공장사무부 등과 같이 보조부문의 각 용역부문별로 단위당 용역의 표준원가를 정하고, 제조부문의 각 용역의 실제사용액에 따라 대체한다. 즉, 용역부분은 실제발생액과 용역을 표준단가로 대체한 금액을 비교함으로써 그 기능을 측정한다. 그리고 제조부문은 각 용역을 표준원가에 의해 측정하기 때문에 용역부문의 비능률에 영향을 받지 않으며, 원가책임이 명확하게 된다. 즉, 제조부문은 제조부문에서 발생한 간접비와 용역부문에서 대체된 용역비를 누계해서 그것을 표준배부율로 각 제품에 배부한다. 제조간접비는 고정비를 포함하기 때문에 조업도의 변동문제를 고려해 둘 필요가 있다.

제조간접비차이(factory ovehead cost variance) : 제조간접비차이는 표준제조간접비와 실제 제조간접비와의 차이를 의미한다. 일정 기간의 부문간접비차이는 여러 가지 방법으로 분석되지만 일반적으로 많이 사용되는 3분법에 따르면 예산차이·능률차이·조업도차이 등으로 나누어 분석하고 있다. 제조간접비의 표준은 직접재료비나 직접노무비와 같은 표준물량에 표준가격을 곱해서는 산출되지 않기 때문에 제품별 차이분석이 매우 어렵다. 따라서 부문별·원가중심점별 예산과 실제제조간접비를 기간별로 분석하는 것이 효율적이다. 3분법에 의한 제조간접비차이의 발생원인을 살펴보면 다음과 같다.

(1) 예산차이 : 당기의 실제조업도에 허용된 제조간접비예산액과 실제발생액과의 차이에서 발생한다.
(2) 능률차이 : 관리기능차이라고도 하며, 제조간접비 배부의 기초가 되는 제조부문에 대한 직접작업시간 또는 기계작업시간의 표준과 실제의 차이에 의해서 발생한다.
(3) 조업도 차이 : 실제조업도와 표준조업도의 차이에 의해서 생긴다. 한편, 제조간접비의 표준을 설정할 시에는 고정예산을 사용하느냐 변동예산을 사용하느냐에 따라 계산방법이 달라지게 된다.

제조부문(manufacturing department) : 제품의 제조활동에 직접적으로 참여하는 부분으로서, 제품종류·제품생산의 단계·제조활동의 종류 등에 따라 수 개의 부문이나 공정으로 나누어진다. 제조부문 내의 구체적으로 어떤 부문 혹은 공정이 필요한가는 업종에 따라 다르다.

제조원가(manufacturing cost) : 제조기업의 경영활동은 크게 생산활동·판매활동·일반관리활동 등으로 구분 할 수 있다. 제조원가는 특히 생산활동에 관한 원가, 즉 재료를 가공해서 제품으로 완성되기까지 소비된 원가를 말하는 것이다. 또한 생산활동의 장소와 판매·관리활동을 하는 장소가 다를 때에는 공장에서 소비된 원가라고 생각해도 좋다. 동일 장소에서 생산·판매·관리활동이 행해지고 있을 때에는 구별이 곤란하기 때문에 각 회사의 실정에 따라 어떠한 기능을 위해서 원가가 발생하였는가를 명확하게 구분하는 것이 필요하다.

제조지시서(production order) : 작업현장에 대하여 내리는 제조명령을 기재한 서식으로서, 제조명령서 또는 제조지령서라고도 하며, 생산기수담당부문에서 작성한다. 제조지령서의 기재내용은 작성년월일·제조품목 및 규격·제조수량·발주치·제조착수일·제품완성일·각종 재료소요량·작업순서·감독자명·제조지령서번호 등이 기입된다. 일반적으로 제조지령서의 발행을 시작으로 하여 제품별 원가계산의 절차가 시작되며, 반드시 주문받은 제품별로 1매씩 작성하는 것이 원칙이다.

제품별 원가계산(costing of product) : 원가요소를 일정한 제품단위로 집계하여 제품단위당 원가를 계산하는 절차를 말한다. 원가요소별 계산, 부문별 계산의 다음 단계로서 원가계산의 제3단계이다. 제품별 계산을 위해서는 원가를 집계하는 일정한 제품단위, 즉 원가단위를 정하지 않으면 안된다. 원가단위는 개수, 시간, 수, 중량, 면적, 용적, 길이 등으로 나타낸다. 그리고 이는 업종, 업태, 기업규모 등에 따라 다르지만 보통 제품별 계산은 생산형태에 의한다.

① 개별원가계산 : 개별수주 생산형태
② 종합원가계산 : 연속예상 생산형태

제품원가(product costs) : 판매를 목적으로 제조하거나 구입한 특정 제품에 대한 원가를 말한다. 제품원가는 그것이 발생한 기간에 비용으로 처리되는 것이 아니라 제품이 판매 또는 처분되는 기간에 비용으로 처리된다. 즉, 재료비·노무비·제조간접비 등의 제조원가는 제조과정 흐름에 따라 재공품에 부과되었다가 제품이 완성되는 시점에서는 제품원가로 대체되어 제품이 판매될 때까지 자산, 즉 재고자산의 원가로 남는다. 제품원가는 이와 같이 재고자산의 원가로서 판매시점까지 이연된다는 점에서 재고가능원가라고도 한다.

조별종합원가계산(lot process costing) : 상이한 제품을 조별로 연속 생산하는 생산형태에 적용되는 종합원가계상방법으로 식품공업·자동차제조업·전기기구제조업·기계제조업 등에 널리 이용되고 있는 중요한 원가계산의 형태이다. 조별종합원가계산의 절차는 크게 다음의 두 가지로 구분된다.

(1) 모든 원가요소를 조직접비와 조간접비로 분류하여 조직접비는 조별로 집계하고, 조간접비는 적절한 배부기준에 따라 각 조에 배부한다.
(2) 일단 조별로 집계된 조별제조비용과 기초재공품원가를 투입액으로 하여 완성품원가와 기말재공품원가로 안분계산하여 완성품의 단위당 원가를 계산한다.

이와 같이 조별종합원가계산은 개별원가계산과 종합원가계산을 병용하므로, 이들의 중간형태 또는 절충형태라 할 수 있다.

조업도(rate of capacity) : 설비능력의 이용도, 즉 기업의 경제적인 최고 생산능력을 말한다.

조업도차이(product volume variance) : 표준원가계산하에서 고정제조간접비를 예정배부할 경우에는 고정제조간접비의 에산과 배부액 차이에 차이가 발생하게 되는데, 이러한 원가차이를 조업도 차이라고 한다. 조업도차이가 발생하는 주요 원인으로는 ① 대체품 출현 및 판매부진 등으로 인한 수요의 감퇴 ② 자원의 부족으로 인한 조업단축 ③ 계절적 변동 및 경기변동 ④ 기계설비의 고장 ⑤ 조업일수의 차이 ⑥ 생산계획 및 생산관리의 오류 ⑦ 파업 등에 의한 조업중단 등을 들 수 있다. 제조부문에 의해서는 관리불능차이가 있다.

조업도차이 = (기준조업도 − 표준조업도) × 고정제조간접비예정배부율

조직접비(lot direct cost) : 조별 종합원가계산에 있어서 조로 직접 부과할 수 있는 비용을 말한다. 한 공장에서 2개 이상의 다른 제품을 연속적으로 생산하고 있을 때는 제품별로 조를 설정하게 되는데, 조직접비는 이러한 경우에 어느 조의 비용인가를 명확히 알

수 있는 비용이다. 직접재료비와 직접경비는 각 조로 직접 부과할 수 있으며, 공정별 종합원가계산을 채용하고 있을 때에는 공정에 부과하지 않으면 안 된다. 직접재료비·직접노무비·직접경비 이외에도 조직접비가 되는 경우가 있다. 즉, 각 조에 감독자 또는 전용 기계와 장치가 있는 경우에는 그 감독자의 간접노무비 및 기계와 장치의 감가상각비는 조직접비에 해당하게 된다.

종합원가계산(process cost accounting) : 일정기간에 발생한 총원가를 그 기간의 총생산량으로 나누어 제품단위당 원가를 계산하는 계산방법을 말한다. 즉, 종합원가계산이란 동종제품을 반복·연속해서 생산하는 경우에 적용되는 원가계산방법으로서 개별원가계산에 대응되는 개념이다.

주요재료비(main materials cost) : 재료비 중 제품의 기본적 실체를 구성하는 것으로서, 직접재료비와 동의어로 사용하는 경우도 있지만 주요재료비 쪽이 더 구체적이다. 즉, 주요재료비는 바로 직접재료비가 되지만, 직접재료비 전체가 주요재료비라고 할 수는 없으므로 직접재료비 중에서도 특히 기본적인 것이 주요재료비라고 볼 수 있다.

준고정원가(semi-fixed costs) : 특정 범위의 조업도 내에서는 일정한 원가가 발생하지만, 이 범위를 벗어날 때 일정액만큼 증가 또는 감소하는 원가를 말한다. 투입요소의 불가분성 때문에 준고정원가는 계단형의 원가행태를 지닌다. 즉, 원가를 발생시키는 항목을 필요한 양만큼만 정확하게 구입할 수가 없기 때문에 이러한 원가행태를 가진 원가가 발생하게 된다. 공장의 감독자급료 등이 이에 속한다.

준변동원가(semi-variale costs) : 조업도에 관계없이 발생하는 일정액의 고정원가와 조업도의 증감에 따라 단위당 일정 비율로 증가하는 변동원가의 두 부분으로 구성된 원가를 말하며, 혼합원가라고도 한다. 즉, 준변동원가는 조업도가 0일 때에도 고정원가부분만큼의 원가가 발생하며, 조업도의 증가에 비례해서 선형으로 증가하게 된다. 이에는 보조재료비, 연료비, 전력비, 수도광열비, 수선비 등이 속한다.

지급경비(payment expenses) : 수선비, 여비교통비, 운임, 교제비 등이 지급액을 그 달의 소비액으로 하는 경비를 말한다. 이것은 회계적으로는 현금주의에 의해서 소비액을 결정하는 것이고 발생주의, 즉 용역을 소비할 때에는 지급사실의 유무에 관계가 없다. 일반적으로 금액에 중요성이 없고 발생이 많은 거래에 대해서는 시간을 고려하여 발생 즉시 경비를 지급하지만, 기업에서 중요한 비중을 차지하고 있는 경비는 지급하기 전에 합리적인 예상에 의해 소비시점에 경비로 계상한다.

직접경비(diect expenses) : 경비 중 특정 제조지시서 또는 특정 제품종류에 직접 부과할 수 있는 경비로서 설계비, 조사비, 외주가공비, 특허권 사용료, 국가검정 수수료, 전력료, 용수료, 검사료 등이 이에 해당된다. 중요한 것은 특정 비목이 기업에 따라 비목의 설정방법, 그 비목에 집계하는 내용, 기록의 방법, 분류와 집계방법 등에 의해서 직접비가 되기도 하고 간접비가 되기도 한다는 점이다. 간접비는 최종적으로는 각 제품에 부담도지 않으면 안 되기 때문에 어떠한 배부기준으로는 배부해야 한다. 이 경우 간접비뿐만 아니라 직접비도 특정 제품에 부담되는 것이기 때문에 비목의 설정과 기록방법은 매우 중요하며 될 수 있는 한 직접비로 처리하는 것이 유리하다.

직접노무비(direct labor cost) : 노무비와 특정 제품과의 관계에서 어느 제품에 얼마만큼의 노무비가 직접 할당되었는가 하는 명백한 노무비를 말한다. 원칙적으로 직접공 임금은 직접노무비이지만 직접공이 수선, 장소 등에 종사한 시간에 대한 임금은 직접노무비로 처리하지 않는다.

직접노무비차이(direct labor cost variance) : 직접노무비의 표준금액과 실제발생액과의 차액을 말한다. 직접노무비차이는 작업이 행해지는 장소(부문)별 또는 작업의 종류별로 임률차이와 능률차이로 구별하여 분석하는 것이 원칙이다. 임률차이는 표준과 실제임률의 차이에 의한 원가차이이고, 능률차이는 표준작업시간과 실제작업시간의 차이에 의한 원가차이다.

임률차이 = (실제임률 − 표준임률) × 실제작업시간

능률차이 = 표준임률 × (실제작업시간 − 표준작업시간)

직접배부법(direct distribution method) : 보조부문 상호간에는 배부계산을 하지 않고, 처음부터 제조부문에 직접 배부하는 방법을 말한다. 이 방법은 보조부분 상호간의 용역수수관계를 무시하기 때문에 이론적으로는 타당하지 않지만, 계산이 간편하고 모든 보조부문비가 결과적으로 제조부문에 배부되기 때문에 차이가 그렇게 크지 않아 실무에서 가장 많이 쓰는 방법이다.

직접비(direct cost) : 원가의 발생이 특정 제품에 직접적으로 인식되어 파악되는 원가를 말한다. 특정 제품의 단위당 원가를 정확히 산정하려면 직접비로서 파악하는 원가요소의 범위를 할수 있는 한 확대해야 하는데, 그것은 직접비가 제조원가의 계산시 객관적으로 특정 제품에 부과할 수 있는 원가요소이기 때문이다. 직접비는 직접재료비, 직접노무비 및 직접경비로 분류된다.

직접원가계산(direct cost accounting) : 제품원가에 직접재료비·직접노무비·변동제조간접비 등의 변동제조원가만을 포함시키고, 고정제조간접비는 기간비용으로 처리하는 원가계산방법으로 변동원가계산이라고 한다. 즉, 직접 원가계산의 경우 감독자급료와 같은 고정제조간접비는 제조부문의 원가임에도 불구하고 제품원가에 포함시키지 않는 데 비해, 보조부문원가 중의 변동비는 보조부문원가임에도 불구하고 제품원가에 포함시킨다.

직접작업시간(direct labor hour) : 제품의 제조활동에 직접 종사한 시간을 말한다. 일반적으로 직접공의 작업시간에서 기계와 장치의 보수에 종사한 협의의 직접작업시간과 원재료를 분류하는 절차시간을 직접작업시간이라고 한다. 즉, 작업 직전의 절차와 작업 직후의 준비시간을 직접작업시간에 포함시키는 것이다. 단, 절차시간이 상당히 걸리는 작업 형태로서 일반적인 것만을 직접작업시간에 포함시키며, 필요에 따라서는 원가관리의 정보에 의해 직접작업시간을 정의하고 기록한다.

직접재료비(direct material cost) : 특정 제품에 대하여 그 소비액을 직접적으로 파악할 수 있는 재료비를 말한다. 원가계산 특정 제품 또는 특정 제조지시서에 직접 부과할 수 있는 재료비로서, 제품의 본체를 형성하는 소재비와 매입부문품, 자가제조부문품 등과 같은 부문품비 등이 포함된다. 정확한 제품원가를 산정하기 위해서는 될 수 있는 한 직접재료비로 파악하는 범위를 넓게 해야 한다.

초과배부제조간접비(over-applied factory overhead) : 실제로 발생한 금액을 초과해서 배부된 제조간접비를 말한다.

초과작업수당(overtime premium) : 기업에서 규정한 노동시간을 초과해서 작업한 종업원에게 지급되는 임금으로, 간접노무비에 해당한다.

총원가(full cost) : 제품이나 용역의 제조원가에 판매비와 일반관리비를 합한 것으로, 전부원가와 같은 뜻으로 쓰인다. 또한 전부원가에 비제조비용의 배부액을 합친 것을 말하기도 한다.

측정경비 : 경비의 소비액에 기초가 되는 소비량을 계량기에 의해서 측정할 수 있는 경비를 말한다. 예를 들어 전력비, 수도료 등의 경비를 들 수 있으며, 이들은 제조간접비의 일부이다.

통제가능원가(controllable cost) : 경영자가 통제할 수 있는 원가, 즉 특정 경영자가 특정원가를 관리할 수 있는 권한을 갖고 있을 때 통제가능한 원가를 말하는 것이다. 일반적으로 한 회계기간 동안에 일정액이 고정원가, 특히 이전에 이루어진 의사결정에 의해서 발생하는 감가상각비 등과 같은 비용은 통제불능원가로 분류된다. 부문경영자의 성과를 평가하려면 그가 통제할 수 있는 원가와 통제할 수 없는 원가를 명확하게 구분할 필요가 있다. 즉, 특정 부문 내에서 발생하는 원가를 통제 가능원가와 통제불능원가로 구분하여 통제가능원가만을 기준으로 부문경영자를 평가해야한다.

통제불능원가(uncontrollable cost) : 경영자가 자기수준에서는 그 발생을 통제할 수 없는 원가를 말한다. 일반적으로 통제불능원가는 특정 부문의 외부에서 이루어지는 의사결정에 의해 발생한다. 예를 들어 공장부문에서 사용할 설비자산의 구입에 관한 의사결정은 회사의 자금지출을 담당하는 부서에 의해 이루어진다. 따라서 이 설비자산과 관련된 고정자산은 공장부문 경영자가 직접적으로 통제할 수 없으므로 통제불능원가가 되어 공장부문 경영자의 성과평가대상에서 제외되어야 한다.

평준화조업도(normal capacity) : 수요의 계절적·주기적 변동 및 추세에 따른 변동을 평준화시키기에 충분한 기간 동안 소비자 수요를 충족시킬 수 있는 평균연간생산량을 말한다.

표준가격(standard material price) : 표준직접재료비는 표준수량에 표준가격을 곱해서 산출되기 때문에 표준가격의 결정은 표준직접재료비의 설정을 위해서 불가결한 것이다. 그러나 표준가격은 원가관리를 위해서는 그다지 필요치 않다. 왜냐하면 내부적 노력에 의한 작업능률의 향상에 의해서 재료의 소비량을 줄이는 것은 가능하지만, 가격은 외부적 요인에 좌우되는 것으로 노력에 의한 가격인하는 그다지 기대할 수 없기 때문이다. 표준가격에는 예정가격과 정상가격이 있다. 예정가격은 표준이 적용되는 기간에 예정된 실제 원가에 준해서 설정한 가격이고, 정상가격은 비교적 장기에 걸쳐서 과거의 실적 수치를 통계적으로 평준화한 것에 장래의 추세를 고려해서 결정하는 가격이다.

표준수량(standard material quantity) : 표준적 생산형태에서 제품 1단위를 생산하기 위해 필요한 재료의 표준적 소비량을 말한다. 직접재료의 표준소비량은 우선 제품생산에 필요한 각종 소재 및 부품 등의 종류, 품질, 가공의 방법 및 순서 등을 정하고, 과학적·통계적 조사에 의해 정한다.

표준원가(standard cost) : 제조활동의 효율성을 측정하기 위한 척도로서 과학적으로 정한 원가를 말한다. 이는 과학적으로 정한다는 점에서 예정원가와는 다르며, 다음과는 같은 특징을 가지고 있다.

(1) 작업측정의 척도이다.
(2) 감독자는 표준과 실적과의 차이가 큰 경우에만 주의하면 되기 때문에 감독시간을 절약할 수 있다.
(3) 종업원에 의한 원가절감을 기대할 수 있다.
(4) 원가계산을 간편화할 수 있다.

이 밖에도 표준원가를 설정하는 과정에서 제품·작업방법·부품에 대한 연구가 되며, 제조할동이 표준화된다는 장점을 가지고 있다.

표준원가계산(standard cost accounting) : 실제원가계산의 결함을 보완하고 극복하기 위하여 고안된 원가계산방법을 말한다. 즉, 표준원가계산은 각 원가구성요소의 소비가치의 평가기준이 될 표준치를 과학적인 방법에 의해서 사전에 설정하고, 이것과 실제발생원가를 비교함으로써 발생한 차이를 분석하고 그 원인을 밝혀서 보다 유용한 원가정보자료에 의한 효율적인 원가관리를 꾀하려는 계산체계이다.

표준원가의 설정(settlement of standard cost) : 기업에서 원가를 관리 또는 통제한다는 것은 미리 어떤 표준을 정하여 두고 이를 목표로 하여 실제경영활동이나 결과를 접근시키려고 노력하는 것을 말하며, 이런 원가관리를 위해서는 다음과 같은 원가의 표준을 미리 설정해 두어야 한다.

(1) 정상적이어야 한다. 이는 고도의 경제성을 발휘해야 하며, 불경제성이나 개연성을 가져서는 안 되고, 달성가능해야 한다는 것이다.
(2) 과학적인 기초 위에서 산정되어야 하며 객관성을 가져야 한다. 표준원가의 설정에 있어서는 경영 내적인 요인보다 경영 외적인 요인의 의하여 크게 좌우되므로 시장가격의 장기적인 예측에 의하여 이상적인 원가 변동을 제거할 수 있는 평균치에다 장래의 추세를 가미한 표준을 설정해야 한다.

표준직접재료비(standard direct material cost) : 직접재료의 종류별로 제품단위당 표준소비량과 표준가격을 정하고 양자를 곱해서 산출하는 것을 말한다. 따라서 표준직접재료비를 산정하기 위해서는 직접 재료의 표준소비량과 표준가격을 정해야 한다.

학습곡선(lerning curve) : 계속적인 생산활동으로 산출량이 증가함에 따라 산출물의 단위당 노무비가 어떻게 감소하는가를 보여 주는 곡선이다. 경영자는 학습곡선을 통해 제품이 더 많이 생산됨으로써 노무비가 어떻게 변할 것인지를 예측할 수 있게 된다.

현행원가(current cost) : 고정자산을 현재시점에서 재 취득할 경우에 지급해야 할 금액을 말하는 것으로, 대체원가 또는 재 조달원가라고도 한다.

혼합원가(mixed cost) : 고정비적인 요소와 변동비적인 요소를 함께 갖는 원가를 말하는 것으로서, 수선비·전력비·수도료 등이 해당된다.

회수불가능원가(irrecoverable cost) : 과거의 의사결정에 의하여 현재의 상황하에서는 회수가 불가능한 원가를 말하며, 매몰원가라고도 한다. 예를 들어 고정자산처분손실 같은 것은 영원히 회수되지 않는 것으로 확정된 원가로서 회수불능원가인 것이다. 또한 기계가 진부화 등으로 인해 사용이 불가능할 경우, 이 기계의 잔존가액은 회수불능원가로서 새로운 기계를 구입하는 의사결정에 전혀 영향을 미치지 않는다.

회피가능원가(avoidable cost) : 경영목적을 달성하는 데 반드시 필요한 것이 아닌 원가, 즉 경영의사결정권자의 의사에 따라 원가를 발생시킬 수도 있고 발생시키지 않을 수도 잇는 원가이다. 예를 들어, 벽에 칠을 한다던가, 유리창을 닦는 것은 생산활동에 반드시 필요한 것이 아니므로 경영자의 의사에 따라 원가의 발생여부가 달려 있는 것이다.

회피불능원가(unavoidable cost) : 경영목적을 달성하기 위하여 반드시 필요한 원가, 즉 경영자의 의사와는 관계없이 원가가 발생 또는 부담되는 것을 말한다. 예를 들어, 전력비는 제품제조에 반드시 필요한 원가요소로서 회피불능원가이며, 이것은 원가절감의 여지가 없는 것이다.

3. 화폐의 시간가치표

[부록표 A] 일시금 1원의 미래가치 : 미래가치요소

$F_n = (1 + r)^n$ r= 기간이자율, n= 기간수

기간수 (n)	1%	2%	3%	4%	5%	6%	7%	8%	9%	10%
1	1.0100	1.0200	1.0300	1.0400	1.0500	1.0600	1.0700	1.0800	1.0900	1.1000
2	1.0201	1.0404	1.0609	1.0816	1.1025	1.1236	1.1449	1.1554	101881	1.2100
3	1.0303	1.0612	1.0927	1.1249	1.1576	1.1910	1.2250	1.2597	1.2950	1.3310
4	1.0406	1.0824	1.1255	1.1699	1.2155	1.2625	1.3108	1.3605	1.4116	1.4641
5	1.0510	1.1041	1.1593	1.2167	1.2763	1.3382	1.4026	1.4693	1.5386	1.6105
6	1.0615	1.1262	1.1941	1.2653	1.3401	1.4185	1.5007	1.5869	1.6771	1.7716
7	1.0721	1.1487	1.2299	1.3159	1.4071	1.5036	1.6058	1.7138	1.8280	1.9487
8	1.0829	1.1717	1.2668	1.3686	1.4775	1.5938	1.7182	1.8509	1.9926	2.1436
9	1.0937	1.1951	1.3048	1.4233	1.5513	1.6895	1.8385	1.9990	2.1719	2.3579
10	1.1046	1.2190	1.3439	1.4802	1.6289	1.7908	1.9672	2.1589	2.3674	2.5937
11	1.1157	1.2434	1.3842	1.5395	1.7103	1.8983	2.1049	2.3316	2.5804	2.8531
12	1.1268	1.2682	1.4258	1.6010	1.7959	2.0122	2.2522	2.5182	2.8127	3.1384
13	1.1381	1.2936	1.4685	1.6651	1.8856	2.1329	2.4098	2.7196	3.0658	3.4523
14	1.1495	1.3195	1.5126	1.7317	1.9799	2.2609	2.5785	2.9372	3.3417	3.7975
15	1.1610	1.3459	1.5580	1.8009	2.0789	2.3966	2.7590	3.1722	3.6425	4.1772
16	1.1726	1.3728	1.6047	1.8730	2.1829	2.5404	2.9522	3.4259	3.9703	4.5950
17	1.1843	1.4002	1.6528	1.9479	2.2920	2.6928	3.1588	3.7000	4.3276	5.0545
18	1.1961	1.4282	1.7024	2.0258	2.4066	2.8543	3.3799	3.9960	4.7171	5.5599
19	1.2081	1.4568	1.7535	2.1068	2.5270	3.0256	3.6165	4.3157	5.1417	6.1159
20	1.2202	1.4859	1.8061	2.1911	2.6533	3.2071	3.8697	4.6610	5.6044	6.7275
21	1.2324	1.5157	1.8603	2.2788	2.7860	3.3996	4.1406	5.0338	6.1088	7.4002
22	1.2447	1.5460	1.9161	2.3699	2.9253	3.6035	4.4304	5.4365	6.6586	8.1403
23	1.2572	1.5769	1.9736	2.4647	3.0715	3.8197	4.7405	5.8715	7.2579	8.9543
24	1.2697	1.6084	2.0328	2.5633	3.2251	4.0489	5.0724	6.3412	7.9111	9.8497
25	1.2824	1.6406	2.0938	2.6658	3.3864	4.2919	5.4274	6.8485	8.6231	10.835
26	1.2953	1.6734	2.1566	2.7725	3.5557	4.5494	5.8074	7.3964	9.3992	11.918
27	1.3082	1.7069	2.2213	2.8834	3.7335	4.8223	6.2139	7.9881	10.245	13.110
28	1.3213	1.7410	2.2879	2.9987	3.9201	5.1117	6.6488	8.6271	11.167	14.421
29	1.3345	1.7758	2.3566	3.1187	4.1161	5.4183	7.1143	9.3173	12.172	15.863
30	1.3478	1.8114	2.4273	3.2434	4.3219	5.7435	7.6123	10.063	13.268	17.449
35	1.4166	1.9999	2.8139	3.9461	5.5160	7.6861	10.676	14.785	20.414	28.102
40	1.4889	2.2080	3.2620	4.8010	7.0400	10.286	14.974	21.725	31.409	45.259
45	1.5648	2.4379	3.7816	5.8412	8.9850	13.765	21.002	31.920	48.327	72.891
50	1.6446	2.6916	4.3839	7.1067	11.467	18.420	29.457	46.902	74.358	117.39
60	1.8167	3.2810	5.8916	10.520	18.679	32.988	57.946	101.26	176.03	304.48

기간수 (*n*)	11%	12%	13%	14%	15%	16%	17%	18%	19%	20%
1	1.1100	1.1200	1.1300	1.1400	1.1500	1.1600	1.1700	1.1800	1.1900	1.2000
2	1.2321	1.2544	1.2769	1.2996	1.3225	1.3456	1.3689	1.3924	1.4161	1.4400
3	1.3676	1.4049	1.4429	1.4815	1.5209	1.5609	1.6016	1.6430	1.6852	1.7280
4	1.5180	1.5735	1.6305	1.6890	1.7490	1.8106	1.8439	1.9388	2.0053	2.0736
5	1.6851	1.7623	1.8424	1.9254	2.0114	2.1003	2.1924	2.2878	2.3864	2.4883
6	1.8704	1.9738	2.0820	2.1950	2.3131	2.4364	2.5652	2.6996	2.8398	2.9860
7	2.0762	2.2107	2.3526	2.5023	2.6600	2.8262	3.0012	3.1855	3.3793	3.5832
8	2.3045	2.4760	2.6584	2.8526	3.0590	3.2784	3.5005	3.7589	4.0214	4.2998
9	2.5580	2.7731	3.0040	3.2519	3.5179	3.8030	4.1084	4.4355	4.7854	5.1598
10	2.8394	3.1058	3.3946	3.7072	4.0456	4.4114	4.8068	5.2338	5.6947	6.1917
11	3.1518	3.4785	3.8359	4.2262	4.6524	5.1173	5.6240	6.1759	6.7767	7.4301
12	3.4985	3.8960	4.3345	4.8179	5.3503	5.9360	6.5801	7.2876	8.0642	8.9161
13	3.8833	4.3635	4.8980	5.4924	6.1528	6.8858	7.6987	8.5994	9.5964	10.699
14	4.3104	4.8871	5.5348	6.2613	7.0757	7.9875	9.0075	10.147	11.420	12.839
15	4.7846	5.4736	6.2543	7.1379	8.1371	9.2655	10.539	11.974	13.589	15.407
16	5.3109	6.1304	7.0673	8.1372	9.3576	10.748	12.330	14.129	16.172	18.488
17	5.8951	6.8660	7.9861	9.2765	10.761	12.468	14.427	16.672	19.244	22.186
18	6.5436	7.6900	9.0243	10.575	12.375	14.463	16.879	19.673	22.901	26.623
19	7.2633	8.6128	10.197	12.056	14.232	16.777	19.748	23.214	27.252	31.948
20	8.0623	9.6463	11.523	13.743	16.367	19.461	23.106	27.393	32.429	38.338
21	8.9492	10.804	13.021	15.668	18.822	22.574	27.034	32.324	38.591	46.005
22	9.9336	12.100	14.714	17.861	21.645	26.186	31.629	38.142	45.923	55.206
23	11.026	13.522	16.626	20.362	24.891	30.376	37.006	45.008	54.648	66.247
24	12.239	15.179	18.788	23.212	28.625	35.236	43.297	53.109	65.032	79.497
25	13586	17.000	21.231	26.462	32.919	40.874	50.658	62.669	77.388	95.396
26	15.080	19.040	23.991	30.167	37.857	47.414	59.270	73.949	92.092	114.48
27	16.738	21.325	27.109	34.390	34.535	55.000	69.345	87.260	109.56	137.37
28	18.580	23.884	30.634	39.204	50.066	63.800	81.134	102.97	130.41	164.84
29	20.624	26.750	34.617	44.693	57.575	74.009	94.927	121.50	155.19	197.81
30	22.892	29.960	39.116	50.950	66.212	85.850	111.06	143.37	184.67	237.38
35	38.575	52.800	72.068	98.100	133.18	180.31	243.56	327.99	440.70	590.67
40	65.001	93.051	132.78	188.88	267.86	378.72	533.86	750.38	1051.6	1469.8
45	109.53	163.99	244.64	363.68	538.77	795.44	1170.5	1716.7	2509.6	3657.3
50	184.56	289.00	450.74	700.23	1083.7	1670.7	2566.2	3927.4	5988.9	9100.4
60	524.06	897.60	1530.1	2595.9	4384.0	7370.2	12335.	20555.	34105.	56348.

[부록표 B] 일시금 1원의 현재가치 : 현재가치요소

$P = \frac{1}{(1+r)^n}$　　　　r= 기간이자율, n= 기간수

기간수 (n)	1%	2%	3%	4%	5%	6%	7%	8%	9%	10%
1	0.9901	0.9804	0.9709	0.9615	0.9524	0.9434	0.9346	0.9259	0.9174	0.9091
2	0.9803	0.9612	0.9426	0.9246	0.9070	0.8900	0.8734	0.8573	0.8417	0.8264
3	0.9706	0.9423	0.9151	0.8890	0.8638	0.8396	0.8163	0.7938	0.7722	0.7813
4	0.9610	0.9238	0.8885	0.8548	0.8227	0.7921	0.7629	0.7350	0.7084	0.6830
5	0.9515	0.9057	0.8626	0.8219	0.7835	0.7473	1.7130	0.6806	0.6499	0.6209
6	0.9420	0.8880	0.8375	0.7903	0.7462	0.7050	0.6663	0.6302	0.5963	0.5645
7	0.9327	0.8706	0.8131	0.7599	0.7107	0.6651	0.6227	0.5835	0.5470	0.5132
8	0.9235	0.8535	0.7894	0.7307	0.6768	0.6274	0.5820	0.5403	0.5019	0.4665
9	0.9143	0.8368	0.7664	0.7206	0.6446	0.5919	0.5439	0.5002	0.4604	0.4241
10	0.9053	0.8203	0.7441	0.6756	0.6139	0.5584	0.5083	0.4632	0.4224	0.3855
11	0.8963	0.8043	0.7224	0.6496	0.5847	0.5268	0.4751	0.4289	0.3875	0.3505
12	0.8874	0.7885	0.7014	0.6246	0.5568	0.4970	0.4440	0.3972	0.3555	0.3186
13	0.8787	0.7730	0.6810	0.6006	0.5303	0.4688	0.4150	0.3677	0.3262	0.2897
14	0.8700	0.7579	0.6611	0.5775	0.5051	0.4423	0.3878	0.3405	0.2992	0.2633
15	0.8613	0.7430	0.6419	0.5553	0.4810	0.4173	0.3624	0.3152	0.2745	0.2394
16	0.8528	0.7284	0.6232	0.5339	0.4581	0.3936	0.3387	0.2919	0.2519	0.2176
17	0.8444	0.7142	0.6050	0.5134	0.4346	0.3714	0.3166	0.2703	0.2311	0.1978
18	0.8360	0.7002	0.5874	0.4936	0.4155	0.3503	0.2959	0.2502	0.2120	0.1799
19	0.8277	0.6864	0.5703	0.4746	0.3957	0.3305	0.2765	0.2317	0.1945	0.1635
20	0.8195	0.6730	0.5537	0.4564	0.3769	0.3118	0.2584	0.2145	0.1784	0.1486
21	0.8114	0.6598	0.5375	0.4388	0.3589	0.2942	0.2415	0.1987	0.1637	0.1351
22	0.8034	0.6468	0.5219	0.4220	0.3418	0.2775	0.2257	0.1839	0.1502	0.1228
23	0.7954	0.6342	0.5067	0.4057	0.3256	0.2618	0.2109	0.1703	0.1378	0.1117
24	0.7876	0.6217	0.4919	0.3901	0.3101	0.2470	0.1971	0.1577	0.1264	0.1015
25	0.7798	0.6095	0.4776	0.3751	0.2953	0.2330	0.1842	0.1460	0.1160	0.0923
26	0.7720	0.5976	0.4637	0.3604	0.2812	0.2198	0.1722	0.1352	0.1064	0.0839
27	0.7644	0.5859	0.4502	0.3468	0.2678	0.2074	0.1609	0.1252	0.0976	0.0763
28	0.7568	0.5744	0.4371	0.3335	0.2551	0.1956	0.1504	0.1159	0.0895	0.0693
29	0.7493	0.5631	0.4243	0.3207	0.2429	0.1846	0.1406	0.1073	0.0822	0.0630
30	0.7419	0.5521	0.4120	0.3083	0.2314	0.1741	0.1314	0.0994	0.0754	0.0573
35	0.7059	0.5000	0.3554	0.2534	0.1813	0.1301	0.0937	0.0676	0.0490	0.0356
40	0.6717	0.4529	0.3066	0.2083	0.1420	0.0972	0.0668	0.0460	0.0318	0.0221
45	0.6391	0.4102	0.2644	0.1712	0.1113	0.0727	0.0476	0.0313	0.0207	0.0137
50	0.6080	0.3715	0.2281	0.1407	0.0872	0.0543	0.0339	0.0213	0.0134	0.0085
60	0.5504	0.3048	0.4697	0.0951	0.0535	0.0303	0.0173	0.0099	0.0057	0.0033

기간수 (n)	11%	12%	13%	14%	15%	16%	17%	18%	19%	20%
1	0.9009	0.8929	0.8850	0.8772	0.8696	0.8621	0.8547	0.8475	0.8403	0.8333
2	0.8116	0.7972	0.7831	0.7695	0.7561	0.7432	0.7305	0.7182	0.7062	0.6944
3	0.7312	0.7118	0.6931	0.6750	0.6575	0.6407	0.6244	0.6086	0.5934	0.5787
4	0.6587	0.6355	0.6133	0.5921	0.5718	0.5523	0.5337	05158	0.4987	0.4823
5	0.5935	0.5674	0.5428	0.5194	0.4972	0.4761	0.4561	0.4371	0.4190	0.4019
6	0.5346	0.5066	0.4803	0.4556	0.4323	0.4104	0.3998	0.3704	0.3521	0.3349
7	0.4817	0.4523	0.4251	0.3996	0.3759	0.3538	0.3332	0.3139	0.2959	0.2791
8	0.4339	0.4039	0.3762	0.3506	0.3269	0.3050	0.2848	0.2660	0.2487	0.2326
9	0.3909	0.3606	0.3329	0.3075	0.2843	0.2630	0.2434	0.2255	0.2090	0.1938
10	0.3522	0.3220	0.2946	0.2697	0.2472	0.2267	0.2080	0.1911	0.1756	0.1615
11	0.3173	0.2875	0.2607	0.2366	0.2149	0.1954	0.1773	0.1619	0.1476	0.1346
12	0.2858	0.2567	0.2307	0.2076	0.1869	0.1685	0.1520	0.1372	0.1240	0.1122
13	0.2575	0.2292	0.2042	0.1821	0.1625	0.1452	0.1299	0.1163	0.1042	0.0935
14	0.2320	0.2046	0.1807	0.1597	0.1413	0.1252	0.1110	0.0985	0.0876	0.0779
15	0.2090	0.1827	0.1599	0.1401	0.1229	0.1079	0.0949	0.0649	0.0736	0.0649
16	0.1883	0.1631	0.1415	0.1229	0.1069	0.0930	0.0811	0.0708	0.0618	0.0541
17	0.1696	0.1456	0.1252	0.1078	0.0929	0.0802	0.0693	0.0600	0.0520	0.0451
18	0.1523	0.1300	0.1103	0.0946	0.0808	0.0691	0.0592	0.0508	0.0437	0.0376
19	0.1377	0.1161	0.0981	0.0829	0.0703	0.0596	0.0506	0.0431	0.0367	0.0313
20	0.1240	0.1037	0.0863	0.0728	0.0611	0.0514	0.0433	0.0365	0.0303	0.0261
21	0.1117	0.0926	0.0768	0.0638	0.0531	0.0443	0.0370	0.0309	0.0259	0.0217
22	0.1007	0.0826	0.0680	0.0560	0.0462	0.0382	0.0316	0.0262	0.0218	0.0181
23	0.0907	0.0738	0.0601	0.0491	0.0402	0.0329	0.0270	0.0222	0.0183	0.0151
24	0.0817	0.0659	0.0532	0.0431	0.0349	0.0284	0.0231	0.0188	0.0154	0.0126
25	0.0736	0.0588	0.0471	0.0378	0.0304	0.0245	0.0197	0.0160	0.0129	0.0105
26	0.0663	0.0525	0.0417	0.0331	0.0264	0.0211	0.0169	0.0135	0.0109	0.0087
27	0.0597	0.0469	0.0369	0.0291	0.0230	0.0182	0.0144	0.0115	0.0091	0.0073
28	0.0538	0.0419	0.0325	0.0255	0.0200	0.0157	0.0123	0.0097	0.0077	0.0061
29	0.0485	0.0374	0.0289	0.0224	0.0174	0.0135	0.0105	0.0082	0.0064	0.0051
30	0.0437	0.0334	0.0256	0.0196	0.0151	0.0116	0.0090	0.0070	0.0054	0.0042
35	0.0259	0.0189	0.0139	0.0102	0.0075	0.0055	0.0041	0.0030	0.0023	0.0017
40	0.0154	0.0107	0.0075	0.0053	0.0037	0.0026	0.0019	0.0013	0.0010	0.0007
45	0.0091	0.0061	0.0041	0.0027	0.0019	0.0013	0.0009	0.0006	0.0004	0.0003
50	0.0054	0.0035	0.0022	0.0014	0.0009	0.0006	0.0004	0.0003	0.0002	0.0001
60	0.0019	0.0011	0.0007	0.0004	0.0002	0.0001	0.00008	0.00005	0.00003	0.00002

[부록표 C] 당장연금 1원의 미래가치 : 당장연금의 미래가치요소

$$FVFAD=\left\{\frac{(1+r)^{n}-1}{r}\right\}\times(1+r)$$

r= 기간이자율, n= 기간수

기간수 (n)	1%	2%	3%	4%	5%	6%	7%	8%	9%	10%
1	1.0100	1.0200	1.0300	1.0400	1.0500	1.0600	1.0700	1.0800	1.0900	1.1000
2	2.0301	2.0604	2.0909	2.1216	2.1525	2.1836	2.2149	2.2464	2.2781	2.3100
3	3.0604	3.1216	3.1836	3.2465	3.3101	3.3746	3.4399	3.5061	3.5731	3.6410
4	4.1010	4.2040	4.3091	4.4163	4.5256	4.6371	4.7507	4.8666	4.9847	5.1051
5	5.1520	5.3081	5.4684	5.6330	5.8.19	5.9753	6.1533	6.3359	6.5233	6.7156
6	6.2135	6.4343	6.6625	6.8983	7.1420	7.3938	7.6540	7.9228	8.2004	8.4872
7	7.2857	7.5830	7.8923	8.2142	8.5491	8.8975	9.2598	9.6366	10.028	10.436
8	8.3685	8.7546	9.1591	9.5828	10.027	10.491	10.978	11.488	12.021	12.579
9	9.4622	9.9497	10.464	11.006	11.578	12.181	12.816	13.487	14.193	14.937
10	10.567	11.169	11.808	12.486	13.207	13.972	14.784	15.645	16.560	17.531
11	11.683	12.412	13.192	14.026	14.917	15.870	16.888	17.977	19.141	20.384
12	12.809	13.680	14.618	15.627	16.713	17.882	19.141	20.495	21.953	23.523
13	13.947	14.974	16.086	17.292	18.599	20.015	21.550	23.215	25.019	26.975
14	15.097	16.293	17.599	19.024	20.579	22.276	24.129	26.152	28.361	30.772
15	16.258	17.639	19.157	20.825	22.657	24.673	26.888	29.324	32.003	34.950
16	17.430	19.012	20.762	22.698	24.840	27.213	29.840	32.750	35.974	39.545
17	18.615	20.412	22.414	24.645	27.132	29.9.6	32.999	36.450	40.301	44.599
18	19.811	21.841	24.117	26.671	29.539	32.760	36.379	40.446	45.018	50.159
19	21.019	23.297	25.870	28.778	32.066	35.786	39.995	44.762	50.160	56.275
20	22.239	24.783	27.676	30.969	34.719	38.993	43.865	49.423	55.765	63.002
21	23.472	26.299	29.537	33.248	37.505	42.392	48.006	54.457	61.873	70.403
22	24.716	27.845	31.453	35.618	40.430	45.996	52.436	59.893	68.532	78.543
23	25.973	29.422	33.426	38.083	43.502	49.816	57.177	65.765	75.790	87.497
24	27.243	31.030	35.459	40.646	46.727	53.865	62.249	72.106	83.701	97.347
25	28.526	32.671	37.553	43.312	50.113	58.156	67.676	78.954	92.324	108.18
26	29.821	34.344	39.710	46.084	53.669	62.706	73.484	86.351	101.72	120.10
27	31.129	36.051	41.931	48.968	57.403	67.528	79.698	94.339	111.97	133.21
28	32.450	37.792	44.219	51.966	61.323	72.640	86.347	102.97	123.14	147.63
29	33.785	39.568	46.575	55.085	65.439	78.058	93.461	112.28	135.31	163.49
30	35.133	41.379	49.002	58.328	69.761	83.801	101.07	122.34	148.58	180.94
35	42.077	50.994	62.276	76.598	94.836	118.12	147.92	186.11	235.12	298.12
40	49.375	61.610	77.663	98.827	126.69	164.05	213.61	290.58	368.29	486.85
45	57.046	73.331	95.502	125.87	167.69	225.50	305.75	417.43	573.19	790.79
50	65.108	86.271	116.18	158.78	219.82	307.76	434.99	619.67	888.44	1280.3
60	82.488	116.33	167.94	247.51	371.26	565.12	870.47	1353.5	2119.8	3338.3

기간수 (n)	11%	12%	13%	14%	15%	16%	17%	18%	19%	20%
1	1.1100	1.1200	1.1300	1.1400	1.1500	1.1600	1.1700	1.1800	1.1900	1.2000
2	2.3421	2.3744	2.4069	2.4396	2.4725	2.5056	2.5724	2.5724	2.6061	2.6400
3	3.7097	3.7793	3.8498	3.9211	3.9934	4.0665	4.1405	4.2154	4.2913	4.3680
4	5.2278	5.3528	5.4803	5.6101	5.7424	5.8771	6.0144	6.1542	6.2966	6.4416
5	6.9130	7.1152	7.3230	7.5355	7.7537	7.9775	8.2068	8.4420	8.6830	8.9299
6	8.7830	9.0890	9.4047	9.7305	10.067	10.414	10.772	11.142	11.523	11.916
7	10.859	11.300	11.757	12.233	12.727	13.240	13.773	14.327	14.902	15.499
8	13.163	13.776	14.416	15.085	15.786	16.519	17.285	18.086	18.923	19.799
9	15.722	16.549	17.419	18.337	19.304	20.321	21.393	22.521	23.709	24.959
10	18.561	19.655	20.814	22.045	23.349	24.733	26.199	27.755	29.404	31.150
11	21.713	23.133	24.650	26.271	28.002	29.850	31.823	33.931	36.180	38.581
12	25.211	27.029	28.984	31.089	33.352	35.786	38.404	41.219	44.244	47.497
13	29.095	31.393	33.883	36.581	39.505	42.672	46.103	49.818	53.841	58.196
14	33.405	37.280	39.418	42.842	46.580	50.660	55.110	59.965	65.261	71.035
15	38.199	41.753	45.672	49.980	54.717	59.925	65.649	71.939	78.850	86.442
16	43.501	47.884	52.739	58.118	64.075	70.673	77.979	86.068	95.022	104.93
17	49.396	54.750	60.725	67.394	74.836	83.141	92.406	102.74	114.26	127.12
18	55.939	62.440	69.749	77.969	87.212	97.603	109.29	122.41	137.16	153.74
19	63.203	71.052	79.947	90.025	101.44	114.38	129.03	145.63	164.42	185.69
20	71.265	80.699	91.469	103.77	117.81	133.84	152.14	173.02	196.85	224.03
21	80.214	91.503	104.49	119.44	136.63	156.41	179.17	205.34	235.44	270.03
22	90.148	103.60	119.20	137.30	158.28	182.60	210.80	243.49	281.36	325.24
23	101.17	117.16	135.83	157.66	183.17	212.98	247.81	288.49	336.01	391.48
24	113.41	132.33	154.62	180.87	211.79	248.21	291.10	341.60	401.04	470.98
25	126.99	149.33	175.85	207.33	244.71	289.09	341.76	404.27	496.43	566.38
26	142.08	168.37	199.84	237.50	282.57	336.50	401.03	478.22	570.52	680.85
27	158.82	189.70	226.95	271.89	326.10	391.50	470.38	565.48	680.11	818.22
28	177.39	213.58	257.58	311.09	376.17	455.30	551.51	668.45	810.52	983.07
29	198.02	240.33	292.19	355.79	433.75	529.31	646.44	789.95	965.71	1180.9
30	220.91	270.29	331.30	406.74	499.96	615.16	757.50	933.32	1150.4	1418.3
35	379.16	483.46	617.75	790.67	1013.3	1300.0	1668.9	2143.7	2753.9	3538.0
40	645.83	859.14	1145.5	1529.9	2046.0	2738.5	3667.4	4912.6	6580.5	8812.7
45	1095.2	1521.3	2117.8	2953.3	4122.9	5759.7	8048.7	11247.	15712.	21937.
50	1852.3	2688.0	3909.2	5693.7	8300.4	12106.	17654.	25739.	37503.	54596.
60	5278.2	8368.2	13291.	21130.	33603.	53426.	84889.	134743.	213598.	338084.

[부록표 D] 보통연금 1원의 미래가치 : 보통연금의 미래가치요소

$$FVFOA = \frac{(1+r)^n - 1}{r}$$

r= 기간이자율, n= 기간수

기간수 (n)	1%	2%	3%	4%	5%	6%	7%	8%	9%	10%
1	1.0000	1.0000	1.0000	1.0000	1.0000	1.0000	1.0000	1.0000	1.0000	1.0000
2	2.0100	2.0200	2.0300	2.0400	2.0500	2.0600	2.0700	2.0800	2.0900	2.1000
3	3.0301	3.0604	3.0909	3.1216	3.0525	3.1836	3.2149	3.2464	3.2781	3.3100
4	4.0604	4.1216	4.1836	4.2465	4.3101	4.3746	4.4399	4.5061	4.5731	4.6410
5	5.1010	5.2040	5.3091	5.4163	5.5256	5.6371	5.7507	5.8666	5.9847	6.1051
6	6.1520	6.3081	6.4684	6.6330	6.8019	6.9753	7.1533	7.3359	7.5233	7.7156
7	7.2135	7.4343	7.6625	7.8983	8.1420	8.3938	8.6540	8.9228	9.2004	9.4872
8	8.2857	8.5830	8.8932	9.2142	9.5491	9.8975	10.260	10.637	11.028	11.436
9	9.3685	9.7546	10.159	10.583	11.027	11.491	11.978	12.488	13.021	13.570
10	10.462	10.950	11.464	12.006	12.578	13.181	13.816	14.487	15.193	15.937
11	11.567	12.169	12.808	13.486	14.207	14.972	15.784	16.645	17.560	18.531
12	12.683	13.412	14.192	15.026	15.917	16.870	17.888	18.977	20.141	21.384
13	13.809	14.680	15.618	16.627	17.713	18.882	20.141	21.495	22.953	24.523
14	14.947	15.974	17.086	18.292	19.599	21.015	22.550	24.215	26.019	27.975
15	16.097	17.293	18.599	20.024	21.579	23.276	25.129	27.152	29.361	31.772
16	17.258	18.639	20.157	21.825	23.657	25.673	27.888	30.324	33.003	35.950
17	18.430	20.012	21.762	23.698	25.840	28.213	30.840	33.750	36.974	40.545
18	19.615	21.412	23.414	25.645	28.132	30.906	33.999	37.450	41.301	45.599
19	20.811	22.841	25.117	27.671	30.539	33.760	37.379	41.446	46.018	51.159
20	22.019	24.297	26.870	29.778	33.066	36.786	40.995	45.762	51.160	57.275
21	23.239	25.783	28.676	31.969	35.719	39.993	44.865	50.423	56.765	64.002
22	24.472	27.299	30.537	34.248	38.505	43.392	49.006	55.457	62.873	71.403
23	25.716	28.845	32.453	36.618	41.430	46.996	53.436	60.893	69.532	79.543
24	26.973	30.422	34.426	39.083	44.502	50.816	58.177	66.765	76.790	88.497
25	28.243	32.030	36.459	41.646	47.727	54.865	63.249	73.106	84.701	98.347
26	29.526	33.671	38.553	44.312	51.113	59.156	68.676	79.954	93.324	109.18
27	30.821	35.344	40.710	47.084	54.669	63.706	74.484	87.351	102.72	121.10
28	32.129	37.051	42.931	49.968	58.403	68.528	80.698	95.339	112.97	134.21
29	33.450	38.792	45.219	52.966	62.323	73.640	87.347	103.97	124.14	148.63
30	34.785	40.568	47.575	56.085	66.439	79.058	94.461	113.28	136.31	164.49
35	41.660	49.994	60.462	73.652	90.320	111.43	138.24	172.32	215.71	271.02
40	48.886	60.402	75.401	95.026	120.80	154.76	199.64	259.06	337.88	442.59
45	56.481	71.893	92.720	121.03	159.70	212.74	285.75	386.51	525.86	718.90
50	64.463	84.579	112.80	152.67	209.35	290.34	406.53	573.77	815.08	1163.9
60	81.670	114.05	163.05	237.99	353.58	533.13	813.52	1253.2	1944.8	3034.8

기간수 (n)	11%	12%	13%	14%	15%	16%	17%	18%	19%	20%
1	1.0000	1.0000	1.0000	1.0000	1.0000	1.0000	1.0000	1.0000	1.0000	1.0000
2	2.1100	2.1200	2.1300	2.1400	2.1500	2.1600	2.1700	2.1800	2.1900	2.2000
3	3.3421	3.3744	3.4069	3.4396	3.4725	3.5056	3.5389	3.5724	3.6061	3.6400
4	4.7097	4.7793	4.8498	4.9211	4.9934	5.0665	5.1405	5.2154	5.2913	5.3680
5	6.2278	6.3528	6.4803	6.6101	6.7424	6.8771	7.0144	7.1542	7.2966	7.4416
6	7.9130	8.1152	8.3230	8.5355	8.7537	8.9775	9.2068	9.4420	9.6830	9.9299
7	9.7830	10.089	10.405	10.730	11.067	11.414	11.772	12.142	12.523	12.916
8	11.859	12.300	12.757	13.233	13.727	14.240	14.773	15.327	15.902	16.499
9	14.163	14.776	15.416	16.085	16.786	17.519	18.285	19.086	19.923	20.799
10	16.722	17.549	18.419	19.337	20.304	21.321	22.393	23.521	24.709	25.959
11	19.561	20.655	21.814	23.045	24.349	25.733	27.199	28.755	30.404	32.150
12	22.713	24.133	25.650	27.271	29.002	30.850	32.823	34.931	37.180	39.581
13	26.211	28.029	29.984	32.089	34.352	36.786	39.404	42.218	45.244	48.497
14	30.095	32.393	34.883	37.581	40.505	43.672	47.103	50.818	54.841	58.196
15	34.405	37.280	40.418	43.842	47.580	51.660	56.110	60.965	66.261	72.035
16	39.199	42.753	46.672	50.980	55.717	60.925	66.649	72.939	79.850	87.442
17	44.501	48.884	53.739	59.118	65.075	71.673	78.979	87.068	96.022	105.93
18	50.396	55.750	61.725	68.394	75.836	84.141	93.406	103.74	115.26	128.12
19	56.939	63.440	70.749	78.969	88.212	98.603	110.29	123.41	138.16	154.74
20	64.203	72.052	80.947	91.025	102.44	115.38	130.03	146.63	165.42	186.69
21	72.265	81.699	92.469	104.77	118.81	134.84	153.14	174.02	197.85	225.03
22	81.214	92.503	105.49	120.44	137.63	157.41	180.17	206.34	236.44	271.03
23	91.148	104.60	120.20	138.30	159.28	183.60	211.80	244.49	282.36	326.24
24	102.17	118.16	136.83	158.66	184.17	213.98	248.81	289.49	337.01	392.48
25	114.41	133.33	155.62	181.87	212.79	249.21	292.21	324.60	402.04	471.98
26	127.99	150.33	176.85	208.33	245.71	290.09	342.76	405.27	497.43	567.38
27	143.08	169.37	200.84	238.50	283.57	337.50	402.03	479.22	571.52	681.85
28	159.82	190.70	227.95	272.89	327.10	392.50	471.38	566.48	681.11	819.22
29	178.39	214.58	258.58	312.09	377.17	456.30	552.51	669.45	811.52	984.07
30	199.02	241.33	293.19	356.79	434.75	530.31	647.44	790.95	966.71	1181.9
35	341.59	431.66	546.68	693.57	881.17	1120.7	1426.4	1816.7	2314.2	2948.3
40	581.83	767.09	1013.7	1342.0	1779.1	2360.8	3134.5	4163.2	5529.8	7343.9
45	986.64	1358.3	1874.2	2590.6	3585.1	4965.3	6879.2	9531.6	13203.	18281.
50	1668.7	2400.0	3459.5	4994.5	7217.7	10436.	15089.	21813.	31515.	45497.
60	4755.1	7471.6	11762.	18535.	29220.	46057.	72555.	114189.	179494.	281737.

[부록표 E] 당장연금 1원의 현재가치 : 당장연금의 현재가치요소

$$PVFAD = 1 + \frac{1 - \frac{1}{(1+r)^{n-1}}}{r}$$

r= 기 간 이 자 율 , n= 기 간 수

기간수 (n)	1%	2%	3%	4%	5%	6%	7%	8%	9%	10%
1	1.0000	1.0000	1.0000	1.0000	1.0000	1.0000	1.0000	1.0000	1.0000	1.0000
2	1.9901	1.9804	1.9709	1.9615	1.9524	1.9434	1.9346	1.9259	1.9174	1.9091
3	2.9704	2.9416	2.9135	2.8861	2.8594	2.8334	2.8080	2.7833	2.7591	2.7355
4	3.9410	3.8839	3.8286	3.7751	3.7233	3.6730	3.6243	3.5771	3.5313	3.4869
5	4.9020	4.8078	4.7171	4.6220	4.5460	4.4651	4.3872	4.3121	4.2397	4.1699
6	5.8534	5.7135	5.5797	5.4518	5.3295	5.2124	5.1002	4.9927	4.8897	4.7908
7	6.7955	6.6014	6.4172	6.2421	6.0757	5.9173	5.7665	5.6229	5.4859	5.3553
8	7.7282	7.4720	7.2303	7.0021	6.7864	6.5824	6.3893	6.2064	6.0330	5.8684
9	8.6517	8.3255	8.0197	7.7327	7.4632	7.2098	6.9713	6.7466	6.5348	6.3349
10	9.5660	9.1622	8.7861	8.4353	8.1078	7.8017	7.5152	7.2469	6.9953	6.7590
11	10.4713	9.9826	9.5302	9.1109	8.7217	8.3601	8.0236	7.7101	7.4177	7.1446
12	11.3676	10.7869	10.2526	9.7605	9.3064	8.8869	8.4987	8.1390	7.8052	7.4951
13	12.2551	11.5753	10.9540	10.3851	9.8633	9.3838	8.9427	8.5361	8.1607	7.8137
14	13.1337	12.3484	11.6350	10.9857	10.3936	9.8527	9.3577	8.9038	8.4869	8.1034
15	14.0037	13.1063	12.2961	11.5631	10.8986	10.2950	9.7455	9.2442	8.7862	8.3667
16	14.8651	13.8493	12.9380	12.1184	11.3797	10.7213	10.1079	9.5595	9.0607	8.6061
17	15.7179	14.5777	13.5611	12.6523	11.8378	11.1059	10.4467	9.8514	9.3126	8.8237
18	16.5623	15.2919	14.1661	13.1657	12.2741	11.4773	1.07632	10.1216	9.5436	9.0216
19	17.3983	15.9920	14.7535	13.6593	12.6896	11.8276	11.0591	10.3719	9.7556	9.2014
20	18.2260	16.6785	15.3238	14.1340	13.0853	12.1581	11.3356	10.6036	9.9501	9.3649
21	19.0456	17.3514	15.8775	14.5903	13.4622	12.4699	11.5940	10.8182	10.1286	9.5136
22	19.8570	18.0112	16.4150	15.0292	13.8212	12.7641	11.8355	11.0168	10.2922	9.6487
23	20.6604	18.6581	16.9369	15.4511	14.1630	13.0416	12.0612	11.2007	10.4424	9.7715
24	21.4558	19.2922	17.4436	15.8568	14.4886	13.3034	12.2722	11.3711	10.5802	9.8832
25	22.2434	19.9139	17.9355	16.2470	14.7986	13.5504	12.4693	11.5288	10.7066	9.9847
26	23.0232	20.5235	18.4132	16.6221	15.0939	13.7834	12.6536	11.6748	10.8226	10.0770
27	23.7952	21.1210	18.8768	16.9828	15.3752	14.0032	12.8258	11.8100	10.9290	10.1610
28	24.5596	21.7069	19.3270	17.3296	15.6430	14.2105	12.9867	11.9352	11.0266	10.2372
29	25.3164	22.2813	19.7641	17.6631	15.8981	14.4062	13.1371	12.0511	11.1161	10.3066
30	26.0658	22.8444	20.1885	17.9837	16.1411	14.5907	13.2777	12.1584	11.1983	10.3696
35	29.7027	25.4986	22.1318	19.4112	17.1929	15.3681	13.8540	12.5869	11.5179	10.6086
40	33.1630	27.9026	23.8082	20.5845	18.0170	15.9491	14.2649	12.8786	11.7255	10.5470
45	36.4555	30.0800	25.2543	21.5488	18.6628	16.3832	14.5579	13.0771	11.8605	10.8491
50	39.5881	32.0521	26.5017	22.3415	19.1687	14.7076	14.7668	13.2122	11.9482	10.9063
60	45.4046	35.4561	28.5058	23.5284	19.8757	17.1311	15.0129	13.3667	12.0423	10.9639

기간수 (n)	11%	12%	13%	14%	15%	16%	17%	18%	19%	20%
1	1.0000	1.0000	1.0000	1.0000	1.0000	1.0000	1.0000	1.0000	1.0000	1.0000
2	1.9009	1.8929	1.8850	1.8772	1.8696	1.8621	1.8547	1.8475	1.8403	1.8333
3	2.7125	2.6901	2.6681	2.6467	2.6257	2.6052	2.5852	2.5656	2.5465	2.5278
4	3.4437	3.4018	3.3612	3.3217	3.2832	3.2459	3.2096	3.1743	2.1399	3.1065
5	4.1025	4.0374	3.9745	3.9137	3.8550	3.7982	3.7432	3.6901	3.6386	3.5887
6	4.6959	4.6048	4.5172	4.4331	4.3522	4.2743	4.1994	4.1272	4.0576	3.9906
7	5.2305	5.1114	4.9976	4.8887	4.7845	4.6847	4.5892	4.4976	4.4098	4.3255
8	5.7122	5.5638	5.4226	5.2883	5.1604	5.0386	4.9224	4.8115	4.7057	4.6046
9	6.1461	5.9676	5.7988	5.6389	5.4873	5.3436	5.2072	5.0776	4.9544	4.8372
10	6.5371	6.3283	6.1317	5.9464	5.7716	5.6065	5.4506	5.3030	5.1633	5.0310
11	6.8892	6.6502	6.4246	6.2161	6.0188	5.8332	5.6586	5.4941	5.3389	5.1925
12	7.2065	6.9377	6.6869	6.4527	6.2337	6.0286	5.8364	5.6560	5.4865	5.3271
13	7.4924	7.1944	6.9177	6.6603	6.4206	6.1971	5.9884	5.7932	5.6105	5.4392
14	7.7499	7.4236	7.1218	6.8424	6.5832	6.3423	6.1183	5.9095	5.7147	5.5327
15	7.9819	7.6282	7.3025	7.0021	6.7245	6.4675	6.2293	6.0081	5.8023	5.6106
16	8.1909	7.8109	7.4624	7.1422	6.8474	6.5755	6.3242	6.0916	5.8759	5.6755
17	8.3792	7.9740	7.6039	7.2651	6.9542	6.6685	6.4053	6.1624	5.9378	5.7296
18	8.5488	8.1196	7.7291	7.3729	7.0472	6.7588	6.4746	6.2223	5.9897	5.7746
19	8.7016	8.2497	7.8399	7.4674	7.1280	6.8179	6.5339	6.2732	6.0333	5.8122
20	8.8393	8.3658	7.9380	7.5504	7.1982	6.8775	6.5845	6.3162	6.0700	5.8435
21	8.9633	8.4694	8.0248	7.6231	7.2593	6.9288	6.6277	6.3528	6.1009	5.8696
22	9.0751	8.5620	8.1016	7.6870	7.3125	6.9731	6.6648	6.3837	6.1268	5.8913
23	9.1757	8.6447	8.1695	7.7429	7.3587	7.0113	6.6964	6.4099	6.1486	5.9094
24	9.2664	8.7184	8.2297	7.7921	7.3988	7.0443	6.7234	6.4321	6.1669	5.9245
25	9.3481	8.7843	8.2829	7.8351	7.4338	7.0726	6.7365	6.4510	6.1822	5.9371
26	9.4217	8.8431	8.3300	7.8729	7.4642	7.0971	6.7662	6.4669	6.1915	5.9476
27	9.4881	8.8957	8.3717	7.9061	7.4906	7.1182	6.7831	6.4804	6.2060	5.9563
28	9.5478	8.9426	8.4086	7.9352	7.5135	7.1364	6.7975	6.4919	6.2151	5.9636
29	9.6016	8.9844	8.4412	7.9607	7.5335	7.1520	6.8099	6.5016	6.2228	5.9697
30	9.6501	9.0218	8.4701	7.9830	7.5509	7.1656	6.8204	6.5098	6.2292	5.9747
35	9.8293	9.1562	8.5717	8.0599	7.6091	7.2098	6.8541	6.5356	6.2490	5.9899
40	9.9357	9.2330	8.6268	8.0998	7.6381	7.2309	6.8695	6.5468	6.2572	5.9959
45	9.9988	9.2764	8.6568	8.1205	7.6524	7.2409	6.8765	6.5517	6.2607	5.9984
50	10.0362	9.3010	8.6730	8.1312	7.6596	7.2457	6.8797	6.5539	6.2621	5.9993
60	10.0717	9.3229	8.6866	8.1397	7.6649	7.2490	6.8818	6.5552	6.2630	5.9999

[부록표 F] 보통연금 1원의 현재가치 : 보통연금의 현재가치요소

$$PVFOA = \frac{1-(1+r)^{-n}}{r}$$

r= 기간이자율, n= 기간수

기간수 (n)	1%	2%	3%	4%	5%	6%	7%	8%	9%	10%
1	0.9901	0.9804	0.9709	0.9615	0.9524	0.9434	0.9346	0.9259	0.9174	0.9091
2	1.9704	1.9416	1.9135	1.8861	1.8594	1.8334	1.8080	1.7833	1.7591	1.7355
3	2.9410	2.8839	2.8286	2.7751	2.7232	2.6730	2.6243	2.5771	2.5313	2.4869
4	3.9020	3.8077	3.7171	3.6299	3.5460	3.4651	3.3872	3.3121	3.2397	3.1699
5	4.8534	4.7135	4.5797	4.4518	4.3295	4.2124	4.1002	3.9927	3.8897	3.7908
6	5.7955	5.6014	5.4172	5.2421	5.0757	4.9173	4.7665	4.6229	4.4859	4.3553
7	6.7282	6.4720	6.2303	6.0021	5.7864	5.5824	5 .3893	5.2064	5.0330	4.8684
8	7.6517	7.3255	7.0197	6.7327	6.4632	6.2098	5.9713	5.7466	5.5348	5.3349
9	8.5660	8.1622	7.7861	7.4353	7.1078	6.8017	6.5152	6.2469	5.9952	5.7590
10	9.4713	8.9826	8.5302	8.1109	7.7217	7.3601	7.0236	6.7101	6.4177	6.1446
11	10.3676	9.7868	9.2526	8.7605	8.3064	7.8869	7.4987	7.1390	6.8052	6.4951
12	11.2551	10.5753	9.9540	9.3851	8.8633	8.3838	7.9427	7.5361	7.1607	6.8137
13	12.1337	11.3484	10.6350	9.9856	9.3936	8.8527	8.3577	7.9038	7.4869	7.1034
14	13.0037	12.1062	11.2961	10.5631	9.8986	9.2950	8.7455	8.2442	7.7862	7.3667
15	13.8651	12.8493	11.9379	11.1184	10.3797	9.7122	9.1079	8.5595	8.0607	7.6061
16	14.7179	13.5777	12.5611	11.6523	10.8378	10.1059	9.4466	8.8514	8.3126	7.8237
17	15.5623	14.2919	13.1661	12.1657	11.2741	10.4773	9.7632	9.1216	8.5436	8.0216
18	16.3983	14.9920	13.7535	12.6593	11.6896	10.8276	10.0591	9.3719	8.7556	8.2014
19	17.2260	15.6785	14.3238	13.1339	12.0853	11.1581	10.3356	9.6036	8.9501	8.3649
20	18.0456	16.3514	14.8775	13.5903	12.4622	11.4699	10.5940	9.8181	9.1285	8.5136
21	18.8570	17.0112	15.4150	14.0292	12.8212	11.7641	10.8355	10.0168	9.2922	8.6487
22	19.6604	17.6580	15.9369	14.4511	13.1630	12.0416	11.0612	10.2007	9.4424	8.7715
23	20.4558	18.2922	16.4436	14.8568	13.4886	12.3034	11.2722	10.3741	9.5802	8.8832
24	21.2434	18.9139	16.9355	15.2470	13.7986	12.5504	11.4693	10.5288	9.7066	8.9847
25	22.0232	19.5235	17.4131	15.6221	14.0939	12.7834	11.6536	10.6748	9.8226	9.0770
26	22.795	20.121	17.877	15.983	14.375	13.003	11.826	10.810	9.9290	9.1609
27	23.560	30.707	18.327	16.330	14.643	13.210	11.987	10.935	10.027	9.2372
28	24.316	21.281	18.764	16.663	14.898	13.406	12.137	11.051	10.116	9.3066
29	25.066	21.844	19.188	16.984	15.141	13.591	12.278	11.158	10.198	9.3696
30	25.808	22.397	19.600	17.292	15.373	13.765	12.409	11.258	10.274	9.4269
35	29.409	24.999	21.487	18.665	16.374	14.498	12.948	11.655	10.567	9.6442
40	32.835	27.356	23.115	49.793	17.159	15.046	13.332	11.925	10.757	9.7791
45	36.095	29.490	24.519	20.720	17.774	15.456	13.605	12.108	10.881	9.8628
50	39.196	31.424	25.730	21.482	18.256	15.762	13.801	12.233	10.962	9.9148
60	44.955	34.761	27.676	22.623	18.929	16.161	14.039	12.376	11.048	9.9671

기간수 (n)	11%	12%	13%	14%	15%	16%	17%	18%	19%	20%
1	0.9009	0.8929	0.8850	0.8772	0.8696	0.8621	0.8547	0.8475	0.8403	0.8333
2	1.7125	1.6901	1.6681	1.6467	1.6257	1.6052	1.5852	1.5656	1.5465	1.5278
3	2.4437	2.4018	2.3612	2.3216	2.2832	2.2459	2.2096	2.1743	2.1399	2.1065
4	3.1024	3.0373	2.9745	2.9137	2.8550	2.7982	2.7432	2.6901	2.6386	2.5887
5	3.6959	3.6048	3.5172	3.4331	3.3522	3.2743	3.1993	3.1272	3.0576	2.9906
6	4.2305	4.1114	3.9975	3.8887	3.7845	3.6847	3.5892	3.4976	3.4098	3.3255
7	4.7122	4.5638	4.4226	4.2883	4.1604	4.0386	3.9224	3.8115	3.7057	3.6046
8	5.1462	4.9676	4.7988	4.6389	4.4873	4.3436	4.2072	4.0776	3.9544	3.8372
9	5.5370	5.3282	5.1317	4.9464	4.7716	4.6065	4.4509	4.3030	4.1633	4.0310
10	5.8892	5.6502	5.4262	5.2161	5.0188	4.8332	4.6586	4.4941	4.3389	4.1925
11	6.2065	5.9377	5.6869	5.4527	5.2337	5.0286	4.8364	4.6560	4.4865	4.3271
12	6.4924	6.1944	5.9176	5.6603	5.4206	5.1971	4.9884	4.7932	4.6105	4.4392
13	6.7499	6.4235	6.1218	5.8424	5.5831	5.3423	5.1183	4.9095	4.7147	4.5327
14	6.9810	6.6282	6.3025	6.0021	5.7245	5.4675	5.2293	5.0081	4.8023	4.6106
15	7.1909	6.8109	6.4624	6.1422	5.8474	5.5755	5.3242	5.0916	4.8759	4.6755
16	7.3792	6.9740	6.6039	6.2651	5.9542	5.6685	5.4053	5.1624	4.9377	4.7296
17	7.5488	7.1196	6.7291	6.3729	6.0472	5.7487	5.4746	5.2223	4.9897	4.7746
18	7.7016	7.2497	6.8399	6.4674	6.1280	5.8178	5.5339	5.2732	5.0333	4.8122
19	7.8393	7.3658	6.9380	6.5504	6.1982	5.8775	5.5845	5.3162	5.0700	4.8435
20	7.9633	7.4694	7.0248	6.6231	6.2593	5.9288	5.6278	5.3527	5.1009	4.8696
21	8.0751	7.5620	7.1015	6.6870	6.3125	5.9731	5.6648	5.3837	5.1263	4.8913
22	8.1757	7.6446	7.1695	6.7429	6.3587	6.0113	5.6964	5.4099	5.1486	4.9094
23	8.2664	7.7184	7.2297	6.7921	6.3988	6.0442	5.7234	5.4321	5.1668	4.9245
24	8.3481	7.7843	7.2829	6.8351	6.4338	6.0726	6.7465	5.4509	5.1822	4.9371
25	8.4217	7.8431	7.3300	6.8729	6.4641	6.0971	5.7662	5.4669	5.1951	4.9476
26	8.4881	7.8957	7.3717	6.9061	6.4906	6.1182	5.7831	5.4804	5.2060	4.9563
27	8.5478	7.9426	7.4086	6.9352	6.5135	6.1364	5.7975	5.4919	5.2151	4.9636
28	8.6016	7.9844	7.4412	6.9607	6.5335	6.1520	5.8099	5.5016	5.2223	4.9697
29	8.6501	8.0218	7.4701	6.9830	6.5509	6.1656	5.8204	5.5093	5.2292	4.9747
30	8.6938	8.0552	7.4957	7.0027	6.5660	6.1772	5.8294	5.5168	5.2347	4.9789
35	8.8552	8.1755	7.5856	7.0700	6.6166	6.2153	5.8582	5.5386	5.2512	4.9915
40	8.9511	8.2438	7.6344	7.1050	6.6418	6.2335	5.8713	5.5482	5.2582	4.9966
45	9.0079	8.2825	7.6609	701232	6.6543	6.2421	5.8773	5.5523	5.2611	4.9986
50	9.0417	8.3045	7.6572	7.1327	6.6605	6.2463	5.8801	5.5541	5.2623	4.9995
60	9.0736	8.2438	7.6873	7.1050	6.6418	6.2335	5.8819	5.5482	5.2630	4.9999

찾아보기

[ㄱ]
가격차이 370
가공비공정별 종합원가계산 370
가공원가(전환원가) 190
가공진척도 196
간접경비 93
간접공임금 93
간접노무비 58, 92
간접비의 종류 92
간접작업시간 371
간접재료비 42
감모 49
감손 371
감손비 287
개별법 51
개별원가계산 159
결합생산물 191
결합원가 315, 372
경비 69
계단식 배부법 372
계속기록법 49
고정비 6, 372
고정예산 385
공손 372
공장관리부문 129
공정개별비 284
공정공통비 284
관리가능비 128
관리불능비 128
근무시간 247
기간원가 30
기계개별비 105
기계공통비 105
기계비계산월보 106
기계시간배부법 108
기본원가 373
기초원가 18
기회원가 31

[ㄴ]
내부정보이용자 8
노무비 68
누가법 283
누적법 373
능률차이 373

[ㄷ]
단순기계운전시간법 105
단일공정종합원가계산 246
등가계수 309, 374
등가비율 309
등급별 원가계산 309
등급제품 308

[ㅁ]
매입부품비 42
매입순법 51
목적비용 18

목표이익 6
무평가법 323
물량기준법 315, 318
물량흐름의 파악 204
미래원가 25
미소멸원가 24

[ㅂ]
반제품 42
발생경비 66, 375
변동비 6, 375
변동예산 385
보상원가회계 12
보조부문 128
보조재료비 42, 375
복리비 69
복리후생비 135
부가원가 376
부문개별비 129
부문공통비 130, 376
부문별 개별 원가계산 160
부문별 원가계산 125
부문비 배부표 132
부문비차액 144
부제조지시서 339
분리점 315
비누가법 284, 287, 376
비례비 375
비원가항목 19, 20, 377
비정상적 공손 220
비품 67

[ㅅ]
3분법 385
상호배부법 136, 377
생산중심점 105
선입선출법 51, 198
소멸원가 25
소비임금 60
수량법 106
순수변동원가 27
순실현가치법 316, 319
시간법 103

[ㅇ]
역사적 원가 25
연산품 313, 379
예산차이 379
예정가격법 55
예정배부율 108
예정원가 25, 379
예정임율 62
완성품 계산월보 165
외부정보이용자 8
요소별배부법 309
원가 16
원가개념 18
원가계산기간 380
원가계산기준 92, 310
원가계산단위 380
원가계산제도 381
원가계산표 162, 381
원가관리목적 5
원가부문 126
원가차이 382
원가회계의 목적 4
월할경비 383
이동평균법 53
이상공손 383
이상공손비 225
이익관리목적 6
일반관리비 18
임의적립금전입액 19

[ㅈ]
자공정비 283
작업시간 60, 351
작업시간보고서 60
재공품평가 195
재료원장 44
전공정비 286
전공정원가 190
전원가요소 공정별 종합원가계산 283
정상감손비 221
정상공손 220
제조간접비 70
제조간접비 배부차이 109
제조간접비배부율 384
제조간접비예정배부표 108, 143
제조부문 128
제조원가 385
제조지시서 161
제조지시서별 원가계산 161
제품별 원가계산 385
제품원가 29, 386
조별 종합원가계산 386
조업도차이 348
주산물 320
주요재료비 42, 387
주제조지시서 339
준고정비 37
준변동비 37
지급경비 66, 387
지급임율 62
직접경비 387
직접노무비법 101
직접노무비차이 374, 388
직접배부법 135, 388
직접원가 21, 26
직접원가계산 388
직접작업시간 389
직접재료비 42, 163, 389
직접재료비 부과표 163
직접재료원가 28

[ㅊ]
차액수익 31
차액원가 31
총공손품 220
총원가 22, 389
총평균법 54
추가가공비 315
측정경비 65, 389

[ㅌ]
통제계정 165, 316
특별상각비 19, 377

[ㅍ]
판매가격 22
판매가치법 315, 317
판매비 29, 73
판매원가 22
평균법 196, 206, 341, 344
평균임율 170
평균화과정 189
표준가격 390
표준배부율 384
표준소비량 390
표준원가 390
표준원가계산 391

[ㅎ]
해외시장 개척준비금 19
현금지출원가 32
회피가능원가 392
회피불능원가 392
후입선출법 200

[저자 약력]

박 이 봉

동아대학교 경영학과 졸업
동아대학교 대학원(경영학석사)
부경대학교 대학원(경영학박사)
경남정보대학 사회경영학부장
경남정보대학 기획처장
미국 Eastern Washington University 연구교수
현, 경남정보대학 경영정보계열 교수
부산시 북부산세무서 과세적부심사위원

김 희 오

경남대학교(경영학박사: 재무론전공)
현대증권 본부장(임원)
한국산업경영학회 대외협력 위원장
대구광역시 지방세과세표준 심의위원회 위원장
중소기업청 정책자문위원
현, 경일대학교 글로벌경영대학 교수
대구광역시 지방세 심의위원

강 진 수

성균관대학교 회계학과 졸업
성균관대학교 대학원(회계학석사)
한일 케미컬 대표
현, 영남이공대학 비즈니스계열 교수
FOODPEACE INTERNATIONAL 회장

[개정3판]
원가회계

초판발행 2006년 8월 17일
개정판발행 2011년 2월 15일
개정2판발행 2013년 8월 10일
개정3판인쇄 2017년 7월 25일
개정3판발행 2017년 7월 31일

지은이 박이봉 · 김희오 · 강진수
펴낸이 박노일

총괄기획 김중용 · 최준규
편 집 심성보 · 김인숙

펴낸곳 pnc publishing and culture 피앤씨미디어
경기도 고양시 일산동구 강송로 153 310-1501
등록 제396-2012-000203호
전 화 070)7550-3758 팩 스 02)718-8554
홈페이지 www.pncmedia.co.kr 이메일 pnc@pncmedia.co.kr
ISBN 979-11-5730-423-3 93320

정 가 27,000원